BÉZIERS

PENDANT LA RÉVOLUTION

1789-1800

PAR

ANTONIN SOUCAILLE

CORRESPONDANT DU MINISTÈRE DE L'INSTRUCTION PUBLIQUE
SECRÉTAIRE DE LA SOCIÉTÉ ARCHÉOLOGIQUE, SCIENTIFIQUE ET LITTÉRAIRE DE BÉZIERS
MEMBRE DE PLUSIEURS ACADÉMIES ET SOCIÉTÉS SAVANTES

> Les auteurs qui ont fait l'histoire de tel département ou de telle ville sous la Révolution commencent à se multiplier et je les voudrais plus nombreux.
>
> H. Wallon, Les Représentants du peuple en mission.
> T. 1er, p. VIII.

BÉZIERS
IMPRIMERIE GÉNÉRALE, J. SAPTE
9, AVENUE DE PÉZENAS ET AVENUE DE BÉDARIEUX, 10

1894

BÉZIERS

PENDANT LA RÉVOLUTION

1789 - 1800

PAR

ANTONIN SOUCAILLE

> Les auteurs qui ont fait l'histoire de tel département ou de telle ville sous la Révolution commencent à se multiplier et je les voudrais plus nombreux.
> H. Wallon. *Les Représentants du peuple en mission* T. 1ᵉʳ, p. VIII.

BÉZIERS
IMPRIMERIE GÉNÉRALE, J. SAPTE
9, AVENUE DE PÉZENAS ET AVENUE DE BÉDARIEUX, 10

1894

INTRODUCTION

La province de Languedoc. — Organisation municipale, religieuse, judiciaire, financière, économique, industrielle de la ville. — Rôle des Etats de la province. — Etat intellectuel de la cité. — Nom des personnes en fonctions en 1789.

La Révolution a été le renversement de l'ancien système gouvernemental. Pour mieux comprendre la nature des changements apportés dans l'administration de notre cité, il convient de jeter un coup d'œil rétrospectif sur l'ensemble de ses institutions et de présenter une esquisse de son état administratif, à la veille de cette transformation.

La ville de Béziers relevait du Languedoc auquel elle était incorporée. Le gouvernement général du Languedoc était divisé en Haut et Bas-Languedoc et les Cévennes et en trois lieutenances générales, savoir du Haut et du Bas-Languedoc et des Cévennes. Le gouvernement politique de la province était exercé par un commissaire du roi, qui portait le titre d'Intendant de justice, police et finances, résidant à Montpellier. Il avait dans ses attributions la levée des gens de guerre et la surveillance des étapes. Pour l'administration civile, il avait sous ses ordres un subdélégué dans chaque diocèse. Il lui confiait une partie de son autorité et lui remettait une partie de ses fonctions. Les communes ne pouvaient ni acquérir, ni aliéner, ni faire aucune dépense sans l'autorisation de l'intendant ; elles étaient sous sa tutelle. Les fonctions des subdélégués se retrouvent et revivent dans celles des sous-préfets actuels. L'intendant recevait 17,000 livres ; et le subdélégué, 700 livres seulement.

Le gouvernement militaire se composait d'un gouverneur général demeurant à Toulouse, de trois lieutenants-généraux dont l'un avait son domicile à Montpellier, avec le titre de lieutenant-général du Bas-Languedoc. Il commandait les diocèses d'Alet, Limoux, Narbonne, Saint-Pons, Béziers, Agde, Lodève et Montpellier. Chacun de ces lieutenants-généraux avait au-dessous de lui trois lieutenants du roi, pour veiller au respect des lois et faire exécuter les ordres donnés. Béziers était une place de guerre de troisième classe (1).

Les offices de maires, de lieutenants de maires et de consuls perpétuels, supprimés par un édit d'août 1692 et mis à l'encan, avaient été rétablis dans l'ancien ordre de choses par un édit de novembre 1718 et autres, prescrivant un nouveau système et des mesures différentes. Les affaires de la cité étaient gérées par cinq consuls portant robes d'écarlate et chaperons d'honneur, et que nommaient les habitants réunis en assemblée ou conseil de ville. Les électeurs devaient avoir huit livres de compois. Les consuls de Béziers prenaient la qualité de seigneurs de Baïssau et de Montimas, noms de deux fiefs du territoire de la ville, de juges royaux et épiscopaux. Ils faisaient des règlements locaux et avaient dans leurs attributions, au fait de la police, la justice civile et criminelle, sauf appel au sénéchal ou à son lieutenant, et la connaissance des vols de fruits et dommages à la campagne.

(1) Béziers fut rayé du tableau des places de guerre le 17 août 1830.

Le bureau de police était composé du huit citoyens de toutes les classes, pris dans le nombre des conseillers politiques. Dans les affaires du grand criminel, un des consuls ne devait procéder qu'avec un gradué.

Le premier consul portait le titre de premier consulmaire, et le second, celui de lieutenant de maire. Le procureur du roi à l'Hôtel-de-Ville et au Bureau de police. était nommé pour quatre ans par le Conseil politique. Il donnait ses conclusions dans toutes les affaires relatives à la commune, mais il n'avait pas voix délibérative au Conseil. Il devait être convoqué par lettre ; son absence n'empêchait pas de délibérer. Il avait au besoin droit de réquisition.

D'après l'édit de mai 1774, réglant l'administration des villes et communautés de la province du Languedoc, il y avait un Conseil politique ordinaire, composé de douze membres dont quatre pris dans la première classe des habitants, quatre dans la deuxième, deux dans la troisième et deux dans la quatrième.

Ces classes avaient été fixées par une commission nommée par délibération du 27 septembre 1766. La première classe comprenait les nobles et les gradués ; la deuxième, les bourgeois, les commerçants en gros, les notaires et les procureurs ; la troisième, les marchands drapiers, merciers, toiliers, les chirurgiens, les apothicaires, les orfèvres, les horlogers, les marchands de fer, les épiciers, les gantiers, les fourreurs, les marchands de bois, les mangonniers non charcutiers ; la quatrième, les tapissiers, les perruquiers, les traiteurs, les tailleurs, les fabricants de bas.

La moitié des conseillers était renouvelée chaque année ; les sortants ne pouvaient être réélus qu'après deux ans d'intervalle.

Ce conseil formait le corps de ville proprement dit ; il

était *renforcé* d'un nombre de notables égal à celui de ses membres, pris dans les mêmes classes et soumis aux mêmes conditions de renouvellement et d'éligibilité. Le conseil politique (1) au grand complet prenait le nom de conseil *général* ou conseil de ville *renforcé*, et il était présidé de droit par le premier juge de la ville. Les conseils ordinaires ou réduits et composés de citoyens qui avaient été honorés de la dignité consulaire et de quelques notables étaient présidés par le premier officier municipal. Il y avait donc un conseil général et un conseil ordinaire ou réduit pour délibérer sur les affaires de la ville.

La ville était entourée de remparts dont les principaux points peuvent être figurés sous les noms suivants, comme marques de repère : Terrasse du Collège, tour des Badauds, tour de l'Hôpital Général, mur du cloaque du Grasilhan, rempart du cimetière de la Madeleine, tour isolée, ancienne porte de Lignan, jardin de David, rempart longeant la promenade et contournant la Citadelle jusqu'à l'Hôpital Mage, triperie, belvédère et plateforme de Saint-Jacques, rempart des Capucins jusqu'à la place de la Tiple, jardin de M. Boudet, côté de Canterelles, terrasse de l'évêché, rempart de Saint-Louis. Un pont sur la rivière de l'Orb donnait accès dans l'intérieur de la ville.

La population renfermée dans cette enceinte s'élevait de 15,000 à 17,000 âmes environ. Elle est aujourd'hui de 15,475 habitants.

La ville était divisée en treize bourgs dont sept et demi appartenaient à l'évêque savoir : la Salvetat, la Fustarié, la Madeleine, Montibel, le Capnau, Maureilhan, Saint-André et la moitié de Saint-Louis ; le roi possédait les

---

(1) Avant la Révolution les *conseils municipaux* étaient appelés *conseils politiques*.

bourgs du Roi, de Nissan, de Lespignan et l'autre moitié de Saint-Louis ; les abbés de Saint-Aphrodise et de Saint-Jacques avaient chacun un bourg respectif.

A la tête de chaque bourg se trouvait un chef ou un capitaine avec certains devoirs de surveillance et certains droits de prépondérance.

Un édit du mois d'avril 1749 supprima toutes les vigueries royales à l'avantage des officiers des présidiaux. La viguerie de l'évêque, indépendante de celle du roi, continua d'exister, et son maître fut maintenu en possession de la justice haute, moyenne et basse, civile et criminelle.

La ville possédait six entrées ou issues différentes ; telles étaient les portes de Tourventouse, de Canterelles, du Pont, de la Citadelle (de la Fédération), des Carmes (de l'Egalité), de Saint-Aphrodise et une petite poterne appelée la Portette à la promenade.

La ville se composait de deux faubourgs, celui du Pont, aujourd'hui de Saint-Jude, qui tirait son nom du pont construit sur l'Orb, et le faubourg naissant de Saint-Jean, entre la porte des Carmes et celle de la Citadelle, de l'autre côté de la promenade.

Au centre, s'élevait l'Hôtel-de-Ville avec une Tour façade rebâtie en 1766 par les soins de Rollin, architecte de la province de Languedoc. A proximité de l'abbaye de Saint-Jacques avaient été construites en 1696 les casernes sur les plans de l'architecte Daviler.

L'eau est avec juste raison considérée comme un élément important dans l'hygiène. Elle coulait alors tout juste assez pour les besoins publics. Dans la partie septentrionale de la ville, un ancien aqueduc romain, celui de la Carrière Vieille, et deux ou trois autres secondaires recueillaient des eaux d'infiltration, à défaut de sources naturelles, et les amenaient aux quatre fontaines du Touat, de l'Hôtel-de-Ville, de la place Saint-Cyr et des Casernes. La population était aussi alimentée par l'eau de puits particuliers et de puits publics tels que le puits de l'Encan (1) à l'ancienne place du Marché-aux-Herbes ou des Trois-Six, le puits Couvert (rue Bonzy), le puits de la Courte, le puits de Darènes (nom du propriétaire) et plus vulgairement des Arènes, de Saint-Jacques (devant le presbytère), de la rue Française. La fontaine de Fonceranes portait l'eau au faubourg du Pont.

Un aqueduc conduisait les eaux du fossé de la porte de Saint-Aphrodise jusqu'au dessous dudit boulevard.

Dans le faubourg de Saint-Jacques, à la rue du Gua et rue de l'Ecorchoir, à la descente de Canterelles, à la porte de Tourventouse, à la rue du Grasilhan et au quartier de Saint-Aphrodise devant la maison dite du Refuge, devant le couvent des Récollets à la rue de la Portette, à l'Hôpital Mage, avaient été construits des aqueducs pour faciliter au dehors l'écoulement des eaux bourbeuses vers la rivière de l'Orb, et servir à l'assainissement de la ville.

Au moment de la Révolution, Béziers formait un des douze diocèses du Bas-Languedoc (2). Il avait quinze lieues du nord au sud et huit lieues de l'est à l'ouest avec une population d'environ 60,000 âmes. Il contenait cent quarante-sept paroisses, partagées en cent-deux communautés, distribuées en trois archiprêtrés : Cazouls, Boussagues et le Pouget.

Notre ville possédait alors un évêque, un chapitre cathédral, un chapitre collégial de Saint-Aphrodise, un cha-

(1) Il faudrait dire de l'inquant, lieu où se faisait la vente à la criée.
(2) Le gouvernement général de Languedoc comprenait deux généralités, celle de Toulouse et celle de Montpellier et vingt-deux diocèses.

pitre de chanoines réguliers de Sainte-Geneviève de Saint-Jacques avec nomination d'abbés par le roi, les cinq paroisses de Saint-Nazaire, Saint-Aphrodise, la Madeleine, son annexe Saint-Félix, et Saint-Jacques, dont chacune avait son cimetière attenant, puis les paroisses annexes ou rurales de Saint-Félix de Baïssau, Saint-Martin de Luch ou Lux, Poussan-le-Bas, Saint-Vincent, Saint-Geniès-le-Ménestrol, Saint-Martin de Divisan, Saint-Jean-d'Aureilhan, Notre-Dame de Badones, Saint-Pierre de Cabrials, Saint-Michel de Clairac, Notre-Dame de Consolation, la chapelle du Canal, le prieuré de Saint-Julien du Pont, un séminaire de Lazaristes, un collège de Jésuites dirigé depuis leur expulsion par des prêtres séculiers avec un bureau d'administration présidé par l'évêque; sept couvents de religieux : Dominicains, Carmes, Augustins, Récollets, Capucins, Minimes, Pères de la Mercy; trois commanderies de Saint-Jean de Jérusalem : Saint-Jean de Libron, les Brégines, la Ville, y compris celle de Saint-Antoine ; quatre couvents de religieuses : du Saint-Esprit avec abesse de nomination royale, de Sainte-Claire, de Sainte-Marie et de Sainte-Ursule vouées à l'éducation des jeunes filles, une maison de Refuge ou du bon Pasteur, deux hôpitaux : l'hôpital Mage, confié aux religieuses hospitalières de la Charité de Notre-Dame de l'ordre de Saint-Augustin, et l'hôpital général Saint-Joseph dirigé par les filles de la Charité, sous la surveillance d'un bureau d'administration que présidait l'évêque ; une maison de Charité, qui fournissait le bouillon aux pauvres honteux des cinq paroisses de la ville, des confréries de Pèlerins et de Pénitents blancs, bleus, noirs, gris et minimes, des associations de femmes de Sainte-Elisabeth, de Sainte-Catherine, de la Miséricorde, du Tiers-Ordre de Saint-François, de Notre-Dame des Suffrages. Les couvents couvraient presque un vingtième de la surface intérieure de la ville.

Dans l'ordre judiciaire, Béziers était le chef-lieu d'une importante sénéchaussée démembrée sous François Ier (1527) de celle de Carcassonne, et composée des diocèses d'Agde et de Lodève en entier, de celui de Béziers sauf onze villages, et d'une partie des diocèses de Saint-Pons, de Narbonne, de Castres, de Montpellier. Le chef de la justice portait le nom de *Juge-Mage* avec le titre de lieutenant-général et de premier président présidial. M. Joseph-Gabriel Gleize de la Blanque fut le dernier juge mage de Béziers.

Le présidial le plus considérable, après ceux de Toulouse et de Nîmes, de tout le ressort du Parlement de la province, datait du règne de Henri II (1552). Il se composait d'un premier président, juge mage, d'un président présidial ou second président, d'un lieutenant-général d'épée, d'un juge criminel, d'un lieutenant principal civil et criminel, de neuf conseillers dont sept devaient toujours siéger, de deux avocats et d'un procureur du roi qu'on appelait *Gens du roi*, et d'un greffier. Les charges étaient vénales.

Le Palais, d'un aspect modeste, avait son entrée au bout de la rue Française, dans la partie actuellement dénommée Casimir-Péret, et qu'on appelait alors *rue du Palais*. Le souvenir en est rappelé par le groupe de maisons dont l'une porte le n° 18.

Il se composait d'une grande salle d'audience, de deux chambres du Conseil, d'une chapelle, de prisons pour le civil et le criminel, de trois petites cours et d'un modeste jardin. L'espace qu'il occupait s'étendait jusqu'à la rue du Touat, se repliant de là sur la rue Française devant la maison de M. de Gayon.

La sénéchaussée et le présidial formaient un seul ressort et comprenaient sous le nom de sénéchal-présidial, relevant du Parlement de Toulouse, plus de deux cents villes, bourgs ou villages, avec une population d'au moins deux cent mille habitants.

Il se tenait cinq audiences par semaine, trois présidiales et deux ordinaires ou sénéchales, dans lesquelles le juge mage jugeait seul.

A côté du Parlement de Toulouse, il faut placer la Cour des comptes, aides et finances de Montpellier, jugeant en dernier ressort les affaires relatives aux comptes de finances et aux fermes des droits du roi. Elle se subdivisait en trois chambres : des comptes, des aides et du domaine ; elle était composée d'un premier président, de onze présidents, de soixante-quatre conseillers maîtres, de dix-huit conseillers correcteurs, de vingt-six conseillers auditeurs, de trois gens du roi, de trois substituts, du procureur général, d'un greffier en chef.

Au point de vue financier, le diocèse de Béziers ressortissait de la généralité de Montpellier. Il y avait un bureau de finances ou chambre des trésoriers de France dans chaque généralité. Comme les trésoriers de France prenaient le nom de généraux des finances, on appela Généralités les pays sur lesquels s'étendait leur juridiction. A chacune était attachée, pour le maintien de la sûreté publique, une compagnie de maréchaussée, divisée en brigades, et placée sous les ordres d'un prévôt général.

La ville tirait de sa position sur le canal royal une grande facilité de commerce qu'augmentait encore sa proximité des ports d'Agde et de La Nouvelle. Elle communiquait avec le haut Languedoc par trois grandes routes, celle de Carcassonne et Toulouse qui la traversait, celle de Saint-Pons et Castres et celle de Saint-Gervais, Albi et le Rouergue.

Le consulat possédait des terres nobles et rurales. Les habitants avaient le droit de pêche et de chasse dans le terroir. S'il n'y avait pas de forêts ni de bois taillis, il s'y trouvait des garrigues où ils avaient la faculté de mener paître leurs troupeaux, et les pauvres gens d'y aller chercher du bois pour leur usage. De grandes et grosses pierres, plantées dans la terre, désignées sous le nom de bodules ou bondules (1), portant les armoiries de la ville sculptées, servaient de limite au territoire. On voit sur divers points quelques-unes de ces bornes encore debout. Les terres du chapitre étaient distinguées par des bondules aux armes de cette communauté.

La ville avait un marché pour le blé et les eaux-de-vie fixé au vendredi de chaque semaine. Il avait comme siège la place de la Carteyrade (2) désignée sous le nom de place Couverte, et plus tard sous celui de place Vieille, après la démolition de la halle ancienne. Il servait à régler le prix du pain. Tout le Bas-Languedoc venait s'y pourvoir.

La ville percevait un droit sur les marchandises exposées en vente : l'huile, le charbon, le savon, les fourrages, la paille et autres denrées se vendant au quintal (3), sur les mesures, les marques, la boucherie. Sur la place de l'Inquant ou Marché-aux-Herbes se débitaient les herbes, les légumes, la volaille, les fruits. Les marchands y avaient leurs boutiques ; et non loin de là se trouvait la rue des Boutiques vertes, aujourd'hui de Paul-Riquet. Les habitants jouissaient d'émoluments de très peu de

---

(1) Bodula, basse latinité.
(2) Nom primitif : la Orgaria ou Mitadaria.
(3) On appelait fourleau la taxe officielle des denrées.

valeur affermés annuellement, et dont le plus considérable était le droit de *courtage* sur la vente du blé les jours de marché ; ces modestes revenus servaient à couvrir une partie des frais municipaux conjointement avec une imposition annuelle.

Tout étranger venant vendre ou acheter des marchandises dans la cité devait payer un droit de *leude*.

La *subvention* ou l'*équivalent* était un droit que la ville affermait et qu'elle était autorisée à lever sur les denrées et marchandises pour amortir la dette qui était de 322,272 livres représentant une somme de 644,544 francs d'aujourd'hui. Il faut toujours doubler pour apprécier l'argent à sa valeur actuelle.

Les revenus communaux consistant en droits fixes et en droits éventuels formaient un total de 37,561 livres ou de 75,122 francs d'aujourd'hui.

Le budget se décomposait ainsi : Recettes, 78,384 livres ; dépenses, 99,603 livres avec un déficit de 21,219 livres (1).

Les contributions se portaient, soit pour la taille (impôt foncier), soit pour la capitation (impôt personnel et mobilier) à la somme de 144,253 livres ou bien de 288,506 fr. actuels.

La province de Languedoc ne connaissait d'autres impositions ordinaires que la *capitation* et la *taille*. Celle-ci se subdivisait en divers impôts connus sous le nom de *taille, taillon, mortes payes, garnisons, étapes, deniers extraordinaires* et *frais d'assiette* ou *deniers diocésains*, et la répartition de tous ces impôts était faite sur les contribuables sous le nom de *taille* seulement.

(1) La dette de la ville en 1789 était de 322,272 livres, représentant 644,544 francs d'aujourd'hui avec un intérêt de 11,103 livres ou 22,206 fr. En 1894, la dette de la ville s'élève à 11,559,000 francs ; les intérêts et annuités se portent à 549,815 francs.

Les rôles de *taille* étaient formés par les consuls et par le greffier de la Communauté sur la *mande* envoyée à chaque Communauté par l'assemblée du diocèse et d'après le compois du registre contenant le nom de chaque propriétaire, la description de ses possessions, leur contenance, leur qualité et leur estimation. Ces rôles, ainsi formés, avec un état contenant le montant du rôle, et qu'on appelait le *préambule du rôle*, étaient remis aux collecteurs qui, au premier terme du paiement des impositions, livraient ces préambules aux receveurs des diocèses. Les minutes des rôles étaient déposées dans les greffes des municipalités. Ce n'était que d'après ces préambules que les receveurs des diocèses poursuivaient le recouvrement des impositions.

Une partie de l'impôt du *vingtième* était rejetée sur la *taille* et l'autre sur les biens nobles non sujets à la *taille* et sur les maisons des villes.

Le blé et l'huile constituaient la principale récolte. La vigne, qui depuis a pris tant d'extension, était alors peu prisée comme le prouve le dicton languedocien : « *Paou vignos, paou filios* ; — *ni trop filles, ni trop vignes.* » Cependant les vins rouges et blancs, les muscats étaient d'une qualité et d'une abondance supérieures et s'expédiaient en Italie, en Hollande, en Angleterre. La proximité du Canal du Midi favorisait beaucoup ce commerce d'exportation. Les eaux-de-vie jouissaient d'une réputation européenne.

Les habitants se livraient principalement à la culture de la terre, mais il y avait place aussi pour d'autres industries puisqu'on comptait dans la ville un grand nombre de corporations d'artisans (plus de trente) qu'on voyait figurer au cortège de la fête de *Caritats* (1) : Boulangers, pâtis-

---

Revue des Langues Romanes, 1888. — La Caritat à Montpellier.

siers, faïenciers, cloutiers, tonneliers, potiers de terre et d'étain, cabaretiers, rôtisseurs, tanneurs, bastiers, savetiers, couteliers, selliers, serruriers, cordiers, etc. (1). On cultivait le mûrier pour faire des vers-à-soie ; les cocons étaient vendus sur le marché ; des femmes étaient employées à les dévider et à en extraire la soie dont on confectionnait les étoffes. Il y avait des métiers de tisserands dont le nom est resté attaché à une rue. Au-dessus de la classe des cultivateurs et des artisans s'élevait la catégorie de ceux qui exerçaient des professions libérales, des avocats, des médecins, des notaires, des procureurs, ou bien celle des propriétaires fonciers, des négociants et des marchands.

Ajoutons ici quelques détails économiques pour faire apprécier l'augmentation proportionnelle du prix de différents objets.

Un setier de blé, de mixture, de seigle, d'orge-paumelle, de millet se vendait 14, 12, 10, 9 et 6 livres.

Le chêne, l'olivier, le frêne, l'amandier, l'ormeau, le saule se payaient 14, 10, 8 et 6 sous le quintal.

Les souches de vigne coûtaient 10 sous ; 100 fagots de sarments secs, 7 livres 10 sous.

La houille était du double plus chère qu'aujourd'hui. On ne faisait pas usage de la tourbe. 2 livres de charbon de bois valaient 4 sous.

Le bœuf se vendait 8 sous 7 deniers la livre ; le veau, 7 sous 6 deniers ; le mouton, 3 sous ; le porc, 12 sous 4 deniers.

Le prix moyen du vin ordinaire était de 16 à 17 francs

---

(1) Dans l'industrie, il y avait deux classes d'ouvriers : l'une comprenait les *apprentis* et les *compagnons* qui pouvaient devenir *maîtres* s'ils avaient un capital suffisant ; l'autre, les *simples ouvriers*, que les maîtres absorbaient et à l'avancement desquels de difficiles conditions mettaient obstacle.

l'hectolitre actuel ; celui de l'huile, de 26 sous la livre. Le taux de l'argent était de 7, 8, 10 pour cent.

Le taux des salaires était sans comparaison avec ceux d'aujourd'hui. Les journaliers et les brassiers de campagne gagnaient 30 et 35 sous ; un manœuvre, de 8 à 10 sous ; un plâtrier ou maçon, 45 et 50 sous ; un laboureur, 3 livres ; une couturière, 10 sous ; une repasseuse 12 sous ; un maître menuisier, 2 livres 10 sous ; un charpentier, 3 livres ; un garçon, 2 livres ; un tondeur, 2 livres 10 sous avec nourriture ; un vendangeur, 15 sous ; le charrieur, 18 sous ; le fouleur, 1 sou 6 deniers par comporte. Une journée de charrette se portait à 3 livres par collier ; de cheval de louage, à 22 sous ; d'âne, à 10 sous. Un ramonet recevait 126 livres de gage, 32 livres à titre de pitance, 14 setiers de mixture.

Tous les ans, les Etats de la province dont Mgr Dillon, archevêque de Narbonne, était le président-né, s'assemblaient tour à tour dans différentes villes, mais depuis longtemps, Montpellier avait été substitué à Béziers et aux autres centres. Ils étaient composés des représentants du clergé, de la noblesse et du tiers état, et ils avaient surtout pour objet de consentir l'impôt qui grevait la province sous le nom de *deniers royaux* dont la perception appartenait aux Trésoriers de France, de la généralité de Montpellier, composée de vingt-six conseillers, d'un procureur et de deux avocats du roi, et de *deniers provinciaux* que recouvraient les Etats.

Les représentants du clergé assis à la droite du président étaient les archevêques de Toulouse, Narbonne et Albi et les évêques de Montpellier, Carcassonne, Nîmes, Alais, Le Puy, Béziers, Uzès, Viviers, Mende, Castres, Saint-Pons, Agde, Mirepoix, Lodève, Lavaur, Saint-Papoul, Alet, Rieux, Montauban, Comminges.

Ceux de la noblesse, siégeant à la gauche du président, comprenaient le comte d'Alais, le vicomte de Polignac, l'un des douze barons du Vivarais, à tour de rôle, un des neuf barons du Gévaudan, également à tour de rôle, et ensuite, selon la date de leur réception, les barons de Castelnau d'Estrétefonds, Castres, Rouairoux, Villeneuve, Castelnau de Bonnefons ou de Lévis (diocèse d'Albi), La Gardiole, Calvisson, Tornac, Mirepoix, Florensac, Barjac, Saint-Félix, Murviel, Bram, Ambre, Lanta, Arques, Rieux-Mérinville et Ganges.

L'ordre du tiers état, placé en face du président et au bas des sièges du clergé et de la noblesse, comprenait les députés des villes de Toulouse, Narbonne, Carcassonne, Montpellier et Nîmes qu'on appelait villes maîtresses; les députés des villes épiscopales et ceux des villes diocésaines, ce qui donnait à cet ordre soixante-huit députés. Béziers comptait parmi les villes qui entraient aux États et qui y envoyaient leur premier et second consuls.

Les officiers de la province, tels que les trois syndics généraux, les greffiers et les trésoriers étaient placés dans le parquet à droite et à gauche du fauteuil du président.

L'assemblée des États se réunissait à la fin de chaque année, sur la convocation du roi, pour régler, dans une session qui ne pouvait durer plus de quarante jours, toutes les affaires de la province et en voter les contributions. Leur forme fixe et régulière ne varia pas jusqu'à la Révolution.

Lorsqu'une imposition avait été votée ou consentie par la province et que la répartition en avait été faite sur la totalité des diocèses, une assemblée diocésaine nommée *Assiette*, qu'on peut comparer à nos conseils d'arrondissement, et composée de personnes prises dans les trois ordres, en opérait la sous-répartition entre les villes, les bourgs et villages des diocèses, conformément aux rôles arrêtés par les États. Les conseils des communautés les répartissaient ensuite sur les habitants, d'après le compois ou autrement dit le cadastre de chaque commune. Ces impositions étaient payables en trois termes : avril, juillet et octobre. Il était en outre pourvu aux dépenses des diocèses et des communautés, dont le chiffre était fixé par un règlement des États, au moyen d'impositions particulières votées par les *Assiettes* et par les conseils locaux. Une fois ces diverses répartitions opérées, le rôle des assemblées était fini et celui des *collecteurs* commençait. En cette matière, toute affaire litigieuse était soumise à la Cour des Comptes, dont le siège était à Montpellier, et qui prononçait en dernier ressort. Le Languedoc était un pays d'État, c'est-à-dire, jouissant du privilège de voter lui-même ses impôts, par opposition avec les *pays d'élection* ou provinces dans lesquelles l'autorité des intendants était sans limites. Le clergé et la noblesse étaient exempts de la *taille de propriété*, et le clergé l'était aussi de la *capitation*. Les nobles étaient exempts de la *gabelle* (impôt sur le sel) et jouissaient du *franc salé* (distribution gratuite du sel) ainsi que le clergé.

À l'époque qui nous occupe, le goût de l'étude était en honneur à Béziers. Pouvait-il en être autrement dans une ville où avaient pris naissance des hommes tels que le jurisconsulte Forcadel, le théologien Gonet, le physicien Libes, le mathématicien et littérateur Mairan, le musicien-compositeur Gaveaux et beaucoup d'autres qu'on pourrait citer? Avec une imprimerie, il y avait une Académie royale des sciences et belles-lettres fondée par Mairan, de concert avec Antoine Portalon et le médecin Jean Bouillet, ses amis, et où un groupe d'hommes intelligents se communiquaient des mémoires scientifiques et littéraires.

Le savant abbé Bouillet était professeur royal de mathématiques. Il succéda à son père, le docteur Jean Bouillet, qui avait occupé cette chaire ou rempli les fonctions de secrétaire perpétuel de l'Académie royale des sciences et des belles lettres — fondée en 1723 — pendant plus de 54 ans (1) et dont la vie avait été consacrée tout entière à enrichir l'astronomie, la physique et la médecine de ses observations et de ses ouvrages.

« Le savoir de M. l'abbé Bouillet, disait-on de lui à la Société royale des sciences, est beaucoup plus étendu que celui d'un professeur ordinaire de mathématiques. La Société en a des preuves éclatantes et multipliées dans un grand nombre de mémoires qu'il lui a présentés sur l'algèbre, la géométrie des courbes, le calcul de l'infini examiné sous un point de vue nouveau, etc... » Il n'avait pas hésité à se démettre, en 1783, d'un bénéfice de chœur qu'il possédait dans la cathédrale, voulant consacrer à l'étude et à l'enseignement tout son temps, dont le service de son bénéfice lui dérobait une partie.

On ne dédaignait pas les représentations dramatiques. Ce qui prouve le penchant pour les spectacles, ce sont de nombreuses lettres adressées aux consuls par des directeurs de théâtre. L'un d'eux, nommé Neuville, obtint le privilège de faire jouer la comédie et l'opéra-bouffe. La grande salle de l'Hôtel-de-Ville et un vaste local dit le Jeu de Paume étaient affectés à ce genre de divertissement.

Telle était donc l'organisation générale de Béziers au moment où l'ère révolutionnaire va commencer.

---

(1) Voir son éloge fait par Vicq d'Azyr, secrétaire de la Société royale de médecine et le mémoire lu à la Société des sciences de Montpellier, en 1778, par M. de Ratte, secrétaire perpétuel de cette académie.

Tableau où sont dénommées les personnes en fonction en 1789

Louis-Anne de GONTAUT, duc et maréchal de BIRON, gouverneur de Languedoc, étant mort le 29 octobre 1788.

Gabriel-Marie de TALLEYRAND, comte de PÉRIGORD, commandant en chef de la province, réunit en ses mains l'ensemble des pouvoirs militaires.

Le marquis de BOUJOLS, lieutenant-général du Bas-Languedoc, à Montpellier.

De ROQUEFEUIL, colonel, commandant le régiment de Médoc, en garnison à Béziers.

De BAUDRE, lieutenant-colonel.

Le baron de BALLAINVILLIERS (Charles-Bernard), intendant.

De PORTALON, subdélégué à Béziers.

BOUILLET, 1er consul, maire.

DELPONT, 2e consul, lieutenant de maire.

BERNARD, maître en pharmacie, 3e consul.

MASSOT (Jacques), tonnelier, 4e consul.

ARDIGNAC (Barthélemy), 5e consul.

AUDOUS, procureur du roi à l'Hôtel-de-Ville et au bureau de police.

BONNAVIALLE, inspecteur des ouvrages de la ville.

BERNARD, fermier des impôts.

MAZUC, collecteur des tailles.

Aymar-Claude de NICOLAY, évêque de Béziers.

François de BARRÈS, grand-archidiacre.

De VILLERAZE, second archidiacre.

Jean-Marie Daydé, vicaire général et official du diocèse.

De Castelnau, vicaire général.

De Lunaret, viguier et juge de la temporalité de l'évêque.

Boucard, syndic du diocèse.

Cabanel (François-Martin), curé de Saint-Nazaire.

Julien (Jean-Dominique), curé de Sainte-Madeleine et Saint-Félix.

Martin (Jean-Joseph), curé de Saint-Aphrodise.

Nicolas (Léonard), curé de Saint-Jacques.

Tailhan (Etienne), prieur de Saint-Jean d'Aureilhan.

Martin, prieur de Saint-Julien.

Cabanel, prieur de Saint-Sauveur.

Lognos (Pierre), curé de Saint-Martin.

Glouteau (Jean-Jacques), curé de Badones.

Astruc (Jean), curé de Cabrials.

Mazel, curé de Clairac.

Cortoix de Pressigny, abbé de Saint-Jacques.

P.-B. Delort-Serignan, abbé de Saint-Aphrodise.

J.-B. Charcun, supérieur du séminaire des Lazaristes.

Nicolas Millié, prieur de Ribaute, principal du collège royal.

Gleizes de La Blanque, président du Présidial, lieutenant-général, juge mage.

De Barbier, second président.

De Fabre, baron de Latude, seigneur de Saint-Michel, lieutenant-général d'épée.

De Barthélemy, juge criminel.

Iché du Thou, lieutenant principal civil et criminel.

Conseillers : Farret, *doyen*, d'Estaville, *sous-doyen*, Coste, Guibal, de Maintenon, de Barbier, Henri de Nauthon (1), Bayan, de Lamarre.

(1) Il eut une fin dramatique. Il suivait la route de Pézenas en revenant de sa campagne sise près de Montblanc lorsqu'il fut brusquement frappé à mort dans sa voiture et le cocher précipité de son siège. Les chevaux, après une

Gens du Roi : Dorsène et Guibal-Durivage, avocats du roi ;

De Nourry, procureur du roi ;

Brès, greffier en chef.

Avocats : Rey, Thourel, Montels, Villebrun, Cavallié, Cros, Maintenon, Sauret, Pezet, Cassagnes père, Cassagnes fils, Bessière, Guibert, Azaïs, Poudérous, Raynal Levère, Valade, Fournier, de Rives.

Procureurs : Jave, Rouyer, Santy, Poudérous, Lutrand, Durand, Bayan, Pagès, Tudier.

Notaires : Azaïs, Belleville, Hérail, Martin, Moureau, Passebosq.

Médecins : Bouillet, Eustache chirurgien, Bernard, Bourguet, Chavernac, Bailheron, Combescure chirurgien, Fraïsse, Amilhon, Carbasse.

Pharmaciens (Apothicaires) : Flamand, Guilhemon, Florens.

---

course folle, s'arrêtèrent d'eux-mêmes devant le séminaire des Lazaristes, aujourd'hui Hôtel-Dieu. La foule accourue à leur rencontre fut vivement émue en voyant le siège vide et à l'intérieur le corps inanimé de M. de Nauthon. La cause et les auteurs du crime n'ont jamais été connus.

BÉZIERS PENDANT LA RÉVOLUTION

1789-1800

RÉCIT DES ÉVÈNEMENTS ACCOMPLIS A BÉZIERS
EN 1789
D'APRÈS LES DOCUMENTS AUTHENTIQUES

par Antonin Soucaille

> Les auteurs qui ont fait l'histoire de tel département ou de telle ville sous la Révolution commencent à se multiplier et je les voudrais plus nombreux.
> H. Wallon, *Les Représentants du peuple en mission*, T. 1ᵉʳ, p. VIII.

I

Avant-propos. — Situation générale. — Convocation des Etats-Généraux. — Recherches prescrites pour savoir comment ils seront tenus. — On demande le doublement du Tiers et le vote par tête. — Conseil général du 23 novembre 1788. — Convocation de tous les ordres de la cité au Conseil du 25 novembre suivant. — Harangue du maire Bouillet. — Propositions votées. — Derniers Etats provinciaux. — Bouillet et Rey, députés. — Rey formule des griefs. — Doublement du Tiers-Etat. — Assemblée générale de la sénéchaussée. — Discours du juge-mage. — Séparation des ordres. — Rédaction du cahier des doléances. — Division dans l'ordre du Clergé. — Election des députés. — Prestation de serment.

Les années qui suivent leur cours régulier, les évènements qui se déroulent sous nos yeux font de nous des témoins attitrés de cette alternative de calme et d'agitation dont se compose la vie présente. J'ai voulu revenir en arrière, m'enquérir d'un passé historique dont on parle souvent, mais qui est vaguement connu. Pour se pénétrer de l'esprit général de la période révolutionnaire, on les ouvrages de Thiers, de Mignet, de Michelet, de Louis Blanc, de Henri Martin, de Dareste de La Chavanne, de Taine, assaisonnés à tous les goûts et à toutes les opinions. Mais n'a-t-on pas écrit quelque part : « La Révolution, à Paris, » connue dans ses principaux détails est à peine étudiée en » province. » C'est de cette réflexion que m'est venue l'idée de ce travail. Pour la réaliser, j'ai dépouillé les titres relatifs à la Révolution que possèdent nos archives municipales. J'ai analysé patiemment les registres des délibérations du corps municipal et des séances de la Société populaire. J'ai essayé de résumer mes recherches sous la forme d'un récit suivi en lui conservant le caractère de vérité, de simplicité et de sobriété qui appartient à l'histoire. Il n'y a pas à discuter. Les faits parleront d'eux-mêmes d'après les documents authentiques. J'ai cherché dans des manuscrits poudreux et j'ai tenté de mettre en lumière l'esprit de la Révolution à Béziers, de raconter les évènements dont la commune fut le théâtre durant cet espace de temps.

La Révolution française, malgré les excès qui l'ont souillée et qu'il faut savoir flétrir hautement et toujours, nous a donné avec l'abolition des privilèges l'égalité civile, l'égalité de tous devant la loi. La société française vit de ces bienfaits ; elle se développe sous leur égide ; ils l'aident, ils la soutiennent dans le long et douloureux travail de conciliation de l'ordre avec la liberté. Ces biens précieux, notre devoir à tous est de les défendre et de faire que pour la sagesse et l'union de tous ses enfants, notre chère patrie jouisse enfin de fortes et durables institutions.

Les années 1787 et 1788 furent marquées, en France, par une forte agitation des esprits et un grand malaise politique. Il y avait un mécontentement général qui se traduisait en une menace continuelle d'orage. Les moyens imaginés pour ramener le bon ordre dans les affaires ne servaient qu'à faire ressortir l'incapacité des ministres (1) et à constater des échecs infligés à l'autorité royale, sans cesse exposée à des violences et à des secousses dont le contre-coup retentissait au loin. Les circonstances réclamaient un roi moins faible et plus entreprenant. De la magistrature, du clergé, de la noblesse venaient d'invincibles résistances qui étaient autant de coups de sape portés au trône. Toutes les forces semblaient se concentrer pour préparer un grand évènement et amener fatalement l'introduction d'une puissance nouvelle, celle du peuple qui de *rien* devait être *tout*.

Tout le monde demandait ou attendait la réforme des abus, l'allègement des charges qui pesaient sur le peuple. Pressé par l'opinion publique et désireux du bien de la nation, Louis XVI se décide à réunir les grandes assises de la nation. Un double arrêt du Conseil d'Etat, en date du 5 juillet et du 8 août 1788, annonça la convocation à Versailles des Etats-Généraux dont la réunion ne s'était pas renouvelée depuis cent soixante-quinze ans, c'est-à-dire depuis 1614. Cette détermination fut suivie d'un changement de ministère. En effet, Necker fut rappelé aux affaires après la retraite et sur la désignation de Loménie de Brienne, archevêque de Toulouse (25 août). On fondait sur lui l'espérance de voir se relever les affaires perdues d'une monarchie aux abois. Il apporta des modifications aux actes de son prédécesseur ; il en révoqua plusieurs et il fit signer au roi, le 23 septembre, un arrêt qui maintenait la convocation des Etats Généraux pour le 1er mai 1789, mais dont l'ouverture ne devait se faire que le 5 mai suivant.

Cette convocation des Etats-Généraux fut considérée avec juste raison comme un fait d'une très grande importance. Pouvait-il en être autrement puisque la nation allait rentrer

---

(1) La faiblesse de Louis XVI s'augmente de celle de son ministre de Brienne. dit Edgard Quinet. V. *La Révolution*, t. Ier, p. 72.

dans l'exercice de ses anciens droits? Ce fut une émotion générale. L'impression fut d'autant plus vive qu'on ignorait comment les Etats seraient convoqués. Devaient-ils l'être suivant les formes vieillies de 1614, comme le demandaient le Parlement de Paris, la Noblesse et le Haut-Clergé, ou le seraient-ils suivant des formes nouvelles, conformes à l'importance du Tiers-Etat, à ses lumières, à ses passions, à ses intérêts ? Le gouvernement ne demandait qu'à être bien informé, de manière à pouvoir suivre la voie la plus droite et à donner satisfaction aux sentiments du pays. Brienne, avant sa chûte, avait déjà engagé, dans une lettre du 3 juillet 1788, tous les particuliers « corporations, corps municipaux, assemblées de ville » ayant connaissance de documents relatifs à la tenue des Etats-Généraux, à vouloir bien les lui transmettre dans des « notes historiques » destinées à éclairer sa religion et à dissiper ses doutes. Le désir du roi était de procurer à la nation la tenue d'Etats la plus convenable, d'avoir un moyen facile de communiquer avec ses peuples et de connaître leurs vœux sur ce qui les intéressait, en un mot, de rendre cette assemblée ce qu'elle devait être, aussi nationale et aussi régulière que possible, l'assemblée d'une grande famille ayant pour chef le père commun. Les villes du royaume portèrent leurs vœux au pied du trône. Ce sont toujours les mêmes suppliques, comme si elles émanaient d'une commune entente ; toutes ont trait au doublement du Tiers et au mode de votation dans les Etats-Généraux.

Le marquis de Montferrier, syndic général, écrivit au maire pour savoir si dans les archives on ne trouverait pas des renseignements sur la forme de la convocation des Etats-Généraux, le priant de vouloir bien en remettre un extrait au syndic du diocèse pour le placer sous les yeux de l'assemblée des notables. De son côté, le bibliographe de la province demanda des pièces relatives à la convocation prochaine des Etats Généraux.

On put communiquer à l'un et à l'autre un document constatant que la ville de Béziers avait toujours eu des députés aux Etats-Généraux avant ceux de l'année 1614, où elle n'aurait pas été représentée, à ce qu'il paraît.

L'administration municipale reçut de Nantes une requête adressée par tous les ordres de cette ville au maire et aux échevins pour les prier de vouloir adhérer à leur vœu et de prendre une délibération tendant à demander entre autres choses que le Tiers-Etat égalât au moins en nombre, aux Etats-Généraux, les députés du Clergé et de la Noblesse réunis.

Dès que cette requête eut été portée à la connaissance des habitants, trente-six notables furent appelés à un conseil ordinaire, et, dans la séance du 23 novembre 1788, il fut délibéré :

1° De demander à Sa Majesté que, quelle que soit la forme en laquelle les prochains Etats-Généraux seront convoqués, cette ville ou son diocèse ou la sénéchaussée qui y a été établie soient autorisés à envoyer des représentants aux Etats-Généraux, ce droit étant d'autant plus incontestable qu'il paraît qu'il résulte des anciens monuments de la ville que les députations aux Etats-Généraux, avant ceux de 1614, étaient faites par villes principales, et que cette ville y envoyait des représentants par des ordres exprès de nos rois ;

2° Que les représentants du Tiers-Etat soient en nombre égal à ceux du Clergé et de la Noblesse ; qu'ils soient pris parmi les personnes qui composent réellement le Tiers-Etat et qu'ils soient élus par ce seul ordre.

Mais on ne devait pas se borner à l'expression de ce vœu. Convoquer et composer les Etats comme le furent ceux de 1614, ç'aurait été renouveler les mêmes abus et préjudicier aux droits de la ville, du diocèse, de la sénéchaussée.

Necker, « voulant satisfaire l'opinion et désireux de concilier tous les ordres », avait convoqué une seconde assemblée de notables, le 6 novembre 1788, à Versailles, pour délibérer sur la composition des Etats-Généraux, et sur l'élection de leurs membres. Le maire Bouillet (1) s'adresse à tous les ordres de la cité et les appelle à un conseil tenu le 25 novembre 1788, d'où émanera une délibération très importante. Se faisant l'interprète des généreuses intentions du roi en considération du Tiers-Etat « formant véritablement la nation et qui ne doit pas être seulement appelé à contribuer aux charges et au secours de l'Etat », dans un langage plein de clarté, de mesure et de sens, il montre, sans préjuger des décisions que prendra l'assemblée des notables réunie à Versailles depuis le 6 novembre 1788, le droit de la ville de Béziers de compter, comme par le passé, aux prochains Etats-Généraux, non seulement des représentants pris dans le Clergé et la Noblesse, mais encore des représentants du Tiers-Etat au moins en nombre égal à ceux des deux autres ordres et choisis dans la classe même de ceux qui composent le Tiers-Etat. Elle était réputée « la quatrième de la province par son enceinte et sa population; elle pourrait prétendre à un rang plus élevé par la nature de son sol, sa contribution aux charges publiques, l'étendue de son diocèse, le ressort et l'importance de sa sénéchaussée. » Le discours de Bouillet répondait à un sentiment public. L'assemblée approuva les justes revendications du maire, et d'un accord unanime, elle délibéra :

(1) Jean-Henri-Nicolas Bouillet, né à Béziers, le 20 décembre 1729, docteur en médecine de la Faculté de Montpellier, médecin du roi, était fils de Jean Bouillet, né à Servian, 1690-1777, physicien, astronome et médecin, l'ami et le correspondant de Mairan, et frère de l'abbé Bouillet-Marjals, professeur royal de mathématiques. Il avait été nommé consul-maire en 1787. Le premier chaperon lui fut contesté par M. Gottis, avocat. De là, un procès porté par appel devant le Parlement de Toulouse et en Conseil d'Etat. Le jugement fut favorable à M. Bouillet et tous les citoyens en ressentirent une vive satisfaction.

1. Que quelle que soit la forme qui sera adoptée par Sa Majesté pour la prochaine convocation des Etats-Généraux, c'est le vœu général de tous les ordres réunis de cette ville que la ville de Béziers, son diocèse ou sa sénéchaussée qui y est établie ait en particulier le droit d'y envoyer des représentants ;

2. Que les représentants du Tiers-Etat soient pris exclusivement parmi les personnes qui composent cet ordre et par eux élus ;

3. Que les représentants du Tiers-Etat soient au moins en nombre égal à ceux des deux autres ordres ;

4. De faire considérer à l'appuy de ces demandes, que la même autorité qui a convoqué les Etats de 1614 est justement réclamée pour remédier aux inconvénients et aux abus remarqués et généralement sentis dans la convocation et composition de ces Etats ;

5. Qu'il n'y a aucune loi nationale qui détermine la manière de convoquer et composer les Etats-Généraux, qu'il résulte même des anciens monuments de cette ville que les convocations de ces Etats avaient été faites par villes principales du royaume avant ceux de 1614 et que la ville de Béziers avait été comprise dans ces convocations ;

6. Qu'en renvoyant à des Etats convoqués et composés comme le furent ceux de 1614 la faculté de régler la convocation et composition des Etats-Généraux, ce serait renouveler les mêmes abus et préjudicier notamment aux droits de cette ville, de son diocèse et de la sénéchaussée qui y est établie.... (1)

Depuis longtemps l'opinion publique s'élevait contre les formes constitutives des Etats de la province, et l'approche de leur prochaine convocation déchaîna contre eux une tempête de récriminations (2). Leur réunion avait été fixée par le roi au 15 janvier 1789 en la ville de Montpellier. La communauté de Béziers était dans l'usage d'y envoyer deux députés. Le 4 janvier 1789, au moment où le conseil allait procéder à leur désignation, on vit entrer dans la salle des séances Henri, baron de Jossé, de Rives, seigneur de Ri-

(1) Arch. mun. de Béziers. Registre des délibérations, 1787-1789, BB. 30.
(2) Histoire de Languedoc, éd. Privat, t. XIII, p. 1300.

baute, et Coste, conseiller au sénéchal, se présentant comme députés des syndics du Clergé, de la Noblesse et du Tiers-Etat. L'un d'eux, Coste, après avoir demandé l'autorisation de prendre la parole, prononça d'un ton animé un discours dans lequel il rappelle l'exemple de plusieurs villes de la sénéchaussée qui se sont réunies pour blâmer la constitution vicieuse des Etats provinciaux et pour proposer la suppression de leur constitution actuelle et l'appropriation de la constitution delphinale au peuple du Languedoc, c'est-à-dire, «que dans les Etats, soit provinciaux, soit généraux, tous les députés devaient être élus, le Tiers avoir une représentation double et les votes se compter par tête ». L'orateur dépose sur le bureau un extrait d'une délibération prise par les trois ordres réunis le 24 décembre dernier dans la chapelle des Pénitents noirs, et insistant pour que les députés de la communauté soient chargés de réclamer dans la future assemblée des Etats de la province l'adoption des vœux émis pour une nouvelle constitution des Etats et pour la formation des Etats-Généraux (1).

(1) Les membres des trois ordres se réunirent au nombre de 380, sous la présidence du comte de Manse, doyen de la noblesse, dans la chapelle des Pénitents noirs, pour continuer leur délibération sur la formation des Etats Généraux et pour délibérer en même temps au sujet de la constitution des Etats de la province. Cette assemblée fut, pour ainsi dire, la continuation de celle du 25 novembre précédent; Rey, avocat en Parlement, (*) avait été choisi comme orateur. Nul autre n'était propre à défendre avec plus de zèle la cause «célèbre» qui lui avait été confiée et qui lui rappelait, disait-il, «ces beaux jours de l'éloquence où l'art oratoire défendait devant le Sénat de Rome les intérêts des peuples et la cause des rois.» L'assemblée déclara qu'elle persistait de plus fort dans sa délibération du 25 novembre, demandant :— que les députés du Tiers Etat aux Etats Généraux fussent au moins en nombre égal à ceux des deux autres ordres réunis; — que les suffrages fussent comptés par tête et non par ordre; — que les trois ordres opinent séparément; — que nul ne puisse être électeur ni éligible en vertu de sa place, charge ou office, et que la députation aux Etats Généraux soit faite dans cette province par bailliages et par diocèses et non par les Etats composés de ses membres ou renforcés d'un nombre de citoyens par la voie de

(*) On appelait avocat en Parlement des avocats inscrits mais n'exerçant pas.

L'allocution terminée et délibération prise, l'assemblée chargea « les députés de la ville de porter dans l'assemblée des Etats de la province les sentiments et les vœux de leurs concitoyens, et d'y faire valoir conjointement avec les députés des autres cités les droits des trois ordres en confor-

l'élection ; — que chaque ordre assemblé pour élire aux Etats Généraux élise son président parmi ses pairs.

Signature des membres faisant partie de la réunion du 24 décembre 1788, dans la chapelle des Pénitents noirs.

Le comte de Manse.
Le baron de Jessé fils.
Rey, avocat.
N. David, march.-drapier.
G. Condamine, m. perruquier.
Alengry aîné, fabricant.
L. Vincentis, syndic du commerce.
Rives, m. tailleur.
L. Aoust, m. cordonnier.
Gabaldo fils, ecclésiastique.
Douat, bourgeois.
Donnadieu, boulanger.
Belanger, traiteur.
Rocquazels.
Beziés, député des droguistes.
Vernet aîné, march. bordeur.
Forès, chevalier de St-Louis.
Jaille chirurgien.
Segoune, march. drapier.
Aurière cadet, march. bordeur.
Calas.
Fornier cadet.
Chauliac, dép. de la Cté Puimisson.
Savy, m. perruquier.
Durand, chanoine.
Thourel, avocat.
Chuchet fils, agriculteur.
E. Labor, prévôt des marchands.
Bessière fils, bourgeois.
Mountels, avocat.

J. Carbonnel.
D'Hauteroche.
L. Aussinot.
Bouniol, apothicaire.
J. Coste, marchand.
Caumette, serrurier.
Rouanet.
Flourens, apothicaire.
Castie, député des vitriers.
Fonvieille aîné, bourgeois.
Fabre cadet, tailleur.
J. Siau, march. droguiste.
Depierre père, syndic des orfèvres.
Granier, marchand.
Andouard, m. perruquier.
P. Vincentis.
J. Vincentis.
Fraisse fils aîné, bourgeois.
Villebrun, avocat.
Glouteau aîné, négociant.
Fave, procureur.
Coste aîné, notaire.
Rouyer, procureur.
Gos, négociant.
Sigé.
Affre jeune.
Iché, bourgeois.
Bonnet, plâtrier.
Vidal, bourgeois.
Audibert, bourgeois.

mité de la susdite délibération, de réclamer dans leurs opinions la constitution du Dauphiné, de s'opposer à tout changement qui laisserait subsister dans les Etats de la province aucun membre en vertu de sa dignité ou de son

Cavaillé, avocat.
Cazals, marchand.
A. Jouve, marchand.
Hillaire, traiteur.
Baille, pâtissier.
Viales, cordonnier.
Montpezat, syndic de la marine.
B. Michelet, march. drapier.
Mandet, march. cartier.
Boudet, bourgeois.
J. Fabre.
J. Arnaud.
Lagarrigue.
G. Vincentis.
J. Domairon, march. bordeur.
Gairaud, marchand.
Massal, perruquier.
Lamothe, traiteur.
Combes.
Garras.
Lescure.
Viguier.
Gaulhé cadet.
Nicolas, p. c. de St-Jacques.
Richard, chanoine de St-Jacques.
Cazaméa, id.
David Puel, tailleur.
Cros, avocat.
Souris de Rimbert.
J. Jullien, bourgeois.
C. Jouet.
Delon.
Bertrand.
Jouet fils.
Martin.
Chavernac, chirurgien.

G. Massot, marchand.
Le marquis Delort.
Le marquis de Gayon.
Fraisse cadet.
L. Heirisson, négociant.
C. Cassan, horloger.
A. Tastavin, march. droguiste.
Gouzet, perruquier.
Meinau, serrurier.
Bertrand, aubergiste.
Massabiau, sellier.
Cabanel d'Arnoïe.
Failis fils.
D. Blanc, bourgeois.
Mascou, négociant.
Massal, perruquier.
De Ramejan, conseiller.
Delmas, cordonnier.
Salvan aîné, négociant.
Bouisset aîné.
Babejac, négociant.
P. Guiraud.
Cambon.
Lazaire.
Odezène, libraire.
Mainy de Madale.
Masson, médecin.
D'Héméric.
Le marquis d'Alphonse.
Villeraze, baron de Castelnau.
Le baron de Coussergues.
Tabarié, tailleur.
Raunier, cordonnier.
Guibert, marchand.
Arnal.
Arribat, tailleur.

emploi, et de faire les protestations convenables contre tout ce qui pourra y être délibéré de contraire aux supplications contenues dans la délibération des trois ordres en ce qui concerne la constitution des Etats. »

Moustelon, marchand.
Jaussan, marchand.
Verdier fils, cordonnier.
Bérail, apothicaire.
Coulouma aîné.
Mathieu, perruquier.
Sales, traiteur.
Cans, fabricant de bas.
Crassous, pâtissier.
L. Verdier.
Garrigues, négociant.
Vialet.
Mourgues, de la com. de Lignan.
Ganidel aîné, marchand.
Bénézech, épicier.
J. Gauthier.
Sauret fils.
Salles.
A. Cassagnes, marchand.
P. Laissac.
P. Gros.
Gambèle, marchand.
Rouch fils, marchand.
Monestié, sculpteur.
G. Cros.
Rouanet fils, négociant.
C. Delfau, marchand.
T. Bonnet, marchand.
Martin, cordonnier.
M. Fauquié.
Térémina.
Castel.
Destresse.
Lutrand, procureur.
Henri Rafflt.
Depierre fils, m. orfèvre.

Barbier, président honoraire.
Théron, bénéficier.
G. Benonet.
Cullié, marchand.
Gailhac, fabricant d'eau-de-vie.
Rieux cadet, march.
Bigot, vitrier.
Barthélemy, maçon.
Rigal, vitrier.
Laudun aîné.
Moureau, notaire.
J. Galhac, négociant.
Farret de la com. de Roquebrun.
Viguier, fermier.
Serive, boulanger.
P. Benouet, bourgeois.
Sauret, avocat.
J. Chevalier fils, confiseur.
Le baron de Jessé père.
Pellet, receveur des tailles.
J. A. Croizat.
J. Bonnet, négociant.
Bourrillon, ag. de change.
Guibal-Laconquié.
Martin, droguiste.
Coste, négociant.
De Barbier.
Maintenon, avocat.
Roube cadet, bourgeois.
Mas, boulanger.
Crassous.
Lapeire.
Bedos, bourgeois.
Borel, cafetier.
Abes.
Bardou.

— 14 —

Bouillet et Delpont, à titre de premier et de second consuls, avaient le droit d'être élus députés aux Etats de la province. La communauté avait projeté de modifier ces choix par suite de tiraillements et d'user de substitution.

Lagarrigue aîné.
Régis, march. mercier.
A. Salvan, négociant.
Roussel, cordonnier.
Augé, cordonnier.
Caumon, vitrier.
Monestier, horloger.
Ginieis, passementier.
Grilliet, horloger.
Gervais, bourgeois.
Santy, procureur.
Fayet, négociant.
J. Coste, négociant.
Coste, conseiller.
J. Chevalier, march. confiseur.
R. Laurès, négociant.
E. Jullien, négociant.
Coste d'Espagnac.
T. Coste-Blanc.
Roube aîné.
N. Gallier, bourgeois.
Donnadieu, négociant.
Bayan, procureur.
Bedos, boulanger.
Valette, menuisier.
A. Barthés.
R. Sallettes.
Barrière père.
Laurès aîné,
A. Espinas, marchand.
Dubuisson, lieut.-colonel.
Pouderous, procureur.
Chavernac aîné, chirurgien.
Martin, curé de St-Aphrodise.
Martin, prêtre prébendé.
Maineau.

Bigot fils.
Laurès.
Golfin.
Fouilhé cadet.
Bayan.
Barrière fils, marchand.
Moureau.
Auriac.
De Mons.
Roque.
Nauthon, conseiller.
De Cassan.
De Tremouille, conseiller.
Roque d'Horcastel.
De Christol.
Azéma, hebdomadier.
Petit, prêtre.
De Rives, baron de Ribaute.
P. Jalabert, marchand.
Lacase, cordier.
Bureau, cordier.
Mémin aîné.
Cambon, ancien procureur.
Dortis.
Durand, avocat.
Audous.
Aubin, négociant.
Blanc aîné.
Rouanet aîné,
Astier fils.
Gairaud fils aîné.
Farret neveu.
Savagné, perruquier.
Barthés.
Anduze.
Verdéry, bourgeois.

Bouillet se montra ferme et n'abdiqua rien de ses prérogatives. Quant à Delpont, une grave maladie de sa femme, dont elle fut victime, l'empêcha d'accomplir sa mission, et il fut remplacé par l'avocat Rey.

Chuchet père agriculteur.
Fourni père, chirurgien.
Bellaman, boulanger.
Marc Matet.
Bonhebon.
J. Salvan, négociant.
Sabatier.
Barre, négociant.
Serrière, serrurier.
Bécus, menuisier.
Malafosse, tailleur.
P. Aubès, menuisier.
Fabre, bourgeois.
Sabatier, tailleur.
J. Castan de la Courtade.
J. Coutel, négociant.
Gairaud, cordonnier.
A. Aîn.
Vidal, menuisier.
Carbonnel, menuisier.
Bessou, tonnelier.
Combescure, chirurgien.
Lartigue.
Cassagnes le fils, avocat.
J. Vernet aîné.
Sourzat, bourgeois.
P. Granal.
Thévenau, marchand.
F. Massot, quincaillier.
Gasc, bourgeois.
Clergue, traiteur.
Roudier fils.
Roudier père.
Pezet, avocat.
Bessière, avocat.
Bessière cadet.

F. Fontvieille.
I. Vidal.
Galtier syndic.
Bourguet, chirurgien.
Bousquet, libraire.
Labat,
Chalamel, juré-priseur.
Jullien, curé de Ste-Madeleine et St-Félix.
Aîn neveu, négociant.
Cassaignes fils, apothicaire.
Delas.
Andoque.
Rocque.
Cassaigne le père, avocat.
Delamenteloy.
Bardou, serrurier.
Domairon frères.
Farret père, bourgeois.
Cairol, blancher.
G. Fauquier, tonnelier.
Lognos, tonnelier.
F. Jalabert, m. blancher.
Besson aîné, tonnelier.
P. Cairol, tonnelier.
Gros, marchand.
Salvagnac.
Simonet fils.
Maintenon, avocat.
Biget, bourgeois.
Guibert, avocat.
Poussan, chevalier de St-Louis.
Lognos, curé de St-Martin.
Pascal de St-Juéry.
Dalichoux de Sénégra.
Mestre, prébendé.

Les deux députés ne ressentirent pas une égale satisfaction à remplir leur mandat. Bouillet assista paisiblement aux séances, mais Rey en rapporta mille sujets de récriminations, se plaignant d'avoir été exposé à des désagréments et à des contestations, et il exposa ses griefs dans un placet aux ministres, que fut chargé de leur présenter le marquis de Bermond, en résidence à Paris, et choisi comme représentant de ses concitoyens (1).

Les Etats provinciaux se séparèrent le 21 février 1789, ne se doutant pas qu'ils accomplissaient leur dernier acte politique, et qu'à l'époque présumée de leur prochaine convocation, la province de Languedoc n'existerait plus.

L'assemblée des notables avait clôturé ses séances le 8 décembre 1788. Trompant l'espérance du pays, elle avait repoussé la double représentation réclamée par le Tiers-Etat et le vote par tête. Necker, n'ayant pu faire adopter le doublement du Tiers par les notables, le fit adopter par le Conseil. Une déclaration royale arrêta que le nombre des députés à élire serait de douze cents et que, suivant le vœu émis par les Etats provinciaux, les représentants du Tiers-

Azaïs, avocat.	Caucadis aîné.
Barthélemy, lieut.-génér. criminel.	Fraisse père, bourgeois.
Pouderous, avocat.	Levère, avocat.
Castan de la Tuilerie.	Coste de Mazel.
Martin, prêtre.	Cabanel, curé.
Destaville, conseiller.	Delamarre, conseiller honoraire.
Raynal, avocat.	Guibal, conseiller honoraire.
Pradines d'Aureillan.	Valade, avocat.
Martin, grammairien.	Delamarre, conseiller.
Cabanel, prieur.	Farret, conseiller doyen.
Martin, chanoine.	L'abbé Daydé.
Viennet, officier de dragons.	Jacob, bourgeois.
L'abbé Poussou, bénéficier.	Béraud, sellier.
Tudier, bourgeois.	Passebosc, notaire.
Bezombes, chanoine.	

(1) Registre des délibérations. Séance du 28 février 1789.

Etat seraient en nombre égal à celui des représentants des deux premiers ordres réunis, soit six cents pour le Tiers, trois cents pour le Clergé et trois cents pour la Noblesse. Necker obtint de plus l'admission des curés dans l'ordre du Clergé et celle des protestants dans celui du Tiers. Le roi n'avait pas osé trancher la question du vote par tête ou par ordre. Il laissa ce soin aux Etats eux-mêmes.

Il restait à déterminer le mode selon lequel se feraient les élections. Le roi voulut que ses sujets fussent tous appelés à concourir à l'élection d'une assemblée représentative de la nation entière. Le 24 janvier 1789 fut lancé le règlement électoral. Le droit d'élection aux Etats-Généraux enlevé aux Etats provinciaux était attribué aux habitants des bailliages ou sénéchaussées (1) réunis librement dans leurs comices. L'agitation électorale parcourut lentement la France entière depuis la seconde quinzaine de février jusqu'à la fin d'avril.

On se prépara de toutes parts à nommer les membres de la future assemblée nationale par application du règlement royal du 24 janvier 1789. Du moment que le roi s'était déterminé « à convoquer ses sujets du Languedoc par sénéchaussées », chacune d'elles devint le siège d'un collège électoral. Chaque assemblée générale de sénéchaussée fut présidée par le sénéchal désigné comme commissaire du roi. Les lettres de convocation furent transmises à chacun des sénéchaux par le commandant en chef, le comte de Périgord, faisant fonction de gouverneur de la province,

Une ordonnance, à la date du 28 février, de messire Joseph-Gabriel de Gleises de La Blanque, lieutenant-général né de la sénéchaussée de Béziers, juge-mage, en exécution de la lettre du roi du 7 du même mois et du règlement y

---

(1) Deux mots synonymes tirant leur signification des anciennes attributions judiciaires des baillis et des sénéchaux remplacés à cette heure par des lieutenants-généraux appelé aussi *juges-mages*.

annexé, fixa au 16 mars la réunion de l'assemblée électorale qui fut annoncée « par des affiches imprimées et publiées à son de trompe dans tous les lieux, places et carrefours de la ville, au prône des messes paroissiales et, à l'issue des dites messes, au-devant des portes principales des cinq paroisses » (1). L'assemblée devait être composée des membres du Clergé, des membres de la Noblesse et des représentants du Tiers-Etat choisis et députés par les assemblées particulières. Chaque ordre devait rédiger ses cahiers des plaintes, doléances et remontrances et nommer ses députés.

Les évêques, les abbés séculiers et réguliers rentés, les ecclésiastiques possédant un bénéfice ou commanderie, les prieurs, les curés sous certaines conditions de domicile ou d'administration paroissiale faisaient partie de droit de l'assemblée de sénéchaussée à laquelle ils pouvaient se faire représenter par un procureur fondé pris dans leur ordre. Les chapitres, les communautés religieuses et le bas clergé, c'est-à-dire les ecclésiastiques non bénéficiers, n'y étaient représentés que par délégation : les chapitres par un chanoine sur dix ; les prêtres attachés aux chapitres et les ecclésiastiques non bénéficiers par un sur vingt ; les corps ou communautés religieuses par un délégué par communauté (2). Comme on le voit, l'assemblée du clergé comprenait des électeurs directs ou du premier degré, et des électeurs délégués ou du second degré.

Les électeurs de la noblesse furent pris parmi les nobles possédant fief dans toute l'étendue de la sénéchaussée, ou

---

(1) *Procès-verbaux de l'assemblée générale des trois ordres de la sénéchaussée de Béziers.* — Béziers, imprimerie J.-J. Fuzier, 1789, in-4o. — On lit dans le registre des délibérations : Le verbal de l'assemblée de la sénéchaussée de cette ville, au sujet de la députation des Etats-Généraux, sera imprimé par Fuzier (19 mars 1789).

(2) Les communautés de femme avaient droit de se faire représenter par un ecclésiastique.

parmi tous les nobles non propriétaires de fiefs, ayant une noblesse acquise et transmissible, âgés de vingt-cinq ans, nés Français ou naturalisés, domiciliés dans le ressort, avec cette différence que les nobles possédant fiefs pouvaient se faire représenter par procureurs fondés ayant la noblesse, tandis que les nobles non fieffés ne pouvaient opiner et voter que personnellement.

Pour le Tiers-État, qui formait l'immense majorité, il y eut des élections graduelles. La rédaction du cahier des doléances ne devait pas être laissée à l'ensemble des électeurs, mais à une assemblée composée de députés élus au deuxième degré dans les réunions primaires des diverses corporations. L'élection de ces députés devait se faire de la manière suivante. Les corporations de métiers (passementiers, tonneliers, droguistes, confiseurs, boulangers, orfèvres, horlogers) nommèrent un député par cent membres présents ; les corporations d'arts libéraux (avocats, notaires, huissiers, procureurs, médecins, chirurgiens, apothicaires), deux par cent électeurs présents ; ceux qui n'appartenaient à aucune corporation (bourgeois, négociants, industriels, ménagers, paysans, propriétaires), nommèrent également deux députés par cent électeurs présents. Toutes ces corporations formant le Tiers-État eurent d'abord à rédiger séparément leurs cahiers des plaintes et doléances pour être réunis en un seul et procédèrent ensuite à « haute voix » à la nomination de leurs députés de premier degré.

Comme les corporations, les paroisses et agglomérations d'habitants dans les communes rurales rédigèrent également leurs cahiers particuliers et nommèrent à « haute voix » deux députés par deux cents feux ou familles.

« Je désire que des extrémités de mon royaume et des habitations les moins connues chacun soit assuré de faire parvenir jusqu'à moi ses vœux et ses réclamations. » Telles étaient les paroles que venait de prononcer solennellement le roi, l'ami, le bienfaiteur et le père du peuple. Une commission fut chargée de fusionner les cahiers des électeurs primaires (1).

Les délégués nommèrent des députés électeurs pour l'assemblée générale de sénéchaussée. Pour être électeur, il fallait être né Français ou naturalisé, âgé de vingt-cinq ans, domicilié et porté au rôle des impositions ; et comme tout le monde était soumis à l'impôt de la *capitation* (2), il en résultait que tous les citoyens de vingt-cinq ans étaient électeurs.

Conformément à l'ordonnance du sénéchal réglant les opérations électorales, les trois ordres s'assemblèrent dans l'église des Récollets (aujourd'hui chapelle des Pénitents-Bleus), où l'on célébra d'abord une messe du Saint-Esprit, après laquelle le juge-mage, commissaire du roi, prit place, en qualité de président, sur un fauteuil placé au haut de la nef devant la balustrade du sanctuaire pendant que les trois ordres s'asseyaient sur des chaises qui leur avaient été préparées, le Clergé à sa droite, la Noblesse à sa gauche et le Tiers-Etat au centre. Dominique Vieules, greffier en chef, occupait une place à côté du président « au-devant de son bureau ».

Les trois ordres réunis formaient une assemblée de 959 membres : 340 pour le Clergé, 126 pour la Noblesse, 493 pour le Tiers-Etat.

---

(1) L'article xxvi du règlement du 24 janvier 1789 qui enlevait, dans les villes où les corps de métiers étaient organisés en corporations, la rédaction du cahier à la masse des électeurs pour le confier à un nombre relativement restreint de députés, avait été inspiré par la crainte que le trop grand nombre d'électeurs réunis en assemblée primaire ne fût un obstacle à la discussion paisible de leurs intérêts, et qu'en définitive la réunion n'aboutît qu'à l'impuissance et à la confusion. Pour apporter de l'unité dans la rédaction des vœux et doléances suscités par des intérêts particuliers à chacun, des délégués de chacun des trois ordres reçurent la mission de fondre et de réduire tous les cahiers en un seul qui devenait ainsi le cahier général du Clergé de la Noblesse et du Tiers-Etat, mais cet ordre n'eut pas son application.

(2) La *capitation* était un impôt personnel établi en 1695 qui frappait chaque tête, chaque citoyen.

ORDRE DU CLERGÉ

De Saint-Simon, évêque d'Agde.
De Nicolay, évêque de Béziers.
De Fumel, évêque de Lodève, procureur fondé, Daydé, vic. général.
Dillon, archevêque de Narbonne. p. f., Maréchal, vic. gén.
De Bausset, évêque d'Alais. p. f. chanoine de Lozeran du Fès.
Delort-Serignan, abbé de Saint-Aphrodise. p. f., curé Martin.
C. de Puységur, abbé de Valmagne. p. f., chanoine de Rives.
J. de Tourdonnet, abbé d'Aniane. p. f., l'abbé Belpel.
D^{me} de Cabrerolles, abbesse du St-Esprit. p. f., chanoine de Portalon.
J. de Douzainville, abbé de Saint-Sauveur de L. p. f., curé Séguier.
Malras, dép. des chan. de Béziers.
P. de Beaulieu, prieur de N.-D. de Cassan. p. f., curé Giret.
J. de Gohin, dép. des chan. d'Agde.
Lagare, dép. des chan. de Lodève.
T. de Pardailhan, dép. des chan. de Saint-Pons.
D'Astruc de Colombières. p. f. du chap. de Narbonne.
Farret et Boudou, dép. des bénéf. de Béziers.
Fabry et Buoneville, id. id. d'Agde.
P. Saint-Amour id. id. de Lodève.
Martin (J. P.), id. id. de Saint-Aphrodise, de Béziers.
Hérail, dép. des prébendés de S.-Aphrodise.
J. de Jammes, dép. de la collégiale de Sérignan.
F. de Lasserre de Fondouce, id. id. de Pézenas.
Olive, id. id. de Capestang.
Cazaméa, dép. du ch. de Saint-Jacques, de Béziers.
Dame F. de Pardailhan-Gondrin, pp^{re} de Cornils-Lacoste, abbesse de
    Nonenque. p. f., chanoine Jalabert.
D. de Lavelanet, prieur de S.-J.-B., de Laurens. p. f., l'abbé Guibert.
L. de Villeraze, prieur d'Abeilhan.
Debosque, prieur d'Aspiran-Ravanez. p. f., l'abbé Guibert.
Daydé (J. M.), prieur de Saint-Nazaire d'Auberte.
De Rivenc de Perredon, prieur de Dio et V. p. f. chan. Durand.
H. de Portalon, prieur de Saint-Hippolyte de Mayran.
    p. f. Aphrodise de Portalon, prébendé.

F. de Barrès, prieur de S. J. B. de Prades-Cessenon.
    p. f., Louis Martin, prébendé.
Pasquier, prieur de S. Et. de Gaspeyroux.
    p. f., Léonard Nicolas, chan. rég. de Saint-Jacques.
Les prieur et religieux de la Chartreuse de Castres, prieurs de Saint-Vincent. p. f. Alexandre de Portalon, chanoine.
Valadon, prieur de Saint-André d'Aigues-Vives.
Clémenceau, prieur de SS. Pierre et Celse. p. f., curé Glouteau,
Dom Franc, p. de Saint-Raphaël. p. f., dom Brignet, de St-Thibéry.
Dom Bosquet, prieur de Castelnau de Guers.
    p. f., dom Blaquière, de Saint-Thibéry.
Dom V. Brignet, dép. de l'abbaye de Saint-Thibéry.
Dom Chauchon, dép. des abb. de Villemagne et de Saint-Chinian.
Dom Raynal, dép. des abb. d'Aniane et de Saint-Guilhem-du-Désert.
De Labat, dép. du chap. de Cassan.
Rastoul, dép. du chap. de Quarante.
Des Moulins de l'Isle, abbé de Foncaude.
    p. f., curé Massip, de Saint-Chinian.
Dom des Biez, dép. de l'abb. de Valmagne.
Cabanel, curé de Saint-Nazaire.
Martin, curé de Saint-Aphrodise.
Nicolas, curé de Saint-Jacques.
Jullien, curé de Sainte-Madeleine et de Saint-Félix.
Glouteau, curé de Badones.
Lognos, curé de Saint-Martin de Divisan.
Taillan, curé de Saint-Jean-d'Aureilhan.
Pouderous, curé de Saint-Pons.
Massip, curé de Saint-Chinian.
Planès, curé de Ferrières. p. f., Bellugou, curé de Vendres.
Gondard, curé de Pardailhan. p. f., Pouderous, curé.
Andral, prieur-curé de Saint-Martial. p. f., de Treil de Pardailhan.
Gazel, curé de La Salvetat.
Resplandy, curé de Labastide-Rouayroux.
Guibert, curé des Verreries.
Ritourel, curé de Courniou.
Gottis, prieur-curé de Boujan.
Augier, p.-c. de Servian.
Arnal, p.-c. d'Alignan-du-Vent.

Girel, curé de Saint-Jean de Bibian.
Santy, curé de Caux.
Aubès, curé de Nizas. p. f., Vigues, bénéficier de Béziers.
Audran, curé de Neffiès.
Sérane, p.-c. de Vailhan. p. f., Soulagne, p.-c. de Fontès.
Coustou, curé de Lieuran-C. p. f. Santy, curé de Caux.
Rocagel, curé de Péret.
Laurès, p.-c. de Cabrières, p. f., Augier, p.-c. de Servian.
Pastre, p.-c. de Valmascle. p. f., Daumas, curé d'Aspiran.
Gaubert, curé de Levas. p. f., Bellugou, curé de Vendres.
Martin, p.-c., de Campillergues. p. f. Rigal, curé de Portiragnes,
Ferrieu, curé de Brenas. p. f., le chan. Durand.
Ferrière, p.-c. de Valquières. p. f. Chaboud, curé de Lignan.
Belous, curé de Dio. p. f., Galtier, curé de Joncels.
Mas, p.-c. de Carlencas. p. f., Balansac, curé de Lieuran-B.
Prunet, p.-c. de Pézènes et annexes. p. f. Mestre, prébendé.
Bousquet, p.-c. de Fos et Paders.
Coste, p.-c. de Roquessels. p. f., Coste, curé de Laurens.
Joulian, p.-c. de Saint-Martin des C. p. f., Soulagne, p.-c. de Fontès
Blanc, curé de Gabian p. f., J. Blanc, curé de Montady.
Mathieu, p.-c. de Roujan.
Martel, p.-c. de Margon. p. f., Arnal, p.-c. d'Alignan-du-V.
Soulagne, p.-c. de Fontès.
Mazel, p.-c. de Pouzolles.
Guiraud, curé de Fouzilhon.
Coste, p.-c. d'Abeilhan. p. f.. Coste, curé de Laurens.
Hicher, curé de Coulobres.
Bousquet, p.-c. de Puissalicon.
Montels, curé d'Espondeilhan. p. f., Hicher, curé de Coulobres.
Villebrun, curé de Bassan.
Balansac, curé de Lieuran-B.
Millié, curé de Ribaute.
B. de Maissonnier, curé de Nébian.
Pons, p.-c. de Clermont-L.
Flottes, p.-c. de Fouscais. p. f. Pons, p.-c. de Clermont-L.
Baumel, curé de Lacoste.
J. de Laroque, p.-c. de Saint-Martin-du-B. p. f. E. de Maissonnier,
Ollier, p.-c. de Saint-Jean de la B. p. f., Santy, curé de Caux.
Jany, p.-c. d'Usclas. p. f., le p.-c. de Brignac.

Audran, p.-c. de Saint-Frichoux. P. F., Blanc, curé de Montady.
Delbourg, curé de Soumont. P, F., le p.-c. de Ceyras.
Montels, curé du Puech. P. F., le curé de Saint-Pierre, de Lodève.
Léotard, curé de Saint-Fulcrand-Lodève.
Lavie, curé de Saint-Pierre-L.
Duclaux, p.-c. de La Valette. P. F., le p.-c. de Lauroux.
Canac, curé de Soubès.
Rouquet, p.-c. de Saint-Étienne de G. P. F., le p.-c. de Clermont-L.
Vergnes, p.-c. de Parlatges.
Marc, c. de St-Pierre-de-L. P. F., le curé de Saint-Pierre-L.
De Grégoire, p.-c. de la Vacquerie. P. F., le curé de Parlatges.
Pons, p.-c. de Saint-Maurice. P. F., Poussou, bénéficier de B.
Combes, curé de Madières. P. F., le curé de Parlatges.
Jory, curé du Caylar.
Baldouy, curé des Rives. P. F., Théron, bénéficier de B.
Serres, p.-c. de Pégairolles. P. F., le curé de Ribaute.
Calmels, curé de Coulet. P. F., le curé de Soubès.
Rouquette, p.-c. de Lauroux.
Roux, p.-c. de Villecun. P. F. le p. de Saint-Pierre-Lafage.
Ontziol, curé de Poujols. P. F., le curé de Saint-Nazaire-B.
B. du Mazel, curé de Saint-Martin de C. P. F., le curé de Soubès.
Maurin, p.-c. d'Octon. P. F., le curé de Salelles.
Rouaud, p.-c. de Celles. P. F. Salze, chan. de Lodève.
Guizard, p.-c. de Mérifons. P. F., Hicher, curé de Coulobres.
Bonneville, curé de Liausson. P. F., le curé de Brignac.
Cazilhac, p.-c. de Salasc. P. F., le curé de Ceyras.
Rousset, p.-c. de Mourèze. P. F., le curé de Nébian.
Bernard, curé de Salelles.
Chaboud, curé de Lignan.
Belmont, p.-c. de Thézan.
Arnaud, p.-c. de Murviel. P. F., P. Daydé, prébendé de B.
Cure, p.-c. de Saint-Nazaire de Ladarez.
N. de Lasserre, p.-c. de Roquebrun.
Carrière, curé d'Olargues.
Massot, curé de Saint-Julien-Olargues.
Clavel, curé de Saint-Vincent, P. F., le chan. Salvan de St-Aphrodise.
Giniels, curé de Prémian.
Blorg, curé de Riols.

Tarbouriech, curé de Cessenon et annexes.
P. Gottis, p.-c. de Savignac.
Bouniol, archiprêtre de Cazouls-B.
Séguier, curé de Campagnoles.
Bosquet, curé de Maraussan.
Libes, curé de Villenouvette.
Causse, p. de Saint-Martin d'Agel. P. F., Barbier, prébendé de B.
Martin, curé de Causses.
Guibert, curé de Montblanc.
Guy, p.-c. de Valros.
Davérous, curé de Tourbes.
Boudou, curé de Conas.
L. de Ricard, curé de Castelnau de G. P. F., le chapelain Armély.
Savy, curé de Pézenas.
Rabot, p. c. d'Aumes. P. F. le curé de Pézenas.
Bellonis, p.-c. de Montagnac. P. F., le curé de Saint-Etienne, d'Agde.
Peys, p.-c., de Saint-Pons de M. P. F., le curé de Conas.
Gibal, curé de Saint-Pargoire.
Fanjaud, curé de Campagnan. P. F., Monestié, prof. en théologie.
Malrieu, curé de Belarga. P. F., le prieur de Paulhan.
M. Bousquet, p.-c. de Plaissan. P. F., le diacre Faret.
F. Fanjaud, curé de Puilacher. P. F., Granier, hebdomadier.
Nouguier, curé de Gignac.
J. Cabanel, curé de Saint-Martin de C. P. F., le curé de Gignac.
Tindel, curé d'Aniane.
Mille, curé de la Boissière. P. F., le curé d'Aniane.
Gas, curé de Puéchabon. P. F. le curé d'Aniane.
Clarenc, curé de Saint-Laurent, P. F., le p.-c. de Villenouvette.
Bonnarie, p.-c. de Saint-Jean de Fos.
     P. F., Ferrieu, curé de N.-D. d'Autignaguet.
Dom J. Michel, bénédictin, curé de Saint-Barthélemi de S.-G. du D.
     P. F., le prieur de l'abbaye d'Aniane.
Galby, curé de N.-D. de la Garrigue. P. F., le curé de St-Félix de L.
Larche, p.-c. de Montpeyroux.
Gaudion, p.-c. de Saint-André.
Bruéron, curé de Saint-Félix de Lodez.
Couderc, p.-c. de Saint-Guiraud. P. F., le curé de Lézignan la C.
Loubeau, p.-c. de Saint-Saturnin.

Lavit, p.-c. de Ceyras.
Barescut, curé de Cambous. P. F., le curé de Saint-Félix de L.
René de Comte de Montmaur, p.-c. de Brignac.
Rigaud, p.-c. de Canet. P. F., le curé de Lézignan-la-C.
Daumas, curé d'Aspiran.
Mauzac, curé d'Usclas-d'Hérault. P. F., Fraïsse, bén. de Béziers.
Janel, curé de Cazouls d'Hérault. P. F., Sudre, prêt. du diocèse d'Albi.
Maissonnier, curé de Lézignan-la-Cèbe.
Barrière, curé de Puimisson.
Eustache, p.-c. de Saint-Geniès-le-Bas.
Cure, p.-c. d'Autignac.
Coste, curé de Laurens.
J. Guy, curé de Caussiniojouls. P. F., Giret, curé de Saint-Jean de B.
Nègre, p.-c. de Faugères. P. F., le curé de Lignan.
Pioch, p.-c. de Soumartre. P. F., le curé de Joncels.
Tabarié, curé de Bédarieux. P. F., Vigues, bénéficier.
Boissié, curé de Mas-Blanc. P. F., Bosquet, prébendé de St-Aph.
Rigaud, p.-c. de Caunas. P. F., Lunaret, bén. de Béziers.
Privat, p.-c. de N.-D. de Nize. P. F., Glouteau, curé de Badones.
Montagnol, p.-c. de Lunas. P. F., le bén. Fraïsse.
Galtier, curé de Joncels.
Gasc, curé du Mas de Mourié. P.F., le prébendé Coutouly de B.
Ferrieu, curé de N.-D. d'Autignaguet.
Granier, curé de Ceilles. P. F., le curé de N.-D d'Aut.
Bousquet, curé de Vinas et de N.-D. de Rouvignac.
Barthés, p.-c. de St-Barth. d'Arnoye. P. F., Blanc, bén. de B.
Cabassut, p.-c. d'Avène et annexes.
Vidal, p.-c. de Saint-Martin de Clém. P. F., le p.-c. de Servian.
Mazel, curé de Graissessac. P. F., Astruc, curé de Cabrials.
Réveillon, curé de Camplong. P. F., Martin, c. de St-Aph.
Méric, curé de Saint-Etienne de M. P. F., le curé Balansac.
Salles, curé de Taussac, P. F., le curé d'Aspiran.
Levère, curé de Villeneuve-lès-B.
Espic, p.-c. de Cers.
Rigal, curé de Portiragnes.
Vivarès, curé de Vias.
Payen, curé de Saint-Etienne, d'Agde.
Morel, p.-c. de Saint-Sever d'Agde. P. F., de Cars, précenteur.

Olive, curé de Cette, p. f., Michel, vicaire.
X. Michel, p.-c. de Bouzigues. p. f., le p.-c. de Mèze.
Lau, curé de Saint-Martin du Crau. p. f., l'arch. de Cazouls.
Lenthéric, p.-c. de Mèze.
Viel, curé de Marseillan.
Lagriffoul, p.-c. de Pomérols. p. f., Perny, curé de Florensac.
Julien, curé de Pinet. p. f., Gottis, p.-c. de Boujan.
Martin, p.-c. de Nézignan.
Pouget, curé de Saint-Thibéry.
Mazuc, curé de Bessan.
Boude, curé de Coussergues. p. f., le curé de Montblanc.
Viguier, p.-c. de Corneilhan.
Boulet, curé de Cabrerolles. p. f., Blanc, bén. de Béziers.
Abbal, p.-c. de Ste-Madeleine de M. p. f., Sanche, préb. de Béziers.
Vergne, curé du Poujol.
Cabrié, curé des Aires. p. f., Coutouly, préb. de Béziers.
Lautrec, curé d'Hérépian, p. f., le curé de Villeneuve-lès-B.
Flotard, p.-c. de Colombières. p. f., le préb. Sanche.
Lussignol, p.-c. de Douch. p. f., le curé de Boujan.
Bel, curé de Saint-Gervais.
Sèbe, p.-c. de Castanet-le-H. p. f., Brès, professeur au Collège.
Héric, curé de Rongas. p. f., le curé de Saint-Gervais.
Pellissier, p.-c. de Saint-Amans de M. p. f., le curé de Neffiès.
Castel, curé de Maurian. p. f., Brès, prof. au collège.
Roque, p.-c. de Saint-Geniès de V. p. f. le curé de St-Gervais.
Bas de Cesso, curé de Villemagne. p. f., le curé de Saint-Julien.
Blanc, curé de Montady.
Crozals, curé de Sauvian. p. f. l'arch. de Cazouls.
Grenier, curé de Sérignan.
J. Bellugou, curé de Vendres.
Gondret, curé de Lespignan.
Cathelan, curé de Colombiers. p. f., le curé de Villenouvette.
Dalmais de Curnieu, arch. de Capestang.
Pagès, curé de Quarante.
Tarbouriech, curé de Salliès. p. f., le curé de Quarante.
Goutles, curé d'Argeliers-Narbonne.
Rolland, curé de Bize.
Jauffroin, curé de Mailhac.

H. de la Rentière, p.-c. de Puisserguier.
Tarbouriech, curé de Creissan. p. f., le curé de Puisserguier.
Falcou, curé de Montels. p. f., le curé de Bize.
Augé, curé de Poilhes.
Pujol, p.-c. de Nissan.
Crouzilhac, p.-c. de Maureilhan. p. f., l'ancien arch. de Cazouls.
Tabarié, p.-c. de Ramejan.
Pagès, curé de Cruzy. p. f., le curé de Quarante.
Gros, curé de Montouliers. p. f., le curé d'Argeliers.
Cabanon, curé d'Agel. p. f., le curé de Bize.
Gros, p.-c. d'Aigues-Vives. p. f., Lavigne, curé de Ventenac.
Martin, curé de Cébazan.
Théron, curé de Villespassans. p. f., le curé de Saint-Chinian.
De Gairaud de Lasserre, p.-c. de St-Martin-de-Larçon.
    p. f., Bonnaviale, préb. de Béziers.
Albrand, curé de Lauzières. p. f., Théron, bén. de Béziers.
De Fleuri, prieur des Carmes de Béziers.
Les PP. Cordeliers, d'Agde. p. f., Maffre, bén.
Les PP. Carmes de Lodève. p. f., le prieur des Carmes de Béziers.
Les PP. Cordeliers, de Pézenas. p. f., Sudre, prêtre d'Albi.
Les religieuses de N.-D. de Béziers. p. f., Daydé, vic. gén.
Les religieuses de Sainte-Marie de Gignac. p. f., le curé Nouguier.
Les religieuses de N.-D. d'Agde. p. f., le curé de Bessan.
Les Ursulines, de Pézenas. p. f., le curé Savy.
Charcun, sup. des Prêtres de la Mission.
P. Cerise, dép. des PP. Dominicains, de Béziers.
P. Tédenat, député des PP. Augustins, de Béziers.
P. Laffite, député des PP. Minimes, de Béziers.
P. Benoît Rigal, dép. des PP. Augustins de Montagnac.
P. J. Julien, dép. des PP. Dominicains de Clermont.
Les Ursulines, de Béziers. p. f., Boucar, prêtre-préb. de Béziers.
Rolland, chap. de N. D. de Mèze. p. f., Fabry, hebdomadier d'Agde.
Coutouly, chap. de l'Obit du Purgatoire (paroisse St-Félix).
Salet, chap. de N.-D. de Consolation (paroisse St-André).
A. de Portalon, chapelain de Saint-Jean (paroisse de Bessan).
Despeus, chap. du De Corpore Christi (Sainte Madeleine de Béziers).
    p. f., Boucar, préb.
Salvan, chap. de de Rouch (paroisse Saint-Félix).

Martin, chap. de Saint-Jean-Baptiste, de Loupian.
Belpel, chap. de Galzy, Montblanc.
De Rives, chap. des Onze Mille Vierges et de Sainte-Croix.
Cielle, chap. de N.-D. et de tous les Saints (paroisse St-Félix).
    p. f., chan. de Rives.
Azéma, chap. de Sainte-Anne, Portiragnes.
Villebrun, chap. de Saint-Pierre, Montagnac. p. f., chan. Desmazes.
Arquinet, chap. de Sainte-Croix, Mèze. p. f., chan. Desmazes.
Astruc, chap. des Ames du Purgatoire, Saint-Pons de M.
Fanjaud, chap. de N.-D., Soubès. p. f., le curé Astruc de Cabrials.
Jannot, chap. des Ames du Purg., Bize., p. f., Roube, hebd.
L. Roube, chap. de Saint-Etienne, Saint-Félix de Béziers.
Valat, chap. de Saint-Crépin, Pézenas.
Vigues, chap. de N.-D. de la Balme, Sainte-Madeleine.
Fraïsse, chap. de Saint-Martin d'Alzonne, Saint-Félix.
Lagarde, chap. de Saint-Joseph, Montagnac,
J. de Lozéran, chap. de Saint-Antoine, Aniane.
Pagès, chap. d'un Cantage, Nézignan.
Augé, chap. de Saint-Antoine, St-Et. de Mursan.
Olivier, chap. de N.-D. de Bon Port, Saint-Félix.
Gibal, chap. de SS. Hippolyte, Blaise, Joseph, Crépin et C., Gignac.
Rouaud, chap. de S.-J.-B., Pégairolles.
Cabrié, chap. de SS. Pierre et Ferréol, Villeneuve.
Armély, chap. de Saint-André, Florensac.
Laffont, chap. de Saint-Maixent, par. Saint-Sever.
Olivier, chap. de Saint-André, Montagnac.
Palhouzier, chap. de Saint-Guiraud, Sainte-Madeleine.
Villebrun, chap. de N.-D. de Grâce, Pézenas.
Maffre, chap. de Saint-Claude, Marseillan.
Roudier, chap. de Sainte-Catherine, Ste-Mad.
Fabre, chap. de Saint-Antoine, Valros.
Brès, dép. des ecclésiastiques engagés, non bénéficiers, Ste-Madeleine.
Guibert, dép. des eccl. eng., non bén., de Clermont-L.
Guibert, dép. des eccl. eng., non bén., de Saint-Pons.
Michel, dép. des eccl. eng., non bén., de Cette.
H. de Blay, chap. de la Sainte-Trinité, Villeneuve.
Olive, chap. de Saint-Etienne, Capestang.
De Boisé de Coursenay, abbé de Villemagne.

p. f., J. de Lozeran-du-Fès, chan.
Combescure, curé de Nissergues. p. f., le chan. Jalabert.
Montrouzier, p.-c. de Loiras. p. f., le p.-c. de Saint-Saturnin.
Pelligneau de Bourges, prieur de Combas. p. f., Belpel, préb. de B.
Canaguier, chap. de St-Michel, Montagnac. p. f., le curé de Bessan.
L. Jalabert, chapelain.
Nègre, arch. de Boussagues.
Massot, curé d'Assignan. p. f., le curé de Cébazan.
Pinenc, curé de Fraïssé. p. f., le curé de la Salvetat.
Garrigueno, curé de l'Espinouse. p. f., le curé de la Salvetat.
Bessière, p.-c. de Saint-Michel. p. f., le curé de Vinas.
Vassal, curé des Plans. p. f., le curé de Vinas.
De Nohary, chap. de St-Ant., Thézan. p. f., le curé de Portiragnes.
Plégat, chap. de Saint-Antoine, Agde.
Faunières, p.-c. de Vieussan.

Absents

L'évêque de Tarbes, abbé c. de Quarante.
L'abbé c. de Saint-Jacques de Béziers.
L'abbé c. de Saint-Thibéry.
L'abbé c. de Saint-Chinian.
L'abbesse de Clermont-L.
Le commandeur de Béziers.
Le commandeur de Pézenas.
Le commandeur de Grezan.
Le commandeur de Campagnoles.
Le chapitre de Joncels.
Mazel, p.-c. de Clairac-lès-Béziers.
Ollier, curé des Salces, Lodève.
Gleizes, curé de Fozières.
Saint-Léger, curé de Navacelles.
Marcorelle, p.-c. de Sorbs.
Reynes, p.-c. du Cros.

Bonnavialle, curé de Saint-Félix de l'H.
Nozeran, curé de Saint-Martin-des-C.
Soulairol, curé de N.-D. de Rouvièges.
Gept, curé de Tressan.
Bonnavialle, p.-c. de Rocozels.
Blayac, curé de Saint-Xist.
Thomas, curé de Loupian.
Brouillet, curé de Villeveyrac.
Amadou, curé d'Ouveilhan.
Tabarié, curé d'Aigne.
Les religieuses de Sainte-Claire, de Béziers.
Les PP. Cordeliers, de Lodève.

ORDRE DE LA NOBLESSE

Le comte de Pézenas (Louis XVIII).
   P. F., Strozzi-Plantavit, comte de la Pause.
E. de Crussol, duc d'Uzès. P. F., le marquis de Vissec.
Maurice de Riquet, comte de Caraman. P. F., d'Alphonse.
Le marquis de Thézan.
Le marquis de Bermond, seig. de Puisserguier.
   P. F., de Sarret, baron de Coussergues.
De Vissec, marquis de Fontès.
Le marquis de Gayon.
Le marquis de Lort-Sérignan.
Le seigneur d'Alphonse.
Dalichoux de Sénégra.
De Pascal de Saint-Juéri.
Le vicomte de Thézan. P. F., le marquis de Thézan.
J. de Benoist, comte de la Prunarède.
Le comte de Polastron, seig. de Bagnas.
   P. F., Etienne de Sarret de Coussergues.
Frédéric de Ferrouil.

Emérentianne de Lacroix Candillargues, veuve de Carion d'Espagne de Nizas. p. f., le marquis de Gayon.
G. de Latreille, marquis de Fozières.
A.-H. de Sarret, baron de Coussergues.
Le chevalier Du Puy-Montbrun.
D^{me} Castiner de Couffoulens, veuve de Poulpry.
    p. f., le marquis de Gayon.
Le marquis de Grave. p. f., F. de Juvenel, seig. de Carlencas.
De Jessé, baron de Levas et seig. de Carlencas.
Aaron Seymandi, vicomte de Saint-Gervais.
De Reversac de Celès, administrateur des biens de son fils de Reversac de Marsac, marquis de Pézènes.
    p. f., le comte de la Prunarède.
Bernard de Lavit, p. f. de sa femme.
M. A. J^{ne} de Solinhiac.
D^{me} M. F. de Solinhiac, épouse de noble Pierre de Solencier.
    p. f., Claude Bérenger, vicomte de Nattes.
H. de Claris, seig. de Saint-Félix. p. f., le baron de Coussergues.
Le marquis de Barral d'Arènes, seig. du Viala.
D^{me} de St-Priest, veuve du marquis d'Ax d'Axat, comtesse de Montpeyroux. p. f., de Pascal de Saint-Juéry.
Félix de Juvenel co-seigneur de Carlencas.
Le comte de Brettes de Turin, seig. de Vieussan.
De Rives, seigneur et baron de Ribaute.
Stanislas de Mahieu, seigneur de Colombiers et de Cazouls.
    p. f., de Mahieu, son frère.
De Vidal de La Treille, seig. de Lasteules.
Léquepeys, seig. de Bouzigues.
De Barbeyrac, marquis de Saint-Maurice.
    p. f., R. de Peyrottes, baron de Soubès.
De Chareyzieux, baron de Pailhès.
    p. f., J. de Catelan de Saint-Men.
De Lajard, seigneur de Canet.
P. de Grave, seig. de Saint-Martin. p. f., F. de Juvenel de Carlencas.
F. d'Albénas, baron de Loupian.
F. de Portalès, seig. de Cournonterral. p. f., le marquis de Fozières.
De Villeraze, seigneur de Castelnau. p. f., Henri-Joseph de Jessé.
D'Héméric, co-seigneur d'Espondeilhan.

De Saint-Julien, seig. du Puech. p. f., de Peyrottes, de Soubès.
De Grandsaigne, seig. d'Auterives.
De Barbeyrac, chevalier de Saint-Maurice. p. f., de Lajard, de Canet.
D^{me} Icard, veuve du marquis Delort-Sérignan.
    p. f., comte Delort-Sérignan, son fils.
Le chevalier de Lansade de Jonquières. p. f., le chevalier de Bonnefous,
De Fleury, seig. de Rennes-les-Bains. p. f. le marquis d'Alphonse.
De Bonnet de Maureilhan, de Savignac. p. f., le baron de Poilhes.
De Carion de Nizas, baron de Roquessels.
    p. f., le marquis de Nattes.
De Lavit, seigneur de Clairac et Gaujac. p. f., E. de Nattes.
De Lavit, veuve de Solinhiac, baron de Magalas.
    p. f., le chevalier B. de Lavit.
D^{me} de Jarente, comtesse de Bausset, pour ses enfants seig. de Sauvian.
    p. f., Le Sage d'Hauteroche.
De Combettes de la Fajole, seig. de Poujols.
    p. f., le comte Dupuy-Montbrun.
Le comte de Lasserre d'Aroux.
L'écuyer de Neyrac, seig. du Cros. p. f., le baron de Ribaute.
Veuve de Ribes, dame de Lézignan-la-Cèbe.
    p. f., César de Lasserre d'Aroux.
Le comte de Vissec de Saint-Martin, baron d'Arboras.
    p. f., le marquis de Fontès.
Le chevalier André de Fabre, baron de Latude.
    p. f., le baron de Laurens.
Le chevalier de Jacomel, seig. de St-Marcel.
De Maistre de Roquessol, seig. de Loubatières.
    p. f., B. de Maistre de Roquessol, son père.
De Raymond des Pradels, seig. de Montebrous,
    p. f., Du Cup, d'Homps.
De Jacquetz, de Verniol. p. f., de Jacquetz de Brey.
Le marquis de Ginestous, seig. de Madières,
    p. f., le comte de la Prunarède.
De Planque, seig. de Fraïssé. p. f., le chevalier de Moyria.
De Cabrol, seig. de Montarnaud-Fraïssé.
    p. f., le capitaine de Moyria,
D'Abbes, seig. de Cabrerolles. p. f., B. de Cassan.
De Mainy, co-seig. de Saint-Gervais.

C. de Masclary, dame de la Caumette.
    P. F., noble de Lédrier, son mari.
Redon de Comerac, seign. de Saint-Frichoux-Quarante.]
    P. F., noble Louis Redon de Comerac, son fils.
L'écuyer Roergas de Serviès de Campredon.
De Vanières de Lalande, seig. de Roquebrun.
Bedos de Celles, seig. de Caux. P. F., de Saint-Julien, du Puech.
Saturnin de Bedos, seig. de Celles. P. F., noble de Saint-Julien.
Le chevalier Gleises de La Blanque, juge-mage.
Du Mas, comte de Manse.
Le marquis de Nattes.
Strozzi-Plantavit, comte de La Pause.
Le lieutenant Bernard de Lavit.
De Pascal de Saint-Juéry.
Le capitaine de Mirman.
François de Bunis, de Bize.
Le lieutenant de Catellan de Saint-Men.
Le capitaine Maurice de Forès.
Fermaud de La Banquière.
Charles de Lavit, seig. de Montégut.
Le capitaine Bérenger, comte de Nattes.
Le capitaine Etienne de Nattes.
Jean de Ferrouil de Montgaillard.
J.-B. de Ferrouil de Montgaillard.
Le capitaine Guiraud de Christol, de Béziers.
Henri de Boudoul, de Pézenas.
François de Lescure, de Puisserguier.
J. A. de Martin, de Clermont-Lodève.
Du Cup, seigneur d'Homps.
Roch de Geoffroi, de Capestang.
E. de Vanières, de Caux.
De Ricard Bailhon, de Florensac.
L. Redon de Comerac, de Quarante.
De Mainy de Madale, de Béziers.
Joseph de Laurès, de Gignac.
De Lasserre d'Aroux, de Pézenas.
R. de Cassan, de Béziers.
De Baderon, de Maussac.

De Bonnefous, seigneur de Frontignan.
Le lieutenant-colonel Elie de Lédrier.
Le capitaine de Milhé de Saint-Victor, seigneur de Cessenon.
Le comte Delort-Sérignan.
Le capitaine Joseph de Moyria.
Le capitaine Henri-Joseph de Jessé.
Le Sage d'Hauteroche, de Béziers.
L'écuyer Henri Du Lac, de Béziers.
J.-B. d'Embry, d'Agde.
Roch de Milhé, de Cessenon.
Le chevalier de Basset, de Bédarieux.
Le capitaine Etienne de Sarret, baron de Coussergues.
Louis de Bérard d'Alais, comte de Montalet.
F. de Bérard d'Alais, marquis de Montalet.
Le capitaine marquis de Vissec-Latude.
Le lieutenant marquis de Vissec-Latude de Montagnac.

Absents

Le duc de Fleury, seigneur de Lespignan.
La marquise de Spinola, baronne de Murviel.
Le marquis de Villeneuve.
Le comte Du Luc, seigneur de Castelnau-de-G.
Le baron de Nizas.
De Gaulejac, seigneur de Puissalicon.
Le marquis de Saint-Geniès.
Le marquis de Saint-Félix, seigneur de Faugères.
Le marquis de Saint-Maurice.
Le marquis de Lunas.
De Treil, seigneur de Pardailhan.
Le seigneur d'Avène.

ORDRE DU TIERS-ÉTAT

Nauthon, Rey, Azaïs, Pradines, Coste d'Espagnac, Eustache, Vincentis, Pagès, Moureau, Chevalier. *Béziers.*
Bousquet, Taillet, Durand, Carriès, Arnaud, Audibert. *Agde.*
H. Reboul, Thomas, Maillebiau, Ressiguier, Rigal, Bourbon, Revel, Annequin, F. Reboul, Alazard. *Pézenas.*
Merle, Mercier, Sérane, Galibert, Gerbier, Castillon, Tudesq, Gondard. *Celle.*
Fabreguettes, Valette, Martin, Lagarde, Fournier, Rouaud, Crouzet, Pascal, Ollier, Martin, *Lodève.*
Pradal, Carlenc, Pigot, Rocque. *Saint-Pons.*
Estorc, Avellan, Rocher, Gombeau. *Gignac.*
Gailhac de Sainte-Rome, P. Vernière, J.-B. Vernière, Joullié. *Aniane.*
Gros, Belot, Cauquil, Gazel. *La Salvetat.*
Garrigues, Fourcade, Salvagniac, Coulon. *Saint-Chinian.*
Olivier, Brifaud, Boudet, Rey. *Montagnac.*
Verny, Pelletan, de Salasc, Bouissin d'Ancelly, Gairaud, Bosc. *Clermont-L.*
D'Escale, Ducros; A. Fabrégat, Martel. *Bédarieux.*
Galtier, Delpel, Dardé, Fuzier. *Villeneuve-l.-B.*
Borrel, Vidal, Crestou, Riche. *Cazouls-l.-B.*
Viguier, Farret, Arnaud. *Thézan.*
De Thomières, d'Orbpellières, Lacroix, Fabre des Estavels, Brousse. *Sérignan.*
Mas de Coussat, de Laplace, Amilhon, Canet. *Servian.*
De Villespassans, Rouch, de Saint-Julien. *Caux.*
Balmes, Guibert, Yvernés, Mourgues. *Murviel et Mus.*
J. Cassan, B. Cassan, Rouch. *Maraussan.*
Sabatier, Farret, Villebrun. *Roquebrun-Ceps.*
Vailhé, Bonnefous, Salles, Boubals, Galabrun. *Boussagnes, Camplong.*
Martin, Bernard, Crozes. *Saint-Gervais.*
Pierre Noguier, Castan, Jean Noguier. *Avène. Vinas*
Couderc, Fulcran, Gaufre, Rivière. *Lunas, Caunas.*
Mas, Bonnel, Granier. *Terreforaine.*

Cassan, Guillaumon, Sipière, Gout. *Bize.*
Sermet, Tarbouriech, Cabanes. *Quarante.*
Cabanes, Mas de Saint-Julien, G. Mas, Estève. *Puisserguier.*
Bonnefous, Givernis, Lartigue, Mirabel. *Capestang.*
Jacob, Hilaire, Combescure. *Nissan.*
Baille-Maguelone, Maffre d'Onglous, Coste de Pontevés, Salelles de Puivert. *Marseillan.*
Fabre, Armély, Vézian. Verrière. *Florensac.*
Graniol, Bosc, Lugan, Gailhard. *Mèze.*
De Trédos, d'Hondrat, Casals, Hugues. *Saint-Thibéry.*
Nouvel, Guinard-Mazeran, G. Guinard, *Pomérols.*
Sallet, Auverny, Marsal, Douïsset. *Saint-André-de-Sangonis*
Gay, Anglade, Poujol, Lacombe. *Montpeyroux.*
Vissec, Latreille, André, A'be. *Saint-Jean de Fos.*
Salasc, Lauzières, Viguié. *Octon, Lauzières.*
Olivier, Bas de Cesso, Feuilhes, Gabanon. *Olargues.*
Sales, Combescure, Lautrec. *Le Poujot.*
Peyrounet, Gout, Jamme Rey. *Labastide-R.*
Bouisson, Massot de Viranel, Vailhade, Rossel. *Cessenon.*
Lignon, Cavaillé, Poncet. *Riols.*
Auzias, Calmeil, Berlan. *Prémian.*
Martin, Rouanet, Carrière. *Saint-Vincent.*
Brousse, Gleizes, Pastre. *Vendres.*
Bouffard, Malibran d'Hortes, Girounet. *Bessan.*
La Roquette, Bouat, Pharamon. *Saint-Pargoire.*

Pioch, Berger. *Puéchabon.*
Hierles, Bonniol. *Boissière.*
Plos, Puel. *Roujan.*
Thourel, Cabanel. *Boujan.*
Gasc, Lentéric. *Alignan-du-V.*
Prades, Pascal. *Montblanc.*
Fabre, Pouget. *Nizas-Cissan.*
Salles, Gailhard. *Neffiès.*
Cabanon, Ollier. *Vailhan.*
Alquier, Sabatier. *Fontès.*
Negrou, Moulins. *Lieuran-C.*
Desfours, Pauzes. *Péret.*
D'Auteribes, Gazel. *Cabrières.*
Bousquet, Ricard. *Valmascle.*

Michel, Soulairol. *Brenas et C.*
Arnaud, Vernazobres. *Dio-et-V.*
Fabre, Calas. *Carlencas.*
Boyer, Couderc. *Pézènes.*
Rougé, Bousquet. *Fos.*
Couderc, Rabaud. *Roquessels.*
Audibert, Fayet. *Montady.*
Labatut, Cavallier. *Colombiers.*
Giniès d'Arnaud, Carrière. *Gabian.*
Sauvy. *Margon.*
Lasserre, Serguières. *Pouzolles.*
Castang, Viguier. *Fouzilhon.*
F. Martin, P. Martin. *Abeilhan.*
Pons, Mas. *Castanet-le-H.*

Bédrines, Bertrand. *Magalas.*
Farret, Bouttes. *Coulobres.*
Lugaigne, Pailhade, *Puissalicou.*
Bouttes, Gaud. *Espondeilhan.*
Lédénac, Girel. *Bassan.*
Villebrun, Cabanel. *Lieuran-B.*
Barthélemy, Guibal-L. *Ribaute.*
Taurel, Latapie. *Maureilhan.*
Delmas, Rolland. *Vieussan.*
Amat, Gelly. *Lignan.*
Lau, Cairol. *Saint-Nazaire-L.*
Estève, Sabatier. *Causses-V.*
Péret, Négret. *Lézignan-C.*
Carrière, Pauzier. *Cazouls-d'H.*
L. et E. Foulquier. *Usclas-d'H.*
Renouvier, ... *Aspiran.*
Fages, ..., *Puilacher.*
Crouzet, Blanc. *Bélarga.*
Séguier, Huc. *Campagnan.*
Aube, Vedel. *Tourbes.*
Bonniol, Abbal. *Valros.*
Chavardès, Belpel. *Cers.*
Couly, Cabanon. *Portiragnes.*
Chauliac, Levère. *Puimisson.*
Thomas, Mècle. *Taussac.*
Ouradou, Martin. *Ceilhes-R.*
Vernhes, Bonnafé. *Roqueredonde.*
Brun. *Romiguières.*
Laurès, Agut. *Joncels.*
Pastourel, Bonnes. *Faugères,*
Balmes, Vigues. *Caussiniojouls.*
Gept, Milhau. *Laurens.*
Pastre, Gély. *Autignac.*
Durand, Debrus, *St-Geniès-le-B.*
Doumengue, Rouch. *Corneilhan.*
Carratier, Gept. *Cabrerolles.*
Farret, Pastre. *Mourcairol.*
Crubézy, Granier. *Villemagne.*
Mas, Martin. *Hérépian.*
Astruc, Rouch. *Colombières.*
Audons, Blanc. *Sauvian.*
Pouderous, Rouyer. *Villenouvette.*

Crébassan, Andons. *Ramejan,*
Pons, Rolland. *St-Geniès-V.*
Tudier, Givernis. *Montels.*
A. et J. Augé. *Creissan.*
Saisset, Laux. *Mailhac.*
Azéma, Pagès. *Argeliers.*
Blayac. *Pailhès.*
Nègre, Crubézy. *Le Pradal.*
Couderc, Castan. *Montesquieu.*
Pargoire, Durand. *St-Pons-de-M.*
Vézian, Casse. *Aumes.*
Gras, Toulouse. *Castelnau-de-G.*
Valessie, Bernard. *Cussergues.*
Renouvier, Maigne. *Loupian.*
Maurras, Goudard, *Bouzigues.*
Masassy, Colombier, *Villeveyrac.*
Bouisset, Gaujal. *Pinet.*
Pagès, Texier. *Nézignan-l'E.*
Hérail, Bousquet. *Poilhes.*
Arnillac, Belhory. *Néblan.*
Portal, Gay. *St-Guilhem-le-D.*
Roch, Carrière. *Lacoste.*
Rabejac, Martin. *Bosc-Salelles.*
Soulignac. *Mourèze.*
Cambon, Crouzat. *Salasc.*
Maistre, Audran. *Liausson.*
Vailh, Rouire. *Mérifons.*
Gairaud, Vaillié. *Celles.*
Guion, Lamouroux. *Canet.*
Gout, Escudier. *Ceyras.*
Pascal. *St-Martin-de-C.*
Cauvy, Dardé. *Olmet.*
Aubert, Hugounenq. *Les Plans.*
Orsaud, Ginieys. *Poujols.*
Vaillé. *Villecun.*
Crouzet. *Lauroux.*
Aguillon. *St-Maurice.*
Cadillac, Sales. *St-Félix-de-l'H.*
Coste, Blazy. *Les Rives.*
Agussols, Avinens. *Le Caylar.*
Courtaliac. *Le Cros.*
Commeignes. *Sorbs.*

Serieys. *St-Michel.*
Henri, Boudou. *La Vacquerie.*
Gros, *St Pierre-L.*
Milhaud, Bousquet. *St-Etienne-G.*
Jourdan, Ollier. *Fosières.*
Monery, Portelaix. *Soulier.*
Hugounenc. *Le Puech.*
Salze. *St-Privat.*
Fulcrand. *Usclas.*]
Paul, Séguret. *St-Jean-de-la-B.*
Léotard, Rouuel. *Brignac.*
Boyer, Blanc, *St-Saturnin.*
Gay, Falguières. *Arboras.*
Fages, Gay, *Jonquières.*
Montrouzier, Vidal. *St-Félix-de-L.*
Cambon, Sabatier. *St-Guiraud.*
Cauquil, Calmettes. *Ferrières.*
Granier, Berdier. *Fraisse.*
Massot, Hortala. *La Voulte.*
Poux, Sabatier. *Pierrerue.*
Verdier, Fournier. *Berlou.*
Décor, Miquel. *Pardailhan.*
Bouty, Azaïs. *St-Julien.*
Soulié, Marcouire. *Assignan.*
Pradal, Bousquet. *Villespassans.*
T. de Campredon, Barthès. *Cébazan.*
Cathala, Miquel. *Montouliers.*
Cormureau, Terral. *Crusy.*
Boyer, Goudou. *St-Martin-l'A.*
Durand. *La Valette.*
Saulière, Brun. *Soumont.*

Absents.

Consuls et communautés de Lévas, Tressan, Plaissan, Ouveilhan, Saint-Martin-de-Castries, Aigues-Vives, Preignes-Agde.

Le sénéchal ouvrit la séance par un discours où se reflète un grand patriotisme et en parfaite harmonie avec les circonstances. Il ne doutait pas que les membres de l'assemblée ne partageassent son émotion en voyant « leur souverain descendu, pour ainsi dire, de son trône pour les appeler à la régénération de son empire, pour les consulter sur les intérêts les plus chers, pour s'entourer de leurs lumières, et se confondre en quelque sorte avec eux ». La sage constitution de l'empire avait subi les ravages du temps; la nation avait cessé d'être appelée au maintien de la chose publique ; la corruption des mœurs avait tari les sources de la fortune publique. C'est pour réparer tant de maux que le roi a appelé auprès de lui des représentants de toutes les classes de la société pour lui faire entendre les doléances de son peuple qu'il ne cesse d'entourer de la plus constante affection. Les membres du clergé, comme il l'espère, n'hésiteront pas à renoncer aux privilèges qui foulent et oppriment leurs concitoyens. « La misère qui dévaste les campagnes, les besoins journaliers de la classe indigente, les impôts toujours renaissants qui pèsent sur la tête du cultivateur » ne laisseront pas insensibles « ceux que par un heureux accord la religion et la société civile ont établi les pères des pauvres ». La noblesse « appelée désormais à concourir à la prospérité intérieure, comme à la défense de nos frontières » renoncera « à toute exemption capable d'aggraver le fardeau du peuple ». Le Tiers-Etat, loin d'envier aux deux premiers ordres l'éclat des dignités, rivalisera avec eux de zèle pour la patrie. Il corrobore ces sages paroles par un pressant appel à l'union des membres qui doit être la source de tant de bienfaits et qui leur procurera le moyen « d'encourager l'agriculture, d'animer le commerce, de réveiller l'industrie, de revivifier les manufactures et les fabriques, de faire fleurir les arts, de rétablir les finances et le crédit public, de ramener la pureté des mœurs et la répression du luxe et de la licence ; » et par là, ils « rendront au souverain le calme et la tranquillité dont il est si digne ». En terminant, il rappelle à l'assemblée que la prudence doit présider à la nomination des députés et la réflexion mûrir le choix à faire, répétant avec le roi « qu'il est rare que dans les affaires publiques, les plus honnêtes gens ne soient aussi les plus habiles, » et il souhaite que « ces comices produisent des fruits pleins de saveur et de maturité » (1).

(1) Les trois ordres envoyèrent une députation au juge-mage pour le prier de rendre public ce discours.

Le président fit procéder par l'organe du greffier à l'appel nominal des membres de tous les ordres et à la vérification des procurations. Ce travail prit cinq jours, du 16 au 21 mars, et deux séances par jour. Il donna acte aux membres présents de leur comparution, et il prononça le défaut contre les absents. Cette opération terminée, il passe ordre par ordre à la réception du serment de tous les membres de l'assemblée, qui jurèrent et promirent « de procéder fidèlement à la rédaction d'un seul cahier de doléances, s'il était ainsi convenu par les trois ordres, ou dans le cas contraire, à la rédaction du cahier de chacun d'eux isolément, et à l'élection au scrutin secret, au nombre et dans la proportion déterminée par le roi, de notables personnages pour les représenter aux Etats-Généraux ».

Les opérations commencèrent le 21 mars et durèrent jusqu'au 6 avril. Une question se posa tout d'abord. Les trois ordres demeureraient-ils réunis ou opéreraient-ils séparément ? Le Tiers-Etat proposa de procéder en commun à la rédaction du cahier des doléances et à l'élection des députés de tous les ordres, mais sous les conditions suivantes : 1º Qu'il ne serait fait aucune réduction dans l'ordre du Tiers, c'est-à-dire qu'il aurait en vertu du doublement autant de députés que le clergé et la noblesse réunis ; — 2º Que les députés de son ordre aux Etats Généraux ne pourraient être pris que dans son sein ; — 3º Que les deux premiers ordres exprimeraient le vœu de concourir également et proportionnellement aux charges de l'Etat. Cette proposition, acceptée par le Clergé à la majorité de 108 voix contre 72, fut unanimement repoussée par la Noblesse qui accompagna néanmoins son refus d'une démarche courtoise vis-à-vis du Tiers-Etat.

On se sépara. Les ecclésiastiques et les nobles se retirèrent dans le local qui leur fut assigné pour tenir leurs assemblées respectives. La Noblesse passa dans le réfectoire des PP. Récollets, et l'ordre du Clergé se réunit dans la chapelle des Pénitents minimes située dans le voisinage (1). Le Tiers-Etat resta dans l'église même.

Chaque ordre eut son bureau particulier. Le président de la Noblesse fut Henri du Mas, comte de Manse, et le secrétaire, de Mainy, écuyer et avocat distingué. Mgr de Saint-Simon, évêque d'Agde, eut à présider le Clergé, ayant pour secrétaire l'abbé Gouttes, curé d'Argeliers, dans l'ancien diocèse de Narbonne (2). Gleises de La Blanque se réserva la présidence particulière du Tiers-Etat, mais une indisposition l'obligea pour la séance du lendemain de se faire suppléer par de Farret, conseiller-doyen du sénéchal. Le secrétaire fut le greffier de la sénéchaussée.

Le Clergé, la Noblesse, le Tiers-Etat furent appelés à formuler leurs doléances « sur les abus de tout genre » existant dans les diverses parties de l'administration et à exprimer leurs vœux dans des cahiers particuliers à chaque ordre. Le Tiers-Etat s'occupa aussitôt de nommer au sein de chaque diocèse des commissaires pour rédiger le cahier des doléances. Est-il nécessaire de rappeler que, conformément au règlement du 24 janvier, l'ordonnance du sénéchal prescrivait que les députés des corporations de la ville, des bourgs et communautés de campagne munis des cahiers des populations qu'ils représentaient devront procéder à la rédaction et réunion des divers cahiers en un seul contenant les vœux et doléances de la sénéchaussée entière. Le diocèse de Lodève fut représenté par Fournier, Verny, Pelletan, Sales et Gay; celui de Saint-Pons, par Pradal, Rossel, Gazel, Coulon, Peyronnet et Gabanon; celui d'Agde par Bousquet, Reboul, Séranne, Ollivier, Fabre et Coste; celui de Narbonne, par Azéma; celui de Castres, par Martin; celui de Montpellier par Gailhac; et celui de Béziers par Pradines, Coste d'Espagnac, Estore, d'Escale, Mas de

---

(1) Rue des Pénitents minimes, aujourd'hui rue Pellisson.
(2) Commune du canton de Ginestas, arrondissement de Narbonne (Aude).

Coussat, Thourel, Viguier, Rouyer et Saurot. Ces commissaires réunis en assemblée prirent de la part des corporations et communautés connaissance des divers cahiers de doléances qui avaient été réunis et durent en former un seul pour être présenté aux Etats-Généraux. Mais ce document précieux qu'est-il devenu? Quel dépôt privé ou public en est l'heureux détenteur? A-t-il été victime des ravages du temps? Nous l'ignorons. Le continuateur de *l'Histoire de Languedoc*, M. Roschach, de Toulouse, déclare ne l'avoir rencontré nulle part (1). Les cahiers envoyés par les villes voisines de Montpellier, Nimes, Alais, Carcassonne, Castres, Toulouse, Castelnaudary, que nous avons parcourus, contiennent des vœux communs que nous retrouverions assurément dans le cahier du Tiers-Etat de la sénéchaussée de Béziers : périodicité quinquennale des Etats-Généraux avec le vote par tête, responsabilité ministérielle, constitution libre, élective et vraiment représentative des Etats de Languedoc, suppression des lettres de cachet, répartition de l'impôt par les imposés ou leurs élus, suppression des droits seigneuriaux, abolition de la vénalité des charges de judicature.... Mais il y a aussi des plaintes et des remontrances particulières que leur examen seul pourrait nous faire connaître, sous peine de faire courir des risques à la vérité historique. Aussi cette disparition fatale ne fait qu'augmenter nos regrets.

Au sein du Tiers-Etat on n'avait pas vu sans étonnement le nombre de dix députés au lieu de six que la ville de Pézenas avait envoyés, en vertu d'ordres particuliers du roi. Béziers s'offensa de cette égalité; Cette, Lodève, Saint-Pons, Agde, Gignac et autres villes, bourgs et communautés de la sénéchaussée s'élevèrent contre l'exception faite en faveur de la ville de Pézenas, mais le tout se réduisit à des protestations pour l'avenir.

(1) Le cahier de la noblesse du Velay manque également.

Pendant que la Noblesse recueillait paisiblement les éléments de ses réformes politiques, une mort prompte vint lui enlever son président, le comte de Manse. Le Tiers-Etat envoya une députation à ses obsèques, et l'abbé de Gohin, député du chapitre cathédral et vicaire général de l'évêque d'Agde, célébra pour le repos de son âme un service funèbre dans l'église des PP. Récollets.

Maurice de Vissec, marquis de Fontès, fut appelé à l'honneur de la présidence.

Le préambule du cahier de la Noblesse contient l'expression d'un sentiment profond de vénération et de reconnaissance pour la personne de Louis XVI. Elle est « pénétrée d'amour pour son souverain, de reconnaissance pour ses vues paternelles, qui lui font appeler près de lui ses fidèles sujets, pour conférer avec eux sur les maux de l'Etat, et y appliquer les remèdes convenables..... Elle brûle de concourir à la régénération du plus puissant et plus ancien empire de l'univers, de ramener la félicité dans le cœur d'un père chéri et affligé, et d'employer tous ses efforts pour que, sous le règne d'un monarque juste et bienfaisant, il n'y ait que des citoyens heureux. »

Ses plaintes et ses vœux peuvent se ramener aux chefs suivants : Abandon de toute distinction pécuniaire et consentement à une égalité d'impôts moyennant le maintien des privilèges seigneuriaux et personnels, constitution élective et représentative pour les Etats de Languedoc, les diocèses et les municipalités; une troisième députation aux Etats-Généraux, réclamation à laquelle adhérèrent le Tiers-Etat et le Clergé; établissement d'Etats provinciaux; suppression indéfinie des péages, prohibition de la sortie du bétail aratoire du royaume; réduction au vingtième de l'impôt de la dîme; abolition totale de la dîme sur tous les fourrages et sur les troupeaux; décharge pour la province de tous droits de sortie sur les vins et les eaux-de-vie; renouvellement et maintien des ordonnances du port d'armes à l'égard des braconniers; reconnaissance du corps de la Noblesse dans la province avec deux syndics généraux et un syndic particulier; nomination d'une commission chargée de rechercher les usurpateurs des titres de noblesse; marque distinctive pour la noblesse; fondation pour les fils de nobles pauvres, se destinant à l'état ecclésiastique, de deux places dans le séminaire de chaque diocèse; fondation de places gratuites pour la noblesse pauvre dans tous les collèges royaux par la vente des maisons religieuses presque désertes, des ermitages et des hospices isolés à la campagne; fondation d'un ou plusieurs chapitres de chanoinesses réservée à la noblesse d'une pauvreté constatée; autorisation de la pêche dite au bœuf; déclaration et rédaction des droits de l'homme et du citoyen; liberté de la presse avec les modifications convenables; liberté personnelle du citoyen assurée par l'abolition des lettres de cachet; périodicité quinquennale des États-Généraux; responsabilité des ministres, des administrateurs quelconques et des magistrats souverains, qui rendront compte de leur gestion aux États-Généraux, avec publicité des comptes rendus; révision du code civil et criminel; suppression de la vénalité des charges et offices de judicature; obligation de la résidence pour les possesseurs de fiefs; abolition des annates consenties au clergé, de la gabelle, des douanes intérieures; établissement de l'uniformité des poids et mesures dans tout le royaume; introduction devant les juges présidiaux de toute contestation au sujet du droit de contrôle; suppression de la plupart des fêtes; décision aux États-Généraux de l'utilité et de l'aliénation des domaines royaux; suppression de toute retenue sur les pensions médiocres des militaires; création dans les tribunaux d'un certain nombre de places de magistrats occupés par les nobles; toute destitution d'un office civil ou militaire subordonnée à un jugement; admission des non-catholiques militaires et des non-catholiques étrangers à la jouissance des mêmes distinctions et privilèges ; abolition dans la discipline militaire des coups de plat de sabre; augmentation des maréchaussées pour la sûreté des routes; vote par tête en matière de contribution et par ordre en matière d'administration et de législation (1).

On rencontre dans cette énumération un vœu, le seul de son espèce, et devançant le Tiers-Etat : c'est celui relatif à « l'examen, rédaction et déclaration des droits de l'homme et du citoyen pour servir de base à toutes les lois politiques et civiles ».

L'union et l'harmonie ne cessèrent pas de régner entre les trois ordres, mais au sein du Clergé l'accord fit défaut, et de bonne heure apparurent des présages de scission. Dès la seconde séance de la vérification des pouvoirs surgit la question de savoir si l'on admettrait divers membres et surtout une portion des chapelains faisant déjà partie d'autres communautés. Le commissaire du roi proposa de nommer quatre délégués au sein de chaque ordre pour juger la question soulevée. Dans la commission ecclésiastique la présence de l'abbé Maréchal, représentant de l'archevêque de Narbonne, et de l'évêque de Saint-Pons, c'est-à-dire de deux prélats, d'un curé et d'un chapelain, excita la colère de l'abbé Gouttes contre l'évêque d'Agde, président du Clergé et défenseur de ce système, en voyant que le corps épiscopal comptait deux représentants et que le corps des curés, beaucoup plus nombreux, n'en avait qu'un; il ne pouvait admettre que les chapelains dans leur propre cause fussent juge et partie. La forme de sa protestation révèle en tout un esprit fougueux. La victoire lui resta et la commission fut ainsi composée : l'évêque de Saint-Pons, le député du chapitre cathédral d'Agde, le prieur-curé de Clermont-Lodève et le curé de la paroisse de Saint-Aphrodise de Béziers. On reconnut que les ecclésiastiques appar-

(1) *Histoire de Languedoc*, éd. Privat, t. XIV, p. 2091.

tenant à des corps ou communautés dans lesquels ils auraient voté pour nommer des représentants de ces corps et qui, pourvus d'autres bénéfices particuliers, pouvaient donner leur suffrage personnel à raison de ceux-ci dans l'assemblée générale, auraient le droit de voter dans l'assemblée générale, quoiqu'ils l'eussent fait dans les différents corps dont ils étaient membres; il n'y avait d'exception admise que pour ceux qui auraient été députés de leur corps.

La Chambre ecclésiastique fut témoin de longs débats et de violents démêlés. On vit se former deux camps; d'un côté les évêques, les abbés, en un mot la partie privilégiée de l'Eglise; de l'autre, l'immense majorité du clergé paroissial. Les évêques de Béziers et de Saint-Pons étaient à la tête du parti épiscopal; en sens inverse, se faisait remarquer l'abbé Gouttes dont on peut dire qu'il était l'âme du parti des curés, lequel avait pour orateur ordinaire, l'abbé Joseph Bellugou, docteur en théologie, curé de Vendres.

Des commissaires ecclésiastiques avaient été nommés pour rédiger le cahier des doléances. L'évêque de Saint-Pons refusa d'être président; l'évêque de Béziers s'était mis en route pour Paris, avec la ferme résolution de ne plus paraître, et l'évêque d'Agde à qui l'on s'adressa déclara qu'il ne pouvait ni ne devait se séparer des autres évêques, et il se retira. La présidence fut déférée à un tout autre membre, l'abbé de Gohin.

Le cahier des doléances fut rédigé et signé par le président et les commissaires de l'ordre, à l'exception de quatre commissaires pris dans la classe des chapitres et dans celle des chapelains. Il comprend trente-quatre articles dont voici le sommaire :

Maintien du culte public de la religion catholique, apostolique et romaine par l'établissement d'un ou de deux corps réguliers chargés de l'instruction chrétienne, l'un desquels serait la congrégation de Saint-Maur; institution dans

dans le séminaire des villes où il y a une université de professeurs pour la collation des grades et répression de la licence de la presse pour les ouvrages licencieux et immoraux ; exécution des ordonnances civiles relatives à l'abstinence pendant le carême et à la sanctification des dimanches et fêtes ; règlement entre les non-catholiques et les prêtres pour leur état civil et leur mariage ; assemblée des conciles nationaux, provinciaux et des synodes diocésains rendus accessibles à tous les ordres du Clergé ; uniformité de rite, de bréviaire, de catéchisme, d'enseignement ; répartition égale des impôts entre tous les ordres ; dispense pour le clergé de payer les décimes et ses dettes mises à la charge de l'Etat, et, dans la répartition des charges publiques, admission de représentants du Clergé tant séculier que régulier élus par leur corps ; fixation de la nature des biens décimables ; assimilation des curés de Malte aux autres curés pour le traitement et l'inamovibilité ; reconstitution des Etats de Languedoc où seront admis des représentants de tous les ordres et chapitres ; impôt sur les capitalistes ; retour périodique des Etats-Généraux où les ministres rendront compte de leur gestion ; abolition des lettres de cachet, des gabelles, aides et traites ; diminution des droits de contrôle et exemption de tous droits pour les ventes des effets du Mont-de-Piété ; liberté de la pêche au bœuf ; réforme du code civil et criminel et introduction de toutes les causes devant les tribunaux de chaque province ; création dans chaque diocèse d'une maison de charité pour les enfants illégitimes, indigents et infirmes ; suppression de la mendicité par l'établissement d'un bureau de charité et application des ordonnances contre toutes sortes de prostitution ; permission accordée aux curés de faire corps avec droit de représentation par un agent général, et liberté de choisir un vicaire ; établissement d'une pension pour les prêtres infirmes ou les vicaires ayant attendu vingt-cinq ans ; suppression du casuel des curés, moyennant une dotation suffisante; conservation des ordres religieux avec émission des vœux à dix-huit ans; suppression de tout droit de maîtrise et de jurande; secours pour l'amélioration du sort de l'église de Lodève et de certains collèges et couvents religieux (1).

Lorsque les cahiers des trois ordres eurent été rédigés, ils furent remis au commissaire du roi. Puis on nomma les députés par la voie du scrutin. La sénéchaussée de Béziers eut à élire huit députés : deux pour le Clergé, deux pour la Noblesse et quatre pour le Tiers-Etat. Sales, député de Pégairolles, Fourcade, député de Saint-Chinian, et Reboul, député de Pézenas, furent nommés les trois scrutateurs de l'élection pour le Tiers-Etat.

Le juge-mage Gleises de La Blanque (2) avec le marquis de Gayon fut élu député de la noblesse. Le Tiers-Etat était en séance lorsqu'on vint annoncer au juge-mage sa nomination. Cette nouvelle fut accueillie avec enthousiasme par l'assemblée tout entière. Rey se fit l'écho de tous les cœurs en ces termes : « Monsieur, je crois interpréter les sentiments de mes pairs, en vous témoignant la vive satisfaction que l'ordre du Tiers-Etat ressent de votre députation aux Etats-Généraux ; si la Noblesse l'a privé de l'avantage qu'il aurait eu à vous donner une preuve éclatante de sa confiance et de sa vénération, elle s'est acquis des droits à notre reconnaissance par un choix utile à tous les ordres, en nous invitant par son exemple à approcher, autant qu'il sera possible, en nommant nos députés, de vos talents et de vos vertus. »

La démonstration de la joie qui venait d'éclater sur tous les visages alla plus loin. A la fin de la séance, l'ordre tout entier du Tiers-Etat se transporta à l'hôtel de G. de La Blanque, où l'on entendit de nouveau sortir de la bou-

---

(1) *Histoire de Languedoc*, éd. Privat, t. XIV, p. 2599.
(2) Né à Béziers, le 28 juillet 1747.

che de Rey cette éloquente protestation d'amour : « Notre empressement à faire éclater la joie que l'ordre du Tiers-Etat a ressentie de votre députation aux Etats-Généraux n'a pas dû nous dispenser de nous rendre chez vous pour vous en témoigner sa vive satisfaction. Le Tiers-Etat n'aurait pas cru remplir son devoir, en députant vers vous, Monsieur, aucun de ses membres. Chacun de ceux qui le composent eût voulu jouir de l'avantage de vous rendre ses hommages et de vous exprimer ses sentiments. Nous vous prions encore, Monsieur, d'agréer nos remerciements de ce que vous avez bien voulu vous rendre au vœu de tous les ordres, en permettant l'impression du discours que vous avez prononcé à l'ouverture de la première séance. »

Des raisons de famille empêchèrent le marquis de Gayon de remplir son mandat. On lui donna pour suppléant Joseph-Henri baron de Jessé (1), qui devait être élu président de la Constituante, le 29 août 1790.

Les membres du Tiers-Etat qui obtinrent la majorité furent : Verny (Thomas), avocat en Parlement, citoyen de Clermont-Lodève ; Mérigeaux (Marc-An.-Th.), avocat en Parlement, né à Pézenas en 1755 ; Rey (François-Xavier), avocat en Parlement, né à Béziers, le 2 décembre 1743; Rocque (Jean-Jacques), négociant, né à Saint-Pons de Thomières, en 17...

L'élection était terminée et il fallut la recommencer pour remplacer Verny qui avait été élu par la sénéchaussée de Montpellier, et l'on choisit à sa place, Sales de Coste-Belle, avocat, l'un des députés du lieu de Pégairolles, au diocèse de Lodève.

Aucun évêque de la sénéchaussée ne fut investi du mandat représentatif. Les deux députés du Clergé furent pris parmi les curés. Ce furent l'abbé Gouttes (Jean-Louis), curé

---

(1) Né à Béziers, le 21 août 1755 (Reg. de la paroisse Ste-Madeleine).

d'Argeliers (1) et l'abbé Martin (Jean-Jacques), né à Béziers, le 5 décembre 1748, et curé de Saint-Aphrodise.

Le 6 avril, les trois ordres furent convoqués à nouveau dans l'église des Récollets, et le lieutenant-général, juge-mage, prononça la clôture de l'assemblée qu'il fit suivre d'un discours contenant des paroles de douceur et des compliments à l'adresse de chacun des trois ordres ; il s'engagea avec ses co-députés à n'apporter partout, dans l'accomplissement de ses devoirs que « l'amour de la patrie et l'oubli de soi-même. »

Chaque député fut ensuite admis à prêter le serment que le président prêta lui-même le premier à l'assemblée. Gouttes et Martin de l'ordre du Clergé, le marquis de Gayon, de l'ordre de la Noblesse, Sales de Coste-Belle, Rey et Rocques, députés du Tiers-Etat (le tour de Mérigeaux empêché ne vint que plus tard), se présentèrent successivement devant le président, et s'étant mis à genoux sur un coussin préparé d'avance, ils prêtèrent « serment entre ses mains de remplir fidèlement et en hommes de probité et d'honneur les devoirs du mandat qui leur a été déféré. » En même temps, le président fit remise du cahier des doléances à un membre de chaque ordre, à l'abbé Martin, curé de Saint-Aphrodise, pour l'ordre du Clergé, au marquis de Gayon, pour celui de la Noblesse, et à Rey pour le Tiers-Etat. Aussitôt l'abbé de Gohin se leva et, au nom de tous les chapitres cathédraux et collégiaux, tant séculiers que réguliers, de quelques abbés commandataires, prieurs et chapelains de la sénéchaussée, il voulut faire insérer au procès-verbal des protestations de son ordre déjà faites

(1) Né à Tulle le 21 décembre 1739.
Gouttes (Jean-Louis) s'engagea d'abord dans un régiment de dragons. Devenu prêtre, il fut successivement vicaire dans une paroisse des environs de Bordeaux et curé d'une chapelle de Montauban ; il dut à l'amitié de Turgot d'être appelé à la modeste cure d'Argeliers, diocèse de Narbonne et sénéchaussée de Béziers.

devant notaire ; mais un cri général des autres membres du Clergé et des ordres entiers de la Noblesse et du Tiers-Etat s'opposa à ce qu'on donnât suite à sa démarche.

II

Mauvaise récolte. — Prévoyance des consuls. — Offrandes publiques. — Ouverture des Etats-Généraux. — Effet produit par les évènements politiques. — Adresse de la municipalité. — Les évènements de Paris ne troublent pas l'ordre à Béziers. — Belle conduite des officiers de Médoc. — Serment des troupes. — Souscription pour un grenier d'abondance. — Projet de milice bourgeoise. — Rassemblement dans l'église des Pénitents blancs. — Etablissement de réverbères. — Boucherie populaire. — Saisie d'un pamphlet. — Constitution d'un conseil de permanence. — Recensement et libre circulation des grains. — Différend entre les consuls de Béziers et les officiers municipaux de Narbonne.

Le froid excessif de l'hiver avait fait périr les oliviers, dont la production était avec celle de la vigne la plus importante du pays, et anéanti les récoltes. Les grains s'étaient élevés à un prix exorbitant et la misère s'appesantit sur le peuple. La misère était générale des Pyrénées aux Alpes et des Alpes à l'Océan. « C'est par la famine, dit Edgar Quinet, que la Révolution se montra aux provinces (1). »

(1) *La Révolution*, t. Ier, p. 80.

La prévoyance des consuls se montra à la hauteur des calamités du temps. Frappés de la situation, ils demandèrent conseil à l'intendant. Ballainvilliers leur suggéra les moyens de prudence qu'ils devaient employer par la lettre suivante :

Vous avés raison, Messieurs, de me prévenir de la disette qui règne dans votre ville, et s'il étoit possible de faire un reproche à votre zèle, ce seroit celui de ne m'en avoir pas informé plus tôt. Par un arrêt du Conseil que je vous envoie, le Roy charge ses juges de police de veiller à la libre circulation des grains (1). S'il y a quelques accapareurs, je vous prie de me les faire connoître et de les inviter avec sagesse à laisser en ce moment une espèce de commerce avilissant pour eulx puisqu'il tend à priver le pauvre d'une denrée nécessaire en la portant à un prix trop haut. Je crois, si vous prévoyés que la cherté du bled doive se soutenir malgré votre vigilance à maintenir la police, que vous ferés bien de vous ménager un approvisionnement, en observant cependant de vous pourvoir à quelque distance de la ville pour ne point faire renchérir la denrée ; en observant aussi d'employer à cet objet un homme qui ne fasse pas de ce service un objet de gain et en vous concertant pour cet objet avec mon subdélégué le plus secrètement possible.... (2).

Les négociants qu'on savait fournis de blé furent priés d'en approvisionner le marché. D'autres, Rabejac et Barro furent chargés d'aller en acheter cinq mille setiers, de les faire transporter dans des magasins indiqués et de délivrer

---

(1) Une grêle désastreuse avait ravagé une vaste étendue de terrain et plusieurs causes malheureuses avaient concouru à la médiocrité des récoltes dans la plus grande partie des provinces du royaume. Le roi défendit strictement l'exportation des grains en maintenant la plus parfaite liberté dans la circulation intérieure afin que toutes les provinces pussent s'entr'aider réciproquement.

(2) Arch. mun. Liasse B. Lettre du 0 décembre 1788.

vingt setiers au maximum au gens pauvres qui se présenteraient.

Le prix de vente était inférieur au prix d'achat; il y avait perte pour la ville, mais la charité publique se réveilla et vint à son secours. L'évêque, toujours prompt à soulager la souffrance, offrit 1.000 livres; les dames du Saint-Esprit, 192 livres; l'abbé de Villeraze, archidiacre, 120 livres; le chanoine de Bastard, 48 livres; le prieur Glouteau, 24 livres; le chapitre de Saint-Nazaire, 800 livres; le précenteur, 150 livres; le chapitre de Saint-Aphrodise, 300 livres; le sacristain, 12 livres; le prieur de la Chartreuse de Castres, 72 livres; l'abbé du Pas, prieur de Cassan, 60 livres....

Mais la bienfaisance avait sa contre-partie. Les consuls eurent à lutter contre la rapacité des marchands et la ténacité des propriétaires, comme le montre la lettre suivante de l'intendant Ballainvilliers :

J'ai reçu, Messieurs, votre lettre par laquelle vous m'informés que les représentations que vous avés faites aux marchands de bleds et aux propriétaires de porter des grains au marché n'ont eu aucun succès et qu'il en a résulté qu'au marché du 27 février le prix du grain s'est élevé de 10 l. 10 s. à 17 l. 5 s. et 17 l. 10 s. Comme officiers de police, vous avés en main l'autorité pour pourvoir à l'approvisionnement des marchés. Vous pouvés donc en user pour contraindre les marchands et les propriétaires qui font porter du bled à Béziers à l'exposer en vente aux marchés, mais je vous exhorte à n'en faire usage qu'avec prudence et modération.... (1).

La ville prit la résolution de convertir le blé en farine, au lieu de le vendre en nature, et de faire confectionner du pain. Des fraudes se commettaient dans les moulins, et

(1) Lettre du 2 mars 1789.

pour les éviter, on prit des précautions. Le colonel de Roquefeuil fit placer des sentinelles à la porte de la Citadelle pour les Moulins-Neufs, et à celle de Tourventouse pour les moulins de Bagnols. Les « charriers » étaient obligés de faire peser en partant du bureau de la Subvention le blé qu'ils prenaient et puis la farine à leur retour en ville. Ce pain était vendu à un prix bien réduit (1) et la ville trouva sa récompense dans son zèle patriotique, en prévenant des malheurs qui portèrent la désolation dans d'autres centres. Grâce à de sages précautions, elle put conjurer des séditions que fomentaient des étrangers et des gens sans aveu et maintenir une tranquillité relative (2).

La vigilance des consuls ne se ralentit pas quand même les temps se fussent améliorés. Ils se tinrent en garde contre l'introduction des abus, comme nous l'apprend cette lettre de Ballainvilliers :

Je vois, Messieurs, par votre lettre du 3 de ce mois qu'il a enfin paru une assés grande quantité de grains à votre marché, à un prix qui n'étoit pas excessif, et que celui du blé et du seigle auroit encore plus diminué si les revendeurs et revendeuses n'en avoient enlevé la plus grande partie. Vous ajoutés que l'usage de votre ville est que ces revendeurs et marchands de grains ne puissent paraître au marché qu'après dix heures sonnées du matin pour y faire des achats, afin de donner aux habitants le temps de se pourvoir de ce qui peut leur être

---

(1) «.... Il paroît que votre ville est suffisamment pourvue jusqu'à la récolte prochaine, mais pour calmer le bas peuple, vous vous êtes déterminés à perdre sur le grain que vous avés acheté à un haut prix 30 sols par settier et vous avés même pris le parti de faire cuire le pain que vous faites vendre 2 sols la livre pour donner une plus grande facilité aux indigents.... » — Lettre du 24 avril 1789.

(2) Voici les éloges que leur adressait l'intendant : « .... La conduite que vous avés tenue et les précautions que vous avés prises pour assurer l'approvisionnement de la ville, maintenir le calme et prévenir des émeutes méritent des éloges. Je vous prie de continuer vos soins pour que cette tranquillité ne soit pas troublée.... » — Lettre du 20 mai 1789.

nécessaire pour leur subsistance. Cet usage est trop raisonnable, Messieurs, pour ne pas le maintenir. Je vous exhorte en conséquence à le faire observer. Il est juste que l'habitant soit pourvu avant le marchand ; il importe qu'il achète de la première main, et il est du devoir des officiers de police de lui ménager cet avantage.... » (1).

Les évènements politiques préoccupaient les esprits, sollicitaient leur attention et excitaient la curiosité. Les députés étaient partis pour Paris ; les Etats-Généraux s'étaient solennellement ouverts le 5 mai à Versailles ; le Tiers-Etat en présence de l'opposition des ordres privilégiés se constitue en *Assemblée nationale* — 17 juin ; tous les députés s'unissent par le fameux *Serment du Jeu de Paume* — 20 juin — « *de ne jamais se séparer et de se réunir partout où les circonstances l'exigeront jusqu'à ce que la Constitution du royaume soit établie et affermie sur des fondements solides.* » La séance royale du 23 juin n'avait été qu'une capitulation sanctionnée par la fusion des trois ordres — 29 juin, — d'où sortit le nom d'*Assemblée nationale constituante* — 9 juillet — sous la présidence de Bailly, le futur maire de Paris.

Mais l'enthousiasme avec lequel on prêtait l'oreille aux évènements qui se succèdaient reçut un contre-coup par un changement imprévu dans l'état des affaires publiques. La cour sembla revenir sur ce qu'elle avait accordé. Des conseillers firent entendre à Louis XVI que le mépris de ses ordres et la sûreté de son trône exigeaient qu'il rappelât l'Assemblée à la soumission et que pour l'intimider il devait appeler en toute hâte des troupes. Versailles prit l'aspect d'un camp. Le mouvement qui agita Paris et Versailles se communiqua à la province qu'acheva de soulever le renvoi des ministres et l'exil de Necker — 11 juillet.

(1) Lettre du 6 juillet 1789.

Cette nouvelle jeta la cité dans un grand bouleversement et fit passer les citoyens « de l'excès de la joie à l'excès de la tristesse ». Le conseil politique était assemblé, le 21 juillet ; un concours considérable d'habitants se présente à la porte de la salle des séances et demande d'être admis pour délibérer sur la situation actuelle du royaume. On les laisse entrer ; chacun prend sa place, et l'assemblée entière s'arrête à une détermination appuyée sur des considérants bons à reproduire parce qu'ils sont la véritable expression de l'état présent :

Considérant que le renvoi des ministres a tout à coup fait passer les citoyens de l'excès de la joie à l'excès de la tristesse, jeté la consternation dans toutes les âmes et couvert ce royaume d'un deuil universel ;

Que l'éloignement des ministres manifeste bien ouvertement que le mensonge travaille dans les ténèbres à élever autour du trône une barrière impénétrable à la lumière de la vérité ;

Que des conseils perfides assiègent le cœur du meilleur des rois, ne lui présentent que de vaines illusions ou d'atroces impostures et calomnient dans son esprit avec la dernière impudence le peuple de l'univers le plus fidèle, le plus soumis, le plus passionné pour ses maîtres ;

Que ce n'est que par une suite de ces conseils à jamais odieux qu'on voit avec une surprise mêlée d'effroi l'appareil de la guerre déployé au milieu de la paix, les armes forgées pour l'ennemi tournées contre les citoyens, et le flambeau de la guerre civile allumé dans la capitale et sur le point d'embraser les provinces ;

Que ces détestables conseils qui ont juré la perte de la nation, indifférents sur le choix des moyens sacrifieraient sans doute, s'il le fallait, le souverain lui-même à l'exécution de leurs coupables projets ;

Qu'on peut d'autant moins douter de leurs criminelles intentions qu'ils n'ont pu se dissimuler que des soldats français, ces héros au champ de Mars, reculeraient d'horreur lorsque, au lieu d'exploits guerriers, on ne leur commanderait que de lâches assassinats ;

Que si les craintes qui agitent l'assemblée vont plus loin que les dangers qui menacent la nation, son inquiétude même fait l'éloge de son patriotisme, de sa générosité, de sa noblesse, et donne une preuve éclatante de son amuor inaltérable pour le roi....

La haine pour les perfides conseillers — on le voit — se doublait de l'indignation publique. Mue par des pensées patriotiques, alliant son dévouement pour le roi à son attachement pour l'Assemblée, la réunion à l'unanimité des suffrages rédige une adresse de protestation de fidélité au roi qu'elle déplore de voir si cruellement trompé, se déclare prête à répandre jusqu'à la dernière goutte de son sang pour affermir la couronne sur sa tête et maintenir l'autorité royale dans toute son intégrité ; elle le supplie d'écarter de sa personne les êtres pervers qui l'entourent, non moins ennemis de sa gloire que du bonheur de son peuple, et de rappeler ces dignes ministres dont la retraite est généralement regardée comme une calamité publique ; elle le supplie d'écarter de sa personne ce formidable appareil de forces militaires que le despotisme et l'aristocratie ministériels opposent aux efforts de la raison et de la liberté ; elle applaudit avec transport à la conduite sage, ferme et courageuse qu'a tenue jusqu'ici l'Assemblée nationale; elle adhère aux arrêtés des 17, 20 et 23 juin dernier, à la loi du 12 juillet, reconnait l'inviolabilité de la personne des représentants du peuple français, déclare que tous les impôts seront payés sans exception tant que l'Assemblée nationale subsistera et ne cesseront de l'être que par la dissolution forcée ; elle voue à l'exécration des siècles quiconque après, que la dette publique a été si solennellement consolidée, oserait proposer au roi de France de donner aux nations indignées le spectacle scandaleux d'une infâme banqueroute, et proteste des bons sentiments de respect, d'amour et de fidélité qui animent les citoyens de Béziers (1).

(1) Registre des délibérations, séance du 21 juillet 1789.

Presque aussitôt se présenta un courrier apportant la nouvelle que dans la séance du mercredi 15 juillet, le roi avait prononcé un discours où il marquait la confiance qu'il avait dans la nation et promettait l'éloignement des troupes de Paris et de Versailles.

Bénissant Dieu d'avoir écarté l'orage qui grondait sur la France, l'assemblée, au milieu des acclamations et des cris de joie, vota de faire chanter, avec l'agrément de l'évêque, un *Te Deum* suivi du psaume *Exaudiat te Dominus* auquel seraient invités tous les ordres de la ville et le régiment de Médoc, et de faire allumer des feux de joie accompagnés d'une illumination générale. Les députés de la sénéchaussée furent chargés du soin de faire parvenir au roi l'hommage des sentiments de vénération, d'amour et de fidélité des habitants et d'insister sur le rappel des ministres qui avaient emporté l'estime et les regrets de la nation. Parmi les noms apposés au bas de la protestation, à côté des hommes du peuple et des bourgeois, on remarquait des prêtres et des nobles. C'est que dans la société d'alors les mêmes sentiments patriotiques vibraient dans tous les cœurs.

L'effervescence des esprits dans la capitale aboutit à la double révolution marquée par la prise de la Bastille (14 juillet) et les sacrifices de la nuit du 4 août (1) qui furent le fondement de la liberté des personnes avec la suppression des lettres de cachet et de la liberté des propriétés par l'abolition du régime féodal et des droits seigneuriaux et l'établissement de l'égalité des impôts pour tous les citoyens quels que fussent leurs rangs et leurs qualités.

Des bandes parcoururent les campagnes, renversant ou livrant aux flammes les châteaux, les églises, les couvents. Aucun document ne nous initie aux excès commis dans notre région, mais nous voyons qu'elle dut avoir sa période

---

(1) L'abbé Grégoire l'appelait « l'abbatis des abus ».

de trouble et d'agitation par des marques de satisfaction accordées à l'activité infatigable de Bernard, troisième consul, Massot, second consul, et à « l'honnête Ardignac, cinquième consul, ce vieillard respectable, aux vertus duquel tout le monde rend hommage, » dans la circonstance fâcheuse de la consternation générale causée par les malfaiteurs, par des témoignages de la plus vive reconnaissance pour le régiment de Médoc en garnison dans cette ville, commandé par le lieutenant-colonel de Baudre, « qui a eu l'honnêteté de ne pas ménager sa personne pour seconder les efforts de la police », pour David, sous-lieutenant de la maréchaussée, « qui s'est conduit avec toute la distinction possible ».

Grâce à de fréquentes patrouilles dirigées par des citoyens d'élite — organisation que l'on peut regarder comme l'origine de la garde nationale — la ville se vit débarrassée des malfaiteurs qui l'infestaient, et l'on n'entendit plus parler de vols.

Cette tranquillité ne fut qu'éphémère et des craintes de troubles renaquirent. Les grains montèrent à un tel prix qu'une émeute paraissait imminente. Ce qui rassura les esprits ce fut la fermeté du régiment de Médoc et la vigilance de ses officiers, du colonel de Roquefeuil (1), qui, dès son arrivée dans cette ville, ne négligea rien pour maintenir le bon ordre et qui fut assez heureux pour prévenir, avec le concours de de Baudre, des événements funestes qu'on ne put pas conjurer dans d'autres centres de la province. On dit même que de Baudre, ayant obtenu de la cour un congé pour aller en semestre au sein de sa famille, refusa de quitter la ville par attachement pour la tranquillité publique et qu'il y passa son quartier d'hiver. La cité, pour témoigner sa reconnaissance à de Roquefeuil et à de Bau-

---

(1) Famille illustre de notre région, descendant des Guilhems, seigneurs de Montpellier.

dre, leur accorda le titre de citoyens de Béziers avec tous les droits de bourgeoisie.

Au bout de quelques jours la ville fut appelée à jouir du spectacle d'une parade militaire. Pour assurer le rétablissement de la paix publique, l'Assemblée nationale avait rendu, le 10 août, un décret imposant la prestation du serment aux officiers et aux soldats du régiment de Médoc. Il fallut s'y conformer. Le 27 août, le maire et les quatre consuls, à cinq heures de l'après-midi, avec le procureur du roi et le secrétaire de la ville, précédés de la livrée consulaire, se rendirent au champ de Mars, situé près de la porte de Saint-Aphrodise. Là s'était rendu le régiment de Médoc, avec ses officiers, son colonel et le marquis de Bousols, maréchal des camps et armées du roi, venu pour passer la revue des troupes. Avec la solennité la plus auguste, en présence d'un grand concours de citoyens, fut prêté le serment prescrit par le ministre de la guerre. Les soldats d'abord, les officiers ensuite, jurèrent en présence du régiment tout entier sous les armes, *de ne jamais abandonner leur drapeau, d'être fidèles à la nation, au roi, à la loi et de se conformer aux règles de la discipline militaire.* Les officiers jurèrent de ne jamais employer ceux qui seraient sous leurs ordres contre les citoyens, si ce n'est à la réquisition des officiers civils et municipaux.

La récolte du blé avait été médiocre et ne pouvait suffire aux besoins des habitants de la ville et du diocèse. Pour apaiser les cris de la faim, il était prudent de ne pas attendre l'arrivée des froids rigoureux de l'hiver et des pénibles souffrances qui l'escortent. Les officiers municipaux s'empressèrent de faire faire des approvisionnements considérables de grains par un comité composé de Coste aîné, Etienne Salvan, Donnadieu fils, Barre, Fayet et Rabejac, tous négociants, auxquels on donna pleins pouvoirs d'agir, soit en faisant des achats, soit en contractant un emprunt patriotique. Le chapitre de Saint-Aphrodise leur vendit 320 setiers de blé à un prix inférieur à celui qu'on leur avait déjà offert et il s'engagea à les garder sans rétribution dans son magasin jusqu'à ce que la provision eût été consommée. On vit alors des citoyens généreux rivaliser de charité pour concourir au bien public.

Le corps municipal reçut de Brunel, ancien conseiller du roi, lieutenant-général de l'Ile-de-France, résidant depuis peu à Béziers, la lettre suivante :

Messieurs, on vient de me faire part d'un projet de souscription pour établir en cette ville un grenier d'abondance. En rendant hommage à la sagesse de votre administration, dont je suis le sincère admirateur, je m'empresse, Messieurs, de seconder vos vues bienfaisantes. Permettez-moi, je vous prie, de vous offrir 60.000 livres à titre de prêt gratuit pour un an. Vous trouverez ici cette somme et un effet à courts jours sur Paris, où je viens d'en donner avis (1).

On le gratifia par reconnaissance du titre de citoyen de cette ville avec attribution de tous les droits de cité et de bourgeoisie.

M⁵ de Nicolay, donnant une nouvelle preuve de sa charité, offrit en don une somme de 3.000 livres. Le marquis de Roquefeuil prêta 6.000 livres (2) ; Bonnavialle, inspecteur des travaux publics, 1.000 livres; Bonnet & Cⁱᵉ, 4.000

---

(1) Lettre du 1ᵉʳ septembre 1789.
(2) Voici la lettre que M. de Roquefeuil écrivit dans cette circonstance :
« Béziers, ce 10 septembre 1789. — J'ai l'honneur de prier MM. le maire et consuls de vouloir bien recevoir une somme de six mille livres pour l'achat des grains destinés à la subsistance de cet hiver. Jamais je n'ai autant désiré que mes moyens me permissent de faire un grand prêt que dans un moment où je pourrois témoigner aux citoyens de Béziers ma reconnoissance en leur devenant utile. Messieurs le Maire et Consuls qui ont bien voulu se charger souvent d'être les interprètes de mes sentiments voudront bien avoir la bonté de l'être encore dans cette occasion, ainsi que de mes regrets de ne pouvoir faire plus. »

livres ; Rieux aîné, 4.000 livres ; Coste aîné, 1.000 livres ; Lanneville, 600 livres ; le marquis de Gaulejac, 3000 livres; Gibaudan, 800 livres ; Louis Maraval, 600 livres ; Barre & Cie, 10.000 livres ; Heirisson, 10.000 livres.

Néanmoins, on eut la douleur d'apprendre que des ennemis du repos public avaient eu le « fatal talent » de persuader à diverses personnes qu'il était indispensable d'établir une milice bourgeoise, soit parce que c'était un ordre émanant de l'Assemblée nationale, soit parce qu'il était nécessaire d'obvier au « divertissement des grains » manœuvre à laquelle on accusait les officiers municipaux de se prêter. De plus, comme on leur avait fait espérer qu'elle serait habillée et soldée aux frais de la commune, ils soutinrent leur demande avec tant d'arrogance que le refus qu'on leur opposa faillit amener une insurrection. Les officiers municipaux considéraient l'établissement d'une milice comme inutile, dangereuse et contraire aux intérêts de ceux qui la réclamaient. Ils furent encouragés dans leur résistance par la lettre que leur écrivit le commandant de la province, le comte de Périgord :

Je reçois, Messieurs, votre lettre du 20 de ce mois, au sujet du mouvement que se donnent quelques particuliers oisifs de la ville de Béziers pour engager les habitants à former une milice bourgeoise. Je pense comme vous, d'après la tranquillité dont vous avez joui jusqu'à présent sans le secours d'un pareil établissement qu'il est parfaitement inutile et je ne puis qu'approuver votre éloignement à y consentir. Au reste, les milices bourgeoises ne pouvant être établies sans l'autorisation de la municipalité, vous êtes les maîtres de vous refuser à toutes demandes qui y seroient relatives, et je vous y exhorte même fort pour le maintien du bon ordre. Si quelque particulier se permettoit de le troubler relativement à cet objet, vous seriés fondés à le faire arrêter, étant de votre devoir de prévenir tout ce qui pourroit tendre à altérer le calme et la bonne intelligence qui règnent parmi les citoyens et qu'ils sont intéressés à conserver (1).

(1) Lettre du 21 novembre 1789.

Le 22 novembre, le conseil politique était assemblé à l'Hôtel-de-Ville, lorsqu'on vint annoncer qu'un grand nombre d'artisans et quelques travailleurs de terre se réunissaient dans la chapelle des Pénitents blancs et que le nombre pouvait insensiblement en être augmenté. Le conseil et les consuls se rendirent immédiatement à cette chapelle, escortés de cent hommes du régiment de Médoc. Le retard que l'on mit à faire ouvrir la porte donna au plus grand nombre le temps de s'évader par une issue secrète. Ceux qui restaient furent conduits à l'Hôtel-de-Ville et soumis à un interrogatoire. Mais on les remit bientôt en liberté, après leur avoir fait jurer de ne plus fréquenter de pareilles assemblées. Pour les contenir on leur donna à entendre qu'on se réservait toujours la continuation d'une procédure contre eux.

Cet évènement fut porté à la connaissance du commandant de la province qui félicita les consuls de leur fermeté et de leur prudence par la lettre suivante :

Je vous remercie, Messieurs, du détail que vous m'avés fait des moyens que vous avés employés pour dissiper l'assemblée qui s'étoit formée dans la chapelle des Pénitents blancs pour délibérer sur l'établissement d'une milice bourgeoise ; le succès qu'ils ont eu justifie pleinement votre conduite dans cette circonstance et doit vous faire juger qu'avec de la fermeté et de la prudence il ne vous sera pas impossible de parvenir à en imposer aux mal intentionnés ou aux esprits turbulents qui pourroient chercher encore à troubler l'ordre et la tranquillité publiques ...(1).

L'obscurité était un danger et un obstacle permanent à la circulation des rues pendant la nuit, et elle exposait les habitants aux attaques des malfaiteurs dont elle favorisait

(1) Lettre du 21 novembre 1789.

les coupables intentions. L'intérêt public réclamait une amélioration. Le conseil politique décida l'installation dans différents quartiers et aux faubourgs de cent soixante-dix réverbères, les uns soutenus au milieu de la rue par une corde goudronnée, les autres suspendus à une potence fixée au mur, et il confia à Cordier, serrurier, l'exécution de ce travail d'une dépense de 3.523 livres.

En temps de calamité, le renchérissement d'une denrée ne va jamais seul ; il s'étend le plus souvent aux autres marchandises. Le prix des objets indispensables à l'alimentation était devenu tel qu'il était moralement impossible aux artisans et aux cultivateurs de se procurer de quoi fournir à leur subsistance et à celle de leurs familles. Il ne leur suffisait pas d'avoir du pain et un peu de vin. Il était raisonnable que dans le courant de la semaine ils pussent manger un peu de viande. En présence du taux élevé de celle qui se vendait à la boucherie close, de la cherté des fressures, de l'huile, des légumes, les consuls firent établir dans la ville et aux faubourgs une boucherie en table de liberté pour la vente sévèrement réglementée de la vache et de la brebis. Ainsi par les soins et la vigilance patriotique de ses administrateurs la ville vit la paix et la tranquillité régner dans son sein.

Mais les circonstances commandaient une surveillance incessante pour empêcher des désordres publics d'éclater. Ici, Lavid, sous-lieutenant de la brigade de maréchaussée, signale les agissements d'un ecclésiastique, nommé Izombard, venu de Narbonne et faisant vendre un pamphlet intitulé *La semaine de Perpignan* (1), sorti de l'imprimerie Fuzier, rédigé par un partisan du régime nouveau, propre à causer des séditions et dont on saisit une soixantaine d'exemplaires soumis à la destruction. Ailleurs, dans les

(1) *La semaine de Perpignan ou les événements arrivés depuis le 26 juillet jusqu'au 2 août*, in-12, 14 p., sans nom d'auteur.

cabarets, des ennemis du bien public, par des écrits incendiaires ou des manœuvres odieuses, s'efforçaient de surprendre la bonne foi des habitants. Suivant l'ordonnance du 8 août 1789, fut constitué un *conseil permanent* de huit personnes chargées avec les consuls de veiller à la sûreté publique et de maintenir la paix et la tranquillité du pays.

Les maux de l'hiver précédent tenaient en éveil la sollicitude des administrateurs. C'était un devoir pour eux d'éviter d'être surpris par une insuffisance d'approvisionnement. Dès le mois de septembre, le baron de Poilhes, Audous, Rivière, Fraïsse et Cassaignes furent nommés commissaires pour faire le recensement des grains existant en nature dans la ville, au faubourg, au canal, tant chez les particuliers que chez les négociants. Il en avait été enlevé, semblait-il, une quantité considérable depuis le terme du dépiquage, au point qu'il n'en restait que 5.000 setiers, représentant la quarantième partie de ce qui était nécessaire aux habitants de la ville et à ceux du diocèse. Il fallut recourir à la production du Haut-Languedoc et, pour le transport des achats, intercéder auprès du gouverneur dont la bienveillance ne fit point défaut.

J'ai reçu, Messieurs, écrivait le comte de Périgord aux consuls, avec votre lettre du 28 septembre dernier, les deux délibérations prises par le conseil de ville de Béziers pour faire connaître ses intentions relativement à la libre circulation des grains ; je ne puis que les approuver surtout dans les circonstances où ce commerce a le plus grand besoin d'être protégé ; vous êtes sans doute informé des mesures que j'ai prises pour faire cesser les obstacles du transport par le canal, ce qui vous procurera, comme aux autres villes du Bas-Languedoc qui sont dans le cas de recourir à des secours étrangers, les moyens de faire arriver vos approvisionnements avec sûreté. Si cette circulation n'existoit pas, vous seriés des premiers à en éprouver les fâcheux effets, et il est en conséquence indispensable que vous donniés, comme les autres, l'exemple de la protection qui leur est due (1).

(1) Lettre du 4 octobre 1789.

Pour les approvisionnements qu'ils faisaient, les consuls de Béziers avaient traité avec ceux de Narbonne, et un différend était survenu entre eux :

...... Nous conviendrons, écrivaient-ils au comte de Périgord, que les raisons qu'ils employent (1) pour s'opposer à l'extraction du bled que nous avons achetté dans cette ville méritent quelque considération ; mais nous vous supplions, Monseigneur, d'observer qu'on leur a donné l'option de nous le laisser exporter ou bien de s'en charger eux-mêmes en nous remboursant le prix que nos commissaires ont payé au moment de l'achat avec les frais et les intérêts : et c'est précisément à cette dernière proposition qu'on leur a fait faire qu'ils gardent un profond silence. Cependant y a-t-il quelque chose de plus juste ? Et c'est sur quoy nous ne cesserons jamais de réclamer. Le sacrifice que nous faisons en abandonnant ce bled est assez grand, vu qu'à peine nous avons la moitié de celui qui nous est nécessaire pour completter notre approvisionnement. Nous vous supplions donc, Monseigneur, de vouloir bien engager cette municipalité à nous faire ce remboursement sans autre délai parce que nous avons besoin des fonds pour faire face aux autres achats qui nous sont absolument indispensables (2).

L'esprit conciliant du comte de Périgord le porta à répondre ainsi aux consuls de Béziers :

J'ai reçu, Messieurs, avec votre lettre copie de celle qui vous a été écrite par la municipalité de Narbonne, contenant les motifs du refus qu'elle a fait de laisser partir 600 setiers de grains qui ont été achettés dans cette ville pour le compte de celle de Béziers. Cette quantité me paroit effectivement bien peu considérable pour donner lieu à un pareil refus, et j'en écris à ces officiers municipaux, ainsi que vous le désirés, pour les engager à revenir sur le parti qu'ils ont pris à ce sujet (3).

(1) Les officiers municipaux de Narbonne.
(2) Lettre du 23 novembre 1789.
(3) Lettre du 11 novembre 1789.

Les consuls, poussés par leur ardeur, en appelèrent à l'intendant lui-même. Le baron de Ballainvilliers leur répondit :

J'étois prévenu, Messieurs, des difficultés apportées par la municipalité de la ville de Narbonne à la sortie des grains achetés par votre municipalité et par plusieurs autres municipalités de la province. J'ai écrit aux officiers municipaux pour leur faire apercevoir que leur conduite était contraire aux décrets de l'Assemblée nationale, sanctionnés par le Roy, concernant la libre circulation, et les dangers auxquels ils s'exposoient s'ils laissoient subsister ces difficultés. Leur résolution avoit été dictée par des allarmes dont la cause n'avoit pas la réalité qu'ils lui ont donnée. J'espère que mes observations auront produit quelque effet, qu'elles les rendront moins difficiles, et que les négociants auront la liberté de faire les expéditions qui leur ont été demandées (1).

Les difficultés ne tardèrent pas à être aplanies. Les consuls de Narbonne entendirent raison, et renonçant à leurs prétentions, ils cédèrent aux vœux des consuls de Béziers. C'est ce que nous voyons par la lettre que leur adressa le comte de Périgord :

J'ai reçu, Messieurs, vos lettres des 26 et 27 de ce mois. J'ai vu avec plaisir par la dernière que la municipalité de Narbonne étoit enfin déterminée à permettre l'expédition de la partie de bled qui a été achettée pour votre compte dans cette ville. Je suis fort aise que cette affaire se soit terminée ainsi que vous pouviés le désirer (2).

---

(1) Lettre du 16 novembre 1789.
(2) Lettre du 28 novembre 1789.

III

Contrebande du sel. — Difficulté d'en arrêter les progrès. — Envoi de bijoux à la monnaie. — Contribution patriotique. — Nomination d'experts pour estimer les biens privilégiés. — Béziers sollicite d'être choisi comme siège d'un département. — Lettre de Rey à ses commettants. — Les religieuses de Sainte-Claire. — Décret du 14 décembre. — Modification municipale. — Destruction des anciennes municipalités. — Formation de sections électorales. — Mort et obsèques du maire Bouillet. — Massacre des gardes-sel. — Conduite de l'évêque. — Réouverture de la chapelle de l'Hôtel-de-Ville. — Milice nationale.

La rareté des grains et l'approvisionnement du marché ne faisaient pas le seul souci des consuls. Il fallait compter avec un autre fléau, c'est-à-dire la contrebande du sel, à laquelle on se livrait avec fureur. De crainte d'être arrêtés par les employés, la maréchaussée ou les troupes nationales, les contrebandiers s'attroupaient, marchaient à main armée, formaient des convois nombreux; et, après leur avoir fait traverser pendant la nuit la ville et les faubourgs, ils allaient les rejoindre plus loin. La municipalité, devant l'impuissance de ses efforts, se détermina à faire usage contre eux de la *loi martiale* décrétée le 21 octobre par l'Assemblée nationale. Des patrouilles formées de tous les citoyens sans distinction (1) veillaient depuis neuf heu-

(1) L'abbé Daydé, chanoine théologal, invité à se rendre un soir à l'Hôtel-de-Ville pour prendre le commandement de la patrouille, et d'autres ecclésiastiques, l'archidiacre Villeraze, le chanoine Durand, venus pour obéir au

res du soir jusqu'à cinq heures du matin pour surprendre les conducteurs, saisir les bestiaux et amener les charrettes sur lesquelles le sel était chargé à l'Hôtel-de-Ville, où se passaient souvent des scènes déplorables accompagnées de menaces.

Mais les consuls ne faiblissaient point dans l'accomplissement de leur devoir, aiguillonnés qu'ils étaient à réprimer les abus par des ordres pressants du commandant de la province :

> Le directeur des fermes de cette ville m'a représenté, leur écrivait-il (1), qu'il se faisait publiquement à Béziers une contrebande si considérable pour la vente du sel, qui y est transporté par charrettes de Narbonne ou d'ailleurs, qu'il s'est déterminé à vous écrire pour vous prier de vouloir bien, conformément au décret de l'Assemblée nationale dont l'exécution vous est recommandée, prendre des moyens pour le faire cesser, en ordonnant la saisie de ce sel, pour être donné à la classe indigente des habitants (2), ainsi que des voitures et chevaux qui seront vendus, pour l'argent être pareillement distribué aux pauvres, et m'a demandé de vous écrire encore de mon côté pour vous engager à donner tous vos soins pour arrêter un abus si contraire aux droits du Roy. Je ne doute pas, Messieurs, vu l'importance de l'objet et l'obligation qui vous est imposée d'accueillir les réclamations du préposé de la ferme générale, que vous n'ayés égard à la prière qui vous est faite par le directeur de Montpellier, et j'écris de même à M. de Roquefeuil de vous procurer main forte toutes les fois que vous jugerés utile de la requérir pour l'exécution de la loy et le rétablissement de l'ordre dans cette partie des revenus de l'Etat....

règlement, représentèrent au maire que, par leurs fonctions, ils n'étaient pas aptes à commander à des soldats. Ils offrirent pour eux et pour leurs confrères du chapitre, de verser la somme de 48 livres dans la caisse du comité des subsistances pour servir à la diminution du prix des grains ; et, moyennant cette contribution, tous furent déclarés exempts de ce service.

(1) Lettre du 10 novembre 1789.
(2) On le fit distribuer aux pauvres par les curés de la ville.

Le trafic irrégulier qui se faisait ainsi était préjudiciable à la fortune publique. La nation et le roy étaient privés de l'impôt, et le prix de la marchandise se portait en pays étranger. Depuis que l'Assemblée nationale avait réduit le prix du sel à six sous la livre (1), les revenus du roi avaient subi une diminution considérable, et le recouvrement des impositions se faisait péniblement :

L'intention de Sa Majesté, écrivait le comte de La Tour du Pin, ministre de la guerre, aux commandants des places, est que vous protégiés de tout votre pouvoir le rétablissement des barrières et des perceptions, que vous prêtiez main forte aux employés des fermes et à tous autres chargés de la levée des deniers publics, toutes les fois que vous en ares requis soit par eux, soit par les officiers municipaux de la place où vous commandés, et que vous donniés à ces employés tous les secours et toutes les facilités qui dépendront de vous, pour qu'ils ne soient pas troublés dans l'exercice de leurs fonctions....

Lorsqu'une fois l'ordre a été troublé, il faut beaucoup de prudence et d'habileté pour le rétablir. Le maire de Béziers et le marquis de Roquefeuil entraient souvent en conférence pour découvrir par quel moyen ils ramèneraient les esprits à l'obéissance aux lois :

Vous voulés bien me faire part de vos conférences en présence de M. Bouillet, premier consul de Béziers, sur les moyens d'empêcher la contrebande du sel. Je sens comme vous, écrivait le comte de Périgord au marquis de Roquefeuil (2), qu'elle est devenue une affaire très délicate à suivre, attendu les progrès que ce commerce frauduleux a faits depuis quelque temps dans cette province ; mais il ne faudra cependant pas se refuser de prêter à la municipalité les secours qu'elle se déter-

(1) Décret du 23 septembre 1789.
(2) Lettre du 18 octobre 1789.

minera à demander pour tâcher de le réprimer, l'objet essentiel étant de mettre le plus de sagesse possible dans les dispositions qui seront faites en conséquence....

Sans doute, le droit légal ne devait pas céder la place à la fraude et la victoire était réservée à la loi. Mais aussi au prix de quels efforts sera obtenu cet avantage! Les moyens frauduleux se multipliaient. Rien n'aidait à les réprimer ; le désespoir tendait à l'emporter. Le découragement s'emparait des officiers municipaux (1) et la peur gagnait les employés hésitants à la vue de l'audace des contrebandiers. Nous en avons la preuve dans cette lettre du comte de Périgord aux consuls :

Messieurs, j'ai reçu, leur disait-il, la lettre que vous m'avés écrite le 20 de ce mois pour m'informer de l'activité avec laquelle se renouvelle la contrebande du sel, attendu la terreur qui s'est emparée des employés des fermes. J'en parlerai à M. Thierriat pour qu'il les change ou les multiplie, les saisies ne devant être faites que par eux, et les troupes employées seulement co: ne main-forte, de sorte que si ces employés ne reprenoient pas leurs fonctions pour en remplir les devoirs avec la fermeté que les circonstances exigent, il faudroit nécessairement renoncer à l'espoir d'arrêter les progrès de cette contrebande, et ce seroit un très grand mal, à cause du double inconvénient qui en résulte non seulement pour les revenus du Roy, mais même pour l'ordre public (2).

(1) On avait appris qu'il était arrivé au faubourg trois charrettes chargées de sel, escortées par une troupe d'Espagnols armés les uns de sabres, les autres de fusils. Les malfaiteurs étaient si bien déterminés que la municipalité s'adressa au prévôt général de la maréchaussée pour le prier de vouloir bien augmenter de deux cavaliers la brigade établie à Béziers. On s'entourait de mesures de précautions. Les cabarets se fermaient à neuf heures du soir ; les auberges étaient surveillées, les attroupements dissipés. On était dans de continuelles alarmes.
(2) Lettre du 21 décembre 1789.

Combien était désastreux l'état des finances du royaume à l'époque qui nous occupe, nul ne l'ignore! Ce qui aggravait la situation, c'était la rareté du numéraire en France. Le conseil du roi rendit un arrêt, en date du 20 août, autorisant les directeurs des monnaies à recevoir la vaisselle plate, les bijoux en or et en argent librement apportés par les citoyens pour subvenir aux besoins du royaume. L'exemple donné par le roi et la reine fut suivi depuis les grands jusqu'aux plus petits particuliers. Les habitants de Béziers furent invités à se joindre à tous les bons Français et un bureau s'ouvrit pour recevoir les objets d'or et d'argent, qui seraient offerts pour être expédiés à la monnaie. Nous savons que le zèle patriotique en pareille circonstance ne fit pas défaut, mais les documents nous laissent le regret par leur silence de ne pouvoir citer des noms.

Mais le dévouement ne s'arrête pas là. Pour tirer la Patrie du danger où elle était, dix citoyens proposèrent l'établissement d'une taxe proportionnée à la fortune de chacun. Cette contribution extraordinaire appelée *contribution patriotique* fut fixée au quart des revenus nets de chaque espèce; elle ne pouvait être exigée qu'une fois. Coste, conseiller; Mainy l'aîné, écuyer; Azaïs, avocat, Passebosc, notaire; Moureau et Martin furent nommés commissaires pour recevoir les déclarations de chaque particulier (9 novembre) (1). L'impôt du *quart du revenu* ne produisit que

---

(1) L'état financier de la France allait en s'aggravant : le dernier emprunt de 1789 à 4 1/2 0/0 fournit à peine le quinzième du capital demandé. Necker, a bout d'inventions, proposa (24 septembre) un *don gratuit du quart du revenu*, à titre de contribution patriotique, en affirmant que ce sacrifice comblerait le déficit et que la marche des services publics était assurée par la rentrée normale des impôts réguliers. Mirabeau força les suffrages de l'Assemblée en agitant devant elle le spectre de la ruine honteuse :

« La banqueroute, la hideuse banqueroute est là ! s'écria-t-il. Elle menace de consumer vous, vos propriétés, votre honneur, et vous délibérez ! »

Le plan du ministre fut accepté « de confiance » (décret des 6-9 octobre);

sept millions à Paris et quarante millions dans toute la France, faible ressource pour la situation désastreuse où se trouvait le pays.

Par le décret du 2 novembre 1789, l'Assemblée nationale mit tous les biens ecclésiastiques à la disposition de la nation à la charge par elle de pourvoir d'une manière convenable aux frais du culte, à l'entretien des ministres et au soulagement des pauvres. La municipalité choisit des experts pour estimer le revenu des biens privilégiés, en dresser un état et en faire « l'all vreuuent » (11 novembre).

Tous les titulaires des bénéfices et tous les supérieurs des maisons et établissements ecclésiastiques furent tenus par les décrets des 7 et 14 novembre de faire dans un délai de deux mois la déclaration de tous leurs biens mobiliers et immobiliers. Les documents nous montrent que chacun se conforma à la loi. La conservation des biens ecclésias-

---

en province, on était encore sous l'impression des sacrifices spontanés accomplis dans la nuit du 4 août.

On y crut et il y eut un accord unanime dans toutes les classes de la population. Le décret affiché et lu aux messes des paroisses, le 15 novembre, portait en substance :

« La contribution volontaire sera proportionnelle et par conséquent égale pour tous. Elle est fixée à 1|4 du revenu, plus 2 1|2 0|0 de la valeur des bijoux et de l'argenterie, et 2 1|2 0|0 du numéraire.

« Nulle recherche, nulle inquisition ne sera faite. Il ne sera imposé aucun serment. L'Assemblée pleine de confiance dans les sentiments d'honneur et de fidélité de la nation française a ordonné qu'il suffirait d'une simple déclaration.

« La contribution sera payée par tiers. Ceux dont le revenu ne dépasse pas 400 livres peuvent ne rien donner, mais toute offrande, si modique qu'elle soit, sera acceptée. »

Les hommes se dépouillèrent de leurs montres, de leurs boutons, de leurs boucles d'argent; les femmes, les enfants offrirent leurs bijoux, des chaines, des bagues, des hochets. Si l'on publiait intégralement la liste des dons patriotiques remis à l'Hôtel-de-Ville du 29 août au 30 septembre et celle des déclarations de l'impôt sur le revenu du 19 novembre 1789 au 31 juillet 1790 on aurait le récit touchant des inspirations les plus naïves et les plus généreuses.

tiques, des archives et des bibliothèques monastiques et des chapitres avait été prudemment assurée.

Du moment que les biens privilégiés devaient être imposés, il fallait les immatriculer. Le maire Bouillet, dans une assemblée du conseil, fit nommer Mainy, Sauret, Azaïs et Moureau pour faire un état des noms et des biens de tous les privilégiés afin de préparer les rôles de l'année 1790.

L'année 1789 se termine par la conception d'une nouvelle division administrative de la France ; briser l'esprit provincial et affermir l'unité française, voilà le but qu'on recherchait. Tandis que l'Assemblée nationale élaborait le projet « de la division géométrique du territoire en carrés égaux » (1), la ville de Béziers apporta de puissantes raisons en faveur de sa situation, de sa population et de sa contribution aux charges de l'Etat et fit les plus actives démarches pour obtenir d'être choisie comme chef-lieu de département de préférence à Montpellier. Jalouse de bien appuyer ses droits, elle adressa à l'Assemblée nationale un mémoire dont une analyse présentera en quelque sorte sa physionomie à cette époque :

..... Dans ce même moment, les plus grandes cités comme les petites s'empressent de concourir afin d'avoir la meilleure part au gouvernement français. Chacune voudroit augmenter de rang sur ses rivales. Ce concours prodigieux, ce choc considérable d'intérêts opposés entr'eux doit plonger les représentants de la nation dans l'embarras et dans la peine....

La ville de Béziers se présente à eux en ne se confiant que sur les

---

(1) Le 29 septembre 1789, le comité de la Constitution présenta à l'Assemblée un projet de division de la France conçu par l'abbé Siéyès. Les débats s'ouvrirent le 15 octobre. Après une longue délibération, l'Assemblée décréta, le 11 novembre, qu'une nouvelle division serait effectuée, que les districts seraient partagés en cantons et que chaque canton aurait son assemblée primaire électorale. Les décisions successives du 22 décembre 1789 et du 9 janvier 1790 complétèrent la loi.

avantages naturels que lui donnent sa situation, sa population et sa contribution aux charges de l'État....

I. — Telle est la situation de Béziers ; il est placé au centre du Languedoc, à une égale distance des bords du Rhône et des rives de la Garonne qui bornent cette province ; enfin, il est situé entre la Montagne Noire et la mer Méditerranée, dans la partie étroite du Languedoc, ayant la province de Roussillon à son midi et celle du Rouergue à son nord, presque à une égale distance de l'une et de l'autre.

Sa position sur le canal Royal lui donne une facilité de commerce que tous les pays lui envient : il communique avec le Haut-Languedoc par trois grandes routes, savoir : par la route de Carcassonne et Toulouse ; par celle de Saint-Pons et Castres, et par celle de Saint-Gervais et Albi ; il communique encore au Rouergue par cette dernière route de Saint-Gervais. Sa proximité du port d'Agde et du port de Narbonne ou de La Nouvelle lui procure l'avantage de pouvoir exporter dans l'étranger les denrées de toute espèce qui se recueillent sur son sol et qui lui viennent par les routes déjà nommées.

Les productions de son territoire particulier sont inappréciables, les blés y croissent en abondance, les vins de toute espèce qui s'y recueillent sont prodigieux, comme aussi les huiles qui s'y récoltent ; on peut juger de l'abondance de toutes ces denrées :

1° Par l'approvisionnement de son marché qui fournit chaque semaine une quantité prodigieuse de blé à tout le Bas-Languedoc et y fixe le prix du pain qui est réglé d'après ses fourneaux, qui sont envoyés dans toutes les villes jusqu'à Beaucaire ;

2° Par l'affluence des étrangers qui, au temps de la récolte des vins, s'y rendent en grand nombre pour faire les achats des muscats, surtout des vins blancs et des eaux-de-vie, dont les qualités et l'abondance surpassent celles des autres villes de la province ;

3° Par les expéditions considérables qui s'y font des huiles pour le Haut-Languedoc et la province de Guyenne.

L'arrondissement de Béziers est encore à distinguer à cause du voisinage d'un nombre de principales villes, telles que Narbonne, Pézenas, Agde, qui ne sont qu'à quatre lieues de distance : on y compte encore les villes de Saint-Chinian et Bédarieux, où sont établies de grandes manufactures de draps ; les villes de Saint-Pons, de Lodève, de Clermont, de Gignac et de Saint-Gervais sont encore de la dépendance de sa sénéchaussée, de même que la ville et port de Cette, avec une infinité d'autres petites villes intermédiaires qui toutes ont leur commerce dirigé vers Béziers, comme étant leur centre et leur chef-lieu.

II. — La population de Béziers et de son arrondissement est relative à la fécondité de son territoire ; on compte dans la ville environ vingt-cinq mille habitants et plus de deux cent mille dans la sénéchaussée, la ville de Narbonne n'étant point comprise dans ce nombre puisqu'elle est d'une sénéchaussée différente.

Béziers renferme dans son enceinte un évêché fort ancien, trois différents chapitres, trois abbayes de nomination royale, six couvents de religieux et un séminaire dirigé par des Prêtres de la Mission, un collège royal, cinq monastères de filles, deux hôpitaux, une maison de charité qui fournit le bouillon aux pauvres honteux des cinq paroisses de la ville, enfin une maison du Bon Pasteur.

L'administration de la justice y est entre les mains d'un grand sénéchal et siège présidial, le plus considérable après, ceux de Toulouse et Nîmes, de tout le ressort du Parlement de la province ; il y a en outre une Académie royale de sciences, une chaire publique et gratuite de mathématiques, une imprimerie.

III. — La contribution de la ville et diocèse de Béziers aux charges de l'Etat surpasse celle des autres villes et diocèses de la province, sauf les villes de Toulouse et de Nîmes à qui Béziers se plaît de le céder uniquement : sa part aux impositions générales est fixée au 16me de la province, et Béziers paie seul le 6me de son diocèse.

En suivant cet ordre, Béziers doit faire naturellement la 96me partie du royaume, tandis que le Languedoc, dont il fait la 16me partie, fait lui-même la 14me partie du royaume. Si donc l'Assemblée nationale décrète d'établir plus de 80 départements ou Etats provinciaux, Béziers peut se flatter d'en obtenir un, tant pour son diocèse que pour les diocèses d'Agde, Saint-Pons et Lodève, qui forment l'arrondissement de sa sénéchaussée, indépendamment de la partie de Narbonne, de Castres et de Montpellier qui sont unis à sa même sénéchaussée.

Il est évident que les quatre diocèses joints ensemble méritent, à raison de leurs charges communes et de leurs contributions plus fortes dans la province qu'aucune des autres sénéchaussées, d'avoir et de jouir d'un département particulier par préférence à toutes les autres villes de la province,.... (1).

On ne niait pas que Montpellier n'eût plus d'éclat et plus de luxe. C'était le siège d'une cour souveraine, d'un Bureau de finances, d'une Université, d'une Bourse commune des marchands, d'une Intendance, d'un Gouvernement, des Etats provinciaux. Tous ces établissements mettaient cette ville au-dessus des autres. Mais, à le considérer de près, cette situation privilégiée, on reconnaissait qu'elle n'était due qu'à une faveur exceptionnelle des souverains. Cette faveur cessant, les avantages particuliers s'effaçaient, tout cet éclat emprunté tombait et faisait place « à l'aurore qui se levoit sur une ville plus ancienne, plus célèbre et bien plus considérable qu'elle. Il étoit aussi injuste qu'impolitique que tout fût réuni dans le même centre. »

La demande de la municipalité fut fortement appuyée par les députés de la sénéchaussée G. de La Blanque, H. de Jessé, l'abbé Martin et Rey, tous citoyens de cette ville. Ceux-ci présentèrent à l'Assemblée nationale une *motion* dans laquelle ils démontraient que « Béziers réunissait les trois bases que l'Assemblée a adoptées, savoir : le point à peu près central du département, la population et l'imposition qui est le 6me des impositions de son diocèse ». Montpellier n'avait obtenu la faveur d'être le siège des Etats de Languedoc que parce qu'il se trouvait au centre de la province ; aujourd'hui, Béziers se trouvant à peu près au centre du département, il était clair qu'il devait par la même raison obtenir la même faveur. Béziers, malgré tous ces incontestables avantages, devait être sacrifié. Néanmoins, on reconnut que les députés avaient fait leur devoir. Leur *motion* fut imprimée (2) et communiquée à toutes les com-

---

(1) *Mémoire pour être présenté à Messieurs de l'Assemblée nationale par la ville de Béziers.*

(2) *Motion des députés de la sénéchaussée de Béziers à l'Assemblée nationale*, broch., 13 p., 1789.

munautés comprises dans le ressort et le conseil politique vota à ses auteurs des remerciements pour le zèle patriotique qu'ils déployèrent dans cette circonstance (1).

On trouva que les députés de la sénéchaussée n'entretenaient pas des relations assidues avec leurs commettants. Par la délibération du 17 décembre, nous voyons que Mainy de Madale, Pradines, Pouderous et Fournier, avocats, furent chargés de leur écrire pour les prier de correspondre d'une façon régulière avec les officiers municipaux pour tout ce qui pourrait concerner le bien et les avantages de la ville.

Un seul est à l'abri de ce reproche, c'est Rey. Qu'on en juge par la lettre qu'il écrivit aux consuls, le 29 août 1789, et où l'on peut voir qu'il les tenait au courant des travaux de l'Assemblée nationale.

Messieurs, j'ai vu par votre lettre du 20 que vous avés reçu les exemplaires des arrêtés du décret que je vous ai fait passer. Vous avés reçu sans doute bientôt après l'exemplaire du procès-verbal qui a corrigé les deux erreurs intervenues dans le décret que je vous ai annoncé.....

La *Déclaration des droits de l'homme en société* (2) est finie mais elle ne sera imprimée qu'après que la Constitution aura été faite (3). J'en ay fait une copie manuscrite que j'envoie à Messieurs du café de

(1) Séance du 6 décembre 1789.
(2) L'Assemblée nationale rendit le 4 août 1789 un décret portant que la Constitution serait précédée de la déclaration des droits de l'homme et du citoyen.
(3) Le 6 juillet l'Assemblée nationale avait confié à un comité de trente membres le soin d'étudier un ordre de travail et de dresser une liste des matières pouvant rentrer dans la Constitution. Trois jours après, elle recevait de la bouche de Mounier communication des conclusions du Comité.
L'ordre du travail projeté se résumait ainsi : d'abord, en forme de préambule, une déclaration des droits de l'homme ; puis successivement les principes de la monarchie ; — droits de la nation ; — droits du roi ; — droits des citoyens ; — organisation et fonction de l'Assemblée nationale ; — forme nécessaire pour l'établissement des lois ; — organisation et fonction

M. J. Chevallier (1) avec lesquels j'entretiens une correspondance suivie et vous pourrés en prendre lecture et une copie si vous le désirés...

Nous en sommes à la Constitution ; .... on a délibéré qu'on s'occuperait d'abord de la question relative à la *sanction royale*. Cette question importante et d'où dépend, à mon avis, le salut de l'empire a été discutée dans la séance de ce matin....; il y a trois avis dans l'Assemblée : les uns pensent que la sanction royale n'est qu'un sceau que le roi ne peut pas refuser....; d'autres seulement que cette sanction ne peut être absolue, et que le refus du roi ne peut produire qu'un effet suspensif....; les autres enfin, et c'est mon opinion, et c'est, à ce que je crois, l'opinion du plus grand nombre, croient que la sanction royale est le consentement libre du monarque.... (2).

Malgré tout son dévouement à l'intérêt public, Rey éprouva des contrariétés dans ses rapports politiques. Il eut de graves démêlés avec les consuls au sujet de certaines imputations dont l'exposé n'entre pas dans notre récit, et il se porta même jusqu'à remettre sa démission de député entre les mains du président de l'Assemblée nationale. Des ordres de convocation des électeurs du Tiers-État furent même envoyés au lieutenant-général de la Sénéchaussée pour le 16 novembre 1789, mais l'affaire n'eut pas de suite (3).

La restriction du nombre de couvents avait ému les religieuses de Sainte-Claire, un des couvents de la ville le plus en vénération. Elles se tournèrent vers les consuls et implorèrent leur appui auprès de l'Assemblée; elles avaient des droits à leur conservation. Ecoutons les touchants mo-

---

des assemblées provinciales et municipales ; — principes, obligations et limites du pouvoir judiciaire ; — fonctions et devoirs du pouvoir militaire.

(1) Un des plus vieux cafés de la ville établi sur l'ancienne place du Marché-aux-Herbes ou des Trois-Six et où Rey comptait beaucoup d'amis.

(2) Lettre écrite de Versailles le 29 août 1789.

(3) Registre des délibérations. Séance du 25 octobre 1789.

tifs qu'expose Bouillet en les recommandant au conseil politique pour appeler sur elles un regard protecteur :

1° C'est le plus ancien couvent de filles de cette ville, composé de trente sujets suivant et observant la règle de saint François, dans la réforme de sainte Colette. Personne n'ignore que ces religieuses vivent dans la plus grande régularité. Leur zèle et leur ferveur n'ont jamais éprouvé le moindre relâchement. Il n'est pas de citoyen dans cette ville qui n'ait pour elles la plus grand respect et la plus grande vénération ;
2° Nos habitants et ceux du voisinage ont la plus grande foi et confiance dans les prières de ces religieuses, dont la réputation de sainteté et d'édification est connue dans tout le royaume. Les citoyens y ont recours dans leurs afflictions et leurs adversités ; la ville même y a eu recours dans plusieurs occasions pour apaiser la colère de Dieu lorsqu'elle a été affligée par des calamités, et même dans les temps plus reculés que la peste ravageait cette ville, c'est par les austérités et les ferventes prières de ces saintes religieuses que nous avons très souvent éprouvé, comme par une espèce de miracle, que nos malheurs ont pris fin (1).

Il n'y avait pas de personne qui n'eût souscrit à la sincérité de ces paroles bien capables d'assurer le salut du monastère s'il pouvait être sauvé.

L'assemblée communale ne prévoyant pas de modifications prochaines dans son organisation avait entrepris d'introduire divers changements. Sur la proposition du marquis de Gayon, le nombre des conseillers politiques fut augmenté de quatre membres pris parmi les artisans et les « brassiers ». Pour mieux assurer l'expédition des affaires administratives, le travail fut réparti entre trois bureaux placés sous la surveillance de personnes notables (2). Mais

(1) Registre des délibérations. Séance du 25 novembre 1789.
(2) *Idem.*

cette mesure ne reçut point d'exécution ; l'ancienne organisation municipale fit presque aussitôt place à une nouvelle.

En effet, les officiers municipaux, dans la séance du 14 janvier 1790, donnèrent communication au conseil politique du décret de l'Assemblée nationale constituante du 14 décembre 1789 sur la constitution des municipalités et des lettres patentes du roi qui l'accompagnaient. Désormais les municipalités actuellement subsistantes dans chaque ville, bourg, paroisse et communauté sous le titre d'hôtel-de-ville, de mairies, d'échevinats, de consulats furent supprimées ou abolies, et les officiers municipaux en exercice continuèrent leurs fonctions jusqu'à ce qu'ils fussent remplacés par la voie de l'élection. Les officiers municipaux allaient être nommés immédiatement par le peuple.

Sous l'empire des dispositions de la nouvelle loi, l'organisation de l'administration municipale était chose assez complexe. A sa base était l'assemblée générale des citoyens actifs (1). Quand ils étaient réunis, ils nommaient un président, des scrutateurs et un secrétaire. La municipalité était ensuite élue par les citoyens présents au scrutin de liste. On pouvait présenter un nombre de candidats double de celui fixé par la loi. Il y avait trois officiers municipaux pour les villages de 500 âmes et au-dessous ; six, pour les les villes de 3.000 ; neuf, pour celles de 10.000, etc.

L'administration municipale était confiée au *maire* premier magistrat de la cité, et au *conseil général de la commune* composé de deux éléments : le *corps municipal*,

---

(1) Les conditions pour être citoyen actif étaient les suivantes : « 1o d'être Français ou devenu Français ; 2o d'être majeur de 25 ans ; 3o d'être domicilié de fait dans le lieu au moins depuis un an ; 4o de payer une contribution directe de la valeur locale de trois journées de travail ; 5o de ne point être dans l'état de domesticité, c'est-à-dire de serviteur à gages. » Il y avait certaines incapacités particulières ; les banqueroutiers..., etc., étaient exclus.

formé d'un nombre de membres appelés officiers municipaux proportionné au chiffre de la population, et les *notables*, en nombre double des officiers municipaux. Le conseil général de la commune était convoqué pour les affaires importantes ; il nommait un secrétaire-greffier et à sa volonté un trésorier de la commune. Les deux fragments du conseil général ne siégeaient ensemble qu'exceptionnellement.

Le *corps municipal* comprenait le *bureau* et le *conseil*. Le bureau était composé du tiers des officiers municipaux y compris le maire membre de droit ; les deux autres tiers formaient le conseil.

Le bureau était chargé du pouvoir exécutif. Le bureau et le conseil délibéraient ensemble pour la gestion des affaires communales, sauf naturellement quand il était question de comptes à rendre par le bureau, auquel cas le conseil délibérait seul. Le conseil devait s'assembler une fois au moins chaque mois ; il était élu pour deux ans et renouvelable chaque année par moitié. Le bureau était nommé pour un an par le corps municipal et rééligible.

Les officiers municipaux et les notables étaient nommés pour deux ans par les citoyens actifs, renouvelables par moitié et par tirage au sort.

Dans le sein des conseils généraux siégeait, sans voix délibérative, un *procureur de la commune* « chargé de défendre les intérêts et de poursuivre les affaires de la communauté », les contraventions aux lois et règlements de police. Il était nommé au scrutin par les citoyens actifs. Il y avait en outre un ou plusieurs *substituts* dans les villes ayant une population supérieure à 10.000 âmes. Le maire, le procureur et le substitut ne pouvaient être réélus qu'une fois.

Les officiers municipaux ne pouvaient pas faire partie de la garde nationale. On devait exiger de chacun le serment « de maintenir de tout son pouvoir la Constitution du royaume, d'être fidèle à la Nation, à la Loi, au Roi et de bien remplir ses fonctions ».

Les corps municipaux avaient deux sortes de fonctions à remplir. L'une, c'était de régir les biens et revenus communs des villes, régler et acquitter les dépenses locales susceptibles d'être payées des deniers communs, faire exécuter les travaux publics à la charge de la communauté, administrer les établissements communaux, entretenir une bonne police. L'autre fonction comprenait la répartition des contributions directes entre les citoyens, la perception des contributions, leur versement dans la caisse du district, la direction immédiate des travaux publics, la régie immédiate des établissements publics destinés à l'utilité générale, la surveillance et la conservation des propriétés publiques, l'inspection des travaux relatifs à la réparation et à la construction des églises, des presbytères et de tout ce qui se rapportait au service du culte religieux.

Les corps municipaux relevaient des administrations du directoire de département et du district.

Pour déterminer le nombre des officiers municipaux à nommer, il fallut faire le recensement général de la population. Le chiffre s'éleva à 17.610 habitants, ce qui donna droit pour la ville à douze officiers municipaux, un substitut du procureur de la commune et vingt-quatre notables

Les assemblées électorales n'étaient plus réparties par métiers ou corporations, mais par quartiers. Elles furent divisées en cinq sections.

La première comprit les habitants des bourgs du Roi, de la Salvetat et de Lespignan. La deuxième, ceux des bourgs de Nissan, de Saint-Jacques et du Faubourg. La troisième, ceux des bourgs de la Fustarié, du Capnau, les forains compris entre le couvent des Minimes, des Calquières aux Moulins de la ville, et l'ancien chemin de Montpellier. La quatrième, ceux des bourgs de Saint-Louis, de Montibel et les forains depuis les Moulins de Bagnols jusqu'au-delà du

Pont. La cinquième, ceux des bourgs de Maureilhan, de Saint-André et de Saint-Aphrodise.

Quant aux lieux des assemblées, on arrêta que la première section se réunirait dans l'église du collège sous la présidence de Mainy l'aîné, écuyer; la deuxième, dans la paroisse Saint-Félix, sous la présidence du marquis de Nattes; la troisième, dans l'église des Pénitents noirs, sous la présidence de Soulier le père, chevalier de Saint-Louis ; la quatrième dans l'église des Pénitents blancs, sous la présidence de Pradines, avocat; la cinquième, dans l'église des Carmes, sous la présidence de Mainy de Madale. La formation de toute assemblée devait être précédée d'une messe dite dans chacune de ces églises.

Depuis quelque temps, il ne paraissait au conseil que trois consuls dont deux par leur grand âge et leurs infirmités ne pouvaient suffire aux obligations de leurs charges. En prévision des évènements, on leur adjoignit Glouteau aîné, Lunaret, conseiller, Combescure et Fayet pour aviser avec eux à toutes les nécessités. On dressa un rôle de citoyens actifs (1) pour élire et de citoyens actifs pour être élus. Tout citoyen actif éligible devait payer dix journées de travail, ou bien douze livres, dix sols. Tout avait été prévu pour procéder à l'élection du corps municipal lorsque le maire Bouillet mourut (22 janvier), emportant des regrets universels. Il avait su pendant sa gestion communale s'attirer les sympathies de tous et sa mort fut un deuil général. Pour le bien caractériser nous ne saurions mieux faire que de reproduire le compte rendu des honneurs funèbres rendus à sa mémoire :

---

(1) Lors des élections pour les Etats-Généraux, on entendait par citoyens *actifs* ou électeurs ceux qui payaient l'impôt de *capitation*. En 1790, on admit comme tels non seulement les *imposés*, mais tous ceux qui étaient inscrits sur les contrôles de la *garde nationale*, à moins qu'ils n'en fussent dispensés par leur âge.

L'an mil huit cent quatre-vingt-dix et le vingt-deux janvier, dans la matinée, est mort M. Jean-Henri-Nicolas Bouillet, médecin du Roy, premier consul, maire de la présente ville. Dans l'après-midy du même jour, la famille du défunt envoya l'un des parents informer la municipalité du décès, et de suite, M. Delpont, second consul, lieutenant de maire, convoqua le bureau d'administration où il proposa de déterminer quels seraient les honneurs funèbres à rendre à feu M. Bouillet.

Le bureau étant assemblé, il a été délibéré de faire rendre au défunt tous les honneurs dus à la place éminente qu'il occupoit, et comme au premier des citoyens ; en conséquence il a été nommé quatre commissaires pour déterminer, conjointement avec Messieurs les consuls, l'ordre des choses : 1° deux des commissaires ont été au nom de la municipalité à la maison du défunt faire compliment de condoléance à la veuve et à la famille ; ils ont demandé aux parents leur consentement à céder le corps pour être transporté dans l'Hôtel-de-Ville, à l'effet d'y être mis dans une pièce propre, sur un lit de parade avec une chapelle ardente, exposé pendant le jour du lendemain pour y recevoir les prières de tout le peuple ; — 2° les mêmes commissaires, d'après le consentement des parents, se sont transportés chez M. le prieur de Saint-Jacques, curé de la paroisse du défunt, pour lui faire part des arrangements déjà pris et convenir de l'heure du lendemain pour faire le transport du corps dans l'Hôtel-de-Ville, conjointement avec M. le curé de la paroisse de la Madeleine et Saint-Félix, du territoire de laquelle dépend l'Hôtel-de-Ville. L'heure ayant été fixée à celle de huit heures du lendemain matin, le transport du corps a eu lieu en présence des dits sieurs curés qui ont été reçus à l'entrée de l'Hôtel-de-Ville par un des consuls et deux commissaires lesquels ont fait placer le corps sur le lit d'honneur préparé dans la salle d'entrée qui précède la grande salle du conseil, la salle d'entrée étant tendue de noir aux armes de la ville et du défunt avec un autel garni d'une croix, de six chandeliers avec leurs cierges, le lit d'honneur placé en avant du dit autel, sur un catafalque garni de cierges allumés et le tour de la salle garni également d'autres cierges allumés. A l'entrée de la pièce ont été établis deux hallebardiers aux livrées de la ville, et de la porte de la dite salle partoient deux bandes noires chargées des armoiriaux entremêlés de ceux de la ville et du défunt jusqu'à la sortie de l'Hôtel-de-Ville.

Ce même jour le collège a vaqué, toutes les cloches qui avoient annoncé le soir de la veille la mort de M. Bouillet ont sonné aux heures ordinaires, et le canon de la ville a tiré de dessus la Tour de l'horloge, coup par coup à tous les quarts d'heures.

Tous les corps des arts et métiers ont été mandés pour l'assistance à l'enterrement, et tous les corps ecclésiastiques ont été priés par billet. MM. les commissaires se sont rendus au chapitre cathédral, pour le prier d'assister, ainsi qu'au chapitre collégial et au palais du sénéchal. Ces différents corps, après délibération, ont envoyé, dans la matinée, leur députation à l'Hôtel-de-Ville, pour faire leur compliment à la municipalité sur la mort de son chef.

Le chapitre cathédral a fait offre de faire en corps de chapitre la cérémonie de l'enterrement pourvu que MM. les Curés des paroisses y donnassent leur consentement. Le chapitre collégial a annoncé son assistance en manteau de cérémonie, et la compagnie du sénéchal a annoncé que quatre des Messieurs se trouvant dans le conseil se rendroient avec leur robe comme conseillers politiques MM. les Commissaires ayant été chez MM. les Curés des paroisses de Saint-Jacques et de Saint-Félix pour leur faire part de l'offre du chapitre cathédral, de faire l'enterrement s'ils vouloient y consentir ; et MM. les Curés ayant donné fort honnêtement leur consentement, MM. les Commissaires ont été de suite en informer le chapitre cathédral.

MM. les Consuls ayant fait ordonner à tous les artisans de fermer leurs boutiques l'après-midi, tous les citoyens ont montré leur soumission avec le plus grand zèle et le plus grand patriotisme.

A trois heures, les invités de tous les corps s'étant rendus, il a été envoyé un capitaine de ville informer le chapitre cathédral qu'il étoit attendu, et s'étant rendu aussitôt, le convoi est sorti de l'Hôtel-de-Ville dans l'ordre suivant :

Tous les corps des arts et métiers portant leurs drapeaux avec un crêpe au bout de la lance, ouvrant la marche ; l'Hôpital général ; MM. les Pénitents minimes, les Pénitents gris, les Pénitents noirs, les Pénitents blancs, les Pénitent bleus ; les RR. PP. Dominicains, Minimes, Capucins, Augustins, Carmes, Récollets ; MM. les quatre Curés portant chacun leur étole noire, précédés de leur croix et de leur clergé, et enfin le chapitre cathédral.

A la suite, étaient MM. les Commissaires de la ville portant le drapeau d'honneur et précédant le cadavre qui a été porté par MM. les Pénitents des cinq confréries. Le corps municipal précédé de la livrée consulaire, du précon, des hallebardiers, du massier, formaient les premiers deuils qui ont été barrés par les quatre portiers de la ville.

Venoient ensuite les parents du défunt, accompagnés par le collège des médecins en robe noire et chapeau de satin cramoisi, le chapitre de Saint-Aphrodise en manteau de cérémonie; MM. les Professeurs et Régents du collège ; MM. les officiers du régiment de Médoc, en garnison dans la ville; M. le Lieutenant de la maréchaussée et sa brigade fermaient la marche. Et tout le convoi s'étant rendu à l'église paroissiale Saint-Félix, où l'absoute a été faite, et de là à l'église abbatiale et paroissiale Saint-Jacques. Et la cérémonie ordinaire ayant été faite par le chapitre cathédral, le corps a été enterré dans une fosse du cimetière de cette paroisse. MM. les Consuls et Commissaires ayant signé l'acte de sépulture écrit sur le registre de cette paroisse, après quoi le convoi, étant revenu dans le même ordre à l'Hôtel-dê-Ville a été remercié par M. Delpont, second consul, lieutenant de maire, qui a signé avec les confrères présents et les dits sieurs commissaires.

DELPONT, *second consul, lieutenant de maire* ; ARDIGNAC, *consul* ; BERNARD, *consul* ; AZAÏS, *commissaire* (1).

Le 28 du même mois, un service funèbre pour le repos de son âme fut célébré dans l'église de Saint-Félix, qui était la paroisse des consuls, en présence des parents, des corps et corporations, de messieurs du chapitre, des officiers du régiment de Médoc, des professeurs du collège, des notables de la ville.

Trois jours après, Béziers vit se dérouler un drame sanglant qui ajoute un déplorable épisode à son histoire. Les faux-sauniers malgré la surveillance dont ils étaient l'objet persistaient à faire introduire du sel dans la ville et leur obstination eut les plus graves conséquences.

Le 31 janvier, les officiers municipaux furent secrètement informés qu'un fort convoi de sel de contrebande s'ache-

(1) Registre des délibérations : Procès-verbal de la mort et enterrement de M. Bouillet, premier consul-maire. — 26 janvier 1790.

minait par la route de Narbonne vers Béziers. Dans la journée, des gardes de la gabelle « des gabelous » furent placés en embuscade au-dessous du Plateau des Poètes, à l'endroit où s'élèvent aujourd'hui les bâtiments de la gare du Midi. C'était par là que devait passer le convoi de sel, après avoir traversé le vieux pont, suivant le chemin de l'Albigeois qui longe actuellement les fournaux de l'usine à gaz.

Vers neuf heures du soir, Bernard, troisième consul, organise une patrouille avec des gardes-sel et une compagnie du régiment de Médoc, et il se dirige par la rue Française et la Promenade publique vers la route d'Agde. Arrivé au lieu dit le Fer-à-Cheval, il s'aperçoit qu'il est suivi d'une trop grande foule, et il fait échelonner des sentinelles pour l'empêcher d'avancer. Cette mesure eut pour effet d'exciter un mécontentement général. Quelques-uns plus avisés se glissèrent le long des remparts de la Citadelle et allèrent prendre place sur le Plateau des Poètes. D'autres pour tromper la surveillance firent un demi-détour et envahirent les tertres dominant la route de Villeneuve. C'étaient des groupes composés de parents ou d'affiliés des contrebandiers. Lorsque le consul parut, il fut accueilli par des huées et des invectives. Des pierres furent même lancées, dit-on, contre lui. La gravité des outrages nécessita l'emploi des armes à feu. Une décharge partit des rangs des gardes-sel et quatre citoyens furent atteints. L'un d'eux, nommé Cipière, jeune homme de vingt ans, fut mortellement blessé. Ce ne fut qu'un cri de douleur et d'épouvante poussé dans une retraite générale. Le consul, ému de ce qui venait de se passer, se retira ; les troupes revinrent au quartier, les gardes-sel disparurent et les contrebandiers purent introduire leur sel sans être inquiétés.

Le lendemain, 1er février, l'exaspération des esprits se trouva portée au plus haut point. Le meurtre de Cipière arrachait des cris de vengeance. Une foule, poussée par la curiosité de voir le champ au milieu duquel gisait encore le cadavre du malheureux Cipière, fut bientôt détournée de sa route. Des habitants des quartiers de Saint-Jacques et de Saint-Aphrodise s'attroupèrent sur la place de l'Hôtel-de-Ville où ils proféraient des menaces. Le lieutenant-colonel de Baudre, témoin du rassemblement, offrit aux officiers municipaux les secours qu'il avait en main pour garantir l'Hôtel-de-Ville et contenir le peuple. Il leur fit entendre que leur inaction favoriserait une attaque de l'Hôtel-de-Ville et aboutirait à de graves désordres. Ses sages avis ne furent pas écoutés. Les consuls s'en allèrent sans donner aucun ordre ni faire aucune réquisition.

Les préposés de la gabelle, présents à Béziers, en entendant les vociférations lancées contre eux, s'étaient réfugiés avec leurs femmes dans une salle de l'Hôtel-de-Ville gardé par une compagnie de soldats. Le lieutenant-colonel accouru avec son bataillon pour les protéger les prévient du danger où ils sont, les presse de sauver leur vie par une prompte fuite et leur promet d'arrêter et de contenir le peuple pendant une heure.

Cependant, cette multitude furieuse assaille la garde à coups de pierres, et l'officier supérieur persiste dans la défense de tirer sur le peuple. Une seule ressource lui restait pour ralentir l'action des séditieux : c'était de faire fermer la première porte que l'on barricada avec des madriers. Elle fut bientôt enfoncée à coups de pierres et de haches, et de Baudre recommença la même manœuvre pour faire fermer la seconde porte qui eut le même sort.

Le temps requis pour forcer ces deux entrées paraissait à de Baudre devoir suffire pour faciliter l'évasion des employés de la gabelle. Il rejoignit sa troupe; et, après l'avoir tenue rangée en bataille sur la place pendant un quart d'heure, craignant d'exciter davantage les esprits par sa présence, il la fit rentrer dans son quartier.

Du haut du donjon, les préposés de la gabelle avaient

tiré sur la foule pour l'effrayer. Les séditieux, exaspérés par cette fusillade, envahissent l'Hôtel-de-Ville, se précipitent dans l'escalier du beffroi et se mettent à la poursuite de leur proie. Quelques-uns échappent à leurs recherches et se cachent qui dans l'appartement du prêcon, qui dans la chapelle, ou bien s'enfuient par les toits; d'autres sont saisis et précipités du sommet de la tour sur le pavé de la place où on les achève. Un de ceux qui fuyaient à travers les rues, traqué par une troupe de forcenés, entra dans l'église de la Madeleine ; le temple allait être envahi, quand l'abbé de Lamarre, alors vicaire de Saint-Félix, se présenta à la porte et arrêta la bande des rebelles en leur déclarant qu'ils n'avanceraient qu'en passant sur son corps. Un garde poursuivi par une autre troupe fut sauvé par Castagnier et Fourcade qui, en retenant quelques instants les meurtriers, lui donnèrent le temps d'entrer dans l'église Saint-Félix où on le cacha dans la chambre du prédicateur.

Un malheureux garde-sel s'était fracturé la jambe en essayant de franchir un toit ; il est saisi en dépit des supplications de l'abbé Vigues et du P. Eugène, récollet. Malgré la courageuse intervention de l'abbé Jullien, curé de la Madeleine, il est traîné sur le pavé jusqu'à la rue des Augustins, et l'on eut la barbarie de le pendre au balcon du consul Bernard, cause de l'émeute, et où il fut percé de plusieurs coups de fusil tirés par les nommés Thadome père et Béraud, sellier, « *dont les mains sont restées teintes du sang de ce pauvre gabelou* ».

Les séditieux, encouragés par leurs succès, requièrent le lieutenant-colonel de Baudre de leur fournir des armes. Celui-ci les leur refuse avec fermeté, et par bonheur la multitude n'insiste pas.

Une telle anarchie faisait appréhender les plus grands maux. Les habitants s'assemblent dans une église; et là, un homme du peuple dont le nom mériterait d'être connu, ouvre l'avis d'aller prier le commandant d'établir la paix et de se charger de la police de la ville. Cet avis est unanimement adopté et suivi, et de Baudre, pour répondre à la confiance que les habitants avaient mise en lui et qu'il avait si bien méritée, s'efforça de réparer, autant qu'il était en lui, le mal occasionné par la retraite des consuls dont une simple réquisition eût prévenu tout excès (1).

Ces tristes évènements remplirent de douleur l'âme de l'évêque. Mgr de Nicolay se rendit à l'Hôtel-de-Ville où l'on accourait de tous les quartiers; et, se montrant au balcon, il fit entendre des paroles d'apaisement et de conciliation qui ramenèrent le calme dans les esprits. Il leva l'interdit jeté sur la chapelle depuis qu'on jouait la comédie dans la maison commune et il permit d'y faire dire la messe tous les jours en expiation des meurtres qui venaient d'être commis.

Pour prévenir le renouvellement de pareils malheurs, on décida de former une milice nationale ou légion pour veiller à la tranquillité publique au moyen des patrouilles qui seraient faites et d'établir des corps de garde. Un registre fut ouvert pour recevoir le nom de tous les citoyens dévoués. Une réunion fut tenue dans l'église des Récollets sous la présidence des consuls pour procéder à la nomination des chefs. Il devait y avoir dix compagnies de cinquante hommes chacune.

---

(1) Sabatier, *Histoire de la ville et des évêques de Béziers*, p. 411 et suiv. — *Mercure de France*, 24 février 1700, p. 253.

IV

1790 - 1791

Henri Jessé défenseur de la Révolution. — Nouvelle municipalité. — Du Buisson, maire. — Officiers municipaux. — Procureur et substitut de la commune. — Prestation de serment et installation des nouveaux élus. — Abandon des poursuites contre les meurtriers des gardes-sel. — Grains et dîmes. — Organisation du département. — Pascal de Saint-Juéry nommé commissaire du roi. — Démarche courtoise de Henri Jessé. — Protestation contre la formation des districts. — L'abbé Gouttes, président de l'Assemblée constituante. — La municipalité à l'œuvre : troupeaux et gardes-champêtres ; plan de la ville ; vérification des prisons et des couvents. — La garde nationale ou légion biterroise. — Société des amis de la constitution et de la liberté. — Anniversaire du 14 juillet. — Fête de la fédération. — Lettre de Henri Jessé. — Recherche d'un local pour la nouvelle administration. — Couvents des Carmes et des Récollets. — Henri Jessé, président de l'Assemblée constituante. — Adresse du district à l'Assemblée. — Les biens nationaux. — Établissement des pompes à incendie. — Secours aux familles des gardes-sel. — Service funèbre pour les soldats tués à Nancy. — Élection de deux juges de paix. — Composition du bureau de paix ou de conciliation. — Installation des juges au tribunal du district.

Depuis quelque temps (il y avait neuf mois que l'Assemblée nationale siégeait), il se répandait dans les provinces une foule de papiers « improbateurs » de la Révolution. Ils s'y disséminaient sous toutes les apparences et sous tous les titres, tantôt sous une forme piquante ou satirique, tantôt en termes injurieux et séditieux. Henri de Jessé (1) voulut prémunir ses mandataires contre ces libelles, les mettre en garde contre toutes sortes de calomnies et leur faire remarquer la mauvaise foi des mal intentionnés. Il leur adressa une longue lettre pour réfuter les critiques dirigées contre la société nouvelle :

Permettez, dit-il, que je vous entretienne quelques moments : Causons ensemble, mais causons tout haut ; quand on parle du bien public, il y a de l'avantage à laisser écouter aux portes.

Il se fait l'apologiste du nouveau régime et étale les bienfaits de la Constitution, l'organisation des municipalités, des tribunaux, du pouvoir militaire, l'importance des principaux décrets de l'Assemblée.

N'était-ce donc rien, ajoute-t-il, que cette liberté de la presse, la suppression des lettres de cachet, l'égalité proportionnelle de l'impôt, le droit de voter par ses représentants, de nommer ses administrateurs, ses représentants et ses juges, et, pour chacun, d'aspirer à tout selon ses talents et ses vertus, et d'être traités par les rois ou leurs agents en hommes qu'ils respectent et non en brutes qu'ils dépouillent, ou enchaînent, ou égorgent ?

Nul ne regrette plus que lui l'impôt du quart du revenu, mais il fallait un effort extraordinaire pour soutenir l'Etat qui périssait au moment de sa renaissance. Qu'on examine

(1) L'abbé Castan disait de lui : « Des huit députés de la sénéchaussée, M. Jessé est le seul qui se soit immortalisé par son opinion contre le veto absolu ; les sept autres ont abandonné dans cette circonstance les droits des peuples et méconnu la souveraineté de la nation. » V. son opuscule *Aux âmes dévotes*, etc., p. 71.

la suite des décrets de l'Assemblée et l'on en trouvera peu qui ne soient dignes de la reconnaissance publique.

Vos représentants, dit-il, ont produit un ouvrage bien supérieur à ce que sembloient promettre les circonstances ; à chacun, j'opposerai dans l'ordre ancien une monstruosité....

Je n'essayerai pas de persuader à Messieurs du clergé qu'ils doivent être les apôtres de la Révolution. Je suis modéré et je trouve qu'ils ont payé un peu sévèrement l'animadversion qu'avaient accumulé tant de siècles de luxe et de puissance...., ils seront moins opulents, mais plus respectés ; l'envie des indigents ne les calomniera plus....

Mais vous, Messieurs, qui m'avez honoré de votre confiance, vous plus particulièrement, mes commettans, nous tous, gentilshommes de province, comment voudrait-on nous persuader que la Révolution ne nous est pas avantageuse ? Je prétends qu'elle nous l'est presque autant qu'aux communes mêmes...

La noblesse de Languedoc était gouvernée par vingt-trois prêtres qui imposaient et autant de barons qui assistaient ; l'Assemblée nationale venait de supprimer des droits qui tenaient à la servitude ; chacun désormais chassera même sur ses possessions ; les justices seigneuriales étaient pour beaucoup des honneurs onéreux ; le seigneur ne sera plus redouté dans son donjon, mais il sera plus aimé. Le gentilhomme peut aspirer aux honneurs de la législature, aux fonctions du ministère, aux plus hauts emplois de la diplomatie ou de l'armée. Quel n'était pas l'avilissement des nobles de la province ? Dans cette France héraldique, créée par d'Hozier ou Chérin, un parchemin de quatre cents ans ou un certificat appliqué par ordre à un homme de quatre jours créait subitement les plus terribles des privilèges. « Pendant qu'un danseur obtenait d'emblée douze mille livres de traitement, le valet favori, de droit, quatre-vingt, et l'intrigant tout ; c'étoit à notre classe qu'arrivoit très fréquemment l'anecdote de cet officier à qui, pour un bras emporté, un commis parapha une gratification de trois cents livres, et qu'il rejeta en disant qu'il lui restoit pour neuf cents livres de membres au service du roi. C'est à la clarté de l'*œil-de-bœuf* qu'il faudroit lire les papiers écrits contre la Révolution. »

En un mot l'ancien ordre de choses était détestable et on ne pouvait que gagner à celui qui allait s'établir. Voilà la thèse éloquente soutenue dans ce remarquable écrit.

Servons donc de tous nos moyens la Révolution présente..... Faciliter les opérations de l'Assemblée nationale doit être, dans ce moment l'œuvre de tout bon Français...... La religion du civisme est le seul lien des parties ébranlées de l'empire (1).

Le moment était venu de constituer la nouvelle municipalité comme le prescrivait le décret de l'Assemblée nationale. Le principe qui dominait le changement absolu dans les habitudes locales et administratives de la France était celui de la *mobilité des élus* par réaction contre l'hérédité, les privilèges, les traditions (2). Le scrutin fut ouvert le 7 février 1790 pour l'élection du *maire*. Au premier tour, Du Buisson, chevalier de Saint-Louis, ancien lieutenant-colonel d'infanterie, fut élu par 403 voix sur 619 votants.

Le 9 février suivant, on nomma les onze membres du corps municipal. Le nombre de votants des cinq sections se porta à 366. Au premier tour de scrutin deux citoyens actifs seulement obtinrent la pluralité absolue des suffrages: Salvan aîné, négociant, 227 voix, et Viennet, ancien officier de dragons, 204.

Pour les autres, un second tour de scrutin ne donna pas de résultat. Au troisième tour, furent élus : Fraisse le père,

---

(1) *Lettre de M. le baron de Jessé, député de la sénéchaussée de Béziers, à ses commettans.* Broch. in-8º de 30 pages. 11 janvier 1790.

(2) Les fonctions permanentes et perpétuelles dans la même main furent toujours le fléau le plus funeste à la liberté et à la bonne administration des empires parce qu'il est bien rare que l'autorité qui n'a pas de bornes dans sa durée en ait dans ses prétentions. Il est dans le vœu de la Constitution que les changements soient fréquents et que tous les citoyens puissent successivement prétendre à l'exercice de l'autorité publique. — THOURET.

152 voix; Solignac, maréchal, 149; Passeboso, notaire, 135; Donadieu, ménager, 123; Depierre le père, orfèvre, 110; Bédos, bourgeois, 102; Brès, ancien greffier au présidial, 101; François Chevalier, confiseur, 100; de Mainy de Madale, avocat, 99 (1).

Pour l'élection du procureur de la commune, le premier scrutin ne donna pas de résultat. Au second tout les candidats qui réunirent le plus de suffrages furent Azaïs et de Mons, avocats; on décida que le choix du procureur de la commune ne se porterait plus que sur ces deux concurrents.

Au troisième tour, de Mons obtint 231 voix contre 170 données à Azaïs. Le substitut du procureur, Thourel, fut nommé au second tour par 173 voix sur 337.

Un tour suffit pour l'élection avec un nombre de suffrages divers des vingt-deux notables.

La ville venait d'être mise en possession du droit précieux de choisir elle-même ses magistrats, et le pouvoir est désormais aux mains des corps municipaux abandonnés à leur propre initiative.

Le 15 février, Mathieu Delpont, second consul, lieutenant de maire, Jacques Massot et Barthélemy Ardignac, quatrième et cinquième consuls, assistés de Audoux, procureur du roi, convoquèrent à l'Hôtel-de-Ville Du Buisson, Salvan, Viennet, Fraïsse le père, Solignac, Passeboso, Jean Donnadieu, Depierre, Bédos, Brès, François Chevalier, Mainy de Madale, membres nouvellement élus du corps municipal, de Mons et Thourel, procureur et substitut de la commune. Chacun déclara accepter sa nomination sauf Mainy de Madale qui fut remplacé par Donadieu père. Ils montèrent ensemble à la salle de la façade de l'Hôtel-de-Ville. Les consuls paraissant au balcon proclament : *Maire*, Du Buisson; *membres du corps municipal*, Salvan, Viennet,

(1) L'Assemblée nationale désigna l'écharpe aux couleurs nationales comme marque distinctive des officiers municipaux. L'acquisition de ce nouvel insigne laissé à la charge de la ville lui coûta plus de 600 livres.

Fraisse le père, Solignac, Passeboso, Jean Donnadieu, Depierre le père, Bédos, Brés, François Chevalier et Donadieu le père; *procureur de la commune*, de Mons; *substitut*, Thourel. Ceux-ci se présentent tour à tour au balcon, jurent devant le peuple assemblé, à haute et intelligible voix, « de maintenir de tout leur pouvoir la Constitution du royaume, d'être fidèles à la nation, à la loi, au roi et de bien remplir leurs fonctions ».

Les anciens consuls et les nouveaux élus sortirent de l'Hôtel-de-Ville, précédés des drapeaux des différents corps de métiers et d'un détachement du régiment de Médoc avec la musique, se dirigeant vers la place du Marché-aux-Herbes, la Croix de Saint-Cyr, l'Esplanade, la rue Montmorency, la rue des Pénitents bleus, la rue Française; et, après avoir suivi ce long parcours en vue de présenter à la population ses nouveaux administrateurs, ils rentrèrent à l'Hôtel-de-Ville.

C'est ici la fin de l'ancien régime; un autre va commencer.

La dramatique affaire des 31 janvier et 1er février 1790 avait laissé une douloureuse impression. Le consul Bernard en était réduit à ne plus oser se montrer en public. La crainte d'une agression imprévue l'obligeait à se tenir caché. L'idée était venue à l'ancienne municipalité de rechercher et de poursuivre les coupables. La juridiction prévôtale procéda à une information à la suite de laquelle un ordre de prise de corps fut décerné contre différents particuliers. Pour éviter de nouveaux malheurs lors de l'exécution de ce décret et pour procurer la tranquillité aux habitants, on fit venir d'autres brigades de maréchaussée. C'est ainsi que quarante-cinq brigades et cent trente-neuf cavaliers, sous les ordres du lieutenant David, séjournèrent à Béziers du 6 février au 11 mars.

Le garde des sceaux avait saisi de l'affaire l'Assemblée nationale, et Henri Jessé, dans une lettre du 27 février, réclama une relation exacte et précise « de cette lugubre scène ». Les prévenus, traduits devant la prévôté de la maréchaussée par le procureur du roi de cette juridiction, allaient être jugés lorsqu'un décret de l'Assemblée, du 6 mars, ordonna un sursis général à l'exécution des jugements prévôtaux et l'élargissement provisoire des accusés. Ce fut une forme d'amnistie, car cette affaire ne fut jamais plus reprise.

L'impôt de la gabelle fut définitivement supprimé le 21 mars 1790.

Si la cherté du sel avait été suivie d'une effusion de sang, il ne fallait pas que le renchérissement des grains amenât de nouveaux malheurs. Sans doute, de grands approvisionnements avaient été réunis pour conjurer les craintes de la famine. Mais des circonstances impérieuses avaient fait ouvrir les magasins d'abondance plus tôt qu'on ne l'aurait voulu. La distribution se fit parcimonieusement et elle fut limitée aux véritables indigents dont l'état serait constaté par un billet des curés ou des vicaires. On résolut, par l'établissement d'une amende, de réprimer le scandaleux trafic d'un trop grand nombre d'individus qui, abusant des sacrifices que s'imposait la ville en leur délivrant les grains à un taux inférieur à celui des marchés, les revendaient à vil prix à des étrangers ou à des gens aisés.

D'autres scènes déplorables étaient à écarter, au sujet des dîmes. L'Assemblée nationale, en les abolissant, avait déclaré qu'elles continueraient d'être payées pendant l'année 1790. Les habitants des champs, ne se rappelant que leur destination et les abus pratiqués dans leur perception, ne se montraient pas trop disposés à continuer de les payer pendant le temps prescrit. Justement émus de cette situation, les officiers municipaux délibérèrent d'adresser une pétition à l'Assemblée pour lui faire connaître les malheurs dont on était menacé si l'on ne faisait pas cesser la perception de la dîme, pour la prier de vouloir bien accélérer l'époque et le mode de son remplacement et d'indiquer provisoirement un moyen qui conciliât l'intérêt des décimateurs avec la tranquillité publique (1).

La suppression des anciennes provinces et une nouvelle organisation territoriale de la France avaient été votées. Le royaume fut partagé en quatre-vingt-trois grandes parties portant le nom de *départements*. Le département fut divisé en *districts*; le district en *cantons* et en *municipalités*. On régla leur administration d'une manière uniforme et hiérarchique. Le département eut un *conseil administratif* composé de trente-six membres; un *directoire exécutif* composé de cinq, et un *procureur général syndic*. Comme le nom l'indique, les fonctions de l'un furent de décider, celles de l'autre d'agir.

Le district fut organisé de même quoique sur un plus petit pied : il y eut *un procureur syndic*, un *conseil* et un *directoire* qui furent moins nombreux (il y avait douze membres) et qui relevèrent du conseil et du directoire supérieurs.

Le canton composé de cinq ou six paroisses fut une division électorale et non administrative. Les citoyens actifs s'y réunissaient pour nommer leurs députés et leurs magistrats. Tous ceux qui avaient droit de voter se réunirent non en assemblées de paroisses ou communautés, mais en assemblées primaires. Tout dans le nouveau plan fut soumis à l'élection, mais celle-ci eut plusieurs degrés. Les citoyens actifs des cantons désignèrent les électeurs chargés de nommer les membres de l'Assemblée nationale, les administrateurs du département, ceux du district et les juges des tribunaux.

La commune forme le premier degré de l'association, le royaume en forme le dernier; le département sert d'intermédiaire entre la commune et l'Etat. Il n'y eut aucun intermédiaire entre les administrateurs des départements et le

(1) Registre des délibérations. Séance du 26 mars 1790.

pouvoir exécutif suprême. Les commissaires départis, intendants, subdélégués cessèrent toutes fonctions aussitôt que les administrateurs de département entrèrent en exercice (1).

Lorsqu'il s'agit de nommer des commissaires pour diriger et surveiller la formation des assemblées primaires et administratives, les députés de la sénéchaussée demandèrent et obtinrent que l'un des commissaires du département fût choisi parmi les citoyens de Béziers. Gabriel-Jean-Guillaume de Pascal, comte de Saint-Juéri, fut nommé commissaire du roi par lettres patentes du 6 mars 1790 et associé à Estore et Coulomb ; il prêta le serment civique (22 avril) entre les mains du maire sur les saints Evangiles.

Le département de l'Hérault, voté le 22 janvier 1790 (2), comprit le territoire intégral des trois diocèses de Béziers, de Lodève et d'Agde, la presque totalité du diocèse de Montpellier et de celui de Saint-Pons, et une pointe des trois diocèses de Narbonne, Nîmes et Castres. Il fut divisé en quatre districts ayant chacun pour chef-lieu Montpellier, Béziers, Lodève et Saint-Pons et en cinquante-deux cantons. Le district de Montpellier comptait une population de 89.806 âmes; celui de Lodève, 52.314 âmes; celui de Saint-Pons, 44.086 âmes.

Le district de Béziers, formant une population de 103.920

---

1) Mignet, *Histoire de la Révolution française*, t. Ier, p. 137, éd. in-12.

(2) Pendant la discussion, l'abbé Gouttes plaida le maintien de l'unité provinciale pour le Languedoc, et le baron de Jessé se prononça contre le remaniement territorial, voulant la conservation de la division par provinces et une organisation provisoire des municipalités. — Roschach, *Etudes historiques sur la province de Languedoc*, p. 1397.

Au même moment, le roi, pour sauvegarder les intérêts de la nation, établissait par lettres patentes du 20 mars 1790 une administration provisoire du Languedoc afin d'y assurer la perception et le recouvrement des impositions. Fraisse et Passebosc parmi les officiers municipaux, Causso et Pradines parmi les notables furent appelés à faire partie de cette commission.

âmes, comprit quinze cantons : Le Poujol, Bédarieux Fontés, Montagnac, Mèze, Florensac, Agde, Béziers, Capestang, Cazouls-lès-Béziers, Murviel, Magalas, Roujan, Pézenas, Servian, et quatre-vingt-seize communes que l'on trouve énumérées dans une lettre écrite le 23 janvier à la municipalité par les députés de la sénéchaussée.

Béziers, on le sait, avait disputé avec juste raison à Montpellier le titre de chef-lieu de département, et sa voix n'avait pas été entendue. Ajoutons que, dans l'entretemps, Henri Jessé, plein de sollicitude, se livra vis-à-vis de la municipalité à une courtoise démarche. Il lui écrivit pour lui demander le vœu de la commune si elle avait à préférer la cour de justice ou l'administration du directoire. Le conseil avait répondu qu'il valait mieux opter pour le chef-lieu de département « si on ne pouvait avoir les deux à la fois ». Malheureusement aucune satisfaction ne devait être accordée.

L'œuvre de l'organisation du département ne se réalisa pas au gré de toutes les localités. Le substitut Thourel, dans le conseil du 12 mai, déposa sur le bureau du maire une brochure intitulée : *Délibération des assemblées primaires du département de l'Hérault*, sortie des presses de François Bois, imprimeur de la municipalité de Pézenas, faite pour insinuer aux assemblées primaires de réclamer contre le décret d'établissement des districts (1) et pour semer la discorde dans les cantons et les villes. Sans chercher de quel centre émanait cet écrit, et pour écarter les intrigues des assemblées primaires, la municipalité adressa à celles qui n'auraient pas encore été tenues un extrait de sa délibération pour les mettre en garde contre les entreprises des ennemis du bien public et elle supplia l'Assem-

---

(1) Mérigeaux avait prononcé à l'Assemblée un discours où il revendiquait pour Pézenas l'honneur d'être le siège d'un *district* mais sa voix ne fut pas entendue. — Broch. in-8°, imp. nat.

blée nationale, dont l'abbé Gouttes venait d'être nommé président, de rejeter toute demande contraire à la division ou subdivision introduite dans l'Hérault.

La municipalité montrait beaucoup de zèle; il est aisé d'en juger par ses actes.

Les tendres rejetons des oliviers détruits par le froid excessif de 1789 étaient rongés par la dent meurtrière des troupeaux de bêtes à laine qui s'étant multipliés en dépit des règlements, tandis que les lieux de dépaissance diminuaient, se répandaient dans les terres cultivées et occasionnaient des dommages. Les règlements du 22 décembre 1726 et l'arrêt du 8 janvier 1727 (1) furent rétablis et suivis d'une création de six bandiers ou gardes-champêtres, aux appointements de quatre cents livres avec le produit des amendes, chargés de surveiller les troupeaux et de veiller à la conservation des fruits de la terre.

Pour composer les sections électorales lors de la nomination des députés à l'Assemblée constituante on s'était servi d'un plan intérieur de la ville levé en 1783, mais devenu insuffisant parce qu'il ne contenait pas les faubourgs et d'autres quartiers. Un nouveau plan s'imposait pour former les assemblées primaires et administratives, pour maintenir l'alignement et l'élargissement des rues. Revel, notaire et feudiste de Cazouls, fut désigné pour un travail de ce genre, et il s'en chargea au prix de 450 livres, par l'entremise de Carney, Guibal et Colard. Ce plan est celui-là même dont les archives possèdent des fragments.

Les officiers municipaux assistés du procureur de la commune se transportèrent dans les prisons, à la maison du Bon Pasteur, dans les couvents de la ville et de la banlieue pour vérifier la situation des personnes qui y étaient détenues en vertu de prescriptions particulières et pour se conformer aux ordres précis du gouvernement.

(1) Il était prescrit aux propriétaires de ne tenir que quatre bêtes à laine par livre de compoix terrier leur appartenant.

La légion ou garde nationale biterroise dont nous avons annoncé la formation brûlait dans son patriotisme d'être utile à la chose publique et de partager les dangers et les travaux des troupes de ligne. Son ardeur la poussait à prêter solennellement le serment civique et militaire et à concourir à la confédération générale proposée par les Parisiens. Les armes lui manquaient. Son colonel, de Villeneuve, soutenu par la municipalité fit d'actives démarches auprès du marquis de Bousols, commandant de la province, et il fut décidé qu'on enverrait de Montpellier des mousquetons, des sabres, des gibernes et des caisses de tambour en cuivre, peintes aux trois couleurs de la nation et parsemées de fleurs de lis aux armes du roi.

A côté du conseil général de la commune existait une société particulière désignée sous le nom de « Société des Amis de la Constitution et de la Liberté », formée le 1er juillet 1790 par plusieurs citoyens résolus de se constituer en club patriotique. Les séances se tenaient dans la grande salle du couvent des PP. Jacobins mise à leur disposition par ces religieux. Dans les réunions, on discutait sur les affaires dont on suivait le mouvement politique indiqué par les journaux de Paris. Les délibérations, sans avoir un caractère d'autorité, n'étaient pas sans influence sur les décisions à prendre. Les assemblées d'abord privées devinrent ensuite publiques (1).

L'approche du 14 juillet 1790 excita un enthousiasme général. L'anniversaire de la prise de la Bastille fut suivi de la fête de la *fédération* générale des gardes nationales, organisées sur la demande de La Fayette, et des troupes du royaume. Les commandants des gardes nationales du district furent requis d'assembler les hommes qu'ils commandaient pour en choisir six sur cent et de faire réunir, au

---

(1) V. *Historique de la Société populaire de Béziers*, par A. Soucaille. Béziers, 1892.

jour fixé, ceux qui seraient élus dans l'église du collège, où ces délégués désigneraient, en présence de la municipalité, un homme sur deux cents ou quatre cents, à leur gré, lesquels se rendraient à Paris pour représenter la totalité des gardes nationales du district, le jour indiqué pour la grande cérémonie.

La municipalité décide de fêter cette journée dans le chef-lieu du district d'une manière digne de celle dont elle allait être célébrée dans le chef-lieu du royaume. On appellera pour le 14 juillet les quatre-vingt-dix-neuf municipalités, les gardes nationales, les corps militaires des villes et bourgs dépendant du district « à l'effet de célébrer l'anniversaire de la liberté reconquise, l'auguste fête de la Patrie, pour prêter avec la municipalité, les notables, la commune entière de Béziers assemblés avec toute l'armée biterroise, le régiment de Médoc et les autres corps militaires de la ville le serment civique et militaire, chacun comme il nous concerne, et celui fédératif commun à tous et qui doit tous nous unir par d'indissolubles nœuds » (1).

Pour ramener parmi nous, lisons-nous dans la même délibération, cette précieuse hospitalité si heureusement pratiquée par les anciens peuples, si longtemps bannie de chez les nations modernes et qu'il importe si fort aux Français de ressusciter aussi parmi eux, comme ils y ont ressuscité la Liberté et l'Egalité, chaque député qui arrivera est instamment prié de n'aller loger dans aucune auberge, mais de choisir celui des citoyens de Béziers dont il décidera de faire son hôte.

Pour cela un registre fut ouvert à l'Hôtel-de-Ville, où tout citoyen, suivant le logement et les moyens dont il pouvait disposer, se fit inscrire pour avoir l'honneur et le plaisir de recevoir des délégués. Les soldats du régiment

(1) Délibération du 1er juillet 1790.

de Médoc devaient être aussi reçus et logés chez les habitants, afin que le peuple et l'armée donnassent l'exemple de la fraternité et ne fissent « qu'un seul cœur ».

Le programme des réjouissances fut ainsi réglé :

Le 13, à 9 heures du soir, le carillon de toutes les cloches, le bruit du canon et une illumination générale annonceront la fête du lendemain.

A l'aurore du 14, de 4 à 5 heures, une nouvelle décharge de coups de canon (1), un nouveau carillon de toutes les cloches, et la générale ouvriront cette journée mémorable.

Toutes les personnes de l'un et de l'autre sexe qui, dans notre cité, savent danser les *treilles* seront invitées à exécuter cette danse ce jour-là ; il leur sera fourni à chacun par la commune une paire de souliers, une paire de gants et un ruban aux trois couleurs de la nation (2). Ces danseurs et danseuses commenceront les treilles à neuf heures du matin ; ils assisteront à toutes les cérémonies de ce jour, mais ils suspendront leurs danses pendant les *actes de religion* et tant que le clergé sera présent.

Durant cette journée, il est défendu de s'occuper à des œuvres serviles ; il est ordonné de tenir les boutiques fermées ; tout le monde arborera la cocarde patriotique ou un ruban aux couleurs de la nation ; il y aura le soir illumination générale.

Tous les corps de métiers avec leur drapeau voudront bien se rendre à dix heures précises du matin dans l'église du collège, le régiment de Médoc sur la place de la Madeleine, ainsi que les autres corps militaires, la garde nationale biterroise avec les députés des autres gardes nationales du district sur la place Saint-Félix, les corps religieux, les

(1) Mme de Beausset fit don à la ville des deux canons qu'elle lui prêta pour cette fête. 24 juillet 1790.

(2) Les frais de la danse des treilles se portèrent à 410 livres : 64 paires de souliers (4 livres la paire), 30 paires de gants d'hommes (12 sols), 28 paires de gants de femmes (24 sols), rubans et cerceaux (01 livres), journées des conducteurs de la danse, des tambours et des fifres (18 livres). Les frais généraux de la fête s'élevèrent à 1105 livres, 16 sols.

(V. le mémoire pour le paiement de la dépense de la Fédération).

paroisses et les chapitres avec leurs croix, les officiers municipaux, notables et députés des communes dans l'église Saint-Félix même, les treilleurs et treilleuses sur la place qui est au-devant de l'église Sainte-Ursule ; et de là, tout le cortège partira pour se rendre à la Citadelle, en passant par la place Bridaine ou de la Madeleine, descendant par la rue Française, la place de la Fontaine et la place du Marché-aux-Herbes, la rue de la Rôtisserie et remontant par celle de l'Esplanade de la Citadelle.

La marche sera réglée dans l'ordre suivant : Les treilles, en silence, les corps de métiers marchant sous leurs bannières, la maréchaussée, le régiment de Médoc, les gardes nationales, les corps religieux, les paroisses, les chapitres, la municipalité, les notables et les députés des communes.

M. l'Evêque de Béziers sera invité à assister à cette cérémonie et à célébrer la messe qui précédera la prestation du serment et la fédération.

Cette messe commencera à 11 heures et demie précises ; elle sera célébrée sur l'autel qui sera dressé à cet effet au lieu le plus propice de la place de l'Esplanade ; pendant la messe toutes les cloches ne cesseront de sonner ; le commencement, l'élévation et la fin de cette messe seront annoncés par des salves d'artillerie.

A midi précis, les serments civique, militaire et fédératif (1) seront prêtés ; après quoi, il sera chanté un *Te Deum* solennel.

Ensuite les corps religieux, les paroisses et les chapitres s'étant retirés, les treilleurs et les treilleuses reprendront leurs danses, et avec les corps de métiers, les corps militaires, les gardes nationales, la municipalité, les notables et les députés des communes, se rendront à l'hôtel commun où l'on se séparera après la signature du procès-verbal.

---

(1) En voici la teneur : « Français, nous jurons de rester à jamais fidèles à la Nation, à la Loi et au Roi ; de maintenir de tout notre pouvoir la Constitution décrétée par l'Assemblée nationale et acceptée par le Roi ; de protéger conformément aux lois la sûreté des personnes et des propriétés, la libre circulation des grains et des subsistances dans l'intérieur du royaume et la perception des contributions publiques, sous quelque forme qu'elles existent, de demeurer unis à tous les Français par les liens indissolubles de la fraternité. »

Le programme fut exécuté dans toutes ses parties. Quant à la messe, elle ne put qu'être difficilement dite à cause de la violence du vent. On dut mettre le calice sous une cloche en verre pour le garantir et empêcher qu'il ne fût renversé. Elle fut suivie du chant du *Te Deum*. La façade de l'Hôtel-de-Ville fut illuminée la veille et le jour même de la fête (1).

Ce jour-là, la ville de Béziers vit dans ses murs un grand concours de population; de tout le district, on était accouru en foule. Il y eut une noble et belle expansion de joie publique. Le soir une allégresse générale transportait le cœur des citoyens ouvert aux sentiments de la plus douce fraternité. Le clergé avait pris sa part à cette fête patriotique et religieuse, entraîné par le courant populaire.

Quelque temps avant, on avait fait courir, non seulement en province mais encore à Paris, des bruits de trouble et de sédition au sujet de la fédération nationale. Un ami de M. de Jessé, curieux d'assister à la célébration de la fête dans la capitale, lui avait écrit pour lui demander ce qu'il y avait de fondé dans ces rumeurs et s'il y avait réellement quelque danger à redouter. Ce n'était là qu'une fausse illusion que vint promptement dissiper une lettre pleine de sens et d'esprit que lui adressa le baron de Jessé :

.... Ne pensez pas, mon cher ami, lui disait-il, que le désir du crime puisse naître au milieu de cette ivresse générale ; non, il est com-

---

(1) Les dames étaient généralement ennemies de la Révolution ; elles ne prenaient aucune part aux fêtes patriotiques, aucune marchande de modes n'osait leur présenter le ruban aux trois couleurs pour en orner leurs coiffures.

« Il n'y a pas de ville où l'on voie avec plus de tristesse le nouvel ordre de choses.... Au moment qu'on prêtoit le serment civique, une dame proposa à un grand nombre de ses compagnes, qui d'un appartement voisin assistoient à cette auguste cérémonie, de lever la main et de prêter serment avec tous les citoyens. Toutes se refusèrent à cette proposition et pas une ne voulut lever la main.... » — Castan, *Aux âmes pieuses de France*, 1790, p. 138.

munément le fait d'une âme froide et concentrée ; ici, le double enthousiasme de la liberté et de la fraternité consumera ce qu'il peut y avoir d'impur dans le cœur. Le feu de Vesta va purifier les portiques du temple de la patrie. Venez donc sans crainte partager l'ivresse commune. Appréciez les rumeurs qui circulent; n'y voyez, comme tous les gens sages, que les luttes de l'esprit de parti. Comparez-les à ces nouvelles de paix ou de guerre qu'on répand en Angleterre pour faire hausser ou baisser les actions ; ici, c'est un agiotage coupable qui s'exerce sur un effet sacré, la liberté, arrivez à travers ces joueurs, et, parce qu'ils ont le malheur d'en faire un objet de spéculation, ne vous privez pas, vous, du charme d'en venir faire celui de votre culte. Je vous embrasse et je vous attends (1).

Le service de l'administration introduite par le décret du 22 janvier dernier nécessitait un local particulier en dehors de l'hôtel communal. L'élection des administrateurs du département devant se faire alternativement dans l'un des quatre districts (2), il fallait un lieu d'assemblée spécial. De tous les couvents de la ville, celui des Carmes, dont la population se réduisait à un ou deux religieux, et sous le coup d'une évacuation imminente, offrait les avantages désirés. L'administration municipale le demanda à l'Assemblée nationale en le lui signalant comme le plus apte à devenir le siège des administrations du département et du district. Des démarches en sens contraire pour la conservation du couvent des PP. Récollets n'aboutirent pas, malgré les avantages que leur grande et belle église offrait aux habitants du faubourg de la Promenade, fidèles à suivre les exercices religieux qui s'y pratiquaient. La démolition de leur gigantesque clocher aida à l'élargissement de l'entrée de la rue des Pénitents minimes ou rue Pellisson.

Les papiers publics du 30 août 1790 apportèrent une

(1) Lettre de H. de Jessé, député de Béziers, à un ami de province.
(2) Loi du 26 février — 4 mars 1790.

agréable nouvelle. Les honneurs de la présidence de l'Assemblée nationale avaient été dévolus une seconde fois à un de nos députés. La ville se montra fière de cette marque de distinction précédemment accordée à l'abbé Gouttes et aujourd'hui à Henri de Jessé. Le conseil général de la commune lui écrivit une lettre pour le complimenter sur sa promotion et pour lui témoigner toute la satisfaction que ses concitoyens en avaient éprouvée. La Société des amis de la constitution et de la liberté lui envoya une lettre de félicitations et députa vers sa famille pour lui faire part de l'intérêt avec lequel elle avait reçu cette nouvelle.

Le 14 août précédent les administrateurs du district avaient envoyé à l'Assemblée nationale une adresse signée de Grasset, président, et Azaïs secrétaire, pour la remercier d'avoir donné une constitution à la France, d'avoir eu la gloire « d'établir les principes d'un système social, qui conserve à chaque individu les droits sacrés que la nature lui a transmis, de transformer un peuple courbé sous le joug de la servitude en un peuple libre, d'imprimer sur chaque citoyen le sceau de l'égalité, en renversant les barrières qui séparaient les castes enorgueillies des distinctions que le préjugé leur avoit accordées, d'assurer enfin le droit inviolable de la propriété. »

L'Assemblée constituante, les 2 et 4 novembre 1789, avait déclaré *nationales* les propriétés du clergé ; la vente en fut décrétée le 29 décembre, selon le projet présenté le 10 octobre 1789, par Talleyrand, évêque d'Autun ; leur aliénation fut prescrite par décrets des 13 mai et 16 juillet 1790. Le 26 août suivant le conseil général de la commune, sur le rapport de commissaires spéciaux, arrêta une liste de cinquante-six articles comprenant chacun une ancienne propriété de quelque communauté religieuse. Les suites de l'adjudication effectuée par le directoire du district les firent passer entre les mains de divers acquéreurs (1).

(1) Voir notre *Historique de la Société populaire*, page 30.

Le Conseil général fit sa soumission pour l'acquisition des garrigues et vacants appartenant à la Nation et formant le domaine de la commune pour les distribuer par parcelles entre les plus indigents.

Le Conseil général de la commune, après avoir voté le levé d'un plan de la ville, ne tarda pas à organiser, sur une pétition de la Société des amis de la constitution et de la liberté, le service des pompes à incendie. Le besoin s'en était fait sentir au moment d'un incendie considérable qui avait dévoré en peu de temps une maison de la rue des Pénitents bleus et qui avait été suivi de deux autres. L'acquisition du matériel s'éleva à 2.400 livres. Comme on le voit, la création de la compagnie des sapeurs-pompiers remonte à la Révolution.

Les circonstances étaient restées favorables aux meurtriers des gardes-sel et les avaient soustraits à la vengeance des lois. Mais il restait des veuves et des orphelins sans ressources. Il suffit de rappeler le souvenir de ces scènes sanglantes où l'on avait vu des hommes faisant respecter la loi « indignement massacrés par une vile et féroce populace » pour exciter la commisération dans les âmes. On vint libéralement à leur secours. — 17 septembre 1790.

Ajoutons à cela un nouvel acte de patriotisme. Le 16 octobre 1790, un service funèbre fut célébré dans l'église des Jacobins pour rendre hommage à la mémoire des soldats morts pour la défense de l'ordre et des lois pendant l'émeute qui avait eu lieu à Nancy, le 31 août 1790. Le P. Ardignac fit retentir les voûtes du temple des mâles accents de son éloquence.

Le décret de l'Assemblée constituante sur l'organisation judiciaire (1) accordait aux villes d'une population de huit mille âmes un nombre de *juges de paix* déterminé par le Corps législatif d'après les renseignements fournis par les

---

(1) Loi du 16 août 1790.

administrateurs du département. Béziers obtint deux de ces magistrats. Les noms qui sortirent de l'élection faite pour deux ans furent ceux de Gottis et de Destaville ; assesseurs : Palhouzier, Libes, Valade, Barthélemy, Gros, Mazel, Roger et Massip père; greffiers : Cambon et Bézié.

Le même décret portait que, dans toutes les matières excédant la compétence du juge de paix, le conseil général formerait un *bureau de paix* ou de *conciliation* composé de six membres choisis pour deux ans parmi les citoyens recommandables par leur patriotisme et leur probité et dont deux au moins seraient hommes de loi. Le choix du conseil général se fixa sur Barbier père, Portalon, Durand prêtre, Mimard, Roube aîné et Rabejac, avec Hérail pour greffier et quatre cents livres d'honoraires. Installé d'abord dans une salle de la maison commune, le bureau fut transféré peu après dans un des bâtiments du collège.

Chaque district devait avoir un tribunal composé de cinq juges, d'un officier chargé des fonctions de ministère public, d'un greffier et de quatre juges suppléants dont deux au moins seraient pris dans la ville de l'établissement. Quand les électeurs du district, convoqués par le procureur-syndic, eurent nommé les juges du tribunal du district pour un délai de six ans, le conseil général fut appelé par le décret d'organisation judiciaire à procéder à leur installation (1).

(1) L'Assemblée électorale pour la nomination des juges du tribunal du district s'était réunie le 8 octobre 1790, sous la présidence de Marie Lambert-Brunet-Villeneuve, Colonel de la garde nationale, dans l'église des Récollets où l'on célébra d'abord une messe pour invoquer les lumières du Saint-Esprit. L'élection se fit à la majorité absolue et par scrutin individuel. Après plusieurs tours furent successivement élus : *1er juge* : Antoine Pradines, homme de loi, citoyen de Béziers; *2e juge* : Antoine-Henri Maffre Gagean, de Marseillan; *3e juge*: Jean-Marie-Noël Fabre, de Florensac ; *4e juge*: Antoine Pouderous, de Béziers; *5e juge* : George Coste, conseiller au présidial. Les quatre juges suppléants élus furent : Joseph Fournier, Jean-François Thourel, Gabriel Cavallier et Martin Villebrun.

(Procès-verbal de l'assemblée électorale du district de Béziers, convoquée pour la nomination des juges, Béziers, 1790, in-4°, 88 pages.)

La cérémonie, annoncée la veille par une proclamation, eut lieu le jeudi 22 novembre 1790, à dix heures du matin, dans la salle des audiences de l'ancien présidial. Pour donner à tous la faculté d'y assister, les séances des assemblées de sections furent suspendues ce jour-là. Les membres du conseil général se rendirent à la salle d'audience et occupèrent le siège. Les juges introduits dans l'intérieur du parquet prêtèrent individuellement en leur présence le serment « de maintenir de tout leur pouvoir la Constitution du royaume, d'être fidèles à la nation, à la loi et au roi, et de remplir avec exactitude et impartialité les fonctions de leurs offices ». Les membres du conseil général descendant dans le parquet cédèrent leur place aux juges élus qu'ils déclarèrent installés ; et, au nom du peuple, ils prirent l'engagement de porter au tribunal et à ses jugements le respect et l'obéissance que tout citoyen doit à la loi et à ses organes.

Les juges de paix prêtèrent devant le conseil général de la commune le même serment que les juges du tribunal.

V

Renouvellement des officiers municipaux. — Contestation au sujet de l'élection de l'abbé Castan. Rey, Castan et l'abbé Martin. — Tribunal de commerce. — Réorganisation des serviteurs de la municipalité. — Réfection des remparts. — Eglise du faubourg. — Constitution civile du Clergé. — Serment civique. — Refus de Mgr de Nicolay. — Nouvelle circonscription des paroisses, — Eglises rurales. — Eglises paroissiales de Saint-Nazaire et de Saint-Aphrodise. — Abstention des curés de lire le décret de la Constitution civile. — Prêtres assermentés. — Election de l'évêque départemental. — Vœu de la ville transféré à la Madeleine. — Deux évêques à Béziers. — Départ de Mgr de Nicolay. — Fête de caritats. — Démission de Du Buisson.

13 novembre 1790. — Cinq officiers municipaux et neuf notables étaient à remplacer. Parmi les officiers municipaux, le sort désigna comme sortants Salvan aîné, Fraisse, Donnadieu père, Passebosc et Viennet ; parmi les notables c'étaient Guibal-Laconquié, Abadie, Roudier, Cassagnes, Jullien curé, de Lamarre, Mimard, de Nattes. Les cinq sections se réunirent aux Pénitents minimes, aux Pénitents blancs, aux Pénitents noirs, aux Pénitents bleus et aux Carmes. Le premier tour de scrutin ne donna pas de résultat ; au deuxième tour fut élu Mainy l'aîné, homme de loi ; le troisième fut favorable à Gausse, ancien officier, l'abbé Toussaint Castan, professeur au collège royal (1), Coste aîné, négociant, et Mimard, procureur.

(1) L'abbé Toussaint Castan de la Courtade, ainsi surnommé d'un domaine que possédait son père sur le territoire de Béziers et pour se distinguer de Castan de la Tuilerie, neveu par sa mère de Nourry, procureur du

Le procureur de la commune fit opposition à l'élection de l'abbé Castan et la déclara nulle et irrégulière sous prétexte, entre plusieurs autres motifs, que ses devoirs de professeur ne se concilieraient pas avec ses fonctions d'officier municipal. Les protestations dirigées contre cette élection furent annulées par le district et le département. Les ennemis de Castan ne se tinrent pas pour battus. L'un d'eux, le député Rey, se vanta de surprendre de l'Assemblée nationale un décret pour la faire casser (1). Voyant tous leurs efforts impuissants, ils réitérèrent leurs moyens

---

roi au siége présidial et sénéchal, mourut à Péziers sa ville natale, le 18 octobre 1793. On vantait son patriotisme, ses talents et ses vertus civiques. Il avait rempli pendant de longues années les fonctions de professeur à Brives et dans d'autres collèges. Comme poète, il avait remporté dans les académies de riches couronnes qu'il déposa de sa main, le jour de la fête de la Fédération, sur l'autel de la patrie. Son mémoire intitulé : *Sur la réforme du clergé et sur une meilleure distribution des revenus ecclésiastiques*, présenté aux Etats-Généraux du royaume tenus à Versailles en 1789 ne fut pas sans influence sur la constitution civile du Clergé et l'Assemblée nationale en adopta non seulement les principes mais encore de nombreux détails. Les administrateurs du collège de Béziers, voulant le fixer parmi eux, fondèrent, par une délibération du 27 octobre 1778, une seconde chaire de rhétorique qu'il occupa pendant onze ans (la faible santé de l'abbé Roube, professeur de rhétorique, ne lui permettant pas de remplir en entier les fonctions de sa classe). Il eut le tort de s'attirer la haine d'ennemis puissants. Cette seconde chaire reconnue inutile par ceux-là même qui l'avaient fondée fut supprimée. Il demanda qu'on ne déplaçât aucun professeur et il réclama la classe vacante de quatrième qu'il ne dédaigna pas de professer, « persuadé que tout est honorable dans l'éducation publique. » Etonné de cet acte de désintéressement, le bureau d'administration ne put s'empêcher de prendre en sa faveur la délibération la plus flatteuse et de lui conserver les mêmes honoraires qu'il avait en qualité de professeur d'éloquence.

(1) L'abbé Castan fut rassuré par une lettre que lui écrivit l'abbé Gouttes : « J'ai fait chercher, lui disait l'ancien président de l'Assemblée nationale, au comité de la Constitution pour savoir s'il étoit nanti de l'affaire dont vous me parlés relativement à votre nomination à la place d'officier municipal de Béziers, et il m'a été répondu que le comité de l'Assemblée nationale ne se mêleroit en rien de cette affaire dont le jugement doit être confié par les décrets au directoire de département ; dès que ce tribunal a prononcé en votre faveur, vous devez être tranquille.... »

d'opposition pour empêcher son installation, mais leur haine ne prévalut pas.

Rey et Castan représentaient des idées opposées. Le premier se ralliant au drapeau monarchique était un ennemi déclaré de la Révolution ; le second s'en montrait le défenseur ardent. Les adversaires se piquaient de désigner le député de la sénéchaussée sous le nom de Rey-*veto* à cause de ses diatribes pour le veto absolu ; ils flétrissaient ses opinions au sujet de la discussion des Droits de l'homme et ses attaques contre les décrets de l'Assemblée nationale. Accusé dans de virulents écrits, Rey se défendit avec énergie et tint tête à l'orage. Il fut soutenu par l'abbé Martin dans sa lutte contre l'abbé Castan, et il y eut de part et d'autre échange de pamphlets qui se répandirent avec profusion dans le public (1).

Les tribunaux de commerce devaient être établis dans les villes où les administrateurs du département le jugeraient nécessaire. Le district de Béziers avait droit à deux. Trois villes étaient sur les rangs pour faire valoir leurs prétentions : Agde, Béziers et Pézenas. Une délégation de la Société des Amis de la constitution et de la liberté se présenta au conseil général du 11 novembre ; c'était pour demander de faire des démarches auprès des administrateurs du département en faveur de Béziers. Il fallait se hâter car Agde et Pézenas avaient pris les devants. Thourel, substitut de la commune, Vincentis, Barre, Fayet et Moureau, notables, se transportèrent le 25 novembre à Montpellier pour prendre les intérêts de leur ville. Déjà l'administration du département avait résolu de demander le tribunal

---

(1) L'abbé Castan appela brutalement le curé Martin « le prêtre le plus ignare qui soit peut-être dans l'Eglise de Dieu et l'âme la plus vile qui existe. » — Voir la note de la page 172 de l'écrit intitulé : *Aux âmes pieuses de France sur les opérations de l'Assemblée nationale*, par Toussaint Castan. Béziers, 1790, vol. in-8º de 172 pages. Cet écrit n'est autre chose qu'une apologie des décrets de l'Assemblée nationale.

de commerce pour Pézenas et pour Agde. Le conseil général de Béziers se tourna vers l'Assemblée nationale et lui fit connaître « combien l'intérêt du commerce et des peuples du district exigeait qu'une juridiction consulaire soit établie à Béziers. » Thourel fut chargé de porter l'adresse à Paris.

Un dénouement heureux de l'affaire ne se fit pas attendre. Des lettres de Thourel, de Gleizes de La Blanque et de Rey, députés, en date du 20 janvier 1791 apportèrent aux officiers municipaux « le détail de la réussite de l'établissement de la cour de commerce dans leur ville » (1). Thourel prolongea son séjour à Paris jusqu'à ce que les circonscriptions des tribunaux de commerce du district de Béziers eussent été déterminées. Puis le maire convoqua (avril) en assemblée générale tous les négociants, banquiers, marchands, manufacturiers, etc., ayant la qualité de citoyens actifs et habitant la ville. Causse, officier municipal, présida à la formation de l'assemblée d'où allaient sortir par l'éleclection les cinq membres du nouveau tribunal dont la juridiction, déterminée par décret du 22 avril 1791, comprit les cantons de Béziers, Capestang, Cazouls, Murviel, Magalas et Servian. On lui donna pour local la partie à droite de l'évêché où il est resté jusqu'en 1866.

L'Assemblée constituante avait supprimé les armoiries et les livrées. La municipalité, sur le point de renouveler l'habillement de ses serviteurs, les soumit à une nouvelle organisation. Il y eut deux capitaines de ville ; les valets de ville et hallebardiers s'appelèrent sergents de ville et leur nombre fut porté à huit. Chaque capitaine reçut quatre cents livres par an, chaque sergent de ville deux cent cinquante livres, ainsi que le précon. Les sergents de ville étaient vêtus d'un habit bleu avec collet, parements et culottes de couleur rouge ; ils avaient une plaque d'argent décorée d'une

---

(1) Décret de l'Assemblée nationale du 6 janvier 1791.

couronne civique avec ces mots pour exergue : «Municipalité de Béziers, la Loi et le Roi.» En cérémonie, ils portaient une hallebarde au lieu de la masse d'argent des anciens valets de ville. Les capitaines étaient habillés comme les sergents de ville mais d'un drap plus fin ; ils avaient une épaulette d'argent et une épée. Le précon avait un habillement analogue avec une contre-épaulette, et une aiguillette de fil blanc et bout en métal blanc.

On augmenta en même temps de cinquante livres les gages des cinq portiers avec défense de rien exiger des personnes entrant dans la ville avec des denrées ou autre chose.

Les brèches des remparts furent soigneusement vérifiées et réparées sous la direction de Bonnavialle, inspecteur des travaux, et la surveillance de Colard, notable, moyennant une dépense de trois mille livres. Ils ne furent plus ouverts à tous allants et venants.

C'est à la Révolution que remonte l'idée de la création d'une église succursale au faubourg du Pont, que nous avons vue se réaliser seulement de nos jours. Le directoire du district avait reçu une soumission pour l'acquisition du couvent et enclos des PP. Minimes. Le maire en donna avis au conseil général dans la séance du 10 janvier 1791 et il proposa d'arrêter l'adjudication de cet immeuble à cause de l'église qui pourrait devenir nécessaire à la commune s'il était jugé à propos d'ériger une église succursale dans ce faubourg. Une pétition fut adressée au directoire du district pour lui demander de conserver l'église et de la réparer si besoin était pour l'établissement d'une annexe. Il était dans la destinée de cet ancien monastère de servir d'asile au culte public avant la construction de l'église Saint-Jude.

L'Assemblée nationale s'était occupée de l'organisation politique, judiciaire et administrative du royaume. La transformation des provinces en quatre-vingt-trois départements fut suivie d'une réorganisation ecclésiastique qui porta sur un remaniement des diocèses. Ce travail accompli sans un accord entre le Saint-Siège et le gouvernement produisit de fâcheuses conséquences et jeta le trouble dans la société des croyants.

L'Assemblée nationale par le décret en date des 12 juillet et 24 août 1790 qualifié de *Constitution civile du Clergé* disposa de la juridiction épiscopale et porta la main sur les hautes questions spirituelles. Cette loi malencontreuse anéantissait la hiérarchie et la discipline ecclésiastiques, isolait entièrement l'Eglise du pape, son chef suprême, et la plaçait en définitive sous la dépendance absolue du pouvoir séculier. Désormais, les évêques seraient élus par le corps électoral, de la même manière qu'on nommait les membres de l'assemblée du département ; il était interdit au nouvel évêque de s'adresser au pape pour en obtenir aucune confirmation; l'élection des curés appartenait aussi au peuple. L'évêque confirmait canoniquement le curé, comme le métropolitain confirmait l'évêque. Le traitement des ecclésiastiques fut fixé comme celui des fonctionnaires civils et militaires.

Cette mesure, sanctionnée par le roi, foulait aux pieds le concordat conclu en 1516 entre la France et la papauté. Aucun acte ne déchaîna contre l'Assemblée constituante de plus terribles et, disons-le, de plus justes colères (1).

Par les brefs du 10 mars et du 13 avril 1791, qu'il fut

---

(1) L'opinion est faite sur cette loi ; les publicistes les plus libéraux s'accordent à la blâmer. « Sous prétexte de détruire une confusion similaire, dit un ancien député républicain, M. Etienne Lamy (Les rapports entre l'Eglise et l'Etat. *Journal des Debats*, du 14 mars 1880), à son tour l'Etat confond tout. Il envahit les biens de l'Eglise, confisque ceux qu'elle possède, leur interdit d'en acquérir, et prétend solder les dépenses du Clergé, comme jusque-là l'Eglise subvenait aux dépenses de l'Etat, par un subside annuel. Il envahit le sacerdoce et transfère au nouveau souverain, le peuple, le droit de conférer par son vote le caractère ecclésiastique. Il envahit sur la conscience et prétend lier, par un serment prêté à Dieu, les ministres du culte à la constitution civile qui usurpe sur Dieu. »

difficile de répandre, Pie VI condamna la constitution civile et le serment civique imposé aux évêques et aux curés élus « d'être fidèles à la nation, à la loi, au roi et à la constitution décrétée par l'Assemblée nationale ». Aux maires, officiers municipaux et notables incombait l'obligation de recevoir ce serment avec ordre de remplacer ceux qui refuseraient de le prêter. Quelques membres du Clergé s'y soumirent ; un plus grand nombre refusa d'y obéir. De là, l'origine d'un schisme ; on vit alors s'élever autel contre autel.

La municipalité s'émut de la mise en circulation des fragments d'une lettre attribuée à l'abbé Martin, député, et écrite à son frère pro-curé de Saint-Aphrodise, ayant pour but de prêcher la résistance aux prêtres hésitants ou qui seraient portés à obéir à la loi, en tant qu'on ignorait que le pape eût parlé. L'auteur activement recherché ne put être découvert et la lettre fut brûlée.

Béziers, à cause de sa position centrale, avait été désigné par l'Assemblée nationale comme siège de l'évêché de l'Hérault (14 janvier 1791). L'évêque titulaire fut appelé à l'Hôtel-de-Ville pour remplir le devoir que la loi exigeait de lui. Au lieu de se rendre à l'invitation, M⁄ʳ de Nicolay envoya une longue lettre contenant une déclaration et des restrictions que le conseil général regarda comme *inconstitutionnelles*, et il délibéra que des copies dûment collationnées en seraient adressées à l'Assemblée nationale, à son comité de recherches et au procureur général syndic du département.

Les articles 15 et 16 de la constitution civile du Clergé imposaient une nouvelle circonscription des paroisses. L'évêque, au lieu de se concerter avec les corps administratifs pour effectuer ce travail, crut devoir « opposer à son acquiescement des exceptions et des restrictions nécessaires. » Une lettre qu'il écrivit fut prise pour un refus de s'y associer. Les administrateurs du district et du département dont les fonctions répondaient à celles qu'exercent actuellement le sous-préfet et le préfet, se décidèrent à agir par eux-mêmes, et ils firent procéder par la municipalité à la nouvelle constitution des paroisses. L'église annexe de Saint-Félix fut supprimée et l'enceinte de la ville fut répartie entre les quatre paroisses de Saint-Nazaire, de la Madeleine, de Saint-Aphrodise et de Saint-Jacques, dont les limites furent ainsi déterminées :

Pour Saint-Nazaire, la porte de Tourventouse, les places de Saint-Félix et du Marché-aux-Herbes, les rues des Boutiques vertes, de la Rôtisserie, du Coq-d'Inde, de la Fédération, la porte de la Citadelle, le rempart de l'Hôpital mage, plusieurs petites rues, la place Saint-Cyr, le couvent des Dominicains et la place Canterelles.

Pour la Madeleine, la porte de la Citadelle, les rues de la Fédération, du Coq d'Inde, la place de la Fontaine ou de l'Hôtel-de-Ville, les rues du Marché-aux-Herbes, des Boutiques vertes, de Saint-Félix, la porte Tourventouse, le rempart jusqu'au cimetière de Saint-Aphrodise, de petites rues, clôture du monastère de Sainte-Claire, place des Pénitents noirs, rue des Pénitents noirs, rue des Têtes, couvent du Saint-Esprit, rue du Palais, porte des Carmes, et au-dehors l'espace compris entre le chemin de Pézenas et le vieux chemin de Montpellier.

Pour Saint-Aphrodise, rue du Monastère de Sainte-Claire, petite place des Pénitents noirs, rue des Têtes, l'abbaye du Saint-Esprit, rue du Palais, la gauche de la rue jusqu'à la porte des Carmes, et au-dehors l'espace compris entre le chemin de Pézenas et les moulins de Bagnols.

Pour Saint-Jacques, petites rues de l'Hôpital mage à la croix de Saint-Cyr, place Canterelles, et au-dehors l'espace s'étendant du vieux chemin de Montpellier à la rivière d'Orb.

On conserva les trois églises de Saint-Jean d'Aureilhan, des Minimes et de Notre-Dame de Consolation pour l'usage des domaines ruraux et le service en fut confié à des vicaires de Saint-Jacques et de Saint-Nazaire.

L'Assemblée nationale par le décret du 12 juillet 1790 avait éteint et supprimé les dignités, canonicats, prébendes, demi-prébendes, chapellenies, chapelles tant des églises cathédrales que des églises collégiales, les chapitres réguliers et séculiers et tous bénéfices généralement quelconques. Les chapitres de Saint-Nazaire et de Saint-Aphrodise cessèrent tout office public sans avoir prévenu les curés de ces églises. Le maire manda ces derniers à l'Hôtel-de-Ville et les pria de prendre immédiatement possession du chœur de chacune d'elles pour y remplir les fonctions curiales qu'ils accomplissaient naguère dans d'humbles chapelles. Les curés firent observer au maire que les autels de ces chapitres ne renfermaient pas de tabernacles suffisants pour recevoir les vases sacrés. Une commission vérifia tous ceux des églises des couvents qui allaient disparaître, et l'on décida que le tabernacle du maître-autel de l'église des Carmes serait utilisé pour Saint-Aphrodise et que celui du maître-autel de l'église des Dominicains servirait pour Saint-Nazaire. Ici, un mur de clôture en forme de jubé séparait la nef du chœur ; il devenait un obstacle pour les cérémonies publiques. Pour faciliter l'assistance des fidèles au service divin, la municipalité le fit abattre à ses frais. L'appui de communion fut enlevé et remplacé par celui de l'église du couvent de Cassan près de Roujan.

Les chapitres de l'une et de l'autre église fournissaient aux frais du culte, parce qu'ils avaient dans les propriétés dont ils jouissaient des fonds affectés à l'entretien du chœur et de la nef. Le prix de leurs biens vendus au profit de la nation fut versé dans la caisse du district. On demanda au directoire du département d'appliquer au service du culte les sommes nécessaires pour cette nouvelle dépense.

La constitution civile du clergé devait être portée à la connaissance de chacun en particulier. Un décret du 21 janvier 1791 de l'Assemblé nationale fut envoyée aux municipalités avec ordre de veiller à ce que l'instruction qui l'accompagnait fût lue sans retard un jour de dimanche à l'office de la messe par les curés ou un vicaire, et à défaut, par le maire ou le premier officier municipal.

Ce décret avait été remis au curé de chaque paroisse avec une lettre pour lui recommander de vouloir bien se conformer aux dispositions qu'il contenait. Le curé de Saint-Jacques répondit qu'il se conformerait ponctuellement à la prescription qui lui était faite et qu'il expliquerait même le décret en patois pour le bien mettre à la portée de l'intelligence des paysans. Les curés de Saint-Nazaire, de la Madeleine et de Saint-Aphrodise firent savoir qu'ils s'abstiendraient de la lecture qui leur était commandée. Les officiers municipaux, pour donner raison à la loi, résolurent de se diviser par groupes, de se transporter simultanément dans chacune de ces trois églises et d'y lire l'instruction à l'issue de la messe. Ils avertirent le peuple de ne rien croire de ce qu'on débitait contre le serment des prêtres. — 20 février 1791.

Parmi les professeurs du collège, l'abbé Toussaint Castan de la Courtade se présenta seul pour prêter le serment exigé par le décret du 27 novembre 1790. Les autres préférèrent subir la révocation. L'empressement et l'ardeur avec lesquels un autre ecclésiastique, Bellugou, curé de Vendres, déjà mentionné, embrassa la constitution civile du Clergé et les idées nouvelles lui valurent de chaudes sympathies. Non content de prêter serment et de recommander en chaire à ses paroissiens d'entrer dans le mouvement, il se mit à écrire différents ouvrages (1).

---

(1) *Apologie des décrets sur la constitution civile du clergé. — Les bons Français justifiés du reproche de schisme ou apologie des citoyens qui ont juré de maintenir de tout leur pouvoir la Constitution décrétée par l'Assemblée nationale et acceptée par le Roi.*

Pouderous, évêque départemental le choisit pour un de ses « vicaires

L'administration départementale, irritée contre M⁰ de Nicolay, parce qu'elle n'avait vu dans sa lettre qu'un refus d'obéir à un décret de l'Assemblée nationale se mit en mesure pour le punir de lui donner un successeur.

Le mardi 1ᵉʳ mars 1791, une assemblée eut lieu dans l'église paroissiale de Saint-Pierre (ci-devant cathédrale de Montpellier) avec Aaron Crassous pour président et Castilhon pour secrétaire. A la majorité des suffrages, par 210 voix sur 274 votants, fut nommé évêque départemental Dominique Pouderous (1), curé de Saint-Pons de Thomières depuis trente ans. Belpel, député de Béziers, et Cormary, député de Saint-Pons, se mirent en route pour lui apporter la nouvelle de son élection. Pouderous écrivit pour dire qu'il acceptait et il se rendit aussitôt à Montpellier. Accueilli avec les marques les plus vives et les plus touchantes de sympathie, il fut conduit au milieu des cris de joie, avec des acclamations et des applaudissements, à l'église paroissiale de Saint-Pierre où il dit solennellement sa messe

---

épiscopaux ». Après cette nomination, la municipalité de Montpellier le réclama pour le placer à la tête de la paroisse de Sainte-Anne. — A la Restauration religieuse, il fut laissé de côté à cause de son infidélité et il se retira au Vigan, où il consacra son temps et ses profondes connaissances en philosophie et en théologie à la rédaction de deux savants ouvrages de controverse contre les nouveautés de l'abbé de Lamennais. — *De la necessité et des avantages de la philosophie individuelle ; lettres à M. F. de Lamennais, 1821-1822.* — *Essai de refutation du système de M. de Lamennais, 1822.*

Après trente ans de résidence dans son diocèse, Mgr Chaffoy, évêque de Nimes, le mit à la tête de sa cathédrale, Saint-Castor, qu'il administra jusqu'à sa mort qui fut celle d'un saint (27 avril 1829). — Saurel, *Vie de Mgr Fournier, évêque de Montpellier*, p. 470.

(1) Dominique Pouderous, né à Villeneuve-lès-Béziers en 1721, mourut à Béziers, le 10 avril 1799. Il était connu par sa soumission aux idées nouvelles et c'est par là qu'il avait attiré sur son nom l'attention publique. En prêtant le serment civique le 23 février 1791, il avait prononcé dans l'église de Saint-Pons un discours pour expliquer et justifier sa conduite. Il fut remplacé par un de ses vicaires épiscopaux, Alexandre-Victor Rouanet, ancien professeur de théologie et supérieur du séminaire de Saint-Pons, sacré à Béziers dans l'église de la Madeleine, mort le 10 novembre 1799.

d'actions de grâces; il fut ensuite accompagné avec pompe chez lui et il reçut des visites et des félicitations (1).

Cette joie fut interrompue par la nouvelle de la maladie de Louis XVI pendant laquelle on sentit se renouveler l'inquiétude causée en 1744 par celle de Louis XV devant Metz (2).

Le 3 avril, Pouderous fut sacré à Paris par Gobel, ancien évêque de Lidda et évêque constitutionnel de la Seine, avec l'assistance des évêques de Babylone et d'Autun.

M⁅r⁆ de Nicolay ne descendit pas de son siège; il séjourna quelque temps dans sa ville prenant publiquement le nom d'évêque de Béziers. Les officiers municipaux s'adressèrent même à lui pour le prier de rendre une ordonnance qui devait être le dernier acte de son administration épiscopale (3). Voici à quelle occasion.

Depuis un temps immémorial, il se faisait, le dimanche de la Passion, une procession connue sous le nom de *Vœu de la ville* parce qu'elle avait été établie sur la demande

---

(1) *Procès-verbal de la séance électorale*, Montpellier, imp. J.-B. Picot,

(2) Nous relatons ici un fait tout à la gloire de Louis XVI qui depuis.... La France estimait alors ses vertus. Le rétablissement de sa santé avait fait éclater la plus grande joie. Le directoire du département reconnaissant que la France était redevable à la divine Providence de la conservation de ce roi-citoyen qui, suivant ses propres paroles, ne se croyait heureux que du bonheur de son peuple, arrêta que dans toutes les paroisses du département un *Te Deum* serait chanté en actions de grâces. Ce service fut célébré le dimanche 3 avril dans toutes les paroisses de la ville avec la participation de la municipalité et des troupes, et toutes les maisons durent être convenablement illuminées à la nuit close sous peine de cent sous d'amende. — Registre des délibérations.

(3) Aymard Claude de Nicolay, par la grâce de Dieu et l'autorité du Saint-Siège apostolique évêque de Béziers, vu la requête à nous présentée par MM. le Maire et Officiers municipaux de cette ville, Avons ordonné et ordonnons que la procession générale qui se fait annuellement, le dimanche de la Passion, sera faite à l'avenir de l'église cathédrale à celle de Sainte-Madeleine où l'on se rendra par la rue de la Notairie, la place aux Herbes, celle de la Fontaine, la rue Française et celle de la Madeleine et par la porte de la dite église qui est auprès des Pénitents noirs; que le Saint-Sacrement sera déposé dans la dite église et qu'on y donnera la bénédiction pen-

des consuls eux-mêmes à la suite de la délivrance d'une peste, et dans laquelle l'évêque en personne portait le Saint-Sacrement de la cathédrale de Saint-Nazaire dans l'église des Frères Prêcheurs où il restait exposé. Le couvent des Frères Prêcheurs venait d'être supprimé et leur église n'était plus desservie par les religieux. Les officiers municipaux demandèrent à l'évêque le maintien dans une église paroissiale de ce vœu qui devait « être perpétuel ». L'église de la Madeleine fut substituée à celle des Dominicains et choisie à toujours comme lieu de station. Cette procession se fit pour une dernière fois le 17 mars 1793. Rétablie en mars 1817, elle a cessé comme toutes les autres de se faire publiquement en 1871. Celle-ci, établie par les anciens consuls, n'aurait pas dû, ce semble, être interdite par respect pour la foi du peuple.

Le 13 avril 1791, M⁹ʳ de Nicolay quitta ses appartements de l'évêché et accepta l'hospitalité d'une maison particulière.

Le 22 mai suivant, Pouderous publia sa lettre pastorale de prise de possession, portant au frontispice ces mots : *Foi, Patrie, Charité*, avec une simple lettre de communion au pape, et par laquelle il s'attira une verte réplique d'un prêtre inconstitutionnel (1).

Il fut un moment où Béziers eut deux évêques, l'un constitutionnel et l'autre titulaire opposant. La population manifestait son attachement pour son ancien évêque dont elle n'avait pas oublié la bienfaisance et se montrait hostile à

---

dant trois jours consécutifs, conformément à ce qui s'est pratiqué dans l'église des Frères Prêcheurs....

Donné à Béziers, sous notre seing, le contre-sing de notre secrétaire, le septième avril 1791.

† Aymard, évêque de Béziers.

(1) *M. Pouderous, soi-disant, évêque de l'Hérault et ses adhérents duement atteints et convaincus d'ignorance, de schisme et d'hérésie*, par XX.. Broch. in-8°, de 60 p.

celui qu'on prétendait lui donner, en le raillant par ce refrain populaire :

Ah ! Pouderous ! Pouderous !
Aben un avesque,
No voulen pas dous (1)

Sans perdre temps, Mgr de Nicolay s'attacha aux prêtres restés fidèles à leur foi et leur prodigua ses conseils et ses encouragements. Pendant que son successeur était allé à Paris recevoir l'institution canonique et la consécration de l'évêque de Lidda, il fit une tournée pastorale dans son diocèse ; il confirma les enfants au berceau, fit faire la première communion à ceux qui avaient atteint l'âge de huit ans, travaillant plus dans un temps où il ne devait pas agir qu'il n'avait fait durant tout le cours de son épiscopat (2).

Cet art de gagner les cœurs déplut. Pour bien établir la cessation de ses fonctions, il fut interdit à Mgr de Nicolay de faire la visite des églises le Jeudi-Saint avec son habit violet et de paraître en public avec le rochet et le camail qui étaient les attributs de l'évêque du département. On veilla à ce que les prêtres ne fissent circuler aucun de ses mandements. On sollicita son prompt éloignement du département.

Mgr de Nicolay avait approuvé un écrit épiscopal intitulé : *Instruction donnée par M. l'Evêque de Langres aux curés, vicaires et autres fonctionnaires de son diocèse qui n'ont pas prêté serment.* L'adhésion qu'il donna, comme beaucoup de ses collègues, à ce mandement déclaré inconstitu-

---

(1) *Histoire politique et religieuse de la ville de Béziers,* par l'abbé A. D., p. 93.

(2) Mémoire relatif à la situation intérieure du département. — Archives nationales, carton F, 1e III, Hérault, 0.

tionnel et considéré comme incendiaire, attira sur sa tête les foudres de la municipalité. Sommé de venir à l'Hôtel-de-Ville pour fournir des explications, il prétexta une indisposition ; et comme on insistait pour l'y faire venir, il quitta furtivement la ville avec l'idée de passer en Espagne dans la nuit du 1er juin, avec son vicaire général Daydé. Arrêtés à Perpignan, ils furent ramenés le lendemain à Béziers. L'évêque comparut devant la municipalité le 3 juin suivant, à dix heures du soir, et répondit affirmativement aux questions qu'on lui adressait. Puis il demanda ses passeports pour se rendre à Paris au sein de sa famille, et le 4 juin 1791, il quitta définitivement Béziers.

Après les changements introduits dans la constitution du royaume, qu'allait-il advenir des anciens usages ? Le moment arrivé, comment célèbrera-t-on la fête traditionnelle de Caritats, cette réjouissance publique pendant laquelle on promenait dans les principales rues le chameau légendaire et on exhibait des spectacles dramatiques ? Après la suppression des maîtrises et jurandes (décret du 17 mars 1791), il ne restait que le souvenir des trente-deux corporations d'arts-et-métiers dont la présence en faisait le principal ornement, et avec elles s'était évanouie la quantité de pains que chaque prévôt devait faire apporter dans l'église des Pénitents bleus pour être bénits par le clergé et distribués aux pauvres. La fête, sans être supprimée, fut réduite. Il n'y eut aucune solennité et la municipalité déclara qu'on ferait une aumône de cent pains en faveur de l'Hôpital Général, ce qui occasionna à la ville une dépense de deux cents livres.

Le maire, Du Buisson, apprit que des cabales se formaient contre quelques officiers municipaux ; qu'on les accablait de calomnies et d'outrages ; que des citoyens colportaient de maison en maison, pour recueillir des signatures, des pétitions où l'on demandait leur renvoi. Indigné de la situation faite à ses coopérateurs et des amertumes dont on les abreuvait, il parut dégoûté de ses fonctions. Les uns et les autres partageaient le même découragement en voyant leurs intentions si peu comprises et leurs efforts si mal récompensés ; ils résolurent de se retirer d'une administration où l'on ne pouvait plus faire le bien et de satisfaire le vœu de citoyens pleins d'animosité contre eux, capables de porter le trouble dans la ville si on ne se prêtait pas à leurs désirs. Ces officiers municipaux étaient Chevalier, Mainy, Bédos, Brès, Fraïsse fils et Gau. Le conseil général, désespérant de vaincre leur résistance, témoigna au maire et à ceux qui le suivaient dans sa retraite ses regrets de les voir abandonner des fonctions qu'ils avaient remplies jusque-là à la satisfaction générale.

VI

Rouyer est nommé maire.— Election des officiers municipaux. — Anniversaire de la fête de la Fédération. — Bureau de l'Hôpital Général. — Billets de confiance. — Le Clergé se divise. — Les partisans et les ennemis de la Constitution civile. — Serment imposé aux prêtres. — Emprisonnement de Dalga, prêtre sulpicien. — Protestations et menées de Jullien, curé de la Madeleine. — Députés de l'Assemblée législative. — Fête de la proclamation de la Constitution. — Discours de Tudier. — Réjouissances.

Les cinq sections de la commune furent convoquées pour élire un nouveau maire. Le choix tomba sur Rouyer (Jean-Pascal), homme de loi, honoré de plus de quatre cents suffrages (1), et la nouvelle municipalité fut ainsi composée : Rouyer, maire ; Solignac, Donadieu, Depierre, Causse, Castan, Bory, Bourguet, Coste, Guilhemon, Viennet et Fraïsse père, officiers municipaux (29 mai 1791). En vertu de la loi constitutive des municipalités, chacun se soumit à la formalité du serment, « jurant d'être fidèle à la Nation et au Roi et de maintenir de tout son pouvoir la Constitution décrétée par l'Assemblée nationale et acceptée par le Roi et de bien remplir ses fonctions. »

Bientôt un grand évènement absorba l'attention de nos arrière-grands-pères. C'était la fuite et l'arrestation à Varennes du roi Louis XVI et de sa famille (20 juin 1791). La Société des Amis de la constitution envoya une adresse à l'Assemblée nationale pour la remercier de son activité et de sa présence d'esprit en prenant résolûment en main l'autorité pour pourvoir au gouvernement de l'Etat, et des lettres de félicitations à Drouet, maître de poste, aux officiers municipaux de Sainte-Menehould, à la garde nationale et au procureur-syndic de Varennes (8 juillet 1891.

Le même enthousiasme que l'année précédente se manifesta à la célébration de l'anniversaire de la fête de la Fédération. Un autel de la Patrie fut dressé sur la place de la Citadelle et à l'endroit le plus apparent. Tout le monde avait été invité à participer à cette fête. Le conseil général de la commune y convia en particulier l'évêque du département, les membres de l'administration, des tribunaux du district et de commerce, des communes, du bureau de conciliation, les juges de paix, la Société des Amis de la constitution et de la liberté, le 61e régiment, la garde et la gendarmerie nationales. Tous les citoyens et citoyennes assistèrent à la fête, en cocarde ou en rubans aux

---

(1) Rouyer (Jean-Pascal), futur conventionnel, né à Pézenas, épousa Mlle Bertrand, qui lui donna une fille, mariée à Clary, riche négociant de Marseille, dont les deux sœurs s'unirent, l'une, Julie, à Joseph Bonaparte et l'autre à Bernadotte, roi de Suède.

trois couleurs. Les prêtres et les ecclésiastiques marchant à la suite du clergé étaient en aube avec une ceinture nationale. Les cloches, qui avaient annoncé la veille cette fête, sonnèrent pendant tout le temps de la messe et le soir il y eut une illumination générale. L'office fut suivi d'un renouvellement du serment fédératif. On y ajouta la promesse de défendre la patrie jusqu'à la dernière goutte de son sang, de dénoncer les conspirations, de surveiller les personnes suspectes d'avoir des principes contraires à la Constitution.

Le choix des administrateurs de l'Hôpital Général cessa de se faire comme sous l'ancien régime où les membres restants pourvoyaient aux remplacements devenus nécessaires, sous la présidence de l'évêque. Le bureau fut désormais composé de douze membres élus par la municipalité, qui devaient se joindre aux douze officiers municipaux pour former le nombre de vingt-quatre administrateurs.

Un arrêté du directoire du département en prescrivit le renouvellement (19 juillet), et les officiers municipaux s'adjoignirent comme coopérateurs : Bassal, négociant, Rabejac, Pouderous, évêque du département de l'Hérault, Combescure, Trinquier, Cairol, homme de loi, Passebosc, notaire, Brunel, homme de loi, Brunet-Villeneuve, Souris, Fayet, négociant, Pouderous, avoué. Ils se réunirent dans une salle de la maison commune (29 juillet) pour prêter serment, et, accompagnés de la municipalité, ils se transportèrent dans la salle où se tenaient les assemblées administratives de l'hôpital à l'effet de délibérer sur les objets proposés, après avoir été présentés aux sœurs et aux chefs d'atelier de la maison.

Les opérations de l'Assemblée nationale, relatives à la fabrication de la monnaie pour l'échange des assignats, avaient éprouvé un retard forcé. L'émission pouvait encore s'en faire attendre, et la rareté du numéraire risquait de devenir funeste à l'agriculture et au commerce. Il incombait aux administrateurs de la chose publique de suppléer à la rareté du numéraire, d'arrêter les effets de l'agiotage des assignats, de prévenir les troubles qui pourraient s'en suivre et de pourvoir aux besoins de la classe nombreuse des citoyens dont le salaire et les obligations étaient rare_ ment au niveau des assignats mis en circulation. Il importait de prendre des mesures pour procurer par la voie de l'échange et au pair la division des petits assignats. La municipalité fit faire sous sa surveillance une émission de huit mille billets de confiance de vingt sous chacun et de huit mille de dix sous représentant un total de douze mille livres. Le cours de ces billets devint forcé dans la ville et le territoire de Béziers. Tout débiteur fut obligé de faire l'appoint des billets de confiance en sous jusqu'à ce que la monnaie de cuivre se trouvât plus abondante. Une commission chargée de surveiller les opérations relatives à l'émission de ces billets fut composée de Fayet, Cabanel, Fraïsse et Guilhemon. Mais cette commission ne put pas remplir le but proposé, dès l'instant surtout qu'il fut émis d'autres billets de confiance de cinq sous et de deux sous six deniers qui, pouvant être réalisés sur des assignats de cinq livres, obtenaient un avantage et un crédit marqué sur ceux de vingt sous et de dix sous dont l'échange ne se faisait que contre des assignats de cent sous. Les premiers furent annulés et on émit douze mille billets de dix sous et vingt-quatre mille de deux sous six deniers à échanger avec des assignats de cent sous, et on leur donna un cours forcé.

On reprochait à la constitution civile d'être contraire aux lois de l'Eglise et d'empiéter sur la puissance spirituelle, Elle divisa le Clergé dans les rangs duquel elle trouva des apologistes. Tel fut entre autres Joseph Bellugou, docteur en théologie, curé de Vendres, dont nous avons déjà parlé, auteur d'un écrit où il s'efforce de justifier « les bons Français du reproche de schisme » (1).

(1) *Les bons Français justifiés du reproche de schisme ou Apologie des*

En adoptant la constitution civile du Clergé, disait-il, et tous les autres décrets de l'Assemblée nationale, nous ne prétendons pas ériger une autre chaire contre la chaire singulière du Pontife romain ; nous ne contestons pas à ce Pontife le titre et la qualité de chef visible de l'Eglise universelle; nous ne cessons pas de regarder l'Eglise de Pierre comme l'Eglise principale, comme le centre de l'unité de foi et de la communion....

Pour faire agréer le choix des curés soumis à l'élection, il ajoutait :

D'ailleurs, le peuple doit choisir lui-même ses pasteurs; et que ne fera-t-il pas pour soutenir ceux qu'il aura élevés lui-même? Quelle confiance ne conservera-t-il pas pour ceux qui ne seront jamais que ce que sa confiance aura pu les faire?

Où était donc la sanction religieuse?

L'Assemblée nationale décréta que les ecclésiastiques jureraient « d'être fidèles à la Nation, à la Loi et au Roi, et de maintenir la Constitution civile décrétée par l'Assemblée nationale et acceptée par le Roi » (1). Cette loi rencontra beaucoup d'opposants. Ceux qui refusèrent le serment furent destitués et les électeurs leur nommèrent des remplaçants. Il y eut deux clergés, l'un constitutionnel, l'autre réfractaire.

citoyens qui ont juré de maintenir de tout leur pouvoir la Constitution décrétée par l'Assemblée nationale et acceptée par le roi, par Joseph Bellugou, docteur en théologie et curé de Vendres, auteur de l'Apologie des décrets sur la Constitution civile du clergé. — Béziers, Imprimerie J. J. Fuzier, in-8° de 67 pages.

(1) Serment voté le 27 novembre 1790 et sanctionné par le roi le 26 décembre suivant.

Les fidèles désertaient les offices des curés *jureurs* pour se presser aux messes célébrées par leurs anciens curés. Le gouvernement réclama pour les prêtres constitutionnels et pour leurs cérémonies les mêmes honneurs et le même éclat que pour les prêtres insermentés. Nul ne devait contester la validité des sacrements qu'ils administraient. La force ne manqua pas d'être requise contre l'incivisme des habitants; les louanges étaient pour ceux qui faisaient acte d'un vrai patriotisme. La Société des Amis de la constitution et de la liberté fit inscrire sur ses registres le nom d'une citoyenne qui, bravant les menaces des personnes de son sexe, eut le courage de placer une couronne de fleurs sur le buste de Saint-Aphrodise le jour de sa fête (1).

La persécution grandit. Les prêtres insermentés furent arrachés de leur place, enlevés à leur troupeau et à leur famille. On s'acharna contre eux, on les emprisonna, on les livra à toutes les horreurs de l'indigence. On les empêcha même de célébrer dans l'intérieur de leur maison les mystères sacrés de la religion sous prétexte qu'ils attiraient une trop grande affluence. Tous les efforts furent impuissants pour les obliger à aller dire la messe dans les églises constitutionnelles.

La lutte entre le gouvernement imposant la constitution civile et le Clergé la repoussant comme un joug humiliant fut une cause permanente d'agitation. Toute violence faite à la conscience est suivie de terribles effets. Barthélemy Dalga, prêtre sulpicien, soulevait le bourg de Puimisson, son lieu de naissance, et les campagnes voisines Il ne craignait pas de dresser des autels dans les maisons particulières, d'y célébrer la messe, d'y donner la communion et d'exercer, quoique dans des maisons privées, toutes les fonctions d'un curé ou d'un vicaire établi par la loi. La municipalité de Puimisson s'était émue de cette situation, et

---

(1) Séance du 1er mai 1791.

elle aurait bien voulu dénoncer ce prêtre réfractaire à l'accusateur public et le faire arrêter provisoirement. Mais point de prison pour le garder. Elle pria la municipalité de Béziers de lui prêter main-forte et de le faire saisir quand il paraîtrait en ville. Celle-ci aima mieux d'abord avoir recours à des moyens de conciliation. Informée de son arrivée, elle le manda à l'Hôtel-de-Ville ; et, sur son refus d'obéissance, elle employa des menaces. Mais elle se trouva en présence d'un prêtre d'une rare fermeté. Il ne lui resta d'autre ressource que de le faire arrêter et de le livrer à l'accusateur public pour être traduit en jugement (1).

L'agitation des esprits était loin de se calmer. Les uns se déclaraient pour les prêtres qui rejetaient la constitution civile ; les autres s'attachaient à ceux qui l'avaient acceptée. De là, des troubles incessants et des scènes déplorables ; de là, des procédés journellement mis en jeu, capables d'occasionner des insurrections et des désordres funestes. Jullien, ci-devant curé de la Madeleine, protesta vivement contre sa destitution et déclara qu'il n'abandonnerait jamais ses droits (2 novembre). Il réunissait secrètement chez lui jusqu'à quatre cents personnes pour lesquelles il disait la messe et exerçait les fonctions curiales ; tantôt au milieu de la rue ou devant sa porte, il tenait publiquement des propos incendiaires; tantôt il donnait ou faisait donner du pain bénit à ceux qu'il appelait ses paroissiens et il disait à d'autres qu'il voyait passer que ce pain bénit n'était point pour eux, ajoutant que tous ceux qui allaient entendre la messe des prêtres constitutionnels commettaient un grand crime qu'ils expieraient par une damnation éternelle, qu'il serait toujours leur curé et que les autres n'étaient que des intrus. De tels propos souvent répétés occasionnèrent un jour un rassemblement

(1) L'abbé Dalga devint, après le Concordat, supérieur du séminaire diocésain d'Aix où il mourut le 21 août 1820.

considérable devant la porte de sa maison et un grand mouvement en ville. On crut à une insurrection naissante. Solignac, Castan et Tudier, officiers municipaux, prévenus à temps, escortés du procureur de la commune, précédés de sergents de ville, d'une partie de la garde et de la troupe de ligne, qui se trouvait au poste de la maison commune, se transportèrent à la rue désignée pour dissiper cet attroupement et empêcher les suites fâcheuses qui pouvaient en résulter. Arrivés devant la porte du curé Jullien, ils trouvèrent effectivement un nombre considérable de personnes dont quelques-unes s'étaient emparées, de leur autorité privée, de Jullien, et l'avaient livré à une partie de la garde qui avait devancé au pas de course les officiers municipaux. Castan ordonna, au nom de la loi, de le remettre en liberté, ce qui fut exécuté sur-le-champ. Peu à peu les esprits se calmèrent et on vit se disperser les personnes qui se trouvaient dans la rue ou dans la cour de la maison. Croyant l'ordre rétabli, les officiers municipaux revinrent avec la garde à la maison commune. Cependant le procureur, qui, chemin faisant, s'était arrêté, s'aperçut que le désordre allait recommencer, tant l'affluence grossissait. Il envoya de nouveau quérir la garde et somma la foule de se retirer. Il eut beaucoup de peine pour contenir des forcenés prêts à se jeter sur Jullien qu'il protégeait de ses bras. La garde le conduisit à la maison commune pour qu'il fût en un lieu plus sûr. Alors la foule exaspérée enfonça la porte du rez-de-chaussée, et, malgré les efforts du procureur, elle pénétra dans l'intérieur de la maison de Jullien où se trouvaient réunies plus de trois cents personnes. Toutes demandèrent au procureur de les protéger et de les soustraire à la fureur des envahisseurs. Elles furent dirigées vers la maison commune et un prêtre, qui se trouvait en ce lieu, se mit au bras du procureur. Enfin la foule satisfaite s'écoula. Chacun regagna paisiblement son domicile. Une proclamation invita les citoyens et les citoyennes à la paix et à la tranquillité, menaçant de peines sévères les perturbateurs (1).

L'œuvre des députés de l'Assemblée constituante, dont la durée ne devait être que d'un an et qui fut de vingt-huit mois, venait d'être terminée. Avant de se séparer, ils avaient décidé qu'aucun d'eux ne pourrait faire partie de la nouvelle législature (2), au grand détriment de la Révolution que l'on privait ainsi de guides expérimentés. Il fallut leur donner des successeurs. Les citoyens actifs furent invités à se réunir en assemblées primaires du 25 août au 5 septembre 1791 et les électeurs qu'ils désignèrent firent porter leur choix pour le district de Béziers sur Rouyer, maire, et Viennet (Jacques-Joseph), officier municipal, remplacé à ce titre par André Tudier. La Société des Amis de la constitution leur adressa une lettre de félicitations (8 septembre 1791).

Pour la première fois, une élection de députés venait d'avoir lieu en France en vertu d'une loi électorale nationale. La nouvelle assemblée se présenta le 1er octobre 1791 pour continuer l'œuvre et appliquer les principes de la Constituante.

Rouyer exprima le désir que des relations assidues fussent entretenues entre les députés et les officiers municipaux. On désigna un comité de correspondance composé du procureur de la commune, de Guilhemon, Tudier et Eustache.

Après bien des hésitations faciles à comprendre, Louis XVI adressa, le 13 septembre 1791, à l'Assemblée un message contenant son acceptation de l'Acte constitutionnel ; et le lendemain il vint en personne le renouveler solennellement devant les députés réunis en séance. L'Acte constitutionnel fut proclamé en grande pompe à Paris le

---

(1) Procès verbal rédigé par le procureur de la commune.
(2) Décret du 16 mai 1791 rendu sur la proposition de Robespierre.

18 septembre au milieu des démonstrations les plus passionnées. Le 30, jour de la séparation définitive des députés de la Constituante, le roi vint leur faire ses adieux et réitéra au bruit de chaleureux applaudissements ses promesses de fidélité au pacte national.

Le conseil général délibéra de faire proclamer solennellement la Constitution. Le 9 novembre 1791, à huit heures du matin, selon la proclamation faite la veille par la municipalité et l'invitation à eux adressée, se rendirent à cheval devant la maison commune, sur la place de la Fontaine, les membres composant le tribunal du district, le bureau de conciliation, le tribunal de commerce, le directoire du district, les juges de paix et leurs assesseurs, la Société patriotique, les commandants de la légion biterroise et du 61e régiment de ligne avec leurs troupes respectives. Là se trouvaient aussi à cheval les officiers municipaux et les notables avec la gendarmerie nationale et la cavalerie de la légion. Au milieu de la place, entouré du corps municipal, Tudier prononça le discours suivant :

Mes chers Concitoyens,

Les travaux de l'Assemblée nationale constituante sont achevés. Ces travaux poursuivis pendant vingt-huit mois avec un zèle infatigable et une fermeté héroïque, dont il n'y eut jamais d'exemple, ont terminé le 3 septembre dernier cette constitution immortelle qui va régler pour toujours les destinées de la France, et le 14 du même mois elle a été solennellement acceptée par le roi des Français. Oui, c'est de ce grand et magnifique ouvrage que l'Assemblée nationale, en me servant de ses propres expressions, confie le dépôt à la fidélité du corps législatif, du roi et des juges, à la vigilance des pères de famille, aux époux et aux mères, à l'affection des jeunes gens, au courage de tous les Français.

Hâtons-nous, citoyens, en ce jour mémorable de nous réunir de cœur et d'esprit pour le maintien de cette sublime Constitution, et ne perdons pas de vue que nous ne pouvons y parvenir que par une soumission respectueuse aux lois qui peuvent faire le bonheur des Français.

L'exécution des lois peut seule anéantir les efforts des malveillants qui n'espèrent le retour des abus que par le désordre ou les erreurs d'un peuple crédule et facile. Mais le patriotisme éclairé des bons citoyens déjouera leurs intentions perfides et leurs coupables manœuvres.

Réunissons donc tous nos efforts pour l'affermissement de la liberté et pour la stabilité d'une Constitution assise sur des bases immuables. Qu'elle soit gravée dans nos cœurs comme sur l'airain ; que notre cité retentisse en ce jour de cris généreux d'allégresse, et pour nous pénétrer bien profondément de l'Acte constitutionnel dont la proclamation va être faite, prenons tous l'engagement solennel d'avoir sans cesse devant nos yeux et surtout dans nos cœurs ces expressions sacrées : « La Constitution française ou la mort ! »

Ce discours est accueilli par des cris de joie ; les mots de vive la Nation ! vive le Roi ! vive la Constitution ! retentissent dans les airs.

Le secrétaire-greffier de la commune donne ensuite lecture de l'Acte constitutionnel et de l'acceptation du roi. Ce sont partout de très grands applaudissements et les cris de vive la Nation ! vive la Loi ! vive le Roi ! redoublent et sont répétés par des échos prolongés.

Tout le cortège se rend successivement aux places de Saint-Aphrodise, de la Madeleine, de Saint-Félix, de Saint-Nazaire, de Saint-Jacques, de la Fédération, du Marché-aux-Herbes, où le même discours est prononcé par Tudier avec un égal « civisme peint sur son visage », et où une semblable lecture de l'Acte constitutionnel et de l'acceptation du roi est faite par le greffier de la commune au milieu des cris de plus en plus répétés de vive la Loi ! vive la Nation ! vive le Roi !

A trois heures, la municipalité, les corps administratifs

et judiciaires, la Société patriotique se trouvèrent réunis à la maison commune et se transportèrent à la cathédrale « pour y entendre vêpres et recevoir le Salut ». Puis l'évêque du département avec son clergé et tout le cortège se dirigea vers la place de la Fédération où devant l'autel de la Patrie un *Te Deum* fut chanté en musique.

A neuf heures du soir, la municipalité accompagnée des mêmes invités vint, à la lueur des flambeaux, sur la place de la Fédération et y alluma un feu de joie qui « fut le dernier signal de l'allégresse publique ».

VII

Brunel, maire. — Entretien des conduites d'eau. — Les institutrices religieuses refusent le serment. — Serment des troupes. — 1792. Ateliers de charité. — Etablissement d'un théâtre. — Mesures de précaution. — Numérotage des maisons. — Etablissements de bienfaisance. — Chapelles des couvents interdites aux prêtres insermentés. — Départ du 61e régiment. — La pêche au bœuf. — Les sœurs de la Miséricorde remplacées par des assermentées. — Insultes de Toussaint Castan au corps municipal. — Fermeture des églises champêtres. — Religieux et prêtres insermentés. — Projet de contre-révolution. — Serment de la légion. — Tableau des présumés émigrés. — Proclamation de la guerre. — Souscription pour les frais. — Fête de caritats devenue fête civique.

La sortie de charge de Rouyer amena une nouvelle élection. Les sections, réunies le 14 novembre 1791, s'accordèrent pour porter leur choix sur Brunel qui, au premier tour de scrutin, fut proclamé *maire* par 340 suffrages sur 472 votants. Les sections s'assemblèrent aussi pour remplacer six officiers municipaux et un certain nombre de notables arrivés au terme de leur mandat.

Le bureau du conseil se trouva formé de Brunel, maire, et de Passebosc, Vidal-Rastoul et Combescure, officiers municipaux (1). Cavallier, homme de loi, remplit les fonctions de procureur de la commune. Les douze officiers municipaux furent : Cabanel, Eustache, chirurgien, Souris, Pouderous, avoué, Passebosc, notaire, Depierre, Abadie, Fraïsse, Garras, Combescure, avoué, Castan, professeur, Vidal-Rastoul.

Une extrême sécheresse désolait la campagne et tarissait les sources d'eau servant aux besoins des habitants. Elles surgissaient d'une colline dite le *Pech de Baumes*, et, se dirigeant du nord vers la ville, au moyen de grands et de petits aqueducs d'un entretien très coûteux, elles se déversaient dans un aqueduc dit du *Vieux Touat*, d'où elles se distribuaient dans les quatre fontaines de la ville. Durant leur long parcours, enfermées dans des conduits défectueux, elles subissaient une grande déperdition et elles arrivaient en quantité insuffisante. Les fontaines voisines de Maury et du Pontil n'offraient qu'un avantage accessoire. Les administrateurs qui se succédaient étaient tenus dans une sollicitude constante. A peine avait-on cru reconnaître et signalé une nouvelle source qu'on se mettait avec ardeur à sa recherche, mais le plus souvent en pure perte. La municipalité se décida à confier à un entrepreneur responsable le soin d'entretenir, de réparer et de nettoyer les aqueducs avec la mission d'y veiller d'une façon permanente. Etienne Carles, potier de terre, se chargea de ce travail au prix de quatre cent-cinquante livres par an.

(1) Décret de l'Assemblée nationale du 14 décembre 1789.

Les personnes chargées de l'instruction publique furent appelées à prêter serment sous peine d'être déchues de leurs fonctions. Les sœurs de la Charité, les religieuses de Sainte-Marie et de Sainte-Ursule y furent invitées par un arrêté du directoire du département.

Le maire, les officiers municipaux et le procureur de la commune se transportèrent une première fois dans leurs maisons respectives pour les prévenir du devoir qu'elles avaient à remplir; et la seconde fois, ils prièrent les supérieures d'introduire et d'assembler toutes les religieuses dans la salle capitulaire. Là, le maire leur dit : « Mesdames, la municipalité vous prie de répondre individuellement, et l'une après l'autre, si vous voulez obéir à la loi et prêter le serment qu'elle prescrit, sans quoi vous ne pouvez pas continuer à exercer les fonctions qui vous sont confiées pour l'éducation de la jeunesse. » Il prononce la formule du serment : « Je jure d'être fidèle à la Nation, à la Loi et au Roi. Je jure encore de remplir avec fidélité les fonctions qui me sont confiées et de maintenir de tout mon pouvoir la Constitution décrétée par l'Assemblée nationale et acceptée par le Roi. » Mais interpellées les unes après les autres, elles refusèrent unanimement de répondre.

Les religieuses de Sainte-Marie et de Sainte-Ursule se soumirent à renvoyer leurs pensionnaires et à fermer leurs écoles. Quant aux sœurs de la Miséricorde, comme elles réunissaient près de trois cents jeunes filles, pour lesquelles les sources de l'instruction auraient été tout à coup taries, à défaut d'autres institutrices, et de crainte que leur dispersion n'amenât quelque trouble ou quelque désordre au sein de la population, la municipalité décida de maintenir provisoirement les sœurs dans leurs écoles jusqu'à ce qu'il en fût autrement ordonné.

La prestation du serment par les troupes se fit solennellement. Le 61ᵉ régiment de ligne vint se ranger en bataille sur la place de la Fédération où l'attendaient les membres du directoire du district (1), de la municipalité, des tribunaux, de la Société populaire, la garde nationale et une foule immense. Le lieutenant-colonel Crespy, s'étant porté à la tête de son régiment, prononça publiquement le serment et répéta à haute et intelligible voix le nom de tous les officiers dont il avait la veille reçu les déclarations. Quand il demanda leur adhésion aux sous-officiers et aux soldats, tous levèrent la main droite en s'écriant : *Nous y adhérons ! Nous le jurons !* et la foule répondit d'une voix unanime : *Vivent les officiers, les sous-officiers et soldats patriotes du 61ᵉ de ligne !*

Janvier 1792. — Pour alléger les maux qui pesaient sur la classe des travailleurs de terre, on créa des ateliers de charité, et l'on y entreprit des travaux d'utilité publique répartis dans les communes du district. Dans la distribution des fonds affectés à ces travaux, la commune de Béziers fut comprise en deux fois pour une somme de huit mille livres, avec lesquelles on s'empressa de réparer le chemin de Saint-Thibéry ou vieux chemin de Montpellier, celui d'Agde au Faubourg, celui du Faubourg au port du canal et le chemin vicinal de Servian. Les artisans sans travail affluèrent à ces chantiers où ils ne gagnaient que douze sous par jour.

Colard, architecte, s'était rendu acquéreur d'une partie du couvent des Augustins, l'autre partie ayant été achetée par Geoffroi et Cⁱᵉ, et l'église par Massot, fabricant d'eaux-de-vie. Il se fit entrepreneur de spectacles publics et il conçut l'idée d'y établir une salle de théâtre. Ce local vaste et spacieux devait favoriser son projet. Il s'adressa à l'autorité municipale et il ne rencontra aucune opposition pour

---

(1) Les premiers administrateurs du district furent : Grasset, président, Laplace, vice-président, Azaïs, secrétaire-greffier, Gaudion, Audibert, Coste, Rey-Pailhade, Bédrines, Caïlet, d'Esquieu, Fabrégat, Malibran, Nainy, procureur-syndic, Julien, trésorier.

l'exécution de son plan. L'autorisation qu'il sollicitait lui fut sans peine accordée. Jusqu'à ce moment les représentations dramatiques et les concerts s'étaient donnés dans la grande salle de l'Hôtel-de-Ville. En 1844, la salle des Augustins fut fermée et remplacée par le vaste monument dont la belle façade décore l'entrée de la promenade des allées Paul Riquet.

La gravité des circonstances conseillait la prévoyance ; la municipalité n'était pas sans inquiétude. Au dehors, il fallait compter avec l'Espagne, gouvernée par Charles IV et le marquis Florida Blanca entièrement dévoué à l'émigration, et dont les intentions étaient des plus suspectes. Vu la situation des côtes, ses troupes pouvaient débarquer à moins de deux lieues de Béziers et se trouver à ses portes sans avoir avoir passé par Perpignan, Narbonne ou toute autre place de guerre capable de ralentir leur marche. Elle pouvait flairer quelque surprise. Quoiqu'elle eût été déclarée de troisième classe par l'Assemblée nationale en juillet 1791, il semblait que la ville de Béziers devait être mise en état de défense comme si elle eût été d'un ordre supérieur et des démarches furent commencées auprès de l'Assemblée nationale pour assurer à la cité et à son arrondissement une sûreté suffisante.

Au-dedans, les esprits se trouvaient dans une continuelle effervescence produite soit par la cherté excessive des grains, soit par la disette du numéraire ou l'agiotage des assignats. La tranquillité et le bonheur des citoyens étaient compromis.

La ville avait été autorisée à établir quatre commissaires. Elle s'empressa d'appliquer la loi relative à l'organisation de la police. La municipalité ouvrit un registre pour recevoir les déclarations du nom, du lieu de naissance, de la profession, des moyens d'existence que chacun devait faire, du numérotage des maisons. Afin d'assurer le maintien des règlements, de distinguer chaque habitation et d'écarter toute erreur en cas de délit et de contravention, on assigna aux maisons des numéros et une lettre majuscule désignative pour chaque bourg, île ou section (1).

L'attention de la municipalité ne se détourna pas des établissements de bienfaisance dont la direction, appartenant jadis à l'évêque, était maintenant soumise à un nouveau régime. Pour conserver les droits acquis à la commune, d'entendre les comptes de la supérieure et de prendre connaissance de l'état de la maison de l'hôpital Saint-Jacques, un bureau fut composé des officiers municipaux et de douze notables. Cette mesure avait été déjà appliquée à l'hôpital Saint-Joseph.

Mlle Boussanelle, trésorière des pauvres de la Miséricorde, rendit ses comptes d'administration finale. La Miséricorde comprenait trois services : celui de l'éducation des jeunes filles, celui des secours aux indigents et aux nécessiteux et celui des pauvres honteux. L'importance de cet établissement était reconnue de tous et son utilité était incontestable. Les pauvres en recevaient un grand soulagement. Il ne fallait pas laisser tarir dans leur source les secours qui en sortaient. Le directoire du département prescrivit l'application d'un règlement administratif. Tous les mois, il y eut réunion du conseil de surveillance en présence de la supérieure de l'œuvre. Le conseil général nomma deux commissaires, Léger aîné, prêtre, et Mazuc, notable, pour le représenter à toutes les assemblées des dames de la Miséricorde, pour présider et prendre part à leur élection. Tout s'opposait à ce qu'on laissât péricliter cette œuvre pieuse et utile.

La présence des prêtres insermentés était considérée comme une cause d'agitation publique. On crut que leur moyen d'action serait réduit du moment qu'ils seraient privés de la faculté d'exercer tout culte extérieur. Les

(1) Délibération du conseil général, 6 février 1792.

églises des couvents étaient propices pour leur servir d'asile. Le directoire du département ordonna à la municipalité de faire une descente dans les couvents, de vérifier les églises non desservies par des prêtres assermentés et d'apposer les scellés à leur porte extérieure. Cette mesure fut appliquée aux églises du Saint-Esprit, de Sainte-Claire, de Sainte-Ursule, de Sainte-Marie et des prêtres de la Congrégation de la Mission. L'église de l'hôpital Saint-Jacques resta ouverte, parce qu'elle était regardée comme église nationale, et les sœurs purent conserver leur oratoire particulier à l'intérieur, à la condition de n'y admettre personne. Celles de l'hôpital Saint-Joseph furent privées de ce droit, et elles reçurent l'ordre de faire conduire les vieillards et les enfants à la messe d'un prêtre assermenté. On ne tolérait que des églises desservies par des ecclésiastiques constitutionnels.

Le départ du 61° régiment de ligne donna lieu à des craintes de collision. La veille, deux grenadiers se présentèrent à la maison commune pour demander l'échange en monnaie de cuivre de quatre billets de confiance qu'ils avaient en main. On leur répondit que s'ils en avaient pour cent sols, on leur donnerait un assignat de pareille somme ; d'ailleurs il avait été convenu entre le commandant du régiment et le corps municipal que tous les billets de confiance répandus dans le régiment seraient remis entre les mains du sergent-major pour être présentés avant le jour du départ. Peu satisfaits de cette réponse, les grenadiers s'emportèrent en propos injurieux contre la municipalité, ajoutant que ceux qui avaient signé de pareils billets étaient des « gueux », et annonçant du tumulte pour la soirée.

Ce qui augmenta la frayeur des municipaux, ce fut le récit des préposés à la réception des meubles et des effets des casernes ; ils révélèrent la présence de cartouches à balle dans la chambre des grenadiers. Voulant prévenir toute espèce de trouble apporté à la tranquillité publique, le corps municipal entra en conférence avec Servan, lieutenant-colonel, commandant le 61ᵉ régiment, pour décider des mesures propres à conserver le repos de la ville, et, toute la nuit, il fut fait des patrouilles de vingt hommes avec un officier municipal en tête. Le calme régna en ville et toute crainte de trouble disparut avec l'éloignement de l'arrière-garde du régiment commandée par Saint-Victor.

La pêche au bœuf, sorte de pêche qui se fait avec un filet à mailles très fines traîné par deux bateaux, avait été présentée au gouvernement comme destructive du frai du poisson et supprimée pendant les mois d'avril, mai et juin Une classe intéressante de travailleurs se trouvait condamnée à l'inaction et menacée d'une misère prochaine. Les gens du métier avaient reconnu que, loin d'être nuisible, elle était avantageuse à la conservation du poisson, d'après l'observation faite sur les côtes du Languedoc et du Roussillon.

Le 23 février, Labadie et Lhéritier, députés des patrons pêcheurs de Sérignan, se présentèrent au corps municipal de Béziers et lui remirent une expédition en forme de la délibération prise devant les prud'hommes pêcheurs avec un exemplaire imprimé de l'adresse à l'Assemblée nationale, où ils lui remontraient l'inconvénient résultant de la suppression de la pêche au bœuf, et ils lui demandaient de faire retirer le décret d'interdiction comme infiniment préjudiciable à la population, au commerce et à la prospérité des provinces du Languedoc et du Roussillon. Les communes voisines pénétrées de l'intérêt et de la justice de la réclamation y avaient donné leur adhésion. Le conseil général de Béziers se joignit à elles et s'empressa de recommander aux corps administratifs et législatifs une demande aussi juste, au sujet de laquelle se trouvaient essentiellement liés la subsistance facile, l'industrie active, le commerce florissant et le bonheur durable des deux provinces.

Les sœurs de la Miséricorde, pour avoir refusé de prêter le serment civique, furent dépossédées du droit de tenir des écoles publiques. Un arrêté du directoire du département enjoignit à la municipalité de se procurer des institutrices assermentées pour l'éducation gratuite des jeunes filles.

Occupé de mettre la loi en vigueur et d'écarter des fonctions publiques les personnes professant des opinions contraires à la Constitution et capables de répandre des semences de division dans l'esprit des jeunes personnes dont l'éducation leur était confiée, le corps municipal jeta les yeux sur des femmes « patriotes et éclairées » pour remplacer les institutrices publiques non assermentées. Quatre religieuses du couvent de Notre-Dame de Narbonne s'offrirent pour l'éducation gratuite des jeunes filles. Leurs services furent acceptés. On alloua à chacune d'elles une somme annuelle de cent cinquante livres, et on les installa dans une maison particulière (1), on leur fournit tout le matériel indispensable avec des vases sacrés et des ornements pour leur chapelle intérieure. Le jour de l'ouverture des classes, le conseil général vint recevoir publiquement de leur bouche le serment civique. L'une d'elles, la sœur Viennet, originaire du village d'Homps, prononça un discours patriotique auquel répondirent le maire et le procureur de la commune, et dont l'impression fut décidée à mille exemplaires. Les écoles précédemment tenues par les sœurs de la Charité furent aussitôt fermées.

Toussaint Castan, déjà célèbre par sa querelle avec Rey-

---

(1) Comme cette maison était dans un cul-de-sac et aux extrémités de la ville et qu'elle était peu commode pour les enfants qui devaient s'y rendre de tous les points, la municipalité fit l'acquisition de l'ancien couvent de Sainte-Ursule, lorsqu'il fut mis en adjudication, pour y installer les écoles des jeunes filles.

veto, se trouvait en désaccord avec plusieurs collègues du corps municipal, Passebosc, Cabanel, Abadie, Combescure, Souris. Dans la séance du 23 avril, le maire déposa sur le bureau un pamphlet imprimé intitulé : *La persécution et l'injustice portées à leur comble !* et revêtu de la signature de Toussaint Castan, officier municipal. C'était un ramassis d'injures que cet esprit chagrin débitait contre des administrateurs honorés de la confiance publique et de nature à semer et entretenir la discorde dans la maison commune. C'était à se demander si tant de fiel pouvait entrer dans l'âme d'un officier municipal. Un sentiment d'indignation éclata dans le rang de ceux qui étaient les amis de ces administrateurs, et partout on vit avec la plus grande peine les attaques et les calomnies dirigées contre leurs personnes. Le fait fut porté à la connaissance des corps administratifs et on attendit de leur sagesse l'indication des moyens propres à réprimer cette scandaleuse conduite. La colère de Toussaint Castan fut contenue et un frein fut imposé à son animosité.

Les lois gouvernementales devaient être lues dans les églises de la ville et de la campagne. Glouteau, curé de Notre-Dame de Badones ; Lognos, de Saint-Martin de Divisan ; Tailhan, de Saint-Jean d'Aureilhan ; Gaulié, de Cabrials, refusèrent de faire aux fidèles la lecture de la proclamation du roi accompagnant les lois de recrutement et de l'instruction pastorale de l'évêque du département au sujet du carême. Voulant les punir de cette désobéissance, la municipalité se demand si on leur enlèverait les douze cents livres que chacun d'eux touchait à titre d'émolument ou si on leur substituerait des prêtres assermentés. Le directoire du département prit une mesure plus radicale et il ordonna la fermeture de ces églises champêtres, après inventaire fait des meubles et des effets qu'elles renfermaient (1).

(1) *Registre des délibérations*, 6 mars.

Des cris s'élevaient contre les religieux s'obstinant à porter hors du cloître leur costume, quoique invités plusieurs fois par la municipalité à le quitter, dans la crainte de les voir insulter ou outrager, sans pouvoir être avertie à temps pour assurer leur sûreté individuelle. Le corps municipal, en présence des dangers qui les menaçaient, engagea de plus fort ceux qui avaient leur domicile dans la ville à abandonner leur costume, si mieux ils n'aimaient se retirer sans délai dans les maisons qui leur étaient affectées pour y mener la vie commune (1). Ces religieux se nommaient: Sairas, Bonnet, Eustache, ex-bénédictins; Brès, Revellat, Carbonnel, ex-capucins; Barbaraire, Benin, Bardy, Paul, Eugène, René, Relin, ex-récollets, Thédenat, Robert, Rigal, ex-augustins; Pendariès, ex-minime, Villeraze, ex-carme. A la suite de pétitions dans lesquelles on dénonçait leurs manœuvres insidieuses, les troubles et les rassemblements qu'ils occasionnaient, ils furent convoqués à la maison commune où on les engagea à vivre de manière à ne donner lieu à aucune accusation d'incivisme, « leur représentant qu'il n'était pas possible que le ciel vît de bon œil des menées sourdes et cachées tendant à troubler l'ordre social ». Pour les prêtres insermentés, auxquels on attribuait les troubles qui agitaient les villes voisines, des citoyens patriotes proposèrent de les réunir dans un même lieu, ou bien dans la ville maritime de Cette dont la situation semblait mieux que toute autre se prêter à l'exécution de cette mesure de précaution.

Le gouvernement ne vit pas sans appréhension les attroupements formés au-delà de la frontière par les membres de l'émigration dont le mouvement parti du 14 juillet 1789 s'était accru après la fuite du roi. Et quelles pensées diverses devait faire naître cette France extérieure? Des bruits

---

(1) La loi du 13 février 1700 avait aboli les congrégations religieuses et supprimé les vœux monastiques.

de conspiration contre la patrie se propagèrent de la capitale à la province. La suspicion étendit au loin son vaste réseau. Rouyer et Viennet, députés à l'Assemblée législative, écrivirent au maire une lettre pour l'informer d'un projet de contre-révolution, et se terminant ainsi :

> J'ai à présent à vous entretenir d'une chose bien plus essentielle. On a dénoncé au comité de surveillance de l'Assemblée nationale une trame infâme et secrète de contre-révolution qui se propage depuis Perpignan jusqu'à Avignon ; Béziers y est aussi compris. Nous nous empressons de vous en donner avis afin que vous puissiez vous tenir sur vos gardes. Tous les députés écrivent aussi par le même courrier à leurs municipalités respectives. La chose est donnée comme sûre et on commence même à découvrir un fil de correspondance. Vous sentez toute l'importance de la chose ; ainsi agissez suivant votre prudence ordinaire. Un de nous deux passera tous les jours au comité de surveillance, et s'il y avait quelque chose de particulier contre Béziers, nous vous l'écrirons sur-le-champ..... (1).

Les membres du directoire du district et du corps municipal se concertèrent aussitôt et avisèrent à ce qui fut jugé nécessaire pour maintenir la tranquillité et assurer la constitution par des ordres envoyés aux commandants de la garde nationale, de la gendarmerie et des troupes de ligne.

Un autre avertissement était donné par le directoire du Gard à celui de l'Hérault pour lui dénoncer les projets hostiles d'hommes malintentionnés se disant commissaires d'une ligue contre-révolutionnaire. Le corps municipal, informé du fait, redoubla de zèle et d'activité pour surveiller les gens pervers qui se glisseraient dans la ville avec le dessein de troubler l'ordre et de nuire au progrès de la Constitution. Les étrangers furent soumis à une rigoureuse sur-

(1) Registre des délibérations du conseil municipal N° 5.

veillance, et la vente de la poudre de guerre fut interdite.

La légion aspira de son côté à donner des marques d'obéissance et de fidélité. Le colonel Castanié, commandant en chef de la garde nationale (1), alla trouver le maire pour lui annoncer que le comité général de la légion avait manifesté le désir de prêter le serment solennel. C'était un moyen « considéré comme le plus sûr pour contenir chacun dans son devoir et resserrer entre les gardes nationaux les doux liens de l'union et de la fraternité. » Le maire, les officiers municipaux, les administrateurs du directoire du district et d'autres fonctionnaires se rendirent, le jour indiqué, sur la place de la Fédération où ils trouvèrent la légion de la garde nationale rangée en bataille, et l'entendirent jurer « de ne prendre les armes que de l'ordre exprès de son chef, sauf le cas d'une légitime défense, et de vivre en grande intimité, fraternité et union, comme étant l'unique moyen de devenir invincibles. »

Quand des troubles éclatèrent à Avignon, la ville de Béziers fut appelée à fournir cent quarante hommes de la garde nationale, et ils partirent sous la conduite du capitaine Guibal. A leur retour, la ville leur offrit une couronne civique et un paquet de cent quarante assignats de cinq livres chacun.

Le 2 août 1790, l'abbé Goultes avait demandé en vain une loi constitutionnelle pour empêcher les Français d'émigrer. Un projet sur cette matière présenté par le comité de constitution avait été rejeté par l'Assemblée. Mais la situation devenant plus menaçante, plusieurs lois furent portées contre les émigrés : celle du 1ᵉʳ août 1791 frappait d'un triple impôt pour l'année les biens de ceux qui ne rentreraient pas en France ; celles du 28 octobre et du 9 novembre 1791 employaient la menace et la mort ; celle du 12 février 1792 mettait leurs biens sous la main de la nation

---

(1) La garde nationale avait été organisée par la loi du 14 octobre 1791.

et la surveillance des corps administratifs. En vertu d'un arrêté du directoire du département (22 mars 1792), les officiers municipaux durent envoyer à l'administration du district les noms des pères et des mères dont les enfants avaient émigré. A l'égard des familles de la ville, cette liste comprenait :

Les trois enfants de Barbier, membre du bureau de conciliation.
Le fils de Bermond dit Puisserguier.
Le plus jeune fils de Lamarre, ancien conseiller.
Les deux enfants de Bonnet dit Poilhes.
Les trois enfants de la veuve Pradines d'Aureilhan.
Le fils de Fournier dit Mazerac, officier.
Les deux enfants de la veuve Sarret dit Coussergues, officiers de marine.
Pascal cadet dit Saint-Juéry, officier des gardes du corps.
Barrès neveu, ecclésiastique, bénéficier de Saint-Nazaire.
Le fils aîné de Pierre Bessière dit Ramejan, ci-devant conseiller à la cour des aides.
Le fils cadet de Henri Jessé, ancien député.
Les deux frères Mercadier dits Cailho Saint-Macaire, l'un curé, l'autre mousquetaire.
Le fils aîné de la veuve Franc née Cogomblis-Durivage, ci-devant officier du génie.
Cullon dit Villarson et ses deux enfants.
Le fils cadet de Villeraze.
Jacques Baussel de Sauvian, fils de Mme de Jarente, officier de cavalerie.
Les deux enfants d'Espic dit Lirou.
Les deux frères Saurel, officiers.
Espic-Ginestet.
Barthélemi dit Rochefort.
Moyria aîné.
Le fils cadet, ci-devant abbé, de Chaboud, menuisier.
Maurel, ci-devant prébendier.
Le fils aîné de Bouisset, cordonnier.

Lavit fils dit Magalas.
Le fils d'Augis, ébéniste et sculpteur.
Villeraze, prêtre, ci-devant archidiacre.
Béraud, ci-devant ecclésiastique.
Aurière, ex-capucin.
Pascal Péliot, ci-devant frère récollet.

Aucun de ces citoyens ne résidait dans le département de l'Hérault. Les chefs de famille furent appelés pour justifier de leur résidence dans le royaume et fournir un état de leurs biens.

L'agitation intérieure de la France se compliqua de la lutte contre l'étranger. Une coalition avait été formée par l'Autriche contre la Révolution française. La conduite hostile de François II, successeur de son oncle Léopold II, comme roi de Hongrie et de Bohême, rendit la paix impossible. Le 20 avril, Louis XVI se rendit à l'Assemblée avec tous ses ministres et la guerre fut votée par acclamation. La France entière en reçut l'annonce avec joie. Elle fut solennellement publiée le dimanche 4 mai, à quatre heures de l'après-midi sur la place de la Fédération, où se réunirent le maire, les officiers municipaux, les administrateurs du district, les membres des tribunaux du district et de commerce du bureau de conciliation, les juges de paix et leurs assesseurs et un grand nombre de citoyens et amis de la Constitution. Devant le cortège marchaient les capitaines et sergents de ville, la musique de la garde nationale et du 67ᵉ régiment et les grenadiers des deux corps de troupes. La légion d'infanterie et de cavalerie de la garde nationale. le 67ᵉ de ligne et la gendarmerie nationale étaient rangés en bataille. Brunel, maire, et Cavallier, procureur de la commune, prononcèrent chacun un discours chaleureux en parfait accord avec les circonstances et que le patriotisme de leurs concitoyens accueillit avec de frénétiques applaudissements. Le procureur de la commune requit le secrétaire-greffier de donner lecture des trois lois relatives à la déclaration de guerre au roi de Hongrie et de Bohême, et l'Assemblée se sépara (4 mai 1792).

Beaucoup de communes et de citoyens donnèrent l'exemple d'une générosité louable en sacrifiant une partie de leur superflu pour subvenir aux frais de la guerre. La commune de Béziers, remarquable par son brûlant patriotisme, s'empressa de manifester les mêmes sentiments. Un appel fut fait aux citoyens pour les inviter à apporter leurs dons et leurs offrandes et la caisse de Bernard, trésorier de la commune, désignée pour les recevoir, recéla les secrets de nombreux et importants sacrifices faits en faveur de la patrie.

Suivant un usage immémorial, la fête de Caritats se célébrait tous les ans le jour de l'Ascension. L'année précédente, par suite de la suppression des maîtrises et jurandes (1) qui, par leur présence, en rehaussaient l'éclat, elle avait été soumise à une modification. L'appareil des réjouissances qui l'accompagnait fut jugé trop onéreux par la commune et son abolition fut prononcée. Mais accueillant une pétition signée de trois cents citoyens actifs, tendant à ce qu'il fût fait une fête civique et populaire le jour de l'Ascension, le conseil délibéra qu'on ferait une fête civique et qu'il serait planté sur la place de la Fédération un arbre orné de rubans aux couleurs de la nation, surmonté du bonnet de la liberté. Le jour indiqué, à quatre heures de l'après-midi, le maire, accompagné des corps et des personnages invités et précédé de la musique, quitta l'Hôtel-de-Ville et se rendit par la rue Française et la Promenade à la place de la Fédération. Là, fut dressé, aux applaudissements réitérés de la foule, l'arbre consacré à rappeler aux citoyens « l'heureuse liberté » dont ils

(1) Loi du 2 août 1791.

jouissaient, surmonté du bonnet de la liberté, des quatre pavillons de l'Angleterre, de la Pologne, des Etats-Unis d'Amérique et de la France. La cérémonie fut close par un discours du maire, inspiré de la circonstance (18 mai).

VIII

Démission et réélection de Brunel, maire. — Peytal, substitut du procureur de la commune. — Organisation de la défense. — Recomposition de la garde nationale. — Déclaration de la patrie en danger. — Secours aux volontaires. — Anniversaire du 14 juillet. — Mesures contre les prêtres réfractaires. — Magasin d'abondance. — Adhésion du conseil général aux évènements du 10 août 1792 et aux décrets de l'Assemblée. — Prêtres déportés et gens suspects emprisonnés. — Abolition des emblèmes féodaux ou monarchiques. — Descente des cloches. — Honneurs rendus aux commissaires de l'Assemblée nationale. — Nouvelle prestation de serment. — Election des députés à la Convention. — Démission de Brunel, maire, et de Cavallier, procureur de la commune.

Brunel, sentant sa santé altérée, pour ne pas laisser péricliter la chose publique, donna sa démission de maire entre les mains du corps municipal, avec prière de la mettre incessamment sous les yeux du conseil général (20 mai). Sa détermination fut vivement combattue parce qu'il avait rendu de grands services à la commune et qu'il pourrait lui en rendre de très avantageux encore dans les circonstances présentes. Ce ne fut qu'à grand'peine qu'on triompha de sa résistance. Comme sa démission était patente, il exigea d'être soumis à l'élection. Il fut réélu par 146 voix sur 148 votants. Il accepta de continuer ses fonctions d'après le vœu qu'on lui adressait, et auquel il adhéra dans les termes suivants :

Mes chers Concitoyens,

Les nouvelles marques de confiance dont vous m'honorez raniment mon courage. Vous m'ordonnez de continuer mes fonctions, et vous pensez que mes faibles services peuvent être de quelque utilité à la chose publique. C'en est assez, vous serez satisfaits ; comptez sur le dévouement le plus absolu de ma part. Mes forces morales que je croyais épuisées vont renoître sans doute, mais il n'en sera pas de même de mes forces physiques. C'est ici où je réclame vos indulgentes bontés, je dis plus, votre pitié. Ma santé délabrée exige du repos, des soins, un traitement suivi ; elle me forcera à quelque absence. Le mal que j'ai pallié trop longtemps deviendrait incurable sans le secours des eaux bienfaisantes qu'il me faudra chercher loin de vous.

Pendant ce temps, mes frères, au lieu de vous être de quelque secours, je nuirai à vos affaires, en laissant vacante une place que plusieurs d'entre vous rempliraient avec tant de distinction. De mon côté je serai en proie aux sollicitudes inséparables du tendre attachement que je vous ai voué. Ah ! tandis qu'il en est temps encore, retirez vos suffrages trop flatteurs pour moi, puisqu'il me sera impossible d'y répondre avec le même zèle et la même exactitude : ou bien ayez la générosité de vous contenter de ma bonne volonté et de mes stériles regrets. Au reste, je suis prêt à vous obéir. Je n'ai qu'un but, idolâtrer la liberté et la patrie, plaire à mes concitoyens et m'immoler, s'il le faut, pour assurer leur bonheur.

Puis, en présence du procureur de la commune et du conseil général, il renouvela le serment prescrit par la loi et il fut investi de l'écharpe municipale. La commune lui vota des remerciements pour le grand exemple qu'il venait de donner en faisant le sacrifice de sa santé à la chose publique. Quelques jours après, profitant de la tranquillité qui régnait dans la ville, il prit un congé et se rendit aux eaux minérales de Cauterets qui lui avaient été ordonnées pour le soulagement de ses maux.

Thourel, substitut du procureur de la commune, avait été presque en même temps pourvu d'une place de juge au tribunal du district. Les cinq sections électorales furent de nouveau réunies pour lui donner un successeur. Peytal, homme de loi, ayant été élu à ces fonctions vacantes, prêta serment le 30 mai en présence du conseil général et des citoyens assemblés. Il jura d'être fidèle à la nation, à la loi et au roi, de maintenir de tout son pouvoir la constitution du royaume décrétée par l'Assemblée nationale ès-années 1789, 1790, 1791, et acceptée par le roi, de remplir avec zèle et courage les fonctions de sa place. Puis, il fut décoré de l'écharpe municipale, et l'assistance, satisfaite de ce choix, fit entendre des applaudissements.

Ce n'était pas tout d'avoir déclaré la guerre, il fallait la soutenir. Il y avait bien les troupes régulières sur lesquelles on pouvait compter pour l'ouverture des hostilités, mais il était prudent de préparer des renforts et de les tenir en réserve. Il se manifesta un élan général pour la défense de la patrie et de la liberté. Le gouvernement ordonna la formation près de Paris d'un camp de vingt mille hommes tirés des départements; ce qui donna naissance au bataillon des volontaires de l'Hérault. Les gardes nationales demandant à marcher, on fit de nombreux enrôlements. A peine eut-on ouvert un registre d'inscription pour les jeunes gens au-dessous de dix-huit ans, en vue de former une compagnie, qu'ils se trouvèrent plus de quatre-vingts. Un maître fut choisi pour leur enseigner l'exercice et le maniement des armes.

Un grand nombre de volontaires répondant à l'appel qui leur avait été adressé, une compagnie franche fut constituée. On lui donna des habits, des armes et une bannière. Elle comprenait quatre-vingt-sept hommes, avec les officiers et deux tambours.

Un arrêté du directoire du département prescrivit la réorganisation de la garde nationale. On fit le recensement de tous les citoyens en état de porter les armes. La ville étant partagée en cinq sections, la garde nationale biterroise fut divisée en cinq bataillons dits de Saint-Jacques, de Saint-Aphrodise, de Saint-Nazaire, de la Madeleine et de Saint-Félix, répartis en quatre compagnies plus une de grenadiers formée de citoyens tirés de ces compagnies.

Quand un ordre subit ordonna le départ pour la frontière des cinq compagnies du bataillon du département de l'Hérault en garnison à Béziers, la ville se trouva démunie de troupes, et la municipalité écrivit aux membres du directoire, pour solliciter une nouvelle force armée, une lettre, en date du 6 avril 1792, où se réflète une profonde inquiétude :

MESSIEURS,

Nous avons eu l'honneur de vous rendre compte, le 3 du courant, du départ effectué le même jour du bataillon entier du département de l'Hérault. La position de notre ville qui vous est assez connue, sa sûreté et celle des lieux circonvoisins nous font espérer, Messieurs, que vous vous occuperez des moyens de nous procurer au plus tôt une force armée suffisante soit pour en imposer aux malveillants, soit pour protéger l'ordre et la tranquillité publique. Nous apprendrons avec grand plaisir que vous voudrez avoir égard à notre sollicitation.

La situation des affaires jeta la France dans une crise difficile à conjurer. La division des partis à l'intérieur et la marche des armées étrangères vers nos frontières redoublèrent les périls qui surgissaient de tous les côtés. Une mesure grave s'imposait. Le roi déclara que « la patrie est en danger ». Tous les moyens furent mis en pratique pour la secourir. Le conseil général, comme les municipalités des autres villes, se plaça en « *surveillance permanente* ». Deux commissaires devaient se trouver nuit et jour dans la maison commune; tous les soirs, le conseil général s'assemblerait; les postes des gardes nationaux de la maison commune et des prisons furent augmentés; les passeports interdits aux fonctionnaires publics. Tout fut mis en œuvre pour réveiller dans les âmes des sentiments de patriotisme (5 juillet).

Une loi venait d'autoriser les généraux de l'armée à requérir une portion des grenadiers et des chasseurs des gardes nationales du royaume. Le général Montesquiou, commandant de l'armée du Midi, requit le département de l'Hérault de faire marcher moitié des grenadiers et des chasseurs de la garde nationale du département. Les corps administratifs veillèrent à ce qu'il fût assuré des secours aux volontaires qui partiraient pour aller défendre les frontières, soit en leur accordant une prime pour leur départ, soit en leur assurant une haute paye pendant leur séjour à l'armée. Les mêmes secours furent appliqués à ceux qui étaient déjà incorporés dans les deuxième et troisième bataillon de l'Hérault. Aux volontaires qui partirent pour se rendre au camp en formation à Soissons, on donnait cent livres pour les frais de route. Ceux qui étaient contraints par le sort n'en reçurent que cinquante. Des secours journaliers furent fournis à leurs femmes et à leurs enfants, soit pendant leur absence, soit dans le cas où ils succomberaient en défendant la patrie. Le conseil général vota une somme de cent mille livres, à prendre sur une taxe proportionnelle jetée sur l'argent fourni par la réunion des trois contributions foncière, mobilière et des patentes (1), et

---

(1) Pour faire contribuer tous les citoyens en proportion de leurs facultés,

par des souscriptions particulières auxquelles on s'associait avec enthousiasme. Des ecclésiastiques, citoyens de Béziers; Jalabert, Martin Etienne, Causse, Besombes Thomas et autres abandonnaient le quart du traitement dont ils jouissaient comme prêtres pensionnaires, « regrettant de ne pouvoir faire de plus grands sacrifices ».

Toutes ces circonstances douloureuses n'avaient pas fait renoncer à la célébration de l'anniversaire du 14 juillet pendant lequel les sentiments de la multitude et des fédérés des départements réunis à Paris éclatèrent sans retenue (1). Le conseil général nomma des commissaires pour veiller aux préparatifs de la fête. Tous les jeunes gens de dix-huit ans qui s'étaient fait inscrire pour le service de la garde nationale se présentèrent pour prêter serment. Le retour de cette journée portait l'allégresse dans le cœur de tous les bons patriotes.

Des mesures coërcitives avaient été prises par l'Assemblée contre les prêtres réfractaires. Ceux-ci furent tenus de prêter le serment civique sous peine d'être privés de leurs pensions. S'ils le refusaient, ils devaient être surveillés étroitement; s'il survenait des troubles religieux dans leur commune, et s'il était prouvé qu'ils y eussent pris part, ils étaient passibles d'une détention.

Ici, on se révoltait de voir qu'au mépris des lois, des prêtres insermentés continuaient à exercer des fonctions qui leur étaient interdites, et l'on menaçait de troubler la tranquillité publique, si on ne les obligeait pas à quitter la ville. De là, une grande fermentation des esprits. La municipalité eut de la difficulté à garantir contre les outrages Bosquet, Coutouly, Coste, ci-devant curé de Laurens, et quelques autres ecclésiastiques insoumis. Elle donna avis

on forma six classes ou échelles de cotes de contributions susceptibles de taxes proportionnellement graduées.

(1) Mignet.

au directoire du département que la présence des prêtres insermentés dans la ville donnait lieu à une excitation telle qu'il n'était plus possible de pourvoir à leur sûreté. Pour mettre fin à leurs manœuvres « obscures et incendiaires », la voie de la réclusion semblait être devenue « le moyen le plus efficace et le plus indispensable ».

Quelques-uns cessèrent d'être en révolte contre la loi et demandèrent d'être admis à prêter le serment prescrit par la loi du 14 août (1). Parmi eux on peut citer Pastourel, Offray, Rey, Bourgués, Augier, Lussignol, ex-religieux augustin, Rigal, Labat et Rastoul, ex-génovéfains, Blanc, Salvetat, prêtre-vicaire, directeur du séminaire du département établi dans le couvent des capucins, Revellat et Labeille, ex-capucins, Bouillet, professeur de mathématiques, Bastard, chanoine-sacristain du ci-devant chapitre de Saint-Nazaire.

Le conseil général reçut une pétition de Gondissard, clerc tonsuré, dans laquelle il déclarait « abdiquer l'état ecclésiastique pour vivre en citoyen laïque et se mettre sous sa protection afin de jouir de la sûreté et tranquillité individuelles où tend essentiellement notre sublime Constitution.

La récolte en grains avait été très médiocre dans le département de l'Hérault. L'idée vint de former un magasin d'abondance.

.... Nous vous observons, écrivait la municipalité au procureur syndic du département, que les circonstances devenant de plus en plus impérieuses, il est urgent que la ville fasse un approvisionnement tant pour fournir aux citoyens dans l'arrière saison que pour soutenir le marché....

(1) Un décret du 14 août 1792 prescrivit à tous les fonctionnaires publics, à tous les pensionnés du gouvernement de prêter le serment « d'être fidèles à la nation et de maintenir la liberté et l'égalité ».

Si des mouvements hostiles du côté de l'Espagne exigeaient la formation d'une armée des Pyrénées-Orientales, un passage continuel de troupes était appelé à rendre critique l'approvisionnement des subsistances. Le conseil général prit une délibération pour faire un approvisionnement de huit mille setiers de grains à tirer des départements voisins ou des offres qui pourraient être faites par des propriétaires du pays, tant pour assurer la subsistance de la classe indigente, que pour obvier à une trop grande cherté des grains apportés aux marchés très fréquentés qui se tenaient dans la ville. On ouvrit un emprunt de deux cent quarante mille livres, qui, autorisé à temps par le procureur-syndic, permit de faire des achats avant qu'une hausse ne survînt.

Les départements adhérèrent aux évènements du 10 août 1792, terrible journée où la royauté venait de succomber de fait. L'Assemblée décréta un nouveau serment national, dont la formule était de « jurer de maintenir la Liberté et l'Egalité ou de mourir en les défendant ». Le conseil général imita l'exemple qui lui était donné. « L'enthousiasme avec lequel l'Assemblée nationale s'est portée à prêter le nouveau serment a passé jusques à nous et nous avons rempli la plus douce de nos satisfactions en le prêtant », écrivait-il au député Viennet (1). En même temps, il envoyait aux membres de l'Assemblée législative l'adresse suivante :

Nous venons de jurer de maintenir la Liberté et l'Egalité ou de mourir en les défendant. Depuis longtemps nous gémissons d'être les victimes des intrigues d'une cour corrompue et de la trahison de ses agents perfides. Vous avez renversé ce colosse considérable ; il a disparu devant la souveraineté de la nation, et la patrie est sauvée !

(1) Lettre du 30 août.

Grâces vous soient rendues des mesures sages et vigoureuses que vous avés prises dans les circonstances critiques où se trouvait l'Etat. Nous applaudissons avec enthousiasme à votre fermeté et à votre conduite. Comptés, Représentants, sur l'adhésion la plus formelle de notre part aux décrets que vous avés rendus depuis le 10 août dernier ; continués à bien mériter de la patrie. Est-il pour des législateurs, pour des citoyens de plus douce et de plus glorieuse récompense ?

La journée du 10 août changea le tempérament de la Révolution française et favorisa les projets de la commune insurrectionnelle. Le pouvoir disparaissant des Tuileries se rencontre à l'Hôtel-de-Ville. Le souverain pouvoir passe aux mains des clubs. Des milliers de personnes sont renfermées dans les prisons. Marat va présider froidement aux massacres de septembre.

Les prêtres réfractaires furent condamnés à la déportation de plein droit. Tout prêtre condamné à la déportation devait sortir du canton en vingt-quatre heures, du département en trois jours et du royaume dans un mois.

Voici une liste de prêtres frappés de cette peine : Petit, Farret, Besombes, Jalabert, chanoine, Dorsène, Daydé frères, Barrès, Causse, chanoine, Azéma, Belpel, Salvan, Portalon, Olivier, Boniol oncle, Rodier, curé de Vendres, Boucar oncle, Barbier, Grenier frères, Flottes, Boyer, Cabanel frères, Blanc frères, Antoine Martin, Pierre Lognos, Tindel, Jean-Jacques Martin, Gauthié, Glouteau, Granier, Villeraso, Sartre, Libes, Chaboud, Villebrun, Ducain, de Rives (1).

(1) Un décret du 26 août 1792 ordonna que tous les prêtres qui auraient refusé de prêter le serment prescrit par la loi du 26 décembre 1790 et ceux qui l'ayant prêté l'avaient rétracté sortiraient du royaume ou subiraient la peine de la déportation.

Voici la liste des prêtres de Béziers qui furent portés sur un navire d'Agde à Nice :

Jean Azéma, J.-E. Acié, J.-L. Aubin, Pierre Brès, ex-capucin,

— 165 —

Les conditions pour être citoyen actif et garde nationa furent supprimées. Tout le peuple sans exception jouissait des libertés politiques et entrait dans la force armée. Les municipalités furent autorisées à faire des visites domici-

R. Brès, Bardi, J.-B. Bendrie, ex-minime, J.-P. Belleville, J. Blanc, J. Bousquet, J. P. Bouisset, E. Brunel, J.-P. Brès, P. Aurière, ex-capucin, J. Belmont, P.-J. Belpel. Toussaint Besombes, G. H. Blanc, L.-A. Bonnevialle, J. Bonniol, J.-E. Bertrand, A. Boudou, M. Bousquet, J. Cafard, J.-B. Calvié, A. Chaboud, P. Chaboud, M. Cabanel, P.-J. Cabanel, E.-M. Causse, P. Coste, P. Coutouly, P. Daydé, J.-S. Ducain, M.-B. Delacombe, P.-B. Delort, P. F. Dorsène, J.-P. Daydé, H.-P. Eustache, F. Escudié, L. Espic, E. Eustache. P.-J. Fraïsse, J.-J.-E. Garcin, J. Gottis, J. Glouteau, J.-P. Gauthié, J.-F. Gelly, J. Grimal, P. Gaudissard, J.-P.-B. Gauthié, J.-P.Gendret, J.-A. Jacob, L.-J.-B. Izarn, M. Lafosse, J.-J. Lussignol, G. Laurès, J.-J. Lunaret, J.-J. Lecomte, P. Lignon, P.-M. Lussignol, J.-J. Julien, L. Mouriès, F. Martin, E. Mondié, ex-récollet, E. Martin, J.-J. Malaret, Mazel de Laroque, A.-M. Maintenon, P. Marion, J. Milhé, M. Monestié, J. Mailhac. L. Mailhac, A. Malbran, P.-V. Offray, J.-P. Ollivier, J.-J. Pagès, L. Poussou, P. Bigot, J. Rouvière, J.-B. Revalard, A. Rollin, F. Roger, G. Rossan, J. Séguier, J. Savie, G. Salvan, Sartre, J.-E. Tabarié, L. André Théron, J.-Alexis Théron, J. Tindel, E. Tailhan, P.-S. Tailhan, J. Valat, B. Valade, J.-A. Vernet.

A ces noms, nous ajouterons ceux des prêtres du reste du diocèse :

J. Bassié, curé de Murviel : L. Falgas, prêtre de Servian : G. Causse, de Roujan ; J. Canac, de Gabian ; G. Azéma de Roujan ; Majan Boyer, de Margon ; E. Azéma, de Roujan, B. Barre, de Coulobres, J.-B. Nougaret, de Murviel, L. Farret, de Thézan : J. Augier, de Magalas ; L. Trinquier, de Thézan ; E. Coustou, de Caux ; P. Daumas, de Gignac; J. Dullac, de Cazouls ; B. Dullac, de Cazouls ; P.-V. de Bonnevie, de Roujan ; J. Sauclières, de Gignac ; P.-J. Villebrun, de Lieuran, P,-J. Jennarl, de Villeneuve, F. Balansac, de Bélarga ; J. Astruc, de Campagnan ; S. Villebrun, de Plaussenous ; B. Astruc, de Roquebrun : J. Ferret, de Bédarieux ; Maurice Bousquet, de Bédarieux ; P. Farret, de Bédarieux ; J. Bousquet, de Bédarieux ; J. Bousquet, de Servian : L. Bousquet, de Servian ; N. Vergnes, de Gignac, J.-J. Houstar, de Portiragnes ; G. Crouzilhac, de Cazouls ; J.-P. Cabassut, d'Aspiran ; A. Sérane, de Pouzolles ; J. Nègre et J.-J. Nègre, de la Vernière.

linaires pour rechercher les armes, dresser un état des chevaux pouvant servir dans l'armée, désarmer les citoyens suspects et donner leurs armes aux défenseurs de la patrie. Le conseil général requit les citoyens notoirement suspects « d'aristocratie » d'envoyer à la maison commune les armes dont ils seraient détenteurs, et les marchands de fournir un état des chevaux de selle et de voiture, soit de la ville, soit de la banlieue.

Les citoyens dénoncés comme suspects étaient arrachés de leur demeure, conduits devant le comité de la commune, pour être questionnés et jetés en prison. Voici une liste contenant le nom de quelques-unes de ces victimes :

De Lortet sa femme, Lavit, Lamarre fils, Jessé père Charcun, prêtre, Barbier père, Bouisset, cordonnier, Gottis père, Moyria, Mahieu cadet, Héméric aîné, Gasc, Badéron de Saint-Geniez, Cayrol, veuve Bessières et son fils, Désarnauds fils, la veuve Sarret et son fils, Hérail père, Bonnet-Polhés, veuve Pascal, Glouteau cadet, Carthousière aîné, Charles son frère, Etienne Sanguy, veuve Pradines, Rives de Ribaute, Fournier-Mazerac, Alphonse Maussac, Bermond, Cathelan dit Saint-Mein, Farret prêtre.

Tout signe féodal ou monarchique fut soigneusement aboli. Aucun édifice public, aucune maison particulière ne devait présenter des traces du régime féodal ou d'orgueil détruit par la Constitution ; plus d'écussons armoriés. L'écusson royal fut supprimé partout où il pouvait être aperçu.

Des créneaux surmontaient les maisons de Langel, de la veuve Gailhac, la porte de Canterelles, l'église et le mur de face du jardin du presbytère de la Madeleine ; ils furent abattus par ordre (1). Pouvait-on oublier que les créneaux

---

(1) Octobre 1793. Le conseil du district envoya à la municipalité l'ordre de détruire les titres féodaux des domaines nationaux conservés dans le archives des anciens chapitres de Saint-Nazaire et de Saint-Aphrodise.

étaient de la catégorie des nombreux emblèmes de la féodalité ? On enleva aussi les pierres divisant en compartiments le territoire de la commune et reconnues comme bornes de la dîme. Il ne fallut plus de monument rappelant le souvenir d'un impôt détesté de tous.

Le revers de la cocarde était blanc et pouvait servir de signe de ralliement. Il ne fut permis de porter que des cocardes dont l'un et l'autre côté seraient aux couleurs nationales. Sur la porte extérieure des Carmes, on lisait l'inscription suivante : *Ludovico decimo sexto regnante.* Il fut décidé qu'elle disparaîtrait sans délai et qu'on lui substituerait celle-ci : *Liberté et Egalité!* Celle de la Citadelle devint la porte de la Fédération. La salle basse de la maison commune possédait plusieurs tableaux représentant le passage ou la naissance des princes. On commanda qu'on effaçât la peinture et qu'une couleur quelconque fût étendue sur les tableaux. Le travail adjugé à Pastre coûta à la ville soixante-sept livres.

Dans les églises conservées, il existait plusieurs cloches superflues, dont la fonte devait procurer un numéraire précieux. On proposa de faire un prompt sacrifice de celles qui seraient inutiles, de n'en laisser subsister qu'une dans les églises paroissiales et les oratoires nationaux et d'envoyer les autres aux ateliers de fabrication de monnaie de bronze. Leur fusion devait donner une excellente qualité de matière ductile et malléable à transformer en petite monnaie. Les frais de descente s'élevèrent à quatre cent quinze livres. Elles furent transportées à l'hôtel de la monnaie de Montpellier. La municipalité devait recevoir en échange pareille somme en poids d'espèces monnayées, déduction faite des frais d'achat et de monnayage évalués selon la loi à quatre douzièmes du poids. Il ne fut pas possible de les expédier entières et elles durent être brisées. Leur poids total s'éleva approximativement à 355 quintaux 42 livres, et il donna trois mille six cents livres de sous.

Deux commissaires pris dans le sein du conseil général, Combescure et Depierre, procédèrent à un inventaire exact et détaillé de tous les meubles, effets et ustensiles en or et en argent conservés dans chaque église cathédrale, paroissiale ou succursale, dans chaque oratoire ou chapelle de la ville et de ses dépendances.

La frontière était distribuée entre trois corps d'armée : celui du nord commandé par Luckner ; celui du centre par La Fayette, et celui du midi, par Montesquiou. La nouvelle des évènements qui venaient de s'accomplir à Paris y était parvenue et l'on ignorait l'effet produit par cette révolution. Le premier soin de l'Assemblée législative fut d'y envoyer trois commissaires pour porter ses décrets et faire prêter le serment aux troupes.

Informée qu'ils allaient passer pour continuer leur inspection jusqu'à Perpignan et Bayonne, la municipalité biterroise se mit en mesure de les recevoir convenablement et de leur rendre des honneurs à l'exemple de plusieurs grandes villes. Elle délibéra que la cavalerie nationale s'avancerait au-devant d'eux à une heure de distance de la ville ; que le conseil général irait les recevoir en corps à la porte de l'Egalité où se rendrait une garde d'honneur prise de la garde nationale au nombre de cent hommes avec un drapeau ; que, hors de cette porte serait faite une salve d'artillerie ; que précédés de la musique et des tambours les commissaires seraient accompagnés par le cortège jusqu'à leur demeure.

Appelés dans leurs sections respectives à prêter le nouveau serment par lequel l'Assemblée législative avait voulu sceller la journée du 10 août, les citoyens vinrent jurer « avec une allégresse patriotique » *d'être fidèles à la Nation, de maintenir de tout leur pouvoir la Liberté et l'Egalité ou de mourir à leur poste en les défendant, comme aussi de protéger la sûreté des personnes, des propriétés et l'exécution de la loi et de remplir avec zèle et courage les fonctions de leurs charges.* C'est ainsi que se présentèrent, tour à tour, les membres du conseil général, du tribunal du district, les greffiers, l'évêque et ses vicaires généraux, Cazaméa, curé de Saint-Aphrodise, Laffon, curé de la Madeleine et leurs vicaires, les capucins, Joseph Fabre et Pierre Blanc. Tous les fonctionnaires publics de la cité rivalisèrent pour venir dans le sein du conseil général donner cette nouvelle preuve de soumission et de dévouement.

La compagnie franche des volontaires, sous le commandement du capitaine Crébassan, se disposant à partir pour le camp de Soissons et la défense de la patrie, afin de faire apprécier son zèle, prêta serment à la revue qui précéda son départ.

Les pouvoirs de l'Assemblée législative, en permanence depuis le 10 août, devant cesser, il fut fait dans la France entière de nouvelles élections pour la Convention nationale. Presque tous les membres de l'Assemblée actuelle furent réélus. Le département de l'Hérault envoya à la Convention nationale neuf députés (1) dont trois pour le district de Béziers : Viennet (Jacques-Joseph), Rouyer (Jean-Pascal) et Brunel (Ignace).

L'incompatibilité des fonctions de représentant et de la place de maire obligea Brunel à déposer son écharpe municipale. Aussi ouvrit-il la séance du conseil général du 8 septembre 1792 par ces mots :

---

(1) Cambon, Bonnier, Curée, Rouyer, Viennet, anciens membres du corps législatif.
Cambacérès, président du tribunal criminel.
Brunel, maire de Béziers, Fabre, président du district de Montpellier, Castilhon.
Suppléants
Coste, président du département.
Balp, membre du directoire du département.
Joubert, membre du directoire du district de Montpellier.

Placé par l'Assemblée électorale du département au nombre des députés à la Convention nationale, j'ai cru devoir déférer à son vœu, d'autant plus qu'il était accompagné des témoignages d'intérêt des plus flatteurs. Je reconnais l'incompatibilité de cette place avec celle de maire ; et si j'ai donné la préférence à la première, c'est que je l'ai jugée plus pénible et plus périlleuse....

Le conseil général s'associa aux regrets exprimés par Heirisson, un de ses membres, « de se voir séparé d'un chef dont les talents et les vertus étaient pour chacun un puissant motif d'attachement et d'émulation ».

La démission de Brunel fut suivie de celle de Cavallier procureur de la commune, après sa nomination de commissaire du pouvoir exécutif près le tribunal du district.

IX

SEPTEMBRE 1792 & 1793. — AN I

Sauret élu maire. — Publicité des séances municipales.— Proclamation de la République. — Registres de l'état civil. — Fête patriotique pour le succès de nos armées en Savoie. — Obsèques de Fraisse, officier municipal. — Question des subsistances. — Renouvellement de la municipalité. — Agitation des esprits. — Jugement et supplice de Louis XVI. — Fête civique de Michel Lepeletier de Saint-Fargeau. — Certificats de civisme et de résidence. — Coalition de souverains contre la France. — Enrôlement de volontaires. — Arrivée de trois Commissaires de la Convention. — Ancien séminaire converti en hôpital militaire. — Nouvelles mesures de surveillance. — Maximum du prix des grains. — Frais du culte.— Obsèques de Carrière, officier municipal. — Fête de la Fédération générale de la République. — Suspension de la Constitution de 1793. — Levée en masse. — Profession de foi civique. — Mission du conventionnel Mainvielle. — Calendrier républicain. — Gouvernement révolutionnaire. — Le représentant Boisset en mission dans l'Hérault.

Les cinq sections se réunirent le 17 septembre 1792 pour une double élection. Sauret (Jean-Raymond) fut élu maire par 193 voix sur 220 votants; et Pagés, procureur de la Commune, par 78 voix sur 141 votants. L'un et l'autre prêtèrent le serment d'usage le 24 septembre suivant et furent décorés de l'écharpe nationale.

Une loi déclara publiques les séances des corps administratifs et municipaux. Celles du conseil furent fixées au dimanche de chaque semaine, à deux heures de l'après-midi. Les citoyens devinrent ainsi les témoins des opérations des officiers municipaux.

La Convention, constituée le 20 septembre 1792, ouvrit ses délibérations le 21. Dès la première séance, elle abolit la royauté et proclama la République. Elle décida que l'on daterait de l'an I de la République et la nouvelle ère républicaine s'ouvrit le même jour (22 septembre 1792). La proclamation du décret dut être immédiatement faite aux armées. Le ministre de l'intérieur écrivit aux municipalités pour leur donner ses ordres. Le 5 octobre, à trois heures précises, le décret fut publié, aux applaudissements de la foule, par le Conseil général, assisté des corps administratifs et judiciaires et escorté d'un détachement de troupes, dans les différents quartiers de la ville.

La lutte éclata, dès les premiers jours, entre la Gironde et la Montagne. La crainte d'une dictature se répand dans le public. Pour la dissiper, on décrète que la République est *une* et *indivisible*.

Du règne de François I*er* datait l'ordonnance de Villers-Cotterets (août 1539) par laquelle fut généralisée la tenue des registres de naissance et de baptême.

L'origine des registres de mariage et de décès remonte à l'ordonnance de Blois de l'année 1579 avec l'établissement de trois publications pour les mariages. Ce n'est qu'en 1736 que d'Aguesseau fit établir des registres doubles. Aux curés des paroisses était confié le soin de tenir ces trois sortes de registres. La Constitution de 1791 et la loi du 20 septembre 1792, en séparant l'élément civil et l'élément religieux, désignèrent les officiers des municipalités comme officiers de l'état civil et les chargèrent désormais de constater l'état civil des citoyens et d'inscrire sur les registres leurs naissances, leurs mariages et leurs décès. Trois commissaires civils : Mazuc, notable, Passebosc et Souris, officiers municipaux, furent nommés pour faire ce travail (1).

Le règne de la nouvelle assemblée fut inauguré par les succès des armées de Custine, de Kellermann et de Dumouriez en Allemagne, sur les bords du Rhin et dans les Pays-Bas. Sur la frontière des Alpes, Montesquiou, placé à l'armée du Midi, envahit la Savoie et se porta sur Chambéry où il fit son entrée triomphale (24 septembre 1792), et le général Anselme, un de ses lieutenants, occupa le comté de Nice (28 septembre). Ces succès des armées de la République enthousiasmèrent les esprits biterrois et devinrent l'occasion d'une manifestation patriotique. Le dimanche 3 novembre, à trois heures du soir, les corps administratifs et judiciaires, réunis dans la grande salle de la maison commune, se mirent à défiler dans l'ordre suivant : six grenadiers, les canons et les canonniers, le tambour-major, les tambours, la musique, les volontaires, le détachement de la garde nationale, les hallebardiers, les capitaines et les sergents de ville, l'administration du district, la municipalité, le tribunal de commerce, les juges de paix, le bureau de conciliation, les notables, la société patriotique, les citoyens invités, le détachement du bataillon du Tarn en garnison à Béziers, les chasseurs du 1er bataillon d'infanterie, la compagnie de cavalerie, les gendarmes fermant la marche. Le cortège ainsi réglé parcourut les différents quartiers de la ville en chantant et faisant chanter l'hymne des Marseillais. Arrivé à la place de la Fédération, il fit une station à l'autel de la Patrie autour duquel retentit le même hymne. Le maire prononça un discours analogue aux circonstances, auquel on répondit par

---

(1) Les registres des actes civils antérieurs à 1792 sont conservés en dépôt dans les archives municipales.

des applaudissements. On revint ensuite à la maison commune en suivant les mêmes rues qu'à l'aller et au milieu de cris et de chants patriotiques.

Le 30 novembre, le corps municipal perdit un de ses membres, Fraisse, le père. Voulant honorer sa mémoire, il délibéra d'assister à ses obsèques, d'y appeler le conseil général de la commune, les curés des paroisses, le séminaire, l'hôpital, un piquet de 30 hommes de la garde nationale et de faire porter son corps devant la porte de la maison commune pour y recevoir l'absoute.

Le temps n'avait pas été favorable aux fruits de la terre. Une sécheresse persistante avait contrarié et arrêté le développement des blés (1). Les inquiétudes auxquelles on avait été en proie pendant les premiers temps de 1789 menaçaient de se renouveler à la fin de 1792. Bientôt la misère s'appesantit sur la classe indigente par le manque de récolte et par le défaut d'approvisionnement. Le gouvernement, dont on implora la munificence, reçut communication de la gravité de la crise.

La municipalité de Béziers, écrivait le maire au Ministre de l'Intérieur, à la date du 8 décembre 1792, attentive aux moyens d'assurer la subsistance du peuple immense qui l'environne, dans un temps de disette où la cherté des denrées de première nécessité est parvenue à un excès effrayant, précurseur de grandes calamités, s'adresse à vous, avec la confiance que lui inspirent vos vertus civiques, pour déposer dans votre âme, toute occupée du bonheur public, de tendres sollicitudes.

Béziers, par sa position, est devenu le magasin central où viennent puiser sans cesse leurs approvisionnements en grains douze ou quinze

---

(1) Des prières publiques faites dans l'église de Saint-Aphrodise étaient demeurées sans effet (8 mai 1792). — Pétition des marguilliers de cette paroisse tendant à ce qu'il soit fourni à ladite église, aux frais de la commune, conformément à l'usage, 14 cierges de 1/2 livre pour les dépenses imprévues et extraordinaires qu'occasionnent les prières publiques qui se font dans cette semaine pour la pluie.

villes du département de l'Hérault, dont le sol stérile ne peut fournir une quantité suffisante de blé pour la consommation du pays.

L'interception de ceux que le commerce appelait de Toulouse, jointe aux alarmes des plus riches négociants, qui ont appréhendé de compromettre leur vie avec leur fortune, en continuant leur spéculation sur cette denrée précieuse, nous fait redouter avec raison le fléau d'une disette prochaine, qui nous livrerait en proie aux artifices des malveillants. Daignez écarter cette horrible tempête qui menace le repos et la tranquillité publique. Apaisez le murmure d'un peuple libre, qui peut se laisser égarer par les suggestions perfides de nos ennemis......, en nous accordant une répartition avantageuse, proportionnée à l'étendue de nos besoins, dans la distribution des grains que vous avez eu la sagesse de faire acheter dans l'étranger. Faites-nous jouir de 15,000 setiers aux mêmes conditions que l'Assemblée législative vous prescrivit dans le cours de l'année dernière.

La sollicitude de la municipalité s'étendait de tous les côtés et elle adressa aussi une demande équivalente aux administrateurs du département :

Hâtez-vous d'écarter loin de nous cet orage violent qui menace nos vies et nos libertés, en nous envoyant au plus tôt un contingent de grains achetés par la nation proportionné à nos vastes besoins. Vous déjouerez les intrigues des méchants et vous assurerez la tranquillité publique.....

Pour prévenir tout accaparement, il fut interdit d'aller attendre les convois sur les routes et d'acheter du blé avant l'ouverture du marché.

Vers la fin de décembre (22-26 décembre 1792) les cinq sections furent convoquées pour le renouvellement de la municipalité. Les douze officiers municipaux élus à la pluralité des voix furent *Cairol, Azaïs, Gaudion, Fabre,* homme de loi et juge ; *Fraisse,* fils, *Brés,* ancien gendarme ; *Baptiste Carrière,* fils cadet ; *Barre,* négociant ; *Noë-David*

Monéstier, *Claude Moureau* et *Bourguet* père, chirurgien.

Au rang des vingt-quatre notables figurèrent : Gottis fils aîné, homme de loi ; Jean Malafosse ; Glouteau cadet ; Maffre, juge ; Georges Coste, homme de loi et juge ; Alicot, ménager ; Reynal cadet ; Heirisson, négociant ; Royère père, négociant ; Roube cadet ; Souris ; Bessière père cadet ; Bonnet aîné, marchand ; Pastre fils aîné, ingénieur ; Guibal-Laconquié, Ficurens, apothicaire ; André Salvaniac, agriculteur ; Passebosc, notaire ; Tindel père ; Coste aîné, négociant ; Guibal aîné ; Fabre, liquoriste ; Barthélemy, maçon ; Labor, marchand.

Thourel, homme de loi, et Moureau fils furent nommés, l'un procureur et l'autre substitut du procureur de la commune. Azaïs, Cairol et Brés composèrent le bureau de la municipalité ; Fabre, Barre et Fraisso, le tribunal de police municipale ; Requirand fut choisi comme secrétaire-greffier de la commune ; Marion et Cathelan servirent de tarifiers ; Laurès et Castan exercèrent les fonctions de commissaires de police avec un traitement de 400 livres pour chacun.

Le 27 décembre tous furent appelés à prêter le serment imposé par la loi, installés dans leurs fonctions respectives et répartis en commissions et comités.

La tranquillité publique ne cessait d'être menacée. Un esprit d'insubordination se manifestait sous l'action de propos tenus par des citoyens mal intentionnés qui agitaient le peuple et l'excitaient contre la municipalité, au sujet de l'ouverture du grenier d'abondance. Comme sur 3,000 setiers achetés, 1,400 seulement avaient été reçus et que 1,600 restaient à livrer, la municipalité ne voulait pas épuiser les subsistances dont elle pouvait disposer, sans être assurée de l'arrivée des secours demandés au département et au Ministre de l'intérieur. Pour calmer les esprits, on délégua Thourel, procureur de la commune, à Montpellier avec la charge d'exposer à l'administration les dangers de la situation et de faire presser l'envoi des grains demandés pour l'approvisionnement. La distribution se fit dans l'ancien magasin du chapitre de Saint-Nazaire, le dimanche et le lundi de chaque semaine, sous la surveillance d'un officier municipal, assisté de deux notables. Toute personne justifiant de son domicile dans la ville avait droit à un ou deux setiers au plus.

La présence de troupes était nécessaire pour contenir les instigateurs de désordre. Après le départ des compagnies du 61° régiment, l'administration, sur la demande de Thourel, envoya de Montpellier cinq bataillons de l'armée des Pyrénées-Orientales. Puis, quand la gauche de cette même armée s'étendit de Carcassonne à Lunel, la garnison de Béziers, qui était dans le rayon, reçut un accroissement par suite des circonstances.

Louis XVI était prisonnier au Temple, et son procès s'instruisait. Avant de décider du sort du roi, la Convention fut agitée par des débats tumultueux. Elle décréta que chaque député exprimerait par écrit ses opinions.

« ..... Je conclus, écrivait Viennet à ses commettants, à ce que, quel que soit le jugement qui sera prononcé contre Louis, il ne puisse être exécuté sans la sanction du peuple souverain, réuni en assemblées primaires..... Louis est jugeable, mais il ne doit pas être jugé par la Convention, si le souverain n'a été consulté ni sur le mode d'accusation de Louis, ni sur celui de son jugement ; il ne faut pas sans son aveu faire exécuter un jugement..... » (1).

Brunel veut que « Louis soit jugé par un tribunal particulier et non par la Convention ; il ne veut pas de la peine de mort ; il veut que le roi et la reine soient relégués dans une prison perpétuelle..... » (2).

On sait que la Convention nationale déclara que Louis XVI serait jugé par elle (3 décembre 1792). Brunel et Viennet votèrent la réclusion avec ou sans appel au peuple. Rouyer vota la mort, mais il admit l'appel au peuple

C'était pour le malheureux roi une planche de salut. Rouyer encourra la haine de Robespierre et de l'immoral Chabot, l'ex-capucin, pour avoir découvert leurs crimes dans les départements du Midi. Arrêté et mis en accusation, pendant plus de quinze mois, il gémira dans l'oppression.

Le 21 janvier 1793 eut lieu l'exécution de Louis XVI, condamné par un tribunal formé d'*accusateurs* plutôt que de *juges*. La mort du *roi-martyr* répandit la terreur dans les départements. Les Jacobins y envoyèrent des adresses pour les éclairer et achever de les convertir.

Ils firent servir à leur dessein une fête républicaine instituée pour honorer la mémoire de Michel Lepeletier de Saint-Fargeau, député de l'Yonne, asssassiné le 20 janvier au soir, chez un restaurateur du Palais-Royal, par le garde du corps Pâris, comme coupable d'avoir voté la mort de Louis XVI. C'était opposer à l'indignation des royalistes la glorification de l'un de ceux qui l'avaient provoquée.

Le Conseil général fixa, au dimanche 10 février, la célébration de cette fête recommandée par un arrêté du 31 janvier de l'administration du département. Les gardes nationaux, les troupes de ligne furent convoqués sur la place de la Fédération. L'autel de la Patrie, entouré de cyprès, fut décoré de tentures noires et surmonté d'un lit sur lequel dominait une urne funéraire avec cette inscription : « *A la mémoire de Michel Lepeletier, la commune de Béziers affligée de sa perte !* » La fête fut annoncée la veille par le canon qui tonna tout le lendemain, d'heure en heure, jusqu'à la fin de la cérémonie.

Le cortège partit à 10 heures du matin de la maison commune, précédé d'un trompette avec sourdine, de tambours voilés de noir, du corps de musique exécutant des airs

---

(1) Voir petite brochure in-8° imprimée à Paris, 0 pages.
(2) Ibidem.

lugubres, de la statue de la Liberté, du tableau de la Déclaration des Droits de l'homme et d'une couronne de chêne et de fleurs portée par des vétérans. Il défila par la rue Française, les places Saint-Aphrodise, de la Madeleine, de Saint-Félix avec station à l'arbre de la Liberté, du Marché-aux-Herbes, de Saint-Cyr, et devant l'Hôpital-Mage jusqu'à la place de la Fédération où l'on se rangea autour de l'autel de la Patrie. La couronne fut posée sur l'urne; le maire prononça l'éloge funèbre de Lepeletier. Quand l'urne eut été remise aux mêmes vétérans qui avaient porté la couronne, le cortège revint à la maison commune par la Promenade, la rue Française, la place du Marché-aux-Herbes, la rue de la Rôtisserie et le Coq-d'Inde. L'urne fut déposée dans la salle des séances du Conseil général (1).

Un certificat de civisme fut exigé, d'après la loi, des fonctionnaires publics non élus par le peuple, et un certificat de résidence fut délivré à tous ceux qui n'avaient jamais quitté le territoire français. Ces certificats émanaient des Conseils généraux des communes, et ceux-ci, d'après le décret du 30 janvier 1793, étaient dispensés d'expliquer les causes de leur refus. Un refus de certificat de civisme équivalait à une sorte d'ostracisme ou à une mise hors la loi (2).

Le supplice de Louis XVI excita la colère des rois de l'Europe contre la France. Elle se trouva en face d'ennemis debout aux bords du Rhin, aux frontières des Alpes et des Pyrénées. — La Convention recourut à des moyens extrê-

(1) Les frais de cette fête se portèrent à la somme de 336 livres, 13 sols.

(2) Pour s'assurer des opinions de tous ceux qui coopéraient au mouvement révolutionnaire, la loi du 1er mars 1793 confirmant celle du 1er novembre 1792 avait établi que celui à qui était refusé un certificat de civisme perdait la faculté d'exercer des fonctions publiques.

mes. Elle mit en circulation 800 millions d'assignats et décréta une levée de 300 mille hommes de 18 à 40 ans (21 février 1793). La République ne fut qu'une grande ville assiégée ; et la France, un camp retranché où tout citoyen était soldat, où tout âge et tout sexe étaient employés à sa défense.

Les citoyens de la commune, dont le dévouement s'entait sur le patriotisme, donnèrent l'exemple de la soumission aux ordres de la Convention. Les hommes non mariés ou veufs sans enfants furent convoqués dans l'église des Pénitents blancs. A un premier appel, ils se firent inscrire au nombre de 60 et ils furent dirigés sur Antibes pour l'armée du Var. La ville avait toujours pu compter sur l'empressement de ses habitants. Elle organisa une compagnie franche sous le nom de *Compagnie de chasseurs nationaux de Béziers,* qui, sous la conduite du commandant Sauclières, partit pour Paris. Comme d'autres villes, elle eut sa *Compagnie de force.* Elle fournit aux différents bataillons du département un nombre convenable de volontaires répartis dans les divers corps d'armée. Quand les Espagnols menacèrent nos frontières et que des réquisitions furent faites en ouvriers de toute sorte, en mulets, en chevaux, en charrettes, elle envoya à Perpignan plus de 400 volontaires et 100 hommes pris dans les rangs de la garde nationale. Elle s'imposa une taxe de 100,000 livres pour subvenir aux frais d'habillement, d'armement, de haute paye des volontaires, à l'entretien de leurs femmes et de leurs enfants. Elle contribua aussi aux dépenses exigées par la formation d'un corps de canonniers pour le service des batteries de côte (1).

Dumouriez, commandant de l'armée de Belgique, avait

---

(1) Le département de l'Hérault donna un grand exemple. Il leva six millions et six mille hommes. Thiers, *Histoire de la Révolution française,* livre xiv.

été vaincu à Nerwinde (18 mars 1793). A la suite de cet échec militaire et de la défection du général, la Convention envoya des *Commissaires* dans les départements afin d'y ranimer le patriotisme et de lancer des volontaires sur les frontières. Les représentants du peuple, Rouyer, Brunel et Le Tourneur furent délégués dans les départements méridionaux. Informée de leur arrivée, la municipalité désigna trois mandataires du Conseil général, Azaïs, Cayrol et Thourel, pour les recevoir en audience particulière et les entretenir du bon esprit qui régnait dans la commune, de l'état de la garde nationale et de la formation de la Compagnie de force. Quand le Conseil général eut été réuni, le procureur de la commune requit que l'assemblée renouvelât, en présence de la délégation de la Convention, le serment « de maintenir jusqu'à la mort la liberté, l'égalité, l'unité et l'indivisibilité de la République, de faire respecter les lois, les personnes, les propriétés comme aussi de venger toute atteinte qui aurait été ou qui serait portée à la représentation nationale. »

L'assemblée et les spectateurs se levèrent simultanément et prêtèrent le serment d'une voix unanime. Les députés de la Convention constatèrent avec joie cet élan patriotique et témoignèrent à la commune leur satisfaction « pour les sentiments républicains qui l'animaient et pour les principes éclairés qui la dirigeaient. »

La proximité de l'armée des Pyrénées-Orientales accrut le nombre des malades, et l'Hôpital mage de Saint-Jacques se trouva insuffisant pour les recueillir. Le conseil général sur la proposition de Nicolas Hion, commissaire général de l'armée des Pyrénées-Orientales, et de Lequeulx, commissaire des guerres, décida de convertir l'ancien séminaire des Lazaristes en hôpital militaire. Guibal-Laconquié, ingénieur architecte de la ville, fut chargé de dresser le devis des réparations les plus urgentes qui, confiées à Eustache, entrepreneur de travaux, furent exécutées sous la direction de

Pastre fils aîné, ingénieur, et sous la surveillance de Falconnet et de Dorcy, commissaires du ministre de la guerre (Mai 1793).

L'insurrection de la Vendée et la trahison de Dumouriez, jetèrent l'alarme dans la Convention nationale et la déterminèrent à prendre des mesures extraordinaires. Elle s'établit en permanence; elle institua, pour juger les conspirateurs, un Tribunal révolutionnaire composé de cinq juges, dont les sentences devaient être sans appel; elle créa un Comité de sûreté générale chargé de rechercher les coupables; elle décréta un Comité de défense générale et de salut public chargé de proposer les mesures nécessaires à la défense extérieure et intérieure du pays.

Les appréhensions de l'Assemblée passèrent aux départements où l'attachement à la Révolution était dans toute sa ferveur. Le directoire de Montpellier donna des ordres précis aux administrateurs du district pour refréner les tentatives des citoyens portés à conspirer contre la sûreté publique, ou les agitations des prêtres insermentés disposés à exciter une guerre « dont l'explosion serait d'autant plus terrible qu'elle aurait pour prétexte la religion » et pour veiller à ce que les fonctionnaires publics n'abusassent pas de leur pouvoir pour « favoriser les projets sanguinaires des aristocrates ». On organisa un Comité de surveillance ou de salut public pour recueillir les dénonciations portées contre les citoyens suspects et les communiquer au Comité central de salut public établi à Montpellier.

Des envoyés du district se transportèrent dans les communes pour faire des visites domiciliaires, désarmer les citoyens reconnus suspects (1), faire arrêter et « conduire

---

(1) Parmi les personnes de Béziers déclarées suspectes et détenues dans un local de la maison commune, nous pouvons citer Ladurelle, Aïn, fabricant de chandelles, Rebellac aîné, Béraud sellier, Chaboud père, Bouisset cordonnier, Pailhés tonsuré, Gasc, gendre de Combescure, Auzière chapelier, Bonnavialle, Lamarre père, Barthélemy Boudet dit Sautel, Rey ancien

sous bonne escorte », au chef-lieu du département, les prêtres insermentés et les émigrés qui seraient rentrés en dépit de la loi, vérifier si les municipalités avaient dressé une liste exacte des émigrés et de tous leurs biens et prendre des renseignements sur le civisme de chaque habitant.

Le Conseil général se déclara en permanence, ainsi que les cinq sections primaires dont les réunions se tinrent tous les jours à cinq heures du soir dans les anciennes églises des Carmes, des Récollets, du Refuge, des Pénitents minimes et des Pénitents gris.

La municipalité avait reçu des citoyens de Bordeaux une adresse dans laquelle on s'élevait contre la tyrannie étrangère et l'anarchie intérieure. Pour mieux affirmer son patriotisme, elle déclara unanimement qu'elle « adhérait à l'adresse des citoyens de Bordeaux, à la Convention nationale, aux membres de ladite Convention délégués dans les départements méridionaux, à la municipalité de Bordeaux, au département de l'Hérault, à l'administration du district, à la Société populaire de cette ville » (1).

Au point de vue économique, la France traversait une crise fatale. Une rapide diminution s'était prononcée entre le numéraire et les assignats, au point qu'un franc métal ne valait que six francs assignats. Le taux forcé de la monnaie devait être en rapport avec celui des marchandises. Dès que la loi avait dit : Le papier vaut six francs, elle devait dire : Telle marchandise ne vaut que six francs. Le

---

député, Charles Massal, Condamine, Bétié, Sourgeat chirurgien. A ces noms nous pouvons ajouter ceux des ci-devant nobles mis en suspicion : Villeraze, Bourdonc, gendre De Rives, de Lort, Dalichoux, Paschal, Sarret, Jessé père, Bonnet-Polhes, Bretté, Rives, Ribaute, Héméric, Mayni aîné, Mayni-Madale, Gleises père, Nattes père, Lavit, Forés, Barbier père, Christol, Lescure, Cassan, Maussic, Bonefons, Lédrier, Moyria cadet, Espic-Lirou, Lesage dit Hauteroche, Mahieu cadet, les frères Cartousières, Brunet, Trinquié, Estagnol, Manse, Beauxhostes.

(1) Séance du 23 mai 1793.

maximum fut établi sur les grains. Le 12 juillet, la municipalité fit proclamer l'arrêté de l'administration du département du 2 juillet concernant la fixation de ce *maximum*. La population l'accueillit avec défaveur, comme l'atteste une lettre du maire et des officiers municipaux aux administrateurs du département :

« La proclamation de l'arrêté fixant le maximum des grains a produit une grande fermentation. Certains étrangers qui avaient fait porter du bled au marché faisaient mine de vouloir le retirer, mais nous l'avons empêché et nous avons fait même rapporter deux charges de bled qui en avaient été exportées. Cette taxe a fait naître du mécontentement et des plaintes. Les uns se sont récriés de ce que les autres denrées, les souliers, le savon et autres marchandises n'étaient point taxées ; les autres, de ce que les journées des travailleurs n'étaient point portées à un autre prix ; chacun disoit que l'exécution de la taxe de ce maximum feroit que personne ne portera plus des grains au marché, et nous craignons, peut-être avec trop de raison, que le marché de vendredi prochain ne soit dépourvu, au point que les grains manquant, l'insurrection ne soit inévitable et que les habitants qui ne récoltent pas ne se portent à quelque chose de sinistre. » (1).

Les blés conservés dans les anciens couvents de Sainte-Ursule et du Saint-Esprit étaient épuisés. Les gros propriétaires furent requis d'apporter leurs grains au marché du vendredi pour l'approvisionner. Trois officiers municipaux et six notables, décorés de leurs insignes, écharpe ou ruban tricolore, veillaient pour empêcher les fraudes et maintenir l'ordre et la sûreté publique. Un corps de deux cents citoyens armés faisait un service journalier et proté-

(1) Lettre du 12 juillet 1793. — On vit là une atteinte portée aux droits de l'égalité invariablement adoptés par la République. Comment aurait-il été juste, en effet, que le cultivateur ne percevant que du grain fût borné à ne pouvoir le vendre qu'un tel prix, tandis qu'un autre ayant des récoltes dans un autre genre les vendrait aussi avantageusement que possible.

geait près des aires ou des chemins avoisinants les gerbiers qu'on tentait d'incendier. Les marchands de grains ou cultivateurs furent appelés à faire au greffe de la municipalité la déclaration des farines et grains dont ils étaient détenteurs. Les cinq sections furent subdivisées en îles où des commissaires étaient chargés de délivrer des billets à ceux qui manquaient de grains et faisaient, par des visites domiciliaires, apporter au marché de quoi l'approvisionner. Le blé qu'on envoyait aux armées des Pyrénées en diminuait la quantité et en augmentait le prix. Malgré l'achat de 20,000 setiers pour lequel la municipalité fit un emprunt de 400,000 livres, on dut se nourrir de seigle pour laisser aux armées plus de blé. Les habitants insistaient, auprès de l'évêque départemental, pour multiplier des neuvaines dans l'église de Saint-Aphrodise afin d'obtenir la pluie indispensable aux récoltes (Juillet 1793).

La loi avait mis les frais du culte, autres que ceux du traitement des curés et des desservants des paroisses, à la charge des paroissiens et non de la nation. Le Conseil général délibéra que ces frais seraient imputés à la commune pour les églises de Saint-Jacques, de Saint-Aphrodise et de la Madeleine, et les fixa à 500 livres pour chacune d'elles.

Mais Saint-Nazaire étant l'église départementale, les frais du culte furent laissés à la charge de l'administration du département.

Le citoyen Carrière, officier municipal, avait été atteint d'une maladie à laquelle il succomba. Ses collègues ne voulurent pas le laisser inhumer comme un simple particulier et ils convinrent d'entourer ses funérailles de tout l'éclat possible. Son corps fut porté dans la salle de la maison commune tendue de noir, ainsi que la chapelle, et la municipalité tout entière assista à la cérémonie funéraire. Semblable honneur devait être rendu désormais à tout officier municipal qui décèderait. Carrière fut presque aussitôt remplacé dans ses fonctions par le citoyen Gottis, notable, qui, le jour de son installation, prêta le serment d'être fidèle à la « *République une et indivisible* » (2 août).

L'anniversaire du 10 août « destiné à électriser tous les esprits » servit de fondement à la fête de la promulgation de la Constitution de 1793, votée le 24 juin précédent par la Convention nationale. Cette troisième fédération de la France républicaine fut solennellement célébrée à Paris, où la République avait appelé des représentants de toutes les municipalités et des sociétés populaires des quatre-vingt-six départements. La municipalité biterroise fit appel aux citoyens des communes voisines et leur offrit une franche hospitalité. Le jour de l'arrivée, le secrétaire-greffier, en permanence à la maison commune, délivra à chaque étranger un billet lui indiquant le logement qui lui avait été réservé. Le lendemain, dimanche, le même cortège du 14 juillet des années 1790 et 1792 se rendit, selon le même itinéraire, à la place de la Fédération. Là, au pied de l'arbre de la Liberté, la municipalité avait fait dresser un autel patriotique avec tous les emblèmes de la Liberté et de l'Egalité et autour duquel chacun jura avec enthousiasme de défendre la Constitution.

La Constitution de 1793, présentée le 10 juin et décrétée le 24, adoptée en huit jours (1), proclama *l'unité et l'indivisibilité* de la République. Tout Français, âgé de 21 ans, était déclaré apte à exercer en toute plénitude les droits de la souveraineté et faisait partie des assemblées premières de canton où seraient élus les représentants du peuple. Le Corps législatif, annuel et permanent, choisissait sur des listes dressées par les assemblées primaires un conseil de vingt-quatre membres pour exercer le pouvoir exécutif. Les lois votées seraient soumises à la sanction du peuple. C'était mettre le gouvernement tout entier entre ses mains.

---

(1) « Sortie en huit jours du sein des orages. » Elle était l'œuvre de la Montagne au pouvoir depuis le 2 juin 1793.

Il eût été impossible de se diriger d'après cette Constitution, d'un caractère essentiellement démocratique, faisant une si grande part au principe de la liberté et une part si faible au principe de gouvernement. Un peuple ne peut pas être en permanence dans ses assemblées électorales pour examiner, confirmer ou rejeter les décisons de ses délégués. La Constitution de 1793 fut donc suspendue. La Convention trouva les circonstances trop critiques pour en essayer l'application et l'établissement du gouvernement révolutionnaire. (19 vendémiaire, an II — 10 octobre 1793) le pouvoir suprême et sans limite, exercé par le Comité de salut public, par les représentants du peuple en exercice, ne devait plus, pendant de longs mois, laisser les électeurs choisir leurs mandataires et faire entendre leurs voix. Après la chute de Robespierre, la Convention dut revenir à la Constitution de 1793 qui, bien qu'ajournée, était la loi fondamentale de la France. Mais avant d'en ordonner l'exécution, une Commission fut chargée de préparer un projet de lois organiques destinées à en faciliter l'application. Les commissaires déclarèrent que la Constitution de 1793 était à refaire.

La Convention ayant ordonné une seconde levée de trois cent mille hommes (23 août 1793) pour tenir tête à la coalition européenne, on appela d'abord les jeunes gens non mariés, ou veufs sans enfants, depuis l'âge de 18 ans jusqu'à celui de 25 ans. On forma un bataillon de citoyens requis sous le nom de *Bataillon de Béziers* avec un drapeau portant pour inscription : « Le peuple français debout contre les tyrans ! » Et pour tout équipement on remit à chacun une paire de souliers, un sarrau, un sac de toile et un fusil, en les faisant partir vers Narbonne pour le camp de l'*Union* ou des Pyrénées-Orientales. (1) Des commis-

---

(1) L'armée des Pyrénées formait deux divisions principales. L'une sous la dénomination d'armée des Pyrénées-Occidentales, commandée par Du-

saires furent chargés de faire des visites domiciliaires tant à la ville qu'à la campagne. Tout citoyen requis, qui se cachait, était considéré comme *suspect*, traduit devant le Comité de salut public, amené à la maison commune pour recevoir ce qui devait lui être remis, et, de brigade en brigade, conduit au camp. Une taxe fut mise sur les familles riches pour procurer des secours aux pauvres qui laissaient derrière eux des parents dans le besoin.

La Société populaire avait demandé l'incorporation à l'armée des fonctionnaires publics en état de porter les armes, bien que la loi leur enjoignit de rester à leur poste. Thourel, procureur de la Commune, et Moureau, substitut, offrirent de se démettre de leurs fonctions pour donner l'exemple « du républicanisme et du dévouement. » Mais le Conseil général délibéra qu'ils ne devaient pas quitter le poste où la confiance publique les avait placés.

Tout était devenu objet de réquisition : chevaux, voitures, même celles des voyageurs qui passaient, grains, farines, fourrages, armes, outils, pioches, pelles, munitions, plomb ouvré ou non ouvré ; cordonniers pour la confection des chaussures, tailleurs pour la fourniture des habillements, arquebusiers pour la réparation des fusils, menuisiers et charrons pour le ferrement des piques ou la fabrication des caissons de l'armée. Les fourrages étaient centralisés au couvent des Minimes, les grains à ceux de Sainte-Ursule et du Saint-Esprit, les farines à l'évêché où se faisaient aussi des cartouches comme des piques à l'église de Saint-Jacques. Les voitures de luxe et d'émigrés, dans toute l'étendue de la commune, furent mises à la disposition du directeur de l'hôpital militaire pour le service

verger, était préposée à la défense de la frontière depuis Bayonne jusqu'à la Garonne. L'autre avec le nom d'armée des Pyrénées-Orientales, ayant à sa tête le général Dubouquet, devait couvrir la frontière depuis les sources de la Garonne jusqu'à la Méditerranée. Le général de division Dubouquet avait de plus le commandement en chef des deux armées.

des malades. On proposa d'envoyer à la fonderie de Toulouse les aigles de bronze, les chandeliers de laiton, le cuivre recueilli dans les églises et les maisons des émigrés pour remplacer le métal des cloches.

Appelée à statuer sur une invitation faite au nom de la Société populaire le 10 septembre 1793, en renouvellement de l'acceptation de l'acte constitutionnel, présenté au peuple français, par la Convention nationale, le 24 juin dernier, la municipalité « déclare solennellement qu'elle en admet tous les principes et toutes les conséquences qui en découlent naturellement, et renouvelle son engagement de les maintenir de tout son pouvoir ;

» Déclare qu'elle reconnaît la Convention nationale comme le point de ralliement de tous les bons Français, voue à l'exécration publique et à la vengeance des lois les anarchistes, les fédéralistes, les contre-révolutionnaires de toute espèce ;

» Tous ses vœux sont pour le maintien de la Souveraineté du peuple et pour l'exécution de la loi. »

Chaque membre du Conseil général, présent à l'Assemblée, donne son adhésion individuelle à cette déclaration accueillie par de vifs applaudissements et le cri unanime de : *Vive la République une et indivisible!*

L'activité de la municipalité se manifesta par des actes en rapport avec le nouvel état des esprits : Traitement des institutrices publiques porté pour chacune à 600 livres ; suppression des emblèmes royaux, armoiries et fleurs de lis des différents monuments de la cité, du pont du canal, des églises de la Madeleine et de Saint-Aphrodise, destruction par le feu des registres de reconnaissances ou autres contenant des titres de féodalité trouvés dans les études des notaires ; tableaux de la maison commune peints à l'huile et décorés des emblèmes de la République ; quatre cachets municipaux gravés avec le symbole de la Liberté ; oriflamme aux trois couleurs en serge et de douze pans de long arborée au sommet du clocher de la maison commune. Le citoyen Mandat fut invité à faire porter à la maison commune les modèles dont il se servait pour la fabrication des cartes afin de faire disparaître ceux qui pouvaient rappeler encore quelques vestiges de la royauté et de la féodalité. La loi contre les accaparements fut proclamée, ainsi que celle fixant le maximum du prix du tabac, des salaires, des denrées et des marchandises de première nécessité. Sauret, maire, Fraïsse officier municipal, Roube, Fabre, Labor notable, furent nommés membres du Comité de surveillance de la Commune, chargés de réprimer ceux qui, par leurs propos ou leurs écrits, se montraient partisans de la tyrannie ou du fédéralisme et ennemis de la liberté, ceux à qui il avait été refusé un certificat de civisme et qui pouvaient être regardés comme suspects.

Le citoyen Mainvielle (Antoine-Joseph) avait été envoyé par le Comité de salut public de la Convention nationale dans le département de l'Hérault, pour faire descendre les cloches qu'on devait convertir en canons, en exécution du décret du 23 février 1793. De passage à Béziers, il combla la ville d'éloges, déclarant qu'elle s'était toujours distinguée par son patriotisme, qu'elle avait été la première à accepter l'acte Constitutionnel et les Droits de l'homme et du citoyen, que la Convention avait décrété qu'elle avait bien mérité de la patrie, qu'elle avait imité la ville de Paris, en plaçant des oriflammes à une des croisées de chaque maison, qu'elle avait depuis longtemps fait descendre des cloches pour les convertir en monnaie de billon, que dans toutes les armées de la République elle comptait un nombre considérable de volontaires et que dans les quatre bataillons levés dans le département des volontaires de Béziers avaient formé des compagnies entières.

La Convention substitua à l'ère grégorienne l'ère républicaine. Tout en décidant que la nouvelle ère commencerait au 22 septembre 1792, elle avait conservé les noms et les divisions de l'ancien calendrier, et elle avait laissé le commencement de la seconde année fixée au 1ᵉʳ janvier 1793. Le 5 octobre 1793, elle décréta que chaque année de l'ère républicaine commencerait à la même date, dans la nuit du 21 au 22 septembre.

L'année fut divisée en douze mois égaux de trente jours chacun ; chaque mois, en trois parties égales, de dix jours chacune, appelées *décades*. Les mois, les jours de la décade étaient désignés par les dénominations ordinaires : premier, second, etc... Ainsi pour exprimer la date du 5 octobre, il fallait dire : le quatrième jour de la deuxième décade du 1ᵉʳ mois de l'an II. Ces dénominations étaient incommodes; elles ne durèrent que quelques jours. Le décret du 25 du même mois, en prescrivant que les actes ne devaient plus porter qu'une date, imposa aux mois et aux jours des dénominations propres.

La terminaison de celles des mois changeait avec chaque saison ; et, par suite d'un heureux choix, le nom d'un mois rappelait la saison à laquelle il appartenait, l'état de l'atmosphère et les produits de la terre.

Les trois premiers mois étant ceux d'automne furent nommés : *Vendémiaire* (des vendanges), *Brumaire* (des brumes), *Frimaire* (des frimas) ; les trois mois correspondant à l'hiver s'appelaient : *Nivôse* (de la neige), *Pluviôse* (de la pluie), *Ventôse* (du vent); les trois autres mois correspondant au printemps furent : *Germinal* (des germes), *Floréal* (des fleurs), *Prairial* (des prairies) ; enfin ceux de l'été reçurent les noms sonores de *Messidor* (des moissons), de *Thermidor* (des chaleurs), de *Fructidor* (des fruits).

Le nom de chaque jour fut tiré de son rang dans la décade : *Primidi, Duodi, Tridi, Quatridi, Quintidi, Sextidi, Septidi, Octidi, Nonidi, Décadi*, et on lui accola en remplacement des noms de *Saints* un nom de plante, d'animal ou d'instrument aratoire (1). Le décadi était consacré au

---

(1) Vendémiaire : 1. Primidi, Vigne ; 2. Duodi, Safran; 3. Tridi, Châtaigne, etc., etc.

repos et il y avait vacances des administrations et tribunaux. Il resta cinq jours appelés *complémentaires*, six dans les années bissextiles, consacrés à des fêtes nationales. Un décret du 23 novembre (3 frimaire), prescrivit l'application aux lois et aux actes du calendrier républicain qui dura jusqu'au 1er janvier 1806.

Le nom des Saints du calendrier grégorien fut dédaigné. On adopta des appellations grecques, romaines ou politiques; on s'appela Socrate Milhau, Diogène Lutrand, Decius Vernhes, Ménénius Fabre, Marat Escorbiac, La Liberté Monestié, Flourens Sans-Culotte...

Le bourg du Roi fut appelé Bourglibre. On ne dit plus que le bourg d'André, le bourg d'Aphrodise, le bourg de Jacques. Les rues, les places, les îles ne conservèrent rien de l'appellation de l'ancien régime ; tout fut approprié au nouveau.

Des citoyens abdiquèrent même leur nom de famille. Le citoyen Rey quitta son nom pour adopter celui de Raison et se fit appeler citoyen Raison. Le citoyen Duc « en reconnaissance des principes vraiment patriotiques, dont le citoyen Joseph Croisa, son oncle, n'a cessé d'entourer sa jeunesse, sentant que le nom de son père est *impropre* se présente au Conseil général pour abjurer le nom de son père Joseph-Marie Duc, et prendre et porter désormais celui de Joseph Croisa neveu. » Rey-Pailhade, président du tribunal du district, informa le Conseil général qu'ayant été invité « par la Société populaire d'abdiquer le nom de Rey qui rappelle dans l'idiome vulgaire l'idée d'un despote, et ses sentiments se trouvant conformes à ceux de la Société, il déclare que son nom propre sera désormais Pailhade-Libre (1).

Le triomphe de la Montagne sur la Gironde n'avait pas

---

(1) Plus tard, il revint à son premier nom. « Informé par les papiers-nouvelles d'un décret suivant lequel les citoyens doivent porter le nom de leur père, il déclara au Conseil général qu'il reprenait celui de Rey-Pailhade. » — C. G. Délibération du 13 fructidor, an II (30 août 1794.)

donné à la République une paix salutaire. Elle ressentit le contrecoup de doubles attaques de la part des modérés et des exagérés. Ne voulant pas abandonner la place à de nouvelles factions et pour imposer silence à tous les partis, la Convention, déjà pressée par de nombreuses pétitions de rester à son poste, déclara, le 10 octobre 1793, que la France aurait jusqu'à la paix un *gouvernement révolutionnaire*. Le Conseil exécutif, les ministres, les généraux, les corps constitués furent placés sous la surveillance du Comité de salut public qui fut tenu de rendre compte de ses actes tous les jours à la Convention. La plus grande rapidité devait accompagner l'exécution des lois révolutionnaires. Les ministres, les généraux, les fonctionnaires, obligés de soumettre leurs opérations au Comité, n'osaient plus agir de leur propre mouvement et n'attendaient plus que ses ordres. A côté du Comité de salut public avaient été créés un Comité de sûreté générale et un Tribunal extraordinaire. A l'institution d'une armée révolutionnaire, ou force chargée spécialement de faire exécuter les ordres du gouvernement dans l'intérieur, fut ajoutée la loi des suspects si souvent demandée. Ce fut un régime affranchi de tout frein, de toutes règles protectrices, de toutes garanties légales.

Le Comité de salut public, armé d'un pouvoir souverain, fit épurer les états-majors de l'armée et les administrations des départements et des villes. Le représentant du peuple Boisset (1) fut envoyé en mission dans le département de l'Hérault pour mettre en action ce gouvernement de terreur et il reconstitua la municipalité de Béziers par un arrêté que le procureur de la Commune communiqua au Conseil général dans la séance du 13 novembre 1793. Quelques officiers municipaux et quelques notables furent destitués et remplacés par d'autres citoyens.

---

(1) Boisset (Joseph-Antoine), né à Montélimar, le 8 octobre 1748, mort à Montboucher (Drôme), le 15 septembre 1813, était député de la Drôme.

X

AN II

23 septembre 1793. — 22 septembre 1794

Reconstitution de la municipalité. — Sauret maire. — Adresse à la Convention. — Fête funéraire de Marat. — La Terreur. — Le Temple de la Raison. — Suppression des églises. — Enterrements civils. — Emprunt forcé, loi des suspects et Société des Jacobins. — Le procureur de la commune Minard *agent national*. Le tutoiement. — Prise de Toulon. — Bataillon des Muscadins. — Les Vengeurs. — Ouverture d'un théâtre républicain. — Déplacement des cimetières. — Sœurs expulsées des hôpitaux. — Ensemencement des jardins. — Recensement. — Malheur des temps. — Adresse à la Convention. — Enseignement primaire. -- Culte de l'Etre suprême. -- Adresse à Collot d'Herbois et à Robespierre. -- Ecole de Mars. -- Question des approvisionnements militaires. — Fête du 14 Juillet. — Expulsion des prêtres de la commune. -- Mariage du curé Cazaméa. -- Chute de Robespierre. -- Double adresse à la Convention. -- Anniversaire du 10 août. — Epuration de la municipalité. -- Fête des récompenses.

L'administration municipale se trouva composée de la manière suivante : Maire, Sauret ; officiers municipaux : Brès, Guilhemon, Monestié, Noé-David, Lutrand, Audibert, Cellier, Causse, Poudérous fils, Durand, Depierre, Coste, Notables : Cassan, Pastre, Croizat (1), Libes, Flourens,

(1) Croizat était un homme énergique. Quand ses affaires domestiques et ses infirmités le mirent hors d'état de remplir plus longtemps ses fonctions

Reynal, Castan, Heirisson, Passebosc, Fabre, Roube, Massot, Labor, Barthélemy, Etienne Escorbiac, Baluffe, Ponderous père, Combes, Guibal, Salvaniac, Brieussel, Alicot, Dôle, Julien. Procureur de la commune : Mimard ; Substitut : Bouillon. Secrétaire-greffier : Pierre Donnadieu. Trésorier : Bernard. Commissaires de police : Nazaire Escorbiac et Fournier. Juges de paix : Maffre et Rabejac (1).

Tous les membres nouvellement choisis furent appelés à prêter successivement le serment individuel en ces termes :

« Je jure d'être fidèle à la Nation, de maintenir la liberté et l'égalité et la République *une et indivisible*, où de mourir à mon poste en les défendant, comme aussi je jure de soutenir de tout mon pouvoir l'acte constitutionnel du 24 juin dernier, admettant tous les principes et toutes les conséquences qui en découlent naturellement, tout comme aussi je déclare vouer à l'exécration publique et à la vengeance des lois les anarchistes, les fédéralistes et les contre-révolutionnaires de toute espèce. »

Les officiers municipaux furent revêtus de l'écharpe ; les notables, du ruban tricolore et tous furent déclarés installés dans leurs fonctions.

D'un commun accord, les nouveaux administrateurs envoyèrent à la Convention nationale, pour marquer leur adhésion à ses actes, l'adresse suivante :

« Représentants, la tête de Louis Capet est tombée. Ce dernier tyran du peuple Français et son impudique femme n'existent plus !

---

de *notable*, il dit au Conseil général en le priant de le remplacer : «.... Mais je ne serai point tout-à-fait inutile à la chose publique puisque je redeviendrai la sentinelle et la sauvegarde des autorités constituées ; mon corps leur servira d'égide plutôt que les ennemis de la République ne puissent les atteindre. » Délibération du 26 fructidor an II. (12 sept. 1794).

(1) Destaville fut réintégré le 28 nivôse an II (17 janvier 1794).

Grâces à vous soient rendues, Montagnards vertueux, que l'or et les menaces de Pitt n'ont pu ni corrompre ni intimider. Que ne vous devons-nous pas pour les honorables journées du 31 mai et jours suivants? Le sanctuaire des lois fut alors purgé des scélérats qui entravaient ses opérations.

« Depuis cette époque, mille lois de la Révolution aussi vigoureuses que sages ont assuré le bonheur du peuple. Une constitution vraiment populaire, dont la liberté et l'égalité sont les bases, a consolidé à jamais la gloire et la prospérité de la République. Montagne Sainte, tu es la terreur de nos ennemis; ils ne résisteront pas à tes ressources et à ton énergie.

« Reçois et nos hommages et nos vœux pour la patrie. Ce sont les derniers accents qui ont suivi notre installation. Tu as fixé le gouvernement de l'Etat, ne le quitte pas ; le peuple le veut ainsi et nous t'y invitons en son nom. Vive la République ! Vive la Montagne ! Vive la mémoire de Marat ! »

Marat avait été assassiné et sa popularité, accrue par l'apothéose de son martyre, avait pris auprès du peuple et du gouvernement les proportions d'une déification. La municipalité organisa, pour le dimanche 20 brumaire, an II (10 novembre 1793), une fête civique et funéraire pour célébrer la mémoire de la victime de Charlotte Corday. Les corps constitués, l'administration du district, la société populaire, les autorités judiciaires se rendirent solennellement sur la place de la Fédération en traversant les principales rues. Des citoyens vétérans portaient le tableau de la déclaration des droits de l'homme et une couronne de chêne et de fleurs. Les citoyens et les citoyennes chantaient en chœur l'hymne aux républicains intitulé : *Insurrection du peuple contre les tyrans !* Sous un arc de triomphe et sur l'autel de la patrie était placée la statue représentant la République. L'urne cinéraire reposait sur un piédestal entouré de cyprès garnis de guirlandes supportant la couronne civique et quatre vases de parfum. En face de l'autel de la Patrie, l'hymne des Marseillais fut chanté avec accompagnement de la musique. Des discours furent prononcés à la gloire de l'Ami du Peuple. Le président du district et le maire posèrent la couronne sur l'urne. La fête se termina par des chants patriotiques. L'urne cinéraire fut placée dans la salle des séances du Conseil général. Les frais de la fête s'élevèrent à la somme de 279 livres environ. Le Conseil général fit l'acquisition du buste des martyrs de la liberté, de Brutus, de Jean-Jacques Rousseau pour décorer cette même salle. La statue de la Liberté fut placée sur la cheminée.

Pendant l'année qui suivit la chute des Girondins, la France subit une exécrable oppression. C'était le rocher du géant Encelade qui pesait sur elle. Le nom de *Terreur* est le mot appliqué à cette terrible période de notre histoire. Quels souvenirs néfastes ne réveille-t-il pas?

La prison ne pouvait plus contenir tous ceux qu'on y envoyait à la requête du Commissaire national du district ou du juré d'accusation, déserteurs, nobles, prêtres (1), parents d'émigrés ; il fallut recourir au bâtiment national de l'évêché.

Non seulement la liberté, mais la vie humaine n'étaient pas respectées. Il y eut des exécutions sanglantes. Montpellier vit couler le sang de ses enfants, mais il est consolant de dire que l'échafaud ne se dressa pas à Béziers. Il y eut de nombreuses incarcérations et des déportations de prêtres. Cela suffit.

(1) Parmi les prêtres insermentés reclus, nous pourrions citer Barrés, Portalon, Rey. Portalon, à cause de son état de maladie fut autorisé à rester dans sa maison. Voici ce qu'écrivait à chacun d'eux en particulier le procureur de la commune :

« Béziers, le 3 nivôse an II (23 décembre 1793). Je suis engagé de t'envoyer la copie d'une lettre que je viens de recevoir du procureur de la commune de Montpellier où tu verras qu'il te faut rendre à la maison de réclusion dans la décade à compter du jour de cet avis. Je conjecture qu'il n'en faudra pas davantage pour t'y rendre et que je n'aurai pas le désagrément de prendre la voye coërcitive qui m'est indiquée. Vive la République une et indivisible ! »

La *loi des suspects* autorisait l'arrestation de tous les partisans du royalisme et du fédéralisme ; la *loi du maximum* limitait le prix des principales denrées ; la *loi sur les accaparements* obligeait le marchand, sous peine de mort, de faire la déclaration des produits qu'il avait dans ses magasins ; la loi *sur les réquisitions* donnait le droit de requérir tout ce qui était nécessaire à la commune ou ce qu'exigeaient les besoins des armées. Adieu le repos et la tranquillité !

Les biens furent confisqués au détriment des émigrés ou de leurs parents, des prêtres déportés ou reclus, de tous ceux qui recevaient des fugitifs ou ne les dénonçaient pas. Au dessus de la porte d'entrée de chaque maison nationale ou d'émigré on lisait cette inscription : *Propriété nationale ou d'émigré à vendre ou à louer !* On réunit au domaine national les biens des établissements de charité, des associations pieuses et des fabriques paroissiales. Les administrateurs des fabriques, les prieurs, les syndics, les trésoriers des confréries de pénitents, des bureaux de charité et autres établissements de secours furent sommés de rendre compte de leur administration à la municipalité.

Celle-ci fit brûler par ordre les anciens Compoix portant indication des actes récognitifs de féodalité. Les marques de royauté furent derechef recherchées et oblitérées ; il ne devait pas en rester la moindre empreinte. On soumit à la confiscation les terrains et les édifices sur lesquels on en laisserait subsister. On dut retourner les plaques des cheminées et les contre-feux portant des signes de féodalité. Le calendrier républicain fut rigoureusement appliqué.

Poursuivie d'une haine entée sur un serment d'Annibal la religion catholique fut condamnée à disparaître ; elle se vit substituer le culte de la Raison. Le Comité des travaux publics reçut l'ordre de faire abattre les croix surmontant les clochers des églises et chapelles qui se trouvaient sur le territoire de la commune et de faire enlever les marques extérieures du culte, croix, statues et autres emblèmes religieux qui décoraient les rues et les façades des maisons. Depierre, officier municipal, fut commis pour faire descendre les cloches qui restaient aux clochers de la Madeleine, de Saint-Aphrodise et de Saint-Jacques et les envoyer à la maison occupée par l'administration du district. Celle de la tour de Saint-Nazaire fut seule conservée pour appeler en cas d'alarme, ou pour annoncer les fêtes nationales. Les cordes qui servaient à les sonner furent requises et expédiées au ministre de la marine.

Les prêtres ne purent paraître en public pour quelque fonction que ce fût, autrement qu'en costume de citoyen. L'exercice de la religion chrétienne avait été aboli à Paris par la Convention qui, le 20 brumaire an II (10 septembre 1793), se rendit en corps à Notre-Dame pour inaugurer le culte de la Liberté et de la Raison. Cet exemple, grâce aux mesures révolutionnaires, employées par les représentants du peuple envoyés en mission dans les départements, fut suivi dans toute la France.

L'ancienne cathédrale de Saint-Nazaire fut convertie en Temple de la Raison, 30 frimaire, an II (20 décembre 1793) et le peuple s'y assemblait chaque décadi. La porte s'ouvrait à neuf heures et la séance commençait à dix. Un organiste, moyennant une rétribution de 500 livres, était préposé à l'orgue ; des amateurs formaient un orchestre. Le maire, les officiers municipaux, les fonctionnaires publics se rendaient dans ce temple. Un orateur prononçait un discours de morale ; on lisait les décrets de la Convention ; on exécutait des morceaux de musique et on terminait en chantant des hymnes républicains. Les marchands tenaient leurs boutiques fermées les jours de décadis et de fêtes nationales.

Les autres églises dépouillées de leurs emblèmes religieux cessèrent d'exister et furent affectées à des usages divers. La Madeleine fut le dépôt des grains qu'on payait en nature et des souliers que devaient remettre les citoyens en vertu d'un arrêté des représentants du peuple. Le Conseil général établit un magasin de l'armée à Saint-Aphrodise, un atelier de bayonnettes avec huit forges et vingt ouvriers à Saint-Jacques, qu'on dépouilla de son orgue, parce que la fumée le détériorait. Au cloître de Saint-Nazaire on confectionnait des fusils et des sabres. Au couvent du Saint-Esprit chauffaient quatre chaudières pour la fabrication du salpêtre sous la direction du citoyen Chaptal, commissaire du Comité de salut public; un entrepôt de cette matière se trouvait aussi dans l'église du couvent de Sainte-Marie. Les fourrages requis étaient portés dans l'église de Saint-Félix. Les autres chapelles avaient été transformées en boutiques et le reste de l'édifice approprié comme halle aux grains. Au collège fonctionnait un atelier de charron pour les fourgons de l'armée et l'église servait aux réunions de la Société populaire des Jacobins.

Alors, les enterrements civils furent à l'ordre du jour. Il nous paraît intéressant de faire connaître ici le cérémonial inventé par les nouveaux prêtres de la Raison. Quand on procédait à la levée du corps, l'officier public, accompagné d'un certain nombre de frères d'armes, frappait trois coups sur le cercueil avec son sabre, en disant : « O mort, je te vois et tu ne me vois pas. Au nom de la loi, je te commande de sortir d'ici et de me suivre! » On conduisait le défunt au champ de l'égalité. Là, sur le bord de la fosse, l'officier public brandissait son sabre et fendait l'air en quatre parties ; ensuite jetant de la terre avec son sabre sur le corps descendu dans la fosse, il disait ces mots : O mort, au nom de la loi et du peuple Français, je livre ton corps à la terre pour devenir la pâture des vers, et ton âme à l'Etre suprême.

Quatre frères d'armes faisant un demi-tour tiraient quatre coups de fusils dans la fosse.

Quelques-uns des prêtres résidant à Béziers disaient la

messe secrètement dans des maisons particulières où se rendait un certain nombre de personnes qui avaient conservé la foi, malgré les mesures révolutionnaires qui cherchaient à la détruire. C'était aussi en cachette que ces prêtres administraient les sacrements.

La Société populaire exerçait sa pression sur le Conseil général et lui imposait ses exigences. Le bois de chauffage manque-t-il à la commune et aux corps de garde? Elle prescrit des réquisitions dans les villages voisins. Les représentants du peuple près l'armée des Pyrénées-Orientales réclament-ils, à cause du froid, des manteaux, des capotes et autres effets d'habillement pour les soldats? Des descentes sont faites chez les marchands de drap de la ville pour se procurer ce qui est nécessaire. La chaussure fait-elle défaut aux troupes? Les cordonniers et leurs garçons livreront dix paires de souliers par décade? L'hôpital militaire a-t-il épuisé sa provision de bois et de sarments? La municipalité doit se transporter dans les grands domaines et exiger des propriétaires, par voie de réquisition, le bois et les sarments au-dessus de leur consommation. Les jeunes gens soustraits, par des exemptions, à la levée en masse sont requis pour soigner les malades à l'hôpital militaire. Le danger est-il menaçant? Le conseil général se déclare en permanence. Il sera levée une *armée révolutionnaire* pour être à la réquisition de la municipalité ou du Comité de surveillance.

Les bons patriotes seront invités à donner leur nom.

Des secours sont-ils nécessaires aux familles pauvres de ceux qui sont sous les drapeaux? On se procurera de l'argent par des taxes sur les familles riches sous la couleur d'*emprunt forcé*. Le décret sur la suppression des *loteries* est-il publié? Le citoyen receveur Lazare sera tenu d'arrêter et de rendre ses comptes. Faut-il s'assurer de l'ensemencement des terres susceptibles de produire des grains et des fourrages? La Société populaire désigne seize membres pour en faire la vérification (1).

Dans ce temps agité, la sécurité n'existait pas plus pour les simples citoyens que pour les représentants du pouvoir. Mimard, procureur de la commune, avait été dénoncé, poursuivi et emprisonné en vertu de la loi des *Suspects*. Bientôt, un arrêté de Boisset, le représentant du peuple, le réintégra dans les fonctions qu'il occupait, sur les réclamations du Conseil général, de la Société populaire et du Comité de surveillance. A peine a-t-il été donné lecture de l'arrêté, que les officiers municipaux et les notables présents à la maison commune se rendent à la maison de détention, décorés de leurs écharpes et de leurs rubans tricolores, précédés des tambours et des trompettes, des sergents et des capitaines de ville, pour prendre le procureur de la commune, le ramener à son poste et le revêtir de son écharpe.

Comme les autres fonctionnaires, Mimard et Bouillon, son substitut, furent soumis à l'épuration. Sortis intacts de l'épreuve, ils abandonnèrent le nom attribué à leurs fonctions et ils reçurent : le premier, celui d'*Agent national* de la commune et le second, celui de *Substitut de l'Agent national*. Il fallait se conformer aux ordres du gouvernement provisoire *révolutionnaire* (2).

Le titre de *Monsieur* et de *Madame* étaient hors d'usage. On n'entendait plus proférer que les mots de *Citoyen* et de *Citoyenne* accompagnés du *tutoiement*. L'usage devait en être généralisé, et, pour l'introduire dans les mœurs, voici quelques phrases du discours d'André Tudier prononcées à la Société populaire des Jacobins, le décadi, 30 messidor, an II (18 juillet 1794).

(1) L'emprunt forcé, prescrit par la loi du 3 septembre 1793, se porta, pour notre commune, à la somme de 555.000 livres et ne fut fini que le 23 ventôse (13 mars 1794).

(2) Loi du 4 décembre 1793 (14 frimaire, an II).

«... Citoyens, Frères et Amis,

« Nous voulons ramener toutes choses à la raison, et nous négligeons dans notre cité un point très important, c'est le tutoiement. Nous ne nous apercevons pas que celui qui dédaigne le *Tu* républicain, en s'abstenant de l'employer dans la conversation, n'est pas l'ami de la liberté et de l'égalité ; et il est ridicule, quand on adresse la parole à une seule personne, de lui parler comme si on parlait à plusieurs....

» En se servant du mot *Vous* on outrage la nature, la raison, la liberté et l'égalité ; c'est un reste, une trace de l'ancien régime qu'il faut rejeter....

» Le *Tu* républicain doit nous rendre à chaque instant présent le sentiment de nos droits ; il doit appuyer l'homme libre, et, servant d'expression à la douce fraternité, il resserrera le lien politique qui unit les citoyens....

» Le mot *Tu* donnera plus de laconisme à la langue; la substitution du mot *Tu* rend inutiles les coups de chapeau et vient modifier la manière de saluer ; deux vrais républicains doivent s'aborder et se serrer affectueusement la main en bons frères.

» Le mot *Tu* amènera l'abolition de ces usages d'étiquette, avilissants pour l'humanité, ne pouvant, sous aucun rapport, convenir à des hommes libres... » (1)

Pour mieux assurer les principes d'unité et d'égalité, véritables bases de la République, il fut ordonné aux boulangers de ne faire désormais qu'une qualité de pain.

Toulon était au pouvoir des Anglais et des Espagnols. Cette occupation leur assurait un pied à terre dans le Midi et une base pour tenter une invasion. Il importait à la France de se remettre au plus tôt en possession de cette ville et ses efforts furent couronnés de succès. La ville fut reprise le 29 frimaire (19 décembre). Cette conquête, où se

---

(1) Brochure de 7 pages. Béziers, imprimerie Bousquet. 30 messidor, an II.

révélèrent les qualités militaires du lieutenant Bonaparte, causa une joie extraordinaire, et la Convention prescrivit la célébration dans toute l'étendue de la République d'une fête nationale. Cette cérémonie se fit avec toute la pompe dont elle était susceptible le 2 nivose, an II (9 janvier 1794).

Les jeunes gens appartenant à l'ancienne noblesse requis par la loi étaient partis pour l'armée des Pyrénées-Orientales. Soit privations et fatigues guerrières, soit dureté de la vie des camps, le désarroi se mit dans leurs rangs et ils devinrent la cause du grand nombre de désertions dont on avait à déplorer le spectacle. L'administration s'en émut. L'ordre fut donné aux Conseils généraux et aux Comités de surveillance des communes de dresser un tableau régulier des *Muscadins* partis pour l'armée et de l'envoyer aux représentants Fabre et Gaston en mission dans les Pyrénées. Tous les déserteurs qu'on rencontrait étaient ramenés de force au camp et on menaça les pères et les mères d'arrestation et de confiscation de leurs biens, c'est-à-dire, de les traiter comme des émigrés.

Mais une autre catégorie de citoyens luttait avec une sublime énergie pour la défense de la patrie. C'étaient les volontaires de la *Compagnie franche* sous le nom de bataillon des « *Vengeurs* », ayant à leur tête le citoyen François Chevalier. L'élan patriotique se manifesta encore par la souscription pour la construction et l'armement d'un vaisseau de ligne qui devait s'appeler « Le Sans-Culotte de l'Hérault. » La somme de 1,508 livres qu'elle produisit fut versée dans la caisse du trésorier de la Société populaire.

Le citoyen Geoffroy avait fait construire une salle de spectacle et il s'associa avec Fleury, artiste dramatique, attaché au théâtre de Montpellier qui, moyennant un traitement de 6,000 livres, s'engagea de composer et de diriger une troupe de comédiens propre à satisfaire le public. La représentation commençait à cinq heures du soir pour finir à dix heures. L'intervalle d'une pièce à l'autre ne dépassait pas un quart d'heure. Pour maintenir l'ordre et la décence on rédigea un règlement spécial. Tous les jours de décadi le spectacle était terminé par le chant d'un hymne ou de couplets patriotiques. Le cinquième jour de la seconde décade fut fixé pour une représentation au bénéfice des pauvres avec un choix de pièces républicaines telles que : *Le Volontaire de la Haute-Marne ; Le Dragon de Thionville.*

L'entreprise de ces représentations tomba bientôt après entre les mains d'un nommé Beck, originaire de Manheim, mais depuis de longues années établi en France. Il était directeur des élèves de l'Opéra ; il allait de ville en ville où il jouait avec une troupe particulière des pièces relatives à la Révolution, et il arrivait de Carcassonne, où, pendant trois mois, il avait obtenu un grand succès. Le Conseil général en accueillant ses propositions, se réserva de faire examiner chaque fois ses pièces pour s'assurer qu'elles étaient dans le vrai sens de la Révolution et capables de former l'esprit public et de développer l'énergie républicaine (15 pluviose, an II — 3 février 1794).

Une épidémie venait de se déclarer et elle menaçait de porter au loin ses ravages par suite des circonstances défavorables où se trouvait placée la ville. L'officier de santé, Bailheron, signala l'évidence du danger à la municipalité et lui indiqua les moyens d'y couper court en faisant cesser les abus d'où provenait l'altération de l'air. Le cimetière de l'hôpital militaire était trop près de la ville, et son exiguïté amenait un entassement de cadavres d'où se dégageaient des miasmes délétères et des exhalaisons putrides à cause du peu de profondeur des fosses. Il y avait aussi plusieurs cimetières intérieurs dont l'établissement ne pouvait qu'être préjudiciable à la santé publique. Tous les cimetières, sans exception, devront être portés hors de l'enceinte de la commune et à un quart de lieu de distance. Un champ de la Fontneuve fut affecté au cimetière militaire, et le cimetière civil fut établi dans un champ du citoyen Millié sur le chemin de Pézenas. — 1ᵉʳ ventôse (19 février 1791).

Un décret de la Convention nationale du 9 nivôse, an II (29 décembre 1794), assujettit au serment les religieuses chargées du service des hôpitaux. Tout refus de se soumettre à cette prescription devait entraîner leur remplacement. Comme la plupart de ces religieuses étaient malades ou infirmes et qu'elles ne pouvaient sortir, deux officiers municipaux, Noé-David et Guilhemon, furent délégués pour aller recevoir leur serment. Mais les religieuses de l'hôpital des malades, aussi bien que celles de l'hôpital des enfants, répondirent par un refus formel à la sommation qui leur fut faite. Elles furent renvoyées et remplacées dans leurs fonctions.

Les administrateurs de l'un et de l'autre hôpital furent chargés d'installer les citoyennes choisies pour leur succéder et de recevoir le serment que prescrivait la loi.

La double levée d'hommes qui avait été faite avait diminué le nombre de bras. Les champs pouvaient être trop étendus, ne pas être convenablement cultivés et ne pas fournir assez pour les besoins des habitants et pour les réquisitions de l'armée. Un arrêté du représentant Boisset exigea la mise en culture de tous les jardins de plaisance, obligea les propriétaires à ensemencer leurs terres, soit en grains, soit en légumes, et de préférence en pommes de terre, et à exploiter les coins de terre négligés jusqu'à ce jour. Le conseil général fut invité à faire ensemencer les terres des citoyens absents ou dépourvus des moyens de les faire cultiver. Comme il y avait pénurie de travailleurs on renvoya dans leurs foyers, pour les rendre aux travaux de l'agriculture, les citoyens de la levée en masse ayant dépassé l'âge de 25 ans lors de la première réquisition. Les jeunes gens qui avaient accompli leur dix-huitième année, incorporés ou non dans un bataillon, furent appelés sans délai au camp établi près de Carcassonne.

Un recensement de la commune donna les résultats suivants : 12,500 habitants, 3,301 votants, 474 défenseurs de la patrie partis pour l'armée, 9,806 setiers de blé ou farine, 1,914 setiers de seigle ou farine. On vivait sous une oppression continuelle. Les déserteurs et les réfractaires étaient traqués comme des bêtes fauves. L'huile, le vin, les grains et farines étaient soumis au recensement; les bois propres au service de la marine ou de l'artillerie, les souliers étaient l'objet d'une réquisition permanente ; chaque cordonnier devait remettre deux paires de souliers toutes les décades; les propriétaires de troupeaux étaient tenus de livrer des moutons pour préparer le bouillon des malades. Pour la fabrication de la poudre, on requérait et convertissait en charbon les divers arbrisseaux, bourdaine, cornouiller sanguin rouge et blanc, coudrier ou noisetier, les tiges de l'osier, de l'aulne, du saule. On se faisait livrer les cendres des fourniers et des boulangers. Les femmes, les enfants et les vieillards étaient employés à brûler les mauvais bois, les broussailles et autres combustibles et à en recueillir les cendres qui, lessivées, servaient pour la fabrication du salpêtre soit dans les ateliers nationaux, soit dans les ateliers des particuliers.

La municipalité portait la main sur tout avec une rapacité de terroriste. Nul n'échappait à la tyrannie dictatoriale des représentants en mission dans le département. On dépouillait toute église du linge, de l'argenterie et autres objets qu'elle pouvait recéler. Des émissaires, soit à la ville, soit à la campagne, faisaient des perquisitions dans les maisons « des aristocrates », des reclus, des émigrés et en faisaient enlever les fers, les cuivres ouvrés ou non, le plomb, les balcons, les rampes, les plaques, tout ce qui était propre à fabriquer des bayonnettes, des armes ou des munitions, et on réunissait le tout dans la sacristie de l'église de Saint-Nazaire. Tout possesseur de trois chevaux ou mulets devait fournir vingt-cinq quintaux de foin. Les charrettes des maisons de campagne, les bois de charronnage qu'elles renfermaient étaient recherchés pour le transport de ce qui était nécessaire à l'armée. Tout délinquant était sur-le-champ puni. Le citoyen Roquemartine, convaincu de désobéissance à un arrêté du représentant du peuple, portant réquisition de ses charrettes, fut déclaré suspect, arrêté et conduit dans la maison de détention du district. Le sequestre était mis sur les biens immeubles de ceux qui tardaient à rejoindre leur drapeau. Au régisseur des domaines nationaux on expédiait l'état des biens immeubles des pères et des mères d'émigrés pour être mis en régie.

Dans l'église du collège on réunissait les livres des couvents. Dans l'ancien palais de l'évêché on recueillit les manuscrits, les livres, les objets d'histoire naturelle, les instruments de physique et de mécanique, les antiques, les médailles, les tableaux, les gravures, les plans, les cartes et autres monuments des arts et objets d'instruction ayant appartenu aux communautés religieuses, aux émigrés, aux prêtres déportés, à l'ancienne Académie des sciences et lettres avec le projet d'en former une bibliothèque nationale du district, mais on comptait sans les funestes effets de la dispersion (1).

Deux partis puissants, les ultra-révolutionnaires et les modérés, les Hébertistes et les Dantonistes, avaient tenté de disputer le pouvoir à Robespierre et au Comité de Salut public. Les chefs expièrent par la mort leurs menées ambitieuses. Les opposants cessèrent leur résistance et firent leur soumission. Une foule d'adresses furent envoyées à la Convention et au Comité de Salut public pour les féliciter de leur énergie.

---

(1) Loi du 8 pluviôse, an II (27 janvier 1794) prescrivant l'établissement de bibliothèques publiques dans le district.

A la séance du 9 germinal (29 mars), l'agent national s'exprime ainsi : « Citoyens, les papiers publics nous ont instruits d'une conspiration formée contre la République. Cette nouvelle eût été accablante si nous n'avions appris en même temps que, grâce à la vigilance de nos représentants, la conspiration a été découverte et déjouée. » Aussitôt il requiert le Conseil général de voter à ce sujet des remerciements à la Convention et de l'inviter plus que jamais à rester à son poste jusqu'à ce que les ennemis de la République intérieure et extérieure soient exterminés au point qu'il n'en échappe pas un seul à la vengeance nationale.

Le Conseil général, poussé par le même motif, vota à la Convention l'adresse suivante :

« CITOYENS REPRÉSENTANTS,

»Elle sera donc éternelle cette République déjà si célèbre et qui triomphe toujours des complots des méchants. La nouvelle conspiration qui vient d'être découverte et déjouée en est la preuve manifeste; et le génie tutélaire des Français qui, par votre organe, veille à leur salut, ne cesse de remplir nos cœurs de confiance et d'espoir. Rien n'égale sans doute la scélératesse des conjurés, si ce n'est leur extravagance. Ils veulent soumettre et dominer un peuple immense qui a juré de conserver sa liberté ou de s'ensevelir sous ses ruines. Qu'ils en perdent l'espérance insensée ! Les orages et les tempêtes agiteront vainement le vaisseau ; il est à l'ancre qui s'enfonce toujours davantage par les secousses qu'on lui donne et il entre enfin dans le port sous votre égide. La commune de Béziers manquerait essentiellement à ses principes prononcés et au serment sacré qui la lie à ses représentants, si elle ne s'empressait de leur porter dans cette occasion mémorable le vœu de sa reconnaissance et de son attachement pour la vigilance et le courage qu'ils viennent de montrer. Tous les scélérats périront et votre gloire vous conduira à l'immortalité. Restons tous à notre poste : vous, pour rendre des sages décrets, et nous, pour les faire exécuter. C'est cet accord précieux et durable qui doit opérer le bonheur des patriotes et l'effroi de leurs ennemis. Vive la République ! Paix aux peuples ! Guerre aux tyrans ! »

Pour façonner la Nation à ses idées, le gouvernement révolutionnaire comprit qu'il devait faire porter son action sur la génération naissante et qu'il fallait songer à règlementer l'enseignement. Tel fut l'objet du décret du 29 frimaire (19 décembre), rendu par la Convention sur l'organisation de l'instruction publique. Dans la séance du Conseil général du 1er germinal (21 mars), l'agent général en requit l'application. Un registre fut ouvert pour recevoir la déclaration de tous ceux qui s'offriraient comme instituteurs ou institutrices. Le Comité de surveillance exigeait de tous ceux qui se présentaient pour se dévouer à l'enseignement public, un certificat de civisme et de bonnes mœurs. Quiconque n'avait pas été agréé ne pouvait pas s'occuper de l'éducation de la jeunesse. Il n'était permis aux parents d'envoyer leurs enfants qu'aux écoles autorisées où ils devaient les tenir pendant trois années consécutives depuis l'âge de six ou de huit ans au plus tard. Le Conseil général vota l'impression de mille exemplaires du *Catéchisme républicain* et de l'ouvrage intitulé les *Vingt-Cinq préceptes de la Raison* pour être distribués et servir de livres classiques aux jeunes enfants, en attendant que la Convention nationale eût décrété les livres élémentaires qu'elle destinait à leur éducation. En même temps, les citoyens détenteurs de parchemins, livres et papiers en opposition avec les principes de liberté et de raison, furent invités à les déposer à la maison commune. Les quatre instituteurs Pellissier, Valat, Vidal et Fizes réunissaient cent trente-huit élèves et les deux institutrices Varlet et Chazel en avaient cinquante-neuf. Le nombre des maîtres et des maîtresses devint insuffisant pour une population de 14,000 âmes et le Conseil général délibéra d'appeler douze instituteurs et huit institutrices.

Les troupes de la République avaient obtenu des triomphes sur les Espagnols. La Société patriotique conféra avec le Conseil général pour les célébrer dignement le

20 floréal (9 mai). La fête devait être annoncée la veille par le son de la cloche conservée pour les réjouissances publiques, par des décharges d'artillerie, et le soir, terminée par une illumination générale. On demandait que les citoyens fussent invités à prendre leurs repas devant leurs portes. Mais à raison des inconvénients qui pourraient résulter des repas pris hors des maisons, comme le prouvaient de fâcheux accidents arrivés ailleurs en pareille circonstance, le Conseil général regretta de ne pas pouvoir condescendre aux désirs de la Société patriotique et il passa à l'ordre du jour.

Les cérémonies du culte de la Raison avaient été abolies; il fallait des fêtes pour les jours de décadi. Robespierre fit décréter le 18 floréal, an II (7 mai 1794), l'existence de l'Etre Suprême et l'Immortalité de l'âme. Une fête solennelle pour la célébration du nouveau culte fut fixée par la Convention nationale au 20 prairial, an II (8 juin 1794) dans toutes les communes de la République.

A cette époque on ne chômait plus que le décadi; les travaux ne discontinuaient pas les jours qu'on appelait autrefois *dimanches et fêtes*, jours auxquels des citoyennes non salariées se réunissaient à l'hôpital militaire pour faire de la charpie et raccommoder les habits des défenseurs de la patrie. Le Conseil général apporta beaucoup de zèle à solenniser cette fête et il fit dresser un plan qui fut imprimé à cent exemplaires. Tous les Corps constitués se réunirent dans le temple de la Raison; puis ils se rendirent, en parcourant les rues principales, à la place de la Fédération où des hymnes analogues à la fête furent chantés devant l'autel de la Patrie. A deux heures, les citoyens et les citoyennes se retrouvèrent au temple, dans lequel fut prononcé un discours suivi du chant de couplets patriotiques. Un drapeau tricolore flottait comme emblème de la Liberté à la principale fenêtre des maisons. Un bal couronna la fête (1).

(1) Un arrêté du Comité de Salut public du 23 floréal, an II (12 mai 1794)

En même temps, pour féliciter la Convention du décret qu'elle avait rendu, le Conseil général lui envoya l'adresse suivante :

« Citoyens représentants,

» Tandis que la bayonnette républicaine renverse les hordes ennemies, l'éloquence et la philosophie triomphent du système d'athéisme et d'immoralité avec lesquels les conjurés voulaient perdre la République. Aussi, nous mettrons au rang des plus célèbres victoires, qui illustrent notre sublime Révolution, celle que vous venez de remporter sur les scélérats qui avaient voulu vous calomnier en vous prêtant des sentiments qui ne furent jamais ni les vôtres, ni ceux du peuple que vous représentez. Si par vos infatigables travaux et l'héroïsme de votre courage, nous sommes enfin parvenus à voir constamment la justice et la probité à l'ordre du jour, comment pourrions-nous conserver les bases éternelles de notre Constitution sans élever sans cesse nos yeux et nos cœurs à l'Etre Suprême qui en est le principe et la fin, sans nous pénétrer assidûment de la vérité nécessaire du dogme consolant de l'immortalité de nos âmes ? Que les despotes perdent donc l'espoir de nous vaincre en les dégradant. L'arbitre des combats a juré leur défaite, et ils survivent, en dépit d'eux-mêmes, à la mort qui les attend pour subir dans une autre vie la peine due à tous leurs attentats contre la liberté des nations. *Vive la République ! Périssent les tyrans, les traîtres, les athées et les calomniateurs et tous les ennemis de la liberté et de l'égalité !!!* »(1).

Une tentative d'assassinat fut dirigée le 3 prairial an II

portait qu'au frontispice des édifices ci-devant consacrés au culte, on substituerait à l'inscription *Temple de la Raison* ces mots de l'article 1er du décret de la Convention Nationale, du 18 floréal : « Le peuple français reconnaît l'Etre Suprême et l'Immortalité de l'Ame. » Le rapport et le décret du 18 floréal devaient être lus publiquement, les jours de décadi, pendant un mois, dans ces édifices.

(1) On lit dans la séance du conseil général du 11 messidor (20 juin) « Cette adresse fut lue le 4 messidor (22 juin) à la Convention Nationale qui en ordonna la mention honorable et l'insertion au Bulletin. »

(22 mai 1794) contre le représentant Collot d'Herbois par le nommé Ladmiral, et le même jour un crime semblable avait été médité contre Robespierre par une jeune fille nommée Cécile Renault. Dans la séance du 14 prairial (8 juin) l'agent national proposa au Conseil général de faire une adresse, confiée au notable Heirisson, à la Convention nationale, pour lui témoigner son indignation au sujet de ce double attentat.

« CITOYENS REPRÉSENTANTS,

» La représentation nationale, disait-on, vient d'être violée en la personne de Collot d'Herbois, mais l'ange tutélaire qui veille autour de chacun de vous a détourné le coup mortel, et la Providence, qui n'est qu'une émanation de cet Être Suprême, que nous reconnaissons malgré la doctrine de l'athéisme que des scélérats auraient voulu propager, en a également préservé Robespierre....

« Que cet évènement mémorable apprenne aux tyrans coalisés et à l'infâme Pitt, leur agent forcené, que les poignards qu'ils dirigent contre les défenseurs des droits du peuple s'émousseront toujours sur leur sein, et que leurs attentats criminels ne feront jamais rétrograder la République... » (1).

Ce n'était pas tout de fabriquer des armes, de se procurer des chevaux par des réquisitions, de lever des hommes ; il fallait aussi former vite des officiers. Un décret de la Convention du 13 prairial (1ᵉʳ juin) organisa une école militaire sous le nom d'*Ecole de Mars* et chaque district de la République dut y envoyer six jeunes gens dans l'âge de 16 à 17 ans et demi pour y recevoir par « une éducation révolutionnaire » toutes les connaissances et les mœurs d'un bon républicain. Les six jeunes gens du district de Béziers furent J.-J. Massot, J.-F. Ricard, Et.-Marie

(1) C. G. Séance du 10 prairial, an II (4 juin 1794).

Mayneau, J.-Laurent Chuchet, François Baylet, Antoine Billière et Michel Coutel. Tous se rendirent à pied et militairement à Paris, sous la conduite du commandant Labretèche. « Campés sous des tentes, au milieu de la plaine des Sablons, ils devaient s'y instruire rapidement dans toutes les parties de l'art de la guerre, et se répandre ensuite dans les armées (1). » Le commandant de place et le chef de la légion biterroise appelèrent l'attention du Conseil général sur l'utilité d'accoutumer aux évolutions militaires les jeunes citoyens des écoles primaires depuis l'âge de douze ans jusqu'à celui de seize ou dix-sept ans, et sur l'avantage de les réunir en une ou plusieurs compagnies. Les jeunes gens furent appelés à prendre part à cet enrôlement et on invita leurs parents à les y engager. Le citoyen Yvernès fut désigné pour leur donner les premiers éléments de la tactique militaire. Telle est l'origine des *bataillons scolaires* que nous avons vus de nos jours.

Le devoir de mener les soldats à l'ennemi et de leur assurer la victoire était une grande charge pour les généraux, et il engageait fortement leur responsabilité. Mais n'était-ce pas aussi une grave question que celle de pourvoir à la subsistance des troupes ? Tant pour l'armée des Pyrénées que pour celle du Nord, les agriculteurs subissaient de dures vexations. Ils devaient faire dépiquer leurs grains au plus tôt, et cela, sous la surveillance de la municipalité. Les grains et les fourrages étaient soumis à un rigoureux recensement. Un arrêté du 25 prairial (11 juin) mettait à la disposition du garde des fourrages militaires les avoines, les orges, les sons qui pouvaient se trouver chez les particuliers. On ne pouvait garder pour son usage personnel que le strict nécessaire. Il y avait déjà longtemps que l'on était déshabitué de la liberté !

Néanmoins les fêtes nationales n'étaient pas oubliées.

---

(1) Thiers. — *Histoire de la Révolution.*

L'enthousiasme public se réveilla pour célébrer celle du 14 juillet (26 messidor). Toutes les autorités constituées furent invitées à y concourir. Elle fut annoncée la veille par le son des trompes, les décharges d'artillerie et la sonnerie de la cloche nationale. Les habitants furent convoqués au son du tambour. Une assemblée générale se tint d'abord à huit heures au temple de l'Etre Suprême, où furent prononcés maints discours. Sorti du temple, le cortège se rendit à l'autel de la Patrie, sur la place de la Révolution où tonnèrent des décharges d'artillerie et où le maire prononça un discours en rapport avec les circonstances, à la suite duquel tous les citoyens présents prêtèrent le serment indiqué par la loi. Le cortège reprit sa marche pour revenir au temple de l'Être Suprême où tout finit. A neuf heures du soir le même cortège se reforma et, précédé de la musique et des tambours, il se rendit une seconde fois à l'autel de la Patrie pour faire entendre des hymnes analogues à la fête.

Un arrêté, en date du 13 thermidor (31 juillet) des représentants du peuple Perrin et Goupilleau, délégués après Boisset, dans l'Hérault, portait que « tous les ci-devant prêtres qui n'avaient point de fonctions publiques seraient tenus de se rendre dans leurs communes respectives et dans le sein de leurs familles sous peine d'être déclarés suspects et traités comme tels. »

Dominique Pouderous, ancien évêque constitutionnel de l'Hérault, pria la municipalité de lui laisser continuer sa résidence en cette commune où il s'était fixé depuis plus de quatre ans qu'il fut nommé évêque et où se trouvait établie depuis longtemps la majeure partie de sa famille. On lui objecta que sa demeure devait être établie au bourg de Villeneuve d'où il était originaire au sein de sa véritable famille, et il reçut l'ordre de se conformer à l'arrêté des représentants du peuple.

Léonard Nicolas, ancien curé de Saint-Jacques, et André

Bournhonnet, de Servian, ancien curé de Saint-Martin, district de Saint-Affrique, virent également leur demande rejetée et durent s'éloigner de la commune.

Le même interdit atteignit Cazaméa, ancien vicaire de Saint-Jacques et ancien curé de Saint-Aphrodise où il était resté jusqu'à la fermeture de l'église, mais étranger à la commune. Comme d'autres ministres du culte, il avait déposé ses lettres de prêtrise. Pour éluder l'arrêté, il s'était fait agréer comme employé au service de la place et il avait en même temps contracté mariage dans l'espoir qu'il ne serait plus considéré comme prêtre. Tel ne fut pas l'avis du Corps municipal qui le soumit à l'exécution de l'arrêté (1).

La tyrannie de Robespierre eut un terme. Par un juste retour des évènements politiques, il fut réduit au sort qu'il avait infligé à tant de collègues pleins de vertu, de génie ou de courage. Il entraîna des complices dans sa chute, 9 thermidor (27 juillet).

La Convention nationale reçut des félicitations. Le Conseil général lui envoya une adresse rédigée par le notable Castan au sujet de « la conspiration déjouée, tramée par Robespierre, Saint-Just, Couthon et d'autres scélérats contre la liberté, l'unité et l'indivisibilité de la République. » — « Pleins de confiance en votre énergie et en vos vertus, Citoyens Représentants, nous n'avons jamais désespéré du salut de la patrie... L'ambition insensée, la tyrannie féroce, l'infatigable aristocratie peuvent s'agiter dans tous les sens et se revêtir de toutes les formes pour perdre la liberté, vous êtes là pour déjouer tous leurs projets, et la nation ne cesse de vous couvrir de son immense et redoutable égide... » (2). La Convention nationale remercia le Conseil général par une lettre du 22 fructidor (8 septembre).

---

(1) Délibération du Corps municipal, 20 thermidor, an II (7 août 1794).

(2) C. G. Délibération du 19 thermidor, an II (6 août 1794).

Les quarante-huit sections de la commune de Paris s'étaient rapprochées de la Convention nationale pour la seconder dans sa résistance aux ennemis de la liberté. Elles eurent aussi leur part de félicitations dans une seconde adresse où la commune de Béziers déclare « s'associer à toutes les autres sections de la République prêtes à verser leur sang pour la sûreté de leurs représentants et pour l'exécution parfaite de leurs décrets... » (1).

L'administration du district avait jugé à propos de ne pas laisser passer sans réjouissances l'anniversaire du 10 août, et elle en recommanda la célébration par un arrêté. Le Corps municipal, partageant les sentiments patriotiques qu'il renfermait, délibéra qu'il serait lu au peuple assemblé dans le temple dédié à l'Etre Suprême pour être exécuté selon sa forme et teneur. Il chargea Fontenay, ingénieur du district, de faire dresser au pied de l'arbre de la Liberté un autel patriotique orné d'emblèmes civiques et de prendre toutes les dispositions capables de concourir à l'embellissement de la fête.

Un double arrêté des représentants du peuple près l'armée des Pyrénées-Orientales du 12 fructidor (29 août) et du Directoire de district du 23 (9 septembre) vint prescrire de soumettre à l'épuration tous les fonctionnaires publics qui participaient à l'administration de la Commune, de telle sorte que si parmi eux il en était reconnu quelqu'un ayant fait banqueroute ou commis d'autres actes d'improbité, il fut sur-le-champ destitué de ses fonctions. Chacun comparut tour à tour. Après discussion, examen et révision de l'état des divers membres, il fut établi qu'aucun avant et depuis la Révolution n'était sous le coup de l'arrêté. Il n'y eut donc pas de changement à opérer (2)

(1) Ibidem.
(2) Le 18 fructidor, an II (4 septembre 1793), l'administration du district était ainsi composée : Rey-Pailhade président, Azaïs vice-président, Gaudion, Vernhes, Fusier, administrateurs ; Mouret procureur-syndic.

Une fête consacrée aux récompenses fut célébrée le dernier jour des Sans-Culottides. Elle fut annoncée la veille au son de la cloche nationale et le matin à huit heures. Après que le tambour eut battu dans les différentes rues, depuis huit heures jusqu'à dix, le Conseil général se rendit au temple dédié à l'Être Suprême, précédé de la musique, des tambours et d'un détachement de la garde nationale. Là, on chanta des hymnes patriotiques et l'on fit la lecture des lois et arrêtés reçus par la municipalité depuis le dernier décadi.

XI

AN III

23 septembre 1794. — 22 septembre 1795

Les représentants du peuple Perrin et Goupilleau. — Épuration et réorganisation de la municipalité. — Fête des victoires. — Obligation de célébrer le décadi. — Suspension de la loi du maximum. — Fête commémorative du 21 janvier. — Prohibition des jeux de hasard. — Proclamation du représentant Girot-Pouzol. — Nouvelle municipalité. — Valessie maire. — État-major de la garde nationale. — Mesures de police. — Églises rendues au culte. — Partisans occultes de la terreur. — Les subsistances. — Détresse de l'hôpital mage. — Le représentant Olivier-Gérente. — Suicide du représentant Brunel à Toulon. — Fête de l'Être Suprême. — Démolition de la maison de Gayon oncle. — Fêtes commémoratives.

— Création de gardes-champêtres. — Fête de la paix avec l'Espagne. — Retour des troupes. — Garde nationale. — Dissolution de la Société populaire. — Constitution de l'an III. — Les députés au Conseil des Cinq-Cents et au Conseil des Anciens. — Agiotage sur les grains. — Élection, proclamation et serment des officiers de la garde nationale.

Le Conseil général était assemblé, 17 vendémiaire, an III (8 octobre 1794), lorsqu'on vint lui annoncer l'arrivée des représentants du peuple Perrin et Goupilleau. Tous les membres se revêtirent de leur costume et se transportèrent dans la maison du citoyen Bourilhou où logeaient les deux représentants pour les complimenter et recevoir leurs ordres.

Le citoyen Perrin leur exposa qu'ils étaient venus dans cette commune pour remplir une mission importante ayant « pour fondement l'union et la concorde, la justice et la probité, l'amour et le soutien de la force publique, et dont les principaux objets étaient le jugement des détenus comme suspects et le remplacement des administrateurs dont les places étaient vacantes; que pour remplir le premier de ces objets d'une manière impartiale et juste, ils voulaient s'entourer d'un commissaire pris parmi les membres de l'administration du district, de la municipalité, du Comité de surveillance et de la Société populaire ; qu'en conséquence, ils invitaient le Conseil général à nommer deux commissaires pris dans le sein de la municipalité, à leur donner la liste des détenus comme suspects de la commune et celle des citoyens propres à remplacer les sujets qui manquaient dans l'administration de la commune. »

Le Conseil général se conforma aux désirs exprimés par les représentants du peuple qui, par un arrêté du 19 courant, complétant le nombre des autorités constituées, nommèrent pour officiers municipaux Thomas Coste et Rocagel pâtissier, et pour notables, Bourdeil, Mimard (1), Combescure, officier de santé ; Baluffe aîné ; Mascou, négociant; Rigal, vitrier ; Etienne Sicard et Louis Bonnet ; pour agent national, Grenier, ci-devant avoué ; et Letelier pour commissaire de police.

Dans la séance du 21 vendémiaire (12 octobre), les nouveaux élus furent invités à prêter individuellement le serment suivant : « Je jure d'être fidèle à la Nation, de maintenir la liberté et l'égalité, et la République une et indivisible, ou de mourir en la défendant, comme aussi de protéger la sûreté des personnes, des propriétés et l'exécution de la loi. » Le maire prononça un discours inspiré par les circonstances et vivement applaudi par le Conseil et tous les assistants.

Ce ne fut pas tout. Dans la séance du lendemain, 22 vendémiaire (13 octobre), l'agent général lut une lettre de l'agent national près le district, et dans laquelle il lui annonçait qu'un arrêté des représentants du peuple dans les départements de l'Hérault, du Gard, de l'Aveyron et de Vaucluse chargeait l'administration du district de concert avec la Société populaire d'épurer et de réorganiser le conseil général de la Commune. Il invita donc les membres du Conseil général de se trouver à une heure dite dans la salle des séances de la Société populaire où se rendrait l'administration du district, pour y consulter l'opinion publique sur le compte de chaque membre. Le surlendemain, on se réunit de nouveau dans la salle des séances de la Société populaire pour proclamer, en présence du peuple, les membres nouvellement élus et pour recevoir leur serment.

(1) L'agent national Mimard avait demandé à résigner ses fonctions et à ne garder que celles de notable parce que, atteint d'une fistule lacrymale, il était réduit à s'abstenir de tout travail de lecture et d'écriture. « Vu les infirmités du réclamant, il sera remplacé dans ses fonctions d'agent national de la commune et néanmoins restera notable. Le représentant du peuple, signé : Perrin. »

Voici quelle fut la nouvelle organisation de la Commune : Sauret, *maire ;* Brés, Noé-David, Monestié, Durand, Audibert, Pouderous fils, Libes, Mascou, Baluffe aîné, Rocagel, Coste-Blanc, Thomas Coste, *officiers municipaux ;* Passebosc, Guibal fils, Pastre fils aîné, Heirisson, Sicard, Soulié aîné, Labor, Malafosse, Fabre, Combes, Mimard, Flourens, Combescure, Barthélemi, Bourillou, Cassan, Bonnet, Bourdeil, Castan, Rigal, Pouderous père, Alicot, Roube aîné, Coste, homme de loi, *notables ;* Granier, *agent national ;* Pezet aîné, *substitut ;* Réquirand, *secrétaire ;* Bernard, *trésorier de la comunune.*

Le Conseil général s'assemblait les primidi, quatridi et octidi de chaque décade ; les séances commençaient à trois heures par l'appel nominal. Les membres absents, censurés pour la première fois, étaient dénoncés pour la seconde fois à l'agent national.

Des succès multipliés avaient marqué la marche des armées du Nord et des Pyrénées. La victoire était revenue sous leurs drapeaux ; on résolut de célébrer, par des réjouissances, leurs glorieux triomphes. Telle fut la fête des victoires. Le plan en fut dressé par des délégués du Conseil général, de concert avec les membres du Comité militaire et le concours de la Société populaire. L'élan national était à l'unisson de l'allégresse publique.

Le décadi était célébré avec peu d'ardeur dans la commune. Témoin la lettre que la Société populaire écrivit à la municipalité pour l'inviter à adopter des mesures favorables à la propagation de l'esprit public et à la célébration des jours de décadi. Le Conseil général fit faire une proclamation publique, engageant tous les citoyens qui ne seraient pas légitimement empêchés, à se rendre assiduement au temple de l'Être Suprême, les jours de décadi, à dix heures du matin. La veille on faisait sonner la cloche pendant une heure, à nuit close, et le lendemain, dès huit heures, le tambour battait dans les rues. Les instituteurs et les institutrices reçurent l'ordre de se rendre exactement tous les décadis, avec leurs élèves, au temple de l'Etre Suprême pour entendre la lecture des lois, arrêtés et proclamations et les discours qui étaient prononcés. Les jours des *dimanches* et des *fêtes chrétiennes* devaient être consacrés soit aux ateliers, soit aux travaux des champs de la République. On prescrivit aux comités de surveillance de faire emprisonner ceux qui « fanatiseraient » les cultivateurs et qui chercheraient à « ressusciter les dimanches ».

Une loi de la Convention nationale du 3 nivôse (23 décembre) rapporta toutes les lois relatives au *maximum*. Elle fut proclamée par les soins de la munipalité, et dans la séance du 18 nivôse (7 janvier). Les citoyens Laurès ainé et François Calas furent nommés pour dresser le tarif des grains, des vins, des huiles, des pailles, des fourrages et des bestiaux. Dans la réquisition, prescrite par arrêté du district, des liquides destinés à être échangés contre des grains pour la fourniture de la marine, le contingent de la ville fut fixé à 85 muids de vins rouges, 600 muids de vins blancs et 200 pièces d'eau-de-vie. Les tarifiers de la commune reparurent au marché du vendredi pour y recueillir le prix des grains et autres denrées qui se vendaient et en fixer le prix moyen. Ils reprirent leurs fonctions à partir du vendredi 4 pluviôse, an III (23 janvier 1795).

L'abolition de la loi du *maximum* suivie d'un effet funeste amena pour les grains un agiotage effréné. La surveillance la plus active dut être exercée au marché. On n'attendait pas que les grains fussent arrivés pour les acheter. On se portait aux avenues de la Commune, on traitait avec les conducteurs des charrettes et on allait les revendre dans d'autres localités. C'était ôter aux habitants les moyens de se procurer leur subsistance et les condamner à une disette au milieu même de l'abondance. Il fallut surveiller de près le transport et la vente des grains et régler sévèrement la tenue du marché.

Une autre loi de la Convention portait que « l'anniverversaire de la juste mort du dernier roi des Français » serait célébrée le 2 pluviôse, correspondant au 21 janvier, par toutes les communes de la République et par les armées de terre et de mer. La municipalité se mit en frais pour célébrer cette fête comme toutes les solennités nationales en y conviant le commandant de place, le chef de la légion, le commissaire des guerres, l'état-major, les autorités constituées, la Société populaire, aux cris répétés de « Vive la République ! Périssent les tyrans et les traîtres ! »

Une habitude funeste régnait dans la commune. Les jeux de hasard étaient si répandus qu'ils pouvaient occasionner la ruine des familles et compromettre la tranquillité publique. Il était urgent de prohiber la tenue de ces jeux. Le fait fut dénoncé au Corps municipal. L'autorité, rappelant les peines énoncées dans la loi du 22 juillet 1791, défendit à toute personne « de donner à jouer des jeux de hasard et à tout propriétaire de cabaret ou bouchon et à tous autres citoyens vendant du vin au détail de recevoir ou garder personne dans leur cabaret ou bouchon après dix heures sonnées du soir » (1).

Après Perrin et Goupilleau, la Convention envoya par décret du 16 nivôse, an III (5 janvier 1795), le représentant du peuple Girot-Pouzol, du Puy-de-Dôme, dans les départements du Gard et de l'Hérault où il arriva le 26 pluviôse (13 février). Dans sa proclamation datée du 30 pluviôse (18 février), il exposa les vues du gouvernement et le changement de régime. « Il vient adoucir et réparer les malheurs que les factions ont causés ; il vient mettre fin à ce système de brigandage, de destruction et de sang qui s'est étendu sur toutes les parties de la République et qui a fait de si grands ravages dans plusieurs communes des

---

(1) Délibération du Corps municipal, 26 pluviôse, an III (14 février 1795).

départements qui lui sont confiés ; il vient dissiper les sentiments de crainte et de terreur qui ont frappé les bons citoyens et assurer la protection des personnes et des propriétés. Que la terreur soit donc désormais réservée pour le crime ; que l'innocence et la vertu soient rassurées sur elles-mêmes ; voilà les vues qui le dirigent. » C'était convier les populations à se pénétrer « du sentiment de détente » amené par la chute de Robespierre et qui avait fait son apparition sur les bancs de la Convention.

Plusieurs membres du Conseil général avaient donné leur démission ; d'autres s'étaient retirés à cause de leurs infirmités. Le maire Sauret lui-même n'était plus en état d'exercer les fonctions qui lui avaient été confiées. Le représentant du peuple Girot-Pouzol, par un arrêté du 12 germinal (1ᵉʳ avril), procéda à la constitution d'un nouveau Conseil général composé de la manière suivante : Joachim Valessio, *maire;* Cairol, Brés, agriculteur ; Noé-David, marchand ; Durand, Monestié, agriculteur ; Royère père, agriculteur ; Fraïsse aîné, agriculteur ; Joseph Salvan, négociant ; Flourens, apothicaire ; Lutrand, ex-administrateur ; Fuzier, imprimeur ; Lagarrigue aîné, négociant, *officiers municipaux.* Thomas Costo négociant ; Passebose, notaire ; Guibert fils aîné ; Barthélemy, maçon ; Heirisson, négociant ; Fraïsse cadet, agriculteur ; Labor, marchand ; Mimard, ex-avoué ; Théveneau, marchand ; Louis Bonnet, marchand ; Bourilhou, banquier ; Odezenne, libraire ; Thomas Besson, tonnelier ; Astiés, agriculteur ; Mayni cadet, ex-homme de loi ; Guibert, agriculteur ; Claude Moureau, entrepreneur ; Jouve, marchand ; Hérail, notaire ; Bory, agriculteur ; Gottis fils aîné ; Boulcier, maçon ; Fayet, négociant ; Henri Bouis, officier de la garde nationale, *notables.* Grenier, *agent national ;* Raoul, *substitut.*

Le 13 germinal (2 avril), eut lieu la première réunion où les nouveaux administrateurs furent installés et prêtèrent serment. L'agent national, dans un discours patriotique, loua le zèle et le dévouement des anciens administrateurs qu'il proposa pour modèle aux nouveaux. En même temps on forma les divers comités comme précédemment.

Le représentant du peuple Girot-Pouzol, après avoir nommé le citoyen Bezombes, chef de la légion de la garde nationale, prescrivit aux citoyens de déposer à la maison commune les armes, fusils, sabres, pistolets dont ils étaient en possession et chargea le Conseil général de faire la liste des citoyens qu'il jugerait dignes d'entrer dans la garde nationale. On ouvrit un registre pour recevoir le nom des personnes qui se présenteraient et l'on fit le recensement général des citoyens de l'âge de 18 à 45 ans pour qu'ils fussent prêts à marcher à la première réquisition pour le service des côtes (1).

Sur la proposition du Comité militaire, on forma, ainsi qu'il suit, l'état-major de cette troupe : *Dumasouverain*, adjudant-général ; *Pierre Dalan*, sous-adjudant-général.

Premier bataillon : *Dobis*, commandant ; *Raymond Laurès*, adjudant ; *Maimard*, porte-drapeau ; *Labor fils*, adjudant sous-officier.

Second bataillon : *Billière cadet*, commandant ; *Octavien Vidal*, adjudant ; *Dedieu*, porte-drapeau ; *Lutrand*, adjudant sous-officier ; *Pellissier*, tambour-major ; *Moreau*, tambour-maître.

Le 28 germinal (17 avril), les citoyens composant le Directoire du district et le Conseil général de la commune se réunirent sur la place de la Fédération, et là, chaque officier de la garde nationale fut proclamé selon son grade respectif, aux acclamations et aux applaudissements du public.

Les fonctionnaires destitués et les prêtres insermentés rendus à la liberté furent placés sous la surveillance de la municipalité. En vertu d'une lettre écrite le 4 germinal

(1) Arrêté du 12 germinal, an III (1er avril 1795).

(24 mars) par le Comité de sûreté générale aux agents nationaux, les uns et les autres furent astreints de se rendre tous les jours à la maison commune pour faire constater leur présence et apposer leur signature sur un registre spécial. Cependant les prêtres Sairas, Saint-Privat, Farret, Antoine Granié, Millié, Antoine Roube, à raison de leurs infirmités et de leur âge, furent exemptés de cette obligation. D'autres se présentèrent à la municipalité, et, se conformant à la loi du 11 prairial (30 mai), ils déclarèrent qu'ils étaient soumis aux lois du pays : J.-B. Charcun, Gabriel Juget, Jalabert, Granié aîné, Bessou, Cadoret, Granié jeune, Thomas Petit, Portalon, Serguières, Cerize, Guy, Milhó, Daydé, Bernard, Jean-André Bouillet, Michel, Delpech, Augier, Jean-Louis Bouillet, Thuriés, Barbier, Nicolas, Gaude.

La loi permit l'exercice privé du culte sous la surveillance des autorités constituées. Les personnes dans la maison desquelles s'exerçait le culte devaient en faire la déclaration. Aucune réunion ne pouvait se faire sans une permission. Il fallait s'assurer que les prêtres réfractaires sortis de la maison de réclusion étaient rentrés dans leurs foyers, que leur conduite était à l'abri de tout reproche, qu'ils ne prêchaient aucune doctrine anticivique. Il n'y eut pas de délit à constater.

Le décret du 11 prairial an III (30 mai 1795), permit aux citoyens de chaque commune de célébrer leur culte sous la surveillance de l'autorité dans les édifices non aliénés et originairement destinés aux exercices religieux.

En vertu de cette disposition légale, des pétitionnaires demandèrent qu'on leur permit le libre exercice du culte dans les églises de Saint-Aphrodise, de la Madeleine, de Saint-Jacques et de Saint-Nazaire en prenant à leurs charges les réparations et les frais. Le Conseil général estima qu'il y avait lieu d'accueillir ces demandes, mais il se réserva de faire chaque jour de décadi, à Saint-Nazaire, la lecture des lois, et l'église devait être libre à onze heures

Il va sans dire que les prêtres préposés au service de ces églises furent des prêtres constitutionnels, 23 prairial (11 juin).

La cession de ces quatre édifices publics pour l'exercice du culte amena la suppression des oratoires établis dans les maisons particulières parce que la surveillance serait devenue difficile pour les autorités et que la loi aurait pu être éludée par l'admission dans ces oratoires de prêtres qui n'auraient pas fait leur soumission aux lois de la République.

Tous les esprits n'avaient pas été ramenés par la proclamation du représentant Girot-Pouzol. Le 9 thermidor avait abattu Robespierre, Saint-Just et Couthon. Mais les fidèles de Billaud-Varennes, de Collot d'Herbois, de Carrier et de beaucoup d'autres étaient encore puissants et étaient capables de faire reparaître la Terreur et d'amener une recrudescence de sévérités. La commune comptait de nombreux suppôts de l'ancienne tyrannie pouvant compromettre sa tranquillité. Ils s'agitaient journellement pour faire revivre le système de terreur qui avait longtemps comprimé le pays. Il se tenait, dans différentes maisons et à des heures indues, des conciliabules qui ne tendaient qu'à troubler l'ordre public et à égarer les citoyens sur les principes de justice et d'humanité que professait la Convention. Certains partisans du *terrorisme* applaudissaient aux funestes évènements survenus dans les séances de la Convention nationale des 11 et 12 germinal (31 mars et 1er avril 1795) et disaient tous que la Montagne serait triomphante. Mais l'autorité ne se laissa pas intimider par ces cris menaçants ; elle se tint courageusement à son poste et elle se promit de poursuivre résolûment les auteurs et les complices de pareils délits.

Les circonstances semblaient devoir être d'autant plus critiques qu'elles se compliquaient de la question des subsistances, dont on pouvait se servir comme d'un moyen efficace pour exciter le peuple à la rébellion. Nul n'ignore combien est terrible le cri de la faim. Or, les horreurs de la famine étaient à redouter. Cette fois, la récolte des grains était la plus mauvaise qu'il y eût eu depuis longtemps, tant pour la qualité que pour la quantité. Jusqu'ici les récoltes les plus abondantes n'avaient jamais suffi aux besoins publics. Les fermiers du séquestre des biens des émigrés ou des détenus avaient été obligés de faire des versements considérables dans les magasins militaires de la République. La circulation incessante des troupes de terre ou de mer se rendant aux armées ou à différents ports diminuait les approvisionnements et occasionnait une grande consommation grossie de celle des hôpitaux renfermant plus de deux mille bouches. Les agriculteurs étaient obligés d'employer pour leurs semences les mauvais grains qu'ils avaient récoltés, sans pouvoir s'approvisionner ailleurs ; ce qui augmentait leur misère. Bien souvent on s'était adressé aux représentants en mission dans le département, mais les secours obtenus étaient loin de répondre aux besoins publics. Des commissaires envoyés à Cette et à Marseille où des navires chargés de blé étaient attendus, ne pouvaient parvenir à réaliser des achats convenables.

Les citoyens, quoique approvisionnés de blé ou de farine, achetaient par économie du pain chez les boulangers et l'embarras de la municipalité croissait en proportion de l'augmentation de la consommation. Pour régler le mode de distribution des grains aux boulangers et celui de la livraison du pain aux habitants, on fit une liste de tous les boulangers ; on délivra par décade à cinq d'entre eux, à tour de rôle et alternativement, quinze setiers, savoir deux tiers en blé et le tiers restant en seigle, pour être convertis en pain à distribuer aux citoyens munis de bons. Des perquisitions furent faites chez les particuliers pour les obliger à verser le dixième de leurs approvisionnements dans les magasins publics.

Comme la récolte des grains pouvait manquer et qu'il

importait d'en faire d'avance une provision, la municipalité fut autorisée, en vue de prochains achats, par un arrêté du Directoire du département du 1ᵉʳ thermidor (19 juillet), à contracter un emprunt de trois millions de livres qui serait remboursé au fur et à mesure de la revente des grains. Au moment où l'opération allait s'effectuer, le Comité des subsistances s'aperçut et fit remarquer au Conseil général que cet emprunt offrait des inconvénients majeurs et que son exécution coûterait à la ville près d'un million, et en prévision d'une bonne récolte il fut ajourné à un moment plus convenable.

Non moins grave était la situation de l'hôpital mage pour lequel on réclamait un secours de cent mille livres. Il recevait tous les enfants naturels du district et les malades de toute la contrée. Ses bienfaits étaient inappréciables pour le pays. Pouvait-on entrevoir d'un œil sec sa prochaine dissolution ? Pour ne pas congédier les malades ni fermer la porte aux enfants naturels, on avait contracté de fortes dettes et mis à contribution les fournisseurs. On ne se lassa point d'adresser des demandes à la Commission des secours publics. Un emprunt de cent mille livres dut servir à parer aux plus pressants besoins.

La morve et le farcin faisaient des ravages qu'il fallait conjurer. La municipalité désigna deux experts vétérinaires, Solignac et Henri Eustache, pour examiner tous les animaux répartis dans l'arrondissement de la commune, et ceux qui étaient reconnus malades étaient placés et soignés dans les écuries de l'évêché.

Le Comité révolutionnaire ayant été supprimé, par un arrêté de l'administration du district, les citoyens Salvan et Mimard furent chargés de lever le scellé et de faire l'inventaire de ses papiers et de ses effets. 18 germinal (7 avril).

A cette époque cessa la fabrication du salpêtre et l'on fit vendre tous les ustensiles existant dans l'atelier.

La mission des représentants du peuple dans les départements ne durait que trois mois. A l'expiration de sa délégation Girot-Pouzol fut remplacé par Olivier Gérente, de la Drôme ; son arrivée fut marquée par une proclamation pacifique où se reflétaient des principes de justice, d'humanité, de paix et d'union (1).

De telles paroles ne devaient pas arriver aux oreilles des habitants de Toulon où se passaient des scènes sanglantes. Une partie de la population s'était insurgée et avait entraîné les ouvriers de l'arsenal, pillant avec eux le magasin des armes et se faisant livrer des prisonniers. Un des trois représentants du peuple, délégués dans cette ville, notre compatriote Brunel, céda par faiblesse aux insurgés, leur rendit les terroristes détenus au fort Lamalgue, et l'instant d'après se brûla la cervelle de désespoir, 25 floréal an III (1ᵉʳ mai 1795). Comme les funestes évènements de Toulon auraient pu porter atteinte à la tranquillité publique par la dispersion de ceux qui y avaient pris part, la municipalité pleine de vigilance, voulant mettre les bons citoyens en état de défense, fit remettre à leurs propriétaires les armes jadis apportées à la maison commune.

Le 20 prairial (8 juin), on célébra pour la seconde fois la fête du jour consacré par Robespierre à l'Etre Suprême. Elle fut annoncée la veille par la cloche du temple. Le lendemain, à neuf heures, sur l'avertissement du tambour, le commandant de la place, le chef de la légion de la garde nationale et toutes les autorités constituées se réunirent à la maison commune d'où un imposant cortège se rendit, à travers les principales rues et places de la ville, au temple dédié à l'Etre Suprême, où retentirent des hymnes patriotiques et où furent prononcés des discours analogues à la circonstance.

A cette époque, la grand' route, suivant le vieux pont et passant sous le jardin de l'évêché, traversait la ville depuis

---

(1) 22 floréal, an III (11 mai 1795).

la porte de Tourventouse jusqu'à celle de l'Egalité ou des Carmes. Elle se trouvait obstruée après l'église de la Madeleine par une partie de la maison de M. de Gayon oncle. Les charrettes et les convois militaires étaient obligés de dévoyer au bout de la rue Française pour arriver à la porte de l'Egalité. A ce contour plein de périls un mouvement mal calculé occasionnait de fréquents accidents et faisait souvent verser les voitures. La mort du propriétaire contribua à faire disparaître la plus grande partie de cet immeuble et à remédier à ce pas difficile. La municipalité entra en pourparlers avec les héritiers représentés par Mme Gabrielle-Henriette de Nattes, épouse de M. Joseph-Antoine Bernard, médecin, et leur offrit en échange un bâtiment national, c'est-à-dire, la maison précentoriale, ou une indemnité. L'indemnité fixée à 80.000 livres fut préférée. C'est dans cet hôtel qu'avait été commis le 30 mai 1772, au milieu d'un dîner, le meurtre de M. Louis de Franc, avocat en parlement, par M. de Villerase de Castelnau, capitaine de cavalerie.

Les anniversaires étaient célébrés avec ponctualité. Nous savons déjà comment se fêtaient le 26 messidor et le 23 thermidor.

Pour le 9 thermidor (1), qui rappelait la mort du tyran Robespierre, toutes les autorités constituées, après les invitations accoutumées, se transportèrent au temple décadaire où le citoyen maire fut sollicité de faire un discours relatif à tout ce qui s'était passé avant et depuis le 9 thermidor de l'an II. Tout le cortège revint ensuite à la maison commune, précédé de la musique et suivi de la compagnie des vétérans et de la gendarmerie.

La loi obligeait les communes à avoir des gardes-champêtres pour protéger les biens de la campagne et veiller à leur conservation, et à placer à la sortie de chaque porte

---

(1) 14 juillet, 27 juillet et 10 août.

principale l'inscription suivante : *Citoyen, respecte les propriétés et les productions d'autrui ; elles sont le fruit de son travail et de son industrie !* Le Conseil général se conforma à la prescription de la loi et il établit un garde-champêtre aux gages de cent livres par an. Ce ne fut pas suffisant. On divisa la commune en cinq sections : Celle de Saint-Hippolyte au chemin de Boujan ; celle de Badones à l'ancien chemin de Montpellier ; celle de Saint-Jean-d'Aureilhan à Saint-Pierre ; celle de Notre-Dame de Consolation à Ginestet ; celle de La Courlade à celle de la rivière vis-à-vis Saint-Hippolyte. Il y eut deux gardes par section. On les arma d'un fusil avec une bayonnette. Arrêté du département du 22 prairial an III (10 juin 1795).

La paix conclue entre la République française et le roi d'Espagne excita une joie immense. Une fête fut célébrée le jour de la publication de sa ratification. Elle fut annoncée la veille par des salves d'artillerie et le son de la cloche nationale. Les autorités constituées, précédées des tambours, de la musique et d'un détachement de la garde nationale, se rendirent le soir, à huit heures, de la maison commune à la place de la Révolution, tenant un flambeau à la main pour allumer le feu de joie qui s'y trouvait dressé. Le lendemain, au milieu des sonneries de la cloche qui tinta d'heure en heure jusqu'au soir, la population vit s'ébranler un char attelé de dix paires de mules richement enharnachées, sur lequel étaient assises trois jeunes filles unies par des guirlandes de fleurs, représentant l'une, la France tenant un drapeau tricolore, l'autre, l'Espagne tenant un drapeau espagnol, et la troisième, la déesse de la Paix tenant une branche d'olivier. Là, sur des faisceaux d'olivier étaient placés deux défenseurs de chacune des deux nations. La marche était ouverte et fermée par une partie des gardes nationaux en uniforme et en armes. Devant et derrière le char, des groupes de citoyens et de citoyennes chantaient des hymnes patriotiques. Le char était escorté par les Corps constitués marchant deux à deux et l'institut de musique à cheval, par un corps de bergers et de bergères vêtus de blanc, ornés de rubans et dansant les treilles. Le point de ralliement fut à la maison commune devant laquelle avait été élevé un arc de triomphe et où attendait le corps de musique attaché à la garde nationale. Là s'élevait un arc de triomphe entrelacé de laurier, de chêne et d'olivier, orné de drapeaux des deux nations unis par une branche d'olivier. Sorti à neuf heures du matin, le cortège alla proclamer la paix sur toutes les places de la ville, au faubourg et à la promenade au milieu de laquelle avait été construit un « cirque et un amphithéâtre » où prirent place l'institut de musique et les trois citoyennes représentant la France, l'Espagne et la Paix. On y remarquait deux arcs de triomphe décorés de portiques portant des emblèmes analogues à la fête. A trois heures, le cortège se rendit de nouveau au « cirque » où les chefs des autorités constituées ouvrirent un bal qui se prolongea bien avant dans la nuit. La fête fut clôturée à neuf heures par un feu d'artifice tiré au Fer-à-cheval, au bout de la promenade. La ville dépensa, dans cette circonstance, 40,000 livres. 24 thermidor an III (11 août 1795).

Presque tous les jours, des colonnes ou des divisions de l'armée des Pyrénées-Orientales traversaient la ville. Pénétré de l'importance des services rendus à la patrie par ces intrépides guerriers et heureux des avantages de la paix qu'ils nous avaient procurée, le Conseil général, pour leur témoigner sa reconnaissance, de se porter tous les jours d'arrivée à leur rencontre avec les tambours et la musique de la garde nationale et de leur offrir des couronnes civiques entrelacées de rubans tricolores.

Les graves évènements du 12 germinal (1er avril) et du 1er prairial (20 mai), achevèrent de déchaîner les esprits contre les patriotes et précipitèrent leur ruine. On s'éleva contre les perturbateurs, les terroristes qui seuls devaient être regardés comme les vrais ennemis de la République. Les administrations locales avaient été renouvelées. La loi du 28 prairial (16 juin) prescrivit de procéder à la réorganisation avec tous les citoyens valides depuis seize jusqu'à soixante ans de la garde nationale que les terroristes avaient laissé se désorganiser. Des commissaires, pris au sein de la municipalité, furent envoyés, pour tenir la main à l'exécution de la loi, dans les différents lieux de réunion, à la salle décadaire, à l'hôpital civil, à l'église de l'hôpital Saint-Joseph, à la salle d'audience du tribunal du district, au collège. Après qu'on eût arrêté la liste des citoyens appelés à composer le corps de troupe, on élut le commandant, les officiers et les sous-officiers. A chacun des deux bataillons furent attachées une compagnie de grenadiers et de chasseurs et une compagnie d'élèves.

Lorsque le décret du 6 fructidor an III (23 août 1795), eût prononcé la dissolution des Sociétés populaires ou clubs, la nôtre cessa d'exister. Cairol et Raoul, officiers municipaux, furent nommés pour procéder à un inventaire sommaire des registres et des papiers conservés au siège de ses réunions. L'opération terminée, ils les firent porter avec les dix clefs qui leur avaient été remises au secrétariat de la maison commune et le tout fut confié à la garde de Réquirand, secrétaire-greffier. C'est ainsi qu'on a recueilli quatre registres de ses délibérations versés dans les archives municipales.

Présentée à la Convention et discutée article par article, la Constitution de l'an III avait été adoptée par cette assemblée, le 5 fructidor (22 août 1795). On décida que les assemblées primaires se réuniraient le 20 fructidor (6 septembre) pour l'acceptation de l'acte constitutionnel et pour la nomination des électeurs. La salle décadaire, les églises de la Madeleine, de Saint-Aphrodise, de Saint-Jacques, de l'hôpital général, du collège, de l'hôpital civil furent mises à leur disposition. La Constitution fut acceptée par le département de l'Hérault.

L'élection des députés fut, non pas directe, mais à deux degrés, et l'exercice du droit de suffrage était soumis à des conditions d'âge, de cens et de domicile. Le Corps législatif se composa d'un *Conseil des Cinq-Cents* à qui appartenaient l'initiative et le vote des lois, et d'un *Conseil des Anciens* pour approuver ou rejeter les résolutions du Conseil des Cinq-Cents. Les députés de Béziers au Conseil des Cinq-Cents furent Rouyer, ancien maire, et Malibran, ex-administrateur du district (1); et ceux du Conseil des Anciens, Jacques-Joseph Viennet et Joseph Fournier (2). Les élections se firent avec assez de calme relativement à d'autres départements méridionaux où l'on se révolta contre le décret ordonnant la réélection des deux tiers de la Convention.

Les grains ne cessaient d'être l'objet d'un scandaleux trafic et l'autorité municipale devait avoir toujours l'œil au guet. D'aucuns achetaient avec le numéraire métallique des Espagnols les grains des départements voisins de l'Espagne, se proposant de les exporter si tôt que les passages seraient libres, au mépris des lois et des arrêtés, sans se soucier de l'approvisionnement du marché et du préjudice porté aux habitants. On travailla à déjouer les manœuvres frauduleuses mises en usage. Un nombre suffisant d'hommes placés à l'entrée de la ville empêchaient l'enlèvement des grains et des farines aux heures d'ouverture des portes; et, par voie de réquisition, les fermiers, les cultivateurs, les propriétaires de grains furent tenus d'apporter tous les

---

(1) Malibran (Jean-Baptiste-Marie), ancien officier de cavalerie, était originaire de Bessan où il possédait le domaine d'Hortes. Elu en novembre 1792 membre du conseil du district de Béziers, nommé le 11 brumaire, an I (11 novembre 1793), par Boisset, président du même district et le 19 floréal an III (8 mai 1795), membre du directoire du département par Girot-Pouzol, il se retira à Pézenas où il devint en 1805 membre du Conseil général de l'Hérault.

(2) Né à Béziers le 1er septembre 1753.

jours au marché un nombre déterminé de setiers de blé, de seigle, d'orge ou d'avoine. Un jour, on eut beaucoup de peine pour apaiser un mouvement séditieux provoqué par l'insatiable cupidité de propriétaires demandant un prix exorbitant de leurs grains (1).

On procéda en même temps à la formation, par voie de tirage au sort, des compagnies et de l'état-major de la garde nationale. Les officiers et les sous-officiers des deux bataillons furent convoqués par la municipalité dans le temple décadaire. Un premier tour de scrutin mit à la tête de chaque compagnie des grenadiers et des chasseurs et de l'une des neuf compagnies du premier bataillon, comme capitaines, Victor Granal, Jalabert, Tremouille, Dalan aîné, Gottis aîné, Lunaret père, Donnadieu, bourrelier, Odezenne, libraire, Charles Baluffe, Chevalier fils et Pierre Massot, et pour les huit compagnies du second bataillon, Billière cadet, Ruat, Singla, Jean Péret, Vialles, négociant, Gauthé cadet, Royère fils, marchand; Bernard Monestié père, Hérail père, Glouteau cadet.

Par un second tour de scrutin furent nommés: Besombes, chef du 1er bataillon; Debés, négociant, *adjudant* ; Dedieu, *porte-drapeau* ; Dumasouverain, chef du 2e bataillon; Octavien Vidal, *adjudant* ; Châma, *porte-drapeau*.

Le 3 brumaire an IV (25 octobre 1795), le maire, les officiers municipaux, l'agent national et son substitut, revêtus de leurs écharpes, accompagnés de Thourel, procureur-syndic du district, et précédés d'un détachement de la garde nationale, se transportèrent sur la place de la Révolution où étaient réunis les deux bataillons, firent la proclamation des officiers élus et reçurent leur serment.

(1) Registre des délibérations (27 frimaire, an IV (18 décembre 1795).

XII

AN IV

23 septembre 1795. — 22 septembre 1796

Le Directoire. — Administration municipale. — Tudier est nommé président. — Prêtres reclus. — Enlèvement du curé Mailhac. — Pétition pour l'établissement du tribunal civil à Béziers. — Comité de surveillance de l'hôpital militaire. — Arrestations sur les routes. — Création d'écoles. — Plantation d'un arbre vivant de la Liberté. — Emprunt forcé. — Fête du 21 janvier. — Les sept fêtes nationales. — Fête de la Jeunesse. — Garde nationale sédentaire.— Fête des Epoux. — Séquestre de biens d'émigrés. — Fête de la Reconnaissance et des Victoires. — Règlement de police. — Fête de l'Agriculture. — Projet de bibliothèque publique. — Fête de la Liberté. — Permanence des réquisitions. — Complot de Babeuf. — Disjonction des fêtes du 14 juillet et du 10 août. — Troubles politiques. — Suspension des administrateurs municipaux. — Administrateurs provisoires. — Fête des Vieillards. — Administration définitive. — Guibal-Laconquié, président.

La Convention se sépara le 4 brumaire (26 octobre), après avoir siégé trois ans et un mois. Le gouvernement qui la remplaça fut appelé le *Directoire exécutif* et il subsista du 6 brumaire an IV au 19 brumaire an VIII (28 octobre 1795 et 10 novembre 1799). Il fut organisé en vertu de la Constitution de l'an III. On n'admit point d'assemblées communales, mais des administrations municipales et départementales. Elles devaient être formées par la voie de l'élection, composées d'un nombre de membres relatif à la population.

Les assemblées primaires furent convoquées pour la nomination des juges de paix et de leurs assesseurs, du président de l'administration municipale du canton et des administrateurs municipaux.

Les citoyens Vernhes et Lutrand furent proclamés juges de paix, ayant pour assesseurs Monestié, Rabejac, Guilhemon, Combes, Baluffe aîné, Cassaignes, Rousset, Fabre, Barrière, Palouzier, Ardignac et Ganidet.

Cavaillier fut élu président de l'administration municipale du canton qu'on venait de substituer au district et formée de la réunion des agents municipaux de chaque commune (1).

Les citoyens André Tudier du Bosc, ancien avoué, Mazuc, Grenier, Mazel, Passebosc, Cros et Castanié furent nommés *administrateurs municipaux;* leur nombre avait été réduit à sept. Passebosc et Grenier n'ayant pas accepté leur mandat furent remplacés par Louis Cabanel et François Pezet. Les opérations, dans les assemblées primaires, furent suivies de trouble. Plusieurs citoyens furent empêchés de concourir aux élections ; les uns furent écartés par des menaces, les autres expulsés de la salle avec violence, d'autres se virent enlever leur bulletin au moment où ils allaient le déposer dans l'urne.

Maurice Pagés fut nommé secrétaire en chef de l'administration et Bernard, maintenu trésorier de la commune, Roques, commissaire de police de la section Aphrodise et Nazaire Fornier de la section Jacques (2).

(1) L'administration municipale du canton tint ses séances dans les salles de l'évêché comme le ci-devant district.

(2) Le personnel des employés de la maison commune comprenait : un secrétaire en chef (3,000 livres) ; deux chefs de bureau (2,500 l.); deux commis principaux (1,800 l.) ; cinq commis copistes (1,200 l.) ; un gardien de la maison commune (1,000 l.) ; un précon et deux sergents (800 l.).

Le nom d'*Agent national* fit place à celui de *Commissaire du Directoire exécutif*. Ces fonctions furent dévolues au citoyen Cairol, ex-procureur-syndic du district avec le local pour ses bureaux qu'occupait l'agent national sur le devant de la maison commune, donnant sur la place de la Fontaine. Pezet fut élu *substitut* du commissaire du Directoire exécutif.

Les administrateurs municipaux furent installés le 15 brumaire (6 novembre), par l'ancien maire Valessie, après lecture du procès-verbal du recensement du vote des sections. Chaque membre dut, conformément à l'article 6 de la loi du 3 brumaire déclarer par écrit « qu'il n'avait jamais provoqué ni signé aucun arrêté séditieux et contraire aux lois et qu'il n'était ni parent ni allié d'aucun émigré aux degrés déterminés par *l'article 2 de la loi du 3 brumaire*. » Tudier fut nommé à la majorité absolue des voix *président* de l'administration municipale et Mazuc, *vice-président* (1).

Les séances de l'administration municipale eurent lieu tous les jours de dix heures du matin à midi et de trois heures de relevée à cinq. Dans la suite elles se tinrent tous les primidi, tridi, quatridi, septidi et nonidi de chaque décade à trois heures.

La loi du 3 brumaire an IV (25 octobre 1795), avait été portée pour arrêter des menées contre-révolutionnaires fomentées par des royalistes, quelques émigrés ou des prêtres rentrés dans leurs foyers. Ceux qui ne voulaient pas vivre sous les lois de la République et s'y conformer devaient quitter le territoire. Les lois de 1792 et 1793 contre les prêtres sujets à la déportation furent remises en vi-

---

(1) Consultée un jour par le département, l'administration put répondre « qu'on ne reconnaissait dans l'étendue de l'arrondissement aucun fonctionnaire public qui fut atteint par la loi précitée comme ayant signé des arrêtés liberticides, en ayant proposé aucun de ce genre dans les dernières assemblées primaires et comme étant parent d'émigré aux degrés portés par ladite oi. »

gueur. L'administration du département fit rendre compte par les communes des mesures prises pour contraindre les prêtres à obéir à la loi. Ceux qui étaient arrêtés devaient quitter leur commune pour être réunis dans une seule et même maison au chef-lieu du département. Détenus d'abord dans le ci-devant collège, ils furent transférés dans la maison ci-devant dite de Sainte-Ursule. L'âge ou les infirmités pouvaient seuls les soustraire à la déportation. Ceux qui étaient enfermés chez eux ne recevaient que leurs parents et leurs domestiques. La plupart se tenaient cachés; il était d'autant plus difficile de découvrir leur logement qu'ils en changeaient souvent. Sur quatorze prêtres sujets à la réclusion, il en était parti neuf pour se rendre à Montpellier : Juget, Jalabert, Granier aîné, Petit, Sairas, Portalon, Barbier, Bernard, Pouton ; les cinq qui restèrent étaient : Charcun, Antoine Roube, Cadoret, Millié et Antoine Grenier, se disant malades. Les prêtres condamnés à la réclusion ne pouvaient faire chez eux ni dans des maisons particulières aucune fonction du culte, la loi du 3 brumaire ayant pour objet de détruire l'abus que les prêtres insermentés feraient de leur liberté.

Beaucoup de bruit s'éleva autour du nom de Joseph Mailhac, curé réfractaire, sujet à la déportation. Il était revenu d'Italie où il s'était enfui avec un passeport pris au bureau de l'amirauté d'Agde, le 8 août 1792, et il s'était fixé à Béziers en vertu d'un décret du représentant Olivier Gérente. Il fut arrêté sur une dénonciation un soir vers huit heures et conduit devant le juge de paix pour être interrogé, tandis qu'une foule ameutée se rassemblait au-dehors. Il fut enlevé de sa prison à force ouverte, ce qui fit crier au scandale (1). Deux citoyens soupçonnés d'avoir opéré ou

(1) « Un attentat vient d'être commis. L'asile sacré des prisons a été violé; un réfractaire, un ennemi de la patrie et des lois a été enlevé à force ouverte... » Ainsi commence une proclamation relative à l'enlèvement du curé Mailhac.

favorisé cet enlèvement attribué aux royalistes, furent enfermés dans les cachots de la maison d'arrêt dont on renforça le poste pendant la nuit.

Les prêtres insermentés exerçaient leur culte à l'église de Saint-Aphrodise. Dès lors elle se trouva abandonnée. Comme il appartenait à l'administration de veiller à la conservation de cet édifice national et des objets qu'il renfermait, elle la fit fermer. Un arrêté du département la mit bientôt à la disposition du citoyen Jourdan, inspecteur principal des ateliers de l'armée.

La Constitution de l'an III avait établi par département un tribunal civil. Le Conseil général tenta d'en demander l'établissement à Béziers. Il adressa au gouvernement une pétition bien motivée où il montrait « que cette commune remplissait mieux que Montpellier les vues d'intérêt public pour la grandeur, la population, la situation, les ressources locales, les relations commerciales et la faculté d'y aboutir en tout temps par des beaux chemins capables d'assurer aux citoyens du département le plus d'avantages. » Les prétentions de la commune furent soutenues par deux députés envoyés à Paris pour expliquer au Conseil des Cinq-Cents que Béziers était la commune centrale du département tandis que Montpellier se trouvait aux extrémités (1). Mais ici, comme ailleurs, Béziers devait être fatalement sacrifié à Montpellier dont les intérêts furent défendus par les députés Crassous et Goupilleau et la balance pencha en faveur du chef-lieu du département.

Les hôpitaux militaires étaient placés sous la surveillance d'un comité d'administration composé du commandant de place, de deux officiers municipaux et de deux citoyens. (Loi du 19 ventôse an III, 9 mars 1795). Ce comité de

---

(1) On sait que sous l'ancien régime on ne cessait de réclamer contre les distances qui séparaient les Français des tribunaux parce que les frais de voyage étaient ruineux. C'était le moment d'écarter des plaintes aussi fondées.

surveillance n'existait pas près de l'hôpital militaire de la commune. C'était un préjudice porté à la santé des malades exposés à des privations et à des négligences. Cette lacune fut comblée par la constitution d'un comité composé du commandant de place, de Cros et Mazel, officiers municipaux ; de Monestié et Palhouzier, assesseurs du juge de paix.

La police des routes laissait beaucoup à désirer; le danger y était permanent. Des détrousseurs se répandaient en tous lieux, s'y embusquaient et dévalisaient les passants, même à des heures non-indues, tant aux approches de la ville qu'à une plus grande distance. Tous les efforts de l'administration pour réprimer les délits avaient échoué devant la mauvaise organisation de la garde municipale. Désormais, tout individu voyageant hors de son canton sans passeport fut mis en état d'arrestation et traduit devant le juge de paix. Tout cabaretier, aubergiste ou logeur inscrivit sur un registre l'arrivée et le départ de quiconque descendait chez lui. Tout jeu de hasard fut rigoureusement interdit; chacun devait justifier d'une profession. Des patrouilles journalières circulèrent pour prévenir des attentats capables de troubler la tranquillité publique.

La démoralisation a son contrepoids dans l'instruction ; il s'agissait de la répandre. La loi du 3 brumaire an IV (25 octobre 1795), au sujet de l'organisation de l'instruction publique, autorisait l'établissement d'une Ecole centrale *supplémentaire* dans les communes qui avaient possédé des établissements d'instruction connus sous le nom de *collèges* et dans lesquelles il n'était pas placé d'*Ecole centrale*. Tout fut mis en œuvre pour faire profiter la commune de cette faveur, en même temps que trois écoles primaires étaient créées. La première comprenait les bourgs de Aphrodise, Capnau, André, Maurcilhan avec une partie du presbytère de La Madeleine, livrée à l'instituteur, tandis que l'autre partie était occupée par le commandant de place. La deuxième embrassait les bourgs Montibel, Bourg Libre, Salvetat, Fustarié, Lespignan avec l'église et diverses pièces du couvent de Sainte-Ursule pour le maître. La troisième se composait des bourgs de la République, de Nissan, Jacques et de la banlieue: elle se tint dans l'ancien presbytère de Saint-Jacques. Les citoyens Odezenne, Guibal-Laconquié et Fuzier formèrent le jury d'instruction publique chargé d'examiner et de choisir les sujets qui se présenteraient pour remplir les fonctions d'instituteurs et d'institutrices. Les matières de l'enseignement portaient sur la lecture, l'écriture, le calcul et les éléments de la morale républicaine.

L'administration avait fixé au 22 frimaire (13 décembre), la cérémonie de la plantation d'un arbre vivant de la Liberté sur la place de la Révolution. Les autorités civiles et militaires réunies dès dix heures du matin, à la maison commune, se rendirent à la salle décadaire en chantant des hymnes patriotiques. Le président de l'administration municipale donna lecture de la proclamation du Directoire exécutif et prononça un discours dans lequel il fit vibrer « ses sentiments de républicanisme, de fraternité, d'amour de l'ordre et des lois. » De là, le cortège se transporta sur la place de la Révolution pour assister à la plantation de l'arbre vivant de la Liberté que l'on eut soin de placer sous la protection et la surveillance des habitants de la commune et de mettre dans un encaissement de bois pour le protéger contre les outrages.

Les besoins accablaient nos armées dont il fallait assurer la subsistance. Le Directoire aux abois proposa un emprunt forcé de 600 millions que les *Conseils* sanctionnèrent. Cette taxe était présentée comme une avance sur les deux contributions et l'unique moyen fourni au gouvernement de déjouer les criminelles espérances des ennemis de la République et de terminer glorieusement la guerre (1). L'em-

(1) La loi du 3 brumaire qui établissait une taxe de guerre fut abrogée.

prunt fut dirigé contre les riches et les gens aisés. Les prêteurs furent divisés en seize classes de taxe depuis cinquante jusqu'à douze cents livres. La seizième et dernière classe comprit le quart des citoyens le plus imposés ou imposables. Les différentes classes des citoyens sujets à l'emprunt forcé furent couchées sur des rôles. On réserva un état particulier pour les familles dont la fortune foncière ou mobilière représentait ensemble ou séparément un capital de 500,000 livres et au-dessus. On y voit figurer les noms suivants : Lambert Brunet, veuve Galejac, Antoine Villerase, Pascal Saint-Juéri, Espic Lirou, Etienne Salvan, Marie Rastoul, Donadieu négociant, Glouteau aîné et Glouteau cadet, Pezet, Mainy, homme de loi, Lagarrigue, Vincentis, Etienne Sicard fils, François Roques négociant, Constantin de Lort, Cassan, Rives de Fos. On voit par ces indications que quelques-unes des fortunes colossales de notre ville ne datent pas d'aujourd'hui, mais qu'elles étaient déjà en partie acquises à l'époque qui nous occupe.

Les deux Conseils venaient d'adopter le projet de célébrer tous les 21 janvier l'anniversaire de la mort du dernier roi. Le but était surtout de soumettre à l'épreuve du serment les employés du gouvernement suspects de royalisme. L'administration municipale, après avoir fait la veille annoncer solennellement cette fête par la cloche nationale, convoqua à la maison commune tous les corps constitués et les salariés de la République pour se rendre à la salle décadaire où chacun fit en présence du peuple la déclaration prescrite par l'arrêté du Directoire exécutif « portant qu'ils sont sincèrement attachés à la République et qu'ils vouent une haine éternelle à la royauté. »

Joignez à cela sept fêtes nationales (1), à célébrer tous les ans dans chaque canton, savoir :

---

(1) Titre VI de la loi du 3 brumaire, an IV (25 octobre 1795) sur l'organisation de l'instruction publique.

1ᵉʳ vendémiaire (22 septembre). Celle de la fondation de la République.

10 germinal (30 mars). Celle de la Jeunesse.

10 floréal (29 avril). Celle des Epoux.

10 prairial (29 mai). Celle de la Reconnaissance.

10 messidor (28 juin). Celle de l'Agriculture.

9 et 10 thermidor (27 et 28 juillet). Celle de la Liberté (1).

10 fructidor (27 août). Celle des Vieillards.

Les cérémonies devaient se faire, autant que les localités le permettraient « devant un autel de la Patrie », être accompagnées de chants patriotiques, de discours sur la morale du citoyen, de banquets fraternels, de jeux et d'exercices publics, de distribution de récompenses aux élèves les plus méritants des écoles. Une place d'honneur était réservée aux vieillards et aux défenseurs de la Patrie qui avaient reçu aux armées des blessures honorables. Les citoyens étaient invités à apporter dans ces fêtes « dépourvues de pompe et de luxe », l'esprit de patriotisme et de fraternité qui animait les vrais républicains (2).

La périodicité de ces fêtes commença par celle de la Jeunesse. Le 1ᵉʳ décadi an IV de germinal (30 mars 1796), les autorités constituées se rendirent, dès huit heures du matin, à la salle décadaire, ainsi que l'état-major et un détachement de la garde nationale en uniforme et en armes. Dans ce même lieu s'étaient réunis les jeunes gens de 16 à 21 ans accomplis, c'est-à-dire ceux qui étaient inscrits pour le service de la garde nationale et ceux qui avaient le droit de voter dans les assemblées primaires, des vieillards des deux sexes, des enfants et des citoyennes mariées ou non mariées vêtues de blanc. Tudier, président de l'administration municipale, ouvrit la séance, se leva et prononça un

---

(1) Rattachée à l'anniversaire des évènements de thermidor.

(2) Arrêté du Directoire exécutif du 10 ventôse, an IV (9 mars 1796).

discours patriotique sur *la Jeunesse et les effets de l'éducation*. Puis on se rendit à l'autel de la Patrie. Des prix consistant en sabres et en livres furent distribués aux jeunes gens les plus vigoureux. Le reste de la cérémonie fut consacré à des chants nationaux au milieu d'un contentement général.

On rappela aux citoyens et aux citoyennes l'exécution de la loi du 21 septembre 1793 portant que tous ceux qui n'auraient pas la cocarde nationale seraient punis de huit jours de prison et que tous ceux qui l'arracheraient à une autre personne ou la profaneraient se verraient infliger six ans de fer (1).

La répression des méfaits exigeait un secours permanent que seule pouvait procurer la garde nationale sédentaire. Aussi était-elle un objet constant de sollicitude pour le gouvernement. Le moment était venu de faire l'application de la loi du 16 vendémiaire, an IV (8 octobre 1795). Elle comportait une réorganisation de ce corps armé et de nouvelles élections d'officiers et de sous-officiers. Les citoyens et les fils de citoyens, en état de porter les armes, furent convoqués pour procéder, sous la présidence d'un administrateur municipal, et par sections, à la composition des compagnies et au choix de leurs chefs. Les proclamations pour la convocation eurent peu de succès. L'élection des officiers et des sous-officiers ne put se faire parce que les citoyens ne se rendirent pas en nombre suffisant aux jour, lieu et heure indiqués. L'administration dut désigner elle-même les chefs et leurs subalternes.

Les vingt-quatre compagnies composant cette troupe furent réparties en trois bataillons. Le premier prit le nom

---

(1) Le citoyen Vernhes, juge de paix « considérant qu'on ne saurait trop oublier les dénominations qui rappellent le fanatisme » fait arrêter que la section Aphrodise portera le nom de section du Nord et celle de Jacques celui de section du Sud. L'hôpital général Saint-Joseph reçut le nom d'*Hospice d'Humanité*. (Délibération des 7 et 11 germinal, an IV).

de *bataillon du Sud* avec l'église de Saint-Jacques pour réunion ; le deuxième, *celui du Centre* au temple décadaire et le troisième, *celui du Nord* à l'église de la Madeleine. On organisa des *colonnes mobiles* à cinq compagnies (1), pour maintenir la tranquillité publique, contenir les mal intentionnés et veiller de concert avec les gardes-champêtres à la conservation des récoltes.

Après la fête de la Jeunesse on célébra celle des Epoux, 10 floréal (29 avril). L'administration municipale et le commissaire du Directoire exécutif, assistés des autorités civiles et militaires, se transportèrent de la maison commune à la salle décadaire. Le cortège était précédé de la gendarmerie à cheval, de la musique de la garde nationale et de la compagnie des vétérans. Pendant la marche, les républicains chantaient des hymnes patriotiques. Arrivés à la salle décadaire, les musiciens jouèrent les airs de la *Marseillaise* et du *Chant du Départ*. Le citoyen Tudier, président de l'administration municipale, monta à la tribune et prononça un discours où, après avoir fait entendre des accents patriotiques, « il recommanda aux Epoux l'indispensable nécescité de s'occuper très soigneusement de l'éducation de leurs enfants, de les élever dans l'esprit et l'amour de la Constitution qui nous régit, dans la simplicité des anciens temps, en un mot, dans les principes qui caractérisent le vrai républicain et il pose comme principe que l'éducation, les lois et les mœurs ne doivent jamais être en contradiction..... » La cérémonie achevée dans la salle décadaire, le cortège se rendit, dans le même ordre, sur la place de la Fédération pour chanter devant l'autel de la Patrie des chansons républicaines. Comme on le voit, la cérémonie se fit d'une manière très simple. Le Directoire exécutif prescrivit de donner « aux fêtes constitutionnelles » plus de pompe et d'éclat (2) et assigna à celle des Epoux un caractère précis.

(1) Loi du 17 floréal, an IV (6 mai 1796).
(2) Arrêté du 17 germinal, an IV (6 avril 1796).

Le 7 prairial (26 mai) l'administration reçut l'ordre de faire l'application de la loi du 9 floréal (28 avril), d'ordonner le séquestre sur les biens des pères et mères d'émigrés et d'en transmettre un état au régisseur des domaines nationaux. Le tableau ainsi préparé comprenait les éléments suivants : maison de Villerase, maison de Bonnet de Polhes, deux maisons et la métairie de Vaisserié de Lamarre, maison et métairie de la veuve Pradines, métairie de Poussan de la veuve Franc, maison de Barbier, jardin de la veuve Bessière, maison de Chaboud, menuisier, maison de Fournier Mazerac, maison de Bermond.

La fête de la Reconnaissance et des Victoires fut célébrée le 10 prairial (29 mai) selon le mode déterminé par l'arrêté du Directoire exécutif (1). La *reconnaissance* s'entendait de celle du public envers l'armée toute glorieuse de ses succès à Montenotte, Millesimo, Dego, Mondovi, Lodi. Les citoyens Pezet, Cabanel, Pastre et Combes furent commis à l'effet de dresser le plan de la fête ainsi conçu :

« Les corps constitués, la garde nationale, la gendarmerie, tous les musiciens de la commune devaient être invités à se réunir le premier décadi de prairial, à deux heures de l'après-midi, dans la salle décadaire que l'administration choisit pour le lieu de cette cérémonie civique et où seraient élevés un arc-de-triomphe décoré de trophées de guerre et d'inscriptions relatives à la fête et un autel de la Patrie sur lequel serait placée une statue représentant la Liberté couronnée de laurier et de chêne. Le nonidi, à six heures du soir, trois coups de canon annonceraient la fête du lendemain, autant à huit heures du matin, à midi, à deux heures, et lorsque le cortège entrerait dans la salle décadaire ou en sortirait. La cloche nationale, sonnant nonidi au soir à la même heure et le lendemain à huit heures, à midi, à deux heures jusqu'à quatre, devait

---

(1) Arrêté du 20 floréal, an IV (9 mai 1796).

embellir la solennité de cette fête. Le point de ralliement était la maison commune d'où l'on partirait à l'heure indiquée dans l'ordre suivant : la gendarmerie nationale à cheval, détachement des trois bataillons de la garde nationale en costume, en armes, avec leur drapeau et leurs flâmes précédés de leurs tambours. Pendant la marche, les corps de musique exécuteraient des airs civiques, tels que *la Marseillaise, le Chant du départ, Ça ira, Veillons au salut de l'empire*. Viendraient ensuite la statue de la Liberté portée par des vétérans, les tables de la loi, des couronnes civiques, des parfums ; d'autres vétérans portant le registre sur lequel la veille de la fête auront été inscrits les noms de tous les citoyens de la commune consacrant leur temps et leur vie à la défense de la patrie ; l'armée dans laquelle ils servent et les victoires qu'elle a remportées y seront indiquées ; sur ce même registre seront aussi mentionnés honorablement les noms de ceux qui se seront signalés ainsi que de ceux que le sort des combats a fait périr glorieusement pour la cause de la Liberté. Tous les militaires de la commune qui auront reçu des blessures honorables dans les combats auront une place réservée dans le cortège et marcheront appuyés sur des piques ornées de laurier et de chêne. Les pères et les mères qui auront le plus fourni de défenseurs à la patrie auront une place honorable pendant la marche et une place distinguée dans la salle décadaire.

» Les corps constitués marcheront sur deux rangs, ayant à leur tête le président de l'administration ; et après eux, les citoyens et citoyennes, amis de la Liberté et de l'Egalité à ce invités par une proclamation, un détachement des trois bataillons de la garde nationale comme dessus. La haie sera bordée par un piquet de service de ladite garde nationale et la marche s'effectuera par le Coqd'Inde, la Rôtisserie, le Marché-aux-Herbes, la Notairie jusqu'à la salle décadaire.

» Le président de l'administration posera une couronne sur la tête de la Liberté et fera lecture du registre contenant les hauts faits et actions héroïques des braves défenseurs de la patrie, et proclamera à haute voix les noms des citoyens de cette commune qui ont le plus contribué à la gloire des quatorze armées de la République, ainsi que de ceux qui ont péri glorieusement. Il appellera à haute voix les pères et mères des défenseurs de la patrie qui se seront signalés et leur donnera un témoignage public de la reconnaissance nationale. Les noms des militaires qui auront eu l'honneur d'être blessés en combattant seront proclamés et le président, après leur avoir témoigné toute la gratitude et la sensibilité de la nation et de la commune, leur distribuera des couronnes civiques ; il sera prononcé des discours analogues à la fête, chanté des hymnes à la liberté et à la gloire.

» Après quoi, le cortège sortira de la salle décadaire, reprendra sa marche vers la maison commune et parcourra les rues de la Notairie, la place aux Herbes, les boutiques neuves, l'hospice civil, la place de la Révolution avec une première station à l'arbre de la Liberté, la promenade, la porte Égalité, la place de la Madeleine avec une deuxième station à l'arbre de la Liberté, la place Saint-Félix avec une troisième station à l'arbre de la Liberté, les boutiques vertes et il rentrera dans la maison commune. »

Ce plan fut exécuté en son entier et le procès-verbal constate que les frais s'élevèrent à la somme de 14,600 livres. Le discours d'André Tudier, président de l'administration municipale, fut émouvant. Lorsqu'on eût proclamé à haute voix les noms des guerriers et ceux de leurs enfants :

« Et vous, s'écria-t-il, Mauri, Bellet, Lacap, Boissié, Vernhes, Alengry, Daimés et Dedieu, braves militaires qui, malgré vos blessures encore saignantes, avez eu le courage de sortir de l'hospice pour embellir la fête par votre présence et vous réunir à vos frères d'armes ; Sabatier, Aphrodise Clergue, Pyle jeune, Moutet, Monnet, Carbonnel, Jean-Baptiste Pic, Privat, Assié, Bedos, Villebrun, Pezet et Cairol, c'est à vous que je m'adresse, vaillants guerriers, qui vous êtes constamment ralliés au drapeau de la République pour cimenter avec votre sang la lance de la Liberté; vous que la mort a respectés pour nous donner l'exemple des vertus civiques ; vous avez versé votre sang pour la patrie; les blessures que vous avez reçues sont l'objet de la vénération publique. Recevez par ma voix l'hommage de la reconnaissance nationale...... »

La célébration de la fête de l'Agriculture venue après celle de la Jeunesse (1), 10 messidor, an IV (28 juin 1796), devait plaire à tout le monde puisque l'agriculture est « le premier de tous les arts, celui qui vivifie tous les autres. » C'était une reconnaissance nationale en faveur des pénibles travaux des habitants de la campagne. Les coups de canon tirés la veille et le jour de la fête sur la place de la Fon-

---

(1) Entre ces deux fêtes l'administration municipale publia le 17 floréal (6 mai) un règlement de police qu'il nous semble bon de signaler parce qu'il se rattache à divers usages locaux. On ne pouvait acheter ou vendre les comestibles tels que gibier, volaille, poisson, fruits, œufs, beurre, fromages, ailleurs qu'aux endroits désignés, savoir : le poisson, le jour de marché seulement, sur la place de la Fontaine et les autres jours de la semaine sur la *place Couverte* aujourd'hui démolie; les fruits, volailles tuées, gibier, beurre et fromages frais étaient vendus sur « le carreau et à la barre » de la maison commune. Les herbages, racines et autres produits des jardins étaient étalés sur la place du Marché-aux-Herbes. Les volailles vivantes, les œufs, les fruits et les marchandises, savons, fromage, pain, poisson salé et autres comestibles exposés en vente par des revendeurs étaient portés le jour du marché sur la place de la maison commune et les autres jours sous la *place Couverte*. Tous les dépôts de fumier ou d'immondices devaient être portés hors de l'enceinte de la ville à une certaine distance des remparts et de toute habitation. On supprima les *latrines* que par tolérance on avait laissé établir sur le toit des maisons et dont l'écoulement était préjudiciable aux passants. Tout jet par les fenêtres était interdit ; on ne pouvait s'approcher du bassin des fontaines que pour y puiser de l'eau. Les cabarets, les auberges, les cafés, les maisons étaient fermés à dix heures... L'exécution de ce règlement regarda les commissaires de police.

taine eurent un tel retentissement que beaucoup de carreaux de vitre des ouvertures de la maison commune volèrent en éclat. Les citoyens Mazel et Pezet furent nommés commissaires pour en diriger les préparatifs. On organisa un cortège. La charrue, le char, les autres instruments agricoles en firent nécessairement partie. On se transporta dans un champ où le président traça un sillon qui lui valut des applaudissements multiples. Au retour on fit une halte sur la place de la Révolution; au milieu de chants patriotiques on scella l'arbre vivant de la Liberté, comme le relate le procès-verbal (1). La saison nuisit à l'éclat de la fête. Elle se célébra au moment où les travaux retenaient les gens à la campagne et beaucoup de citoyens furent empêchés d'y assister.

Depuis 1792, bon nombre de livres provenant des bibliothèques des anciennes communautés religieuses avaient été entassés pêle-mêle dans des salles du collège. L'administration municipale, 23 messidor (11 juillet), conçut la pensée d'en former une bibliothèque publique. On les débarrassa de la poussière qui les couvrait, des taches de moisissure qui y étaient empreintes; on les tria avec le plus grand soin et on les confia avec le titre de bibliothécaire à Bonniol, auquel on adjoignit comme commissaires pour en faire l'inventaire, le classement et le recolement les citoyens Fuzier imprimeur, Odezenne libraire et Mouton-Lacape-

---

(1) « L'an IV de la République Française et le 10 messidor, les citoyens Mazuc vice-président (1), Cros, Castanié, Mazet, Pezet, administrateurs municipaux, assistés du citoyen Cairol, commissaire du Directoire exécutif, se sont rendus sur la place de la Révolution, Madeleine et Saint-Félix où étant, les deux arbres plantés sur la place de la Révolution ont été marqués du sceau de l'administration empreint sur de la cire rouge, ainsi que les deux arbres plantés l'un sur la place de la Madeleine et l'autre sur la place de Saint-Félix. » Les arbres publics de Liberté seuls plantés par les soins de l'administration municipale étaient mis sous sa surveillance.

(1) Un congé avait été accordé au citoyen Tadier, président de l'administration, du 29 prairial au 15 thermidor, 17 juin—2 août.

lière (1). Les registres servant à constater l'état-civil des citoyens furent réunis dans les archives de l'administration municipale. On mit en vente une quantité de linge mêlé avec des ornements d'église, le mobilier national de l'ancien district et d'autres effets qui dépérissaient.

Les deux fêtes de la Liberté à célébrer les 9 et 10 thermidor (27 et 28 juillet), avaient pour but d'inspirer la haine de la royauté et de rappeler la haine de toutes les tyrannies. « Ces deux fêtes, en rappelant la chute de la tyrannie triumvirale de Marat, de Danton, de Robespierre, doivent aussi consacrer les deux époques les plus mémorables de la Révolution, celle du 14 juillet 1789 où la nation recouvra ses droits et celle du 10 août 1792 où le trône fut renversé. Tout homme s'empressera de concourir à la pompe de leur célébration » (2). Voici le programme des cérémonies à accomplir :

« Le 9, les administrateurs, le commissaire du Directoire exécutif et tout les Corps constitués, escortés par la gendarmerie Nationale partiront de la maison Commune. Ils seront précédés de six groupes : le premier, composé de pères de famille; le deuxième, de mères de famille; le troisième, de jeunes gens de 18 ans au moins; le quatrième, de jeunes filles à peu près du même âge; le cinquième, d'enfants mâles: et le sixième, d'enfants de l'autre sexe. Les hommes et les femmes tiendront à la main une branche de chêne ; les chapeaux seront ornés de rubans tricolores. Le cortège se rangera sur la place publique, autour de l'autel de la Patrie. Il y aura sur l'autel des sabres, des haches et des massues et un faisceau de plusieurs drapeaux aux trois couleurs. A l'extrémité opposée de la place, on verra un trône et les emblèmes de la royauté, un sceptre, une couronne, un écusson armorié et un cahier

---

(1) Un arrêté de l'administration centrale du 22 ventôse, an V (12 mars 1797) chargea l'administration municipale d'expédier à Montpellier tous les livres déposés au collège. Par bonheur, cet arrêté ne reçut pas un plein effet; sans quoi nous n'aurions jamais eu de bibliothèque municipale.

(2) Arrêté du Directoire exécutif du 17 messidor, an V (5 juillet 1796).

sur lequel seront inscrits ces mots : *Constitution de 1791*. Après un discours du président, analogue à l'objet de la fête, il sera chanté un hymne renfermant une invocation à la liberté. Les six groupes recevront des mains du président de l'administration les armes déposées sur l'autel, se porteront rapidement, au son d'une musique guerrière, à l'extrémité de la place, et le trône s'écroulera sous leurs coups redoublés, pour rappeler que l'abolition de la royauté est due au courage du peuple entier. Cette cérémonie se fera au son des fanfares, au bruit d'une décharge de mousqueterie et aux cris répétés de : *Haine à la tyrannie! Vive la liberté!* Les six groupes reviendront déposer leurs armes sur l'autel de la Patrie. Le président remettra à chacun d'eux un drapeau, en prendra un lui-même, et, accompagné des Corps constitué, ira le planter sur les débris du trône. Les six groupes imiteront son exemple. Le cortège se remettra en marche pour retourner à la maison Commune et les danses commenceront sur la place publique.

» Le lendemain, le cortège partant de la maison commune se rangera également autour de l'autel de la Patrie; on posera sur l'autel des guirlandes de feuillages, de fleurs et un flambeau allumé. A l'extrémité opposé de la place, on verra un nouveau trône formé des débris du premier, recouvert d'un manteau aux trois couleurs et surmonté des emblèmes de la tyrannie triumvirale, un masque, un bandeau, des poignards et des torches et un cahier sur lequel seront écrits ces mots en titre : *Constitution de 1793!* Le président prononcera un discours qui sera suivi d'un hymne renfermant une invocation à la liberté. Il prendra le flambeau allumé sur l'autel de la Patrie, accompagné des présidents des différents Corps constitués et suivi des six groupes, il se portera, au son d'une musique guerrière, à l'autre extrémité de la place, dépouillera le trône du manteau tricolore dont il sera recouvert et mettra le feu au trône pour rappeler que l'abolition de la tyrannie triumvirale est due particulièrement au courage des dépositaires de l'autorité. Cette cérémonie se fera au bruit d'une décharge d'artillerie, au son des fanfares et aux cris répétés : *Haine à la tyrannie!* Vive la liberté! Vive la République! Le président reviendra près de l'autel, y placera avec solennité le livre de la Constitution républicaine et en lira le dernier article à haute voix. Les six groupes et le peuple entier répondront à cette lecture par ces cris : *Vive la Constitution! Vive la République!* Pendant cette dernière cérémonie, deux membres de chaque autorité constituée, escortés d'un détachement de la garde Nationale, iront chercher la statue de la Liberté et la reconduiront à l'extrémité de la place, sur les débris des trônes détruits. Le président prendra sur l'autel les guirlandes ; il en gardera une et distribuera les autres aux six groupes. Le cortège s'avancera vers l'autre extrémité de la place et le président et les six groupes suspendront leurs guirlandes à la statue de la Liberté. Le cortège reviendra à la maison commune et des danses s'établiront autour de l'autel de la Patrie et de la statue de la Liberté. » (1)

Les boutiques restèrent fermées pendant deux jours. A défaut de compte-rendu, nous ajouterons, sur la foi du registre des délibérations, que rien ne fut négligé et que des éloges furent adressés à ceux qui avaient préparé ces fêtes et les avaient dirigées dans leur détail. Comme la garde nationale avait montré « beaucoup d'apathie et d'indifférence » dans la célébration de ces fêtes, une plainte fut portée au général de brigade de Frégeville (2), commandant dans le département, qui ordonna d'infliger quatre jours de prison à tout garde national qui manquerait à faire son service.

L'enthousiasme pour ces fêtes s'affaiblissait non-seulement parce qu'elles étaient trop multipliées, mais encore parce qu'un malaise général planait sur tout. Les gens étaient fatigués des charges qui pesaient sur eux pour suffire aux besoins incessants de l'armée. La commune était taxée pour faire dans les magasins militaires un versement de 800 quintaux de paille ou de fourrage ; et, s'il y avait retard ou refus d'obtempérer, on envoyait pour deux ou trois jours les militaires de la garnison chez les propriétaires de la ville ou les forains, en les assujettissant à leur fournir chaque jour une livre et demie de pain, trois quarts

(1) Ibidem.
(2) Le général de brigade de Frégeville avait épousé le 10 brumaire, an IV (1ᵉʳ novembre 1795) Marie-Claire Sicard, fille d'Etienne Sicard, propriétaire-foncier.

de livre de viande, un lit de bois, le feu et la lumière. Chaque cordonnier continuait à fournir par décade deux paires de souliers. On faisait des levées de chevaux, de juments, de mules et de mulets pour le service des armées. Les jeunes hommes ne cessaient d'être requis ; les désertions étaient fréquentes. En présence de l'avilissement des assignats, l'artisan était condamné à l'inaction par la difficulté de se procurer, avec du papier-monnaie, les matériaux indispensables à sa profession. On allait fouiller jusque dans les métairies pour découvrir et faire apporter les grains nécessaires à l'approvisionnement du marché. Les moulins étaient mis en réquisition pour la mouture du blé des troupes. Toutes les denrées étaient d'une cherté excessive.

Par surcroît de maux se réveilla l'antagonisme des républicains et des royalistes à la suite de l'alarme provoquée par l'audacieux complot d'un illuminé Caïus-Gracchus Babeuf, comme il se faisait appeler, 21 floréal, an IV (10 mai 1796) « dont l'objet était de renverser la Constitution française, d'égorger le Corps législatif, tous les membres du gouvernement, l'état-major de l'armée intérieure, toutes les autorités constituées de Paris, et de livrer cette grande Commune au pillage général et au plus affreux massacre » (1), et de fonder la république des Egaux. Tout élément de paix et d'harmonie fut écarté. Les contre-révolutionnaires recommencèrent à se remuer. Il fallut redoubler de surveillance. La commune eut à fournir au département une nouvelle liste des émigrés et des ecclésiastiques qu'on disait rentrés chez eux.

Une loi (2) ordonna que désormais les anniversaires du 14 juillet et du 10 août se feraient séparément. Celui du 14 juillet fut fixé au 1er vendémiaire (22 septembre).

(1) Message de Carnot, président du Directoire exécutif au Conseil des Cinq-Cents.
2) (10 thermidor (28 juillet).

Quant à celui du 10 août correspondant au 23 thermidor, l'administration municipale proposa, malgré l'avis contraire du commissaire du Directoire exécutif, de le porter au 28 thermidor (15 août) et elle se mit en frais pour le célébrer. L'administration centrale lui écrivit de faire célébrer sans délai la fête qu'elle s'était permis d'ajourner et elle lui fit un grief d'avoir choisi un jour correspondant dans l'ancien régime à la fête dite de Notre-Dame d'août, l'accusant d'entretenir par ce rapprochement le « fanatisme ». Voulant prouver qu'elle n'agissait point de parti pris, l'administration municipale, pressée par le temps, pour conserver à la cérémonie son éclat, la reporta au 26 thermidor (13 Août). On refusa de reconnaître ses intentions conciliantes. Ce sursis lui fut funeste et la mit en état de rébellion contre l'autorité supérieure (1).

Les passions politiques fermentaient ; les haines de parti reparaissaient vivaces et violentes. Enhardi par la défaite des Jacobins, le parti de la réaction ne cachait pas ses projets ; une portion se déclarait ouvertement royaliste. L'administration municipale fut regardée comme suspecte. On lui reprocha de favoriser les projets des séditieux, des anarchistes, des royalistes qui mettaient tout en œuvre pour embraser le Midi. D'ailleurs le ministre n'avait-il pas écrit pour se plaindre de ce que les fêtes nationales étaient célébrées à Béziers « avec beaucoup d'indifférence et de froideur? » Il n'en fallut pas beaucoup pour faire éclater le mécontentement général. Tandis qu'une rixe s'élevait sur la promenade entre plusieurs citoyens auxquels était mêlé le représentant Rouyer taxé de royalisme, des rassemblements avaient lieu sur un autre point, au son du tambour. Des cris menaçants éclatèrent, des vociférations insultantes furent proférées, des conflits se produisirent.

(1) Le ministre de l'intérieur informé du renvoi des fêtes Nationales recommanda à l'administration centrale de veiller à ce qu'elles fussent célébrées les jours prescrits par la loi ou les arrêtés du Directoire exécutif.

Les meilleurs citoyens furent en butte aux outrages et aux mauvais traitements. Des violences inouïes furent dirigées contre Rouyer dont ont eut de la peine à sauver la vie.

La conduite des administrateurs municipaux en cette circonstance fut sévèrement blâmée. Ils furent déclarés responsables des désordres survenus et des excès commis. L'administration centrale les suspendit de leurs fonctions (1) et les remplaça provisoirement par des commissaires civils : Joseph Gailhac, Royère père, Guibal-Laconquié, Abadie, Fraïsse ainé, Moureau et Barthés. Ces deux derniers, sur leur non acceptation, furent remplacés par Azaïs, ex-auditeur du ci-devant district, et Octavien Vidal agriculteur (2). Cavaillier, président de l'administration municipale du canton, fut délégué pour les installer et recevoir leur serment « de haine à la royauté et d'attachement à la République française une et indivisible. » Gailhac fut nommé président, mais il se retrancha derrière son âge pour ne pas siéger et il abandonna la direction des affaires à Guibal-Laconquié, vice-président. Cairol fut maintenu commissaire du Directoire exécutif.

Les nouveaux membres s'empressèrent d'organiser des patrouilles pour faire respecter l'ordre public et contenir les fauteurs de troubles et de séditions. Le brigandage s'exerçait ouvertement ; il fallait faire surveiller les routes et escorter les courriers. La colonne mobile se mit à fonctionner régulièrement. On mit à sa tête des officiers capables et on l'arma avec des fusils envoyés par le général de

---

(1) L'arrêté de l'administration centrale du département dénonçant nominativement l'accusateur public, les membres de l'administration municipale devait être trouvé illégal et inconstitutionnel et annulé par le Directoire exécutif du 27 frimaire, an V (17 décembre 1796), tout en reconnaissant des désobéissances de l'administration municipale sous de frivoles prétextes à la loi du 10 thermidor et à l'arrêté du Directoire relatif à la fixation au 20 thermidor de la fête du 10 août.

(2) Arrêté du 28 thermidor, an IV (15 août 1796). — Un nouvel arrêté du 29 fructidor (15 septembre) les confirma dans leurs fonctions.

— 259 —

Frégeville et avec ceux qui étaient conservés au ci-devant évêché.

La nouvelle administration municipale eut à présider à la fête des Vieillards fixée au 10 fructidor (27 août) (1) « une de ces intéressantes et utiles institutions devant concourir à améliorer nos mœurs..... et, par le spectacle des honneurs rendus à la vieillesse vertueuse, étant pour tous les âges un des plus puissants encouragements à la vertu. » Moureau fut choisi pour en diriger les préparatifs. On désigna au scrutin les pères et mères de famille de l'âge le plus avancé et réunissant les conditions exigées. Quoique les détails de la cérémonie ne soient consignés dans aucun procès-verbal, voici en quoi elle devait consister :

« L'administration municipale, assistée du cortège ordinaire des fêtes républicaines et précédée d'enfants âgés de huit à douze ans, devront se rendre dans les maisons de quatre vieillards (deux de chaque sexe), désignés à l'avance comme étant les plus recommandables par leur probité, leur patriotisme et leurs vertus. Elles conduiront ces vieillards honorablement sur la place publique, lieu de la cérémonie, et, chemin faisant, elles trouveront le devant des maisons occupé par d'autres vieillards de haute vertu et orné de feuillages. Arrivés sur la place, les quatre vieillards et beaucoups d'autres héros du jour occuperont une estrade avec les officiers municipaux. Le président de l'administration prononcera un discours sur le respect dû à la vieillesse. Les vieillards devront être reconduits solennellement dans leurs habitations. »

Cette administration d'un caractère provisoire fonctionnait au mieux des intérêts de la ville, s'efforçant de vaincre des obstacles infinis amenés par un manque de fonds qui plongeait les ouvriers et les employés dans un état de dégoût, de langueur et de misère. Elle reçut son investiture

(1) Arrêté du Directoire exécutif du 27 thermidor, an IV (14 août 1796).

du Directoire exécutif par son arrêté du 29 fructidor (15 septembre). Guibal-Laconquié fut président, Gailhac, vice-président; mais sur le refus d'acceptation de divers membres, elle fut réduite à cinq; on pensait de compléter plus tard ce nombre.

XIII

AN V

23 septembre 1796. — 22 septembre 1797

Fête de la fondation de la République. — Bonnet tricolore. — Vente de l'église Saint-Félix. — Inaction de la garde nationale sédentaire. — Arbre de la Liberté de Saint-Félix. — Fête du 2 pluviôse (21 janvier). — Nouvelles sections de la commune. — Hospices civils et Bureau de bienfaisance. — Interdiction des divertissements du carnaval. — Thourel élu député. — Assemblées primaires. — Elections. — André Tudier, président. — Ganses blanches et ganses jaunes. — Journée du 13 germinal. — Profession de foi des officiers municipaux. — Attaques contre les personnes. — Plaintes de l'administration municipale. — Réélection des chefs de la garde nationale. — Fêtes des Époux et de la Reconnaissance. — Dissentiment de l'administration municipale et du commissaire du Directoire exécutif. — Troubles du 23 prairial. — Fête du 14 juillet. — Troubles royalistes du 3-4 thermidor (21-22 juillet). — Service de la garde nationale sédentaire. — Adresse à l'administration municipale. — Proclamation et serment des officiers de la garde nationale. — Conflit entre la colonne mobile et la garde nationale. —

Suspension des administrateurs municipaux. — Nouveaux administrateurs. — Mayni, président. — Fêtes du 10 août et de la Vieillesse. — Discours du président. — Translation de l'hôpital civil dans les bâtiments de l'hôpital militaire. — Réintégration des administrateurs municipaux révoqués. — Administration municipale provisoire. — Tudier président. — Conspiration royaliste. — Mesures de rigueur contre les prêtres.

L'année débuta par la célébration de l'anniversaire de la fondation de la République, 1er vendémiaire, an V (22 septembre 1796). L'administration municipale avait décidé que des prix seraient distribués aux citoyens qui se distingueraient le plus à la course à pied. Le premier prix à accorder fut un sabre, et le second se composa de deux pistolets ; pour les deux accessits fut réservée une couronne de verdure. Le procès-verbal de la délibération ne fournit pas d'autres indications pour cette fête à laquelle furent conviées toutes les autorités constituées, civiles et militaires.

L'activité qu'on avait mise jadis à faire disparaître les emblèmes royaux et féodaux, on l'appliqua à la suppression des signes terroristes. Le frontispice de l'hôpital militaire présentait un faisceau d'armes surmonté d'un bonnet rouge. Le commissaire du Directoire exécutif fit observer que ce bonnet « ainsi coloré » était le signe du régime révolutionnaire qui était passé et auquel avait été substitué le régime constitutionnel. L'administration délibéra que le bonnet rouge serait transformé en bonnet de la Liberté orné des trois couleurs nationales, 18 vendémiaire (9 octobre).

La vente des bâtiments nationaux se poursuivait. La maison presbytérale de la Madeleine, la maison de la Précenterie, le couvent de Sainte-Marie, l'abbaye du Saint-Esprit avaient trouvé des acquéreurs (1). L'évêché fut

---

(1) Gauthé, Lesage d'Auteroche, Donadieu.

concédé à la ville pour être le siège des administrations publiques. Gabriel Martin fit des offres pour l'église Saint-Félix qui lui resta au prix de 8,100 livres. Il garda pour lui ce qui formait les chapelles latérales, la sacristie, le clocher voué à la démolition, un vaste pâtus ou enclos ; il laissa à la disposition de la commune, sans diminution de prix, la nef pour être convertie en halle aux grains et il s'engagea de faire établir quatre ouvertures, dont trois aux portes principales qui existaient déjà et une quatrième au mur du sanctuaire vis-à-vis de la rue du Chapeau-Rouge. La ville se réserva les colonnes et le marbre des autels (1).

Les abus et les désordres se propageaient. Les jeux défendus, notamment le *Biribi*, allaient leur train. Les malveillants ne rencontraient plus d'obstacle à leurs coupables visées, tant était grand le relâchement de la garde nationale sédentaire. On ne pouvait pas compter sur les troupes de ligne, appelées qu'elles étaient aux armées. Chaque jour portait avec lui une preuve de son indifférence et de son apathie ! Lisez plutôt ces lignes d'une proclamation adressée le 9 frimaire (29 novembre) par les administrateurs municipaux à leurs concitoyens : « Déjà le brigandage menace vos asiles ; les voleurs infestent les routes, ils s'introduisent dans les maisons ; des jeux défendus ruinent les familles. Des perturbateurs troublent votre repos ; ils mutilent, ils dégradent impunément les objets publics, d'utilité et d'ornement. Enfin vos propriétés ne sont plus respectées et vos personnes seront bientôt insultées. Nous voulons arrêter le mal. Quel secours nous fournissez-vous ? Une apathie invincible dont vous serez les victimes, nous osons vous le prédire..... »

L'administration municipale en fut réduite, pour l'exécution de ses ordres, à faire venir de Pézenas un détachement

---

(1) Ce bâtiment fut entièrement rasé en novembre 1880 pour faire place au monument des Halles.

de canonniers. Aussi se décida-t-elle à appliquer aux délinquants l'amende portée par la loi du 14 octobre 1791, c'est-à-dire la taxe de remplacement fixée à raison de deux journées de travail (1). On organisa des compagnies de cinquante hommes avec d'anciens militaires.

Un violent coup de vent avait pendant la nuit abattu l'arbre de la Liberté qui faisait l'ornement de la place Saint-Félix. On décida de le remplacer par un arbre vivant que l'on planterait solennellement. La cérémonie s'accomplit le 9 nivôse (29 décembre), en présence des autorités et d'un nombreux public. Le président de l'administration municipale prononça un discours où il faisait sentir le respect que l'on devait porter à ce signe de notre liberté, grâce auquel tous les partis ne pouvaient qu'abjurer leur haine pour se réunir sincèrement autour de la Constitution. Le président du jury d'instruction publique parla aussi dans le même sens. Le nouvel arbre fut déclaré placé sous la surveillance immédiate de l'administration.

Au bout de quelques jours on célébra la fête établie en mémoire de la condamnation et de la mort « du dernier roi des Français », tombant le 2 pluviôse (21 janvier), conformément à l'arrêté du Directoire exécutif du 22 nivôse, an IV (12 janvier 1795), en prescrivant la célébration sous la présidence de l'administration principale du canton lorsqu'elle siégeait dans de grandes communes ayant leur administration municipale particulière.

Bientôt la distribution de la ville en cinq sections antérieurement fixées ne fut plus trouvée convenable. Un remaniement les porta à quatre à peu près égales. Chacune d'elles devait avoir un nom définitif et un local pour les séances des assemblées primaires. Un recensement révéla la présence de 2,346 citoyens ayant droit de voter. La pre.

---

(1) La taxe de remplacement revenait à deux livres quatorze sous, la journée de travail étant fixée à vingt-sept sous.

mière prit le nom de *Section du Nord-Est* avec une assemblée primaire formée de 576 citoyens et l'église Saint-Aphrodise pour lieu de réunion. La deuxième, celui de *Section du Nord-Ouest* avec une assemblée primaire formée de 609 citoyens et l'église de la Madeleine pour lieu de réunion. La troisième, celui de *Section au Sud Ouest* avec une assemblée primaire formée de 550 citoyens et l'église de Saint-Nazaire pour lieu de réunion. La quatrième, celui de *Section du Sud-Est* avec une assemblée primaire formée de 611 citoyens et l'église Saint-Jacques pour lieu de réunion. Elles furent distinguées par des lignes divergentes partant d'un centre commun, la place de la Fontaine. A chacune d'elles fut attaché un commissaire de police avec un traitement de 500 livres en numéraire. On inscrivit sur un registre tous les citoyens âgés de 21 ans et au-dessus payant une contribution directe foncière ou personnelle. Cette inscription était d'un intérêt d'autant plus grand que seule elle donnait le droit de voter dans les assemblées primaires.

La même loi qui remit les hospices civils en possession de leurs biens (1) les plaça sous la surveillance des administrations municipales. Il ne devait y avoir qu'une administration pour les régir, quel que fût leur nombre dans la même commune ou le même canton. C'est ainsi que se trouvèrent réunis les deux hôpitaux de Béziers sous le nom de Saint-Jacques ou l'hôpital Mage et de Saint-Joseph ou hôpital Général, régis par cinq administrateurs nommés au scrutin secret par l'administration municipale : Pierre Fayet, ancien négociant ; Louis Heirisson, négociant ; Azaïs aîné, homme de loi ; Bellaud père, marchand ; Passebosc, notaire. Le traitement du médecin et du chirurgien de l'hôpital Mage fut porté à 300 livres, à la charge de donner à la fois leurs soins aux malades de l'hôpital Saint-Joseph.

---

(1) Loi du 20 vendémiaire, an V (17 octobre 1796).

On désigna aussi, conformément à la loi (1), les cinq administrateurs du bureau de bienfaisance : Mainy-Madale, Antoine Salvan, Jacques Tindel agriculteur, Nattes fils-aîné et Delort remplacé sur son refus d'acceptation par Mouton-Lacapelière.

Quand une fois les esprits ont commencé de s'agiter, occupés du premier objet qui les transporte, ils peuvent sans peine être poussés plus loin, oubliant la pente où ils glissent et cessant d'apercevoir le précipice creusé sous leurs pas. La prévoyance était de règle. Aussi, quand fut venu le temps des saturnales carnavalesques, l'administration municipale prit-elle le sage parti par l'arrêté du 5 ventôse (23 février) d'interdire à tout citoyen de se déguiser et de se travestir de quelque manière que ce fût, de faire des mascarades et des branles au son du tambour dans les rues et sur les places publiques. N'était-il pas à craindre que ces jeux innocents en apparence ne fissent jaillir quelque funeste étincelle ! Ces farces populaires susceptibles d'une signification propre à provoquer et à aigrir les esprits devaient aisément dégénérer en causes de trouble et de désordre.

Les membres de l'un et de l'autre conseil étaient renouvelés tous les ans par tiers. Le 15 ventôse (5 mars), le Corps législatif procéda par la voie du sort à la désignation de la moitié des membres ex-conventionnels qui devaient cesser leurs fonctions au 1er prairial (20 mai). Rouyer fut désigné comme sortant du Conseil des Cinq-Cents. L'assemblée électorale le remplaça par Jean-François Thourel (2), accusateur public près le tribunal criminel de l'Hérault. Le nouvel élu adressa une lettre d'adieu à ses subordonnés pour leur dire que « son premier mouvement avoit été de

---

(1) Loi du 7 frimaire (27 novembre).

(2) Né à Béziers le 9 novembre 1756, mort président de chambre à Montpellier le 29 avril 1831, père d'Albin et de Léon Thourel qui ont laissé les meilleurs souvenirs au barreau et dans la magistrature.

refuser les fonctions auxquelles l'assemblée électorale l'avoit appelé, mais qu'il avoit réfléchi que tout bon citoyen se doit à sa patrie; et il se dévouoit, comptant sur l'activité de ses subordonnés pour continuer de prévenir, par une surveillance de tous les instants, le vagabondage, les attentats à la sûreté générale et individuelle et la rentrée des ennemis de la République. »

Le temps était aussi venu pour les assemblées primaires de faire les élections qui leur étaient attribuées par l'acte constitutionnel. 1er germinal (21 mars). Elles allaient coïncider avec la célébration de la fête de la Jeunesse fixée pour chaque canton au 10 germinal (30 mars). C'était à l'administration municipale du canton qu'il appartenait d'en surveiller les préparatifs et l'administration de la ville n'avait qu'à répondre à l'invitation. Dans les circonstances actuelles on n'aurait pas été fâché de ne pas distraire les citoyens qui devaient y participer des devoirs qu'ils remplissaient dans leurs assemblées respectives. Le registre se borne à constater qu'elle fut célébrée, sans relater les circonstances de la cérémonie.

Les quatre sections se réunirent à leurs sièges : celle du nord-est sous la présidence de Fraïsse, celle du nord-ouest, sous la direction d'Abadie, celle du sud-ouest sous la présidence de Royère, et celle du sud-est sous les yeux de Vidal.

Les assemblées primaires dont chacune se composait de quatre cents citoyens furent orageuses dans leur commencement et menacèrent de priver la cité de la tranquillité dont elle jouissait depuis six mois. Prévoyant le danger, les officiers municipaux se mirent en permanence après y avoir mis la colonne mobile elle-même, où ils avaient fait entrer en particulier, pour les patrouilles, les jeunes gens n'ayant pas droit de voter et « qui faisoient leur service avec un zèle qui avoit besoin d'être modéré. » Ils sont avertis soudain qu'un rassemblement s'était formé à une extrémité de la ville, au quartier de Saint-Aphrodise, et qu'il se rendait en dansant des farandoles à l'autre extrémité du quartier de Saint-Jacques pour se grossir des gens du même parti. Il était conduit par un nommé Lapeyre, dit le Hasard, ancien tambour-major dans un bataillon. Il marchait fièrement, agitant sa canne comme s'il conduisait des troupes à l'ennemi. Il semblait qu'ils allaient tout enlever sur leur passage, mais la crainte qu'ils inspiraient fut de courte durée. L'éveil donné aussitôt aux commandants militaires et à la colonne mobile, ils se virent entourés d'une foule imposante et résolue, à la tête de laquelle ils se mirent à marcher, ayant avec eux les juges de paix. Ils haranguèrent les citoyens pour rassurer les bons et annoncer aux mauvais qu'ils étaient décidés à périr plutôt que de laisser enfreindre les lois. Les meneurs, voyant ces dispositions, durent aller dissiper eux-mêmes le rassemblement sur lequel on se portait. Les magistrats n'en trouvèrent que les débris et ils déclarèrent à ces débris que s'ils périssaient pour la loi, ils seraient vengés par les forces de tout le département prêtes à seconder leurs efforts.

La fermeté des magistrats fit tout rentrer dans l'ordre l'union et la paix succédèrent comme par miracle à la situation la plus alarmante. Les sections se formèrent ensuite. Chacun sentit le besoin de se réunir ; les personnes marquantes firent les premières avances; les plus opposés s'embrassèrent; ce fut un renouvellement du *baiser Lamourette;* la foule grossit, publia la paix et l'union dans toute la cité et l'allégresse fut générale (1).

Les juges de paix nommés furent Vernhes le père et Lutrand, ex-avoué.

Pour les officiers municipaux, il y eut 1840 votants, d'où

---

(1) Registre de la correspondance de l'administration municipale. Lettre du 4 germinal, an V (24 mars 1797).

il suivait qu'un citoyen devait réunir 921 suffrages pour avoir une majorité absolue. André Tudier eut 1016 voix; Mazuc, ex-avoué, 1014; Jean Mazel, marchand, 1012; Cros ex-adjudant-général, 1002; Louis Cabanel, 1001; Pezet aîné, 997 et Castanié (Claude-Joseph), 996. C'était une satisfaction accordée à des magistrats injustement révoqués. 12 germinal (1ᵉʳ avril).

A peine le résultat eût-il été proclamé que Cairol, commissaire du Directoire exécutif, avant que les anciens administrateurs eussent quitté leur fauteuil, se faisant l'interprète de l'opinion publique, s'exprima ainsi ;

CITOYENS,

« Les assemblées primaires ont procédé à l'élection des administrateurs municipaux de la commune. Les citoyens qui ont réuni la majorité absolue des suffrages sont appelés à vous remplacer. Vous allez donc rentrer dans la vie privée; mais sachez que l'estime des bons citoyens, et je p   ne dire leurs regrets, vous accompagneront dans votre retraite. Il faut espérer que vos successeurs se montreront jaloux de marcher sur vos traces et qu'ils s'efforceront de vous imiter. C'est donc dans cette vue qu'ils sont impatients de prendre vos places autant que vous l'êtes de les leur céder. Ils ne les désirent que pour faire le bien. En conséquence, je requiers que leur installation soit fixée à demain. »

En effet, le lendemain 13 germinal (2 avril), eut lieu leur installation et leur prestation de serment. André Tudier fut proclamé président, Mazel, vice-président, Pezet, commissaire des affaires de la commune. Cairol resta commissaire du Directoire exécutif. Bientôt Mazuc et Castanié donnèrent leur démission et furent remplacés par Abadie aîné et Pouderous père. Donnadieu fut choisi pour secrétaire en chef (1).

---

(1) Le secrétaire en chef avait un traitement de 1000 livres, les chefs de bureau touchaient 850 livres et chaque commis 750 livres.

Les nouveaux officiers municipaux écrivirent aux membres du gouvernement :

« Citoyens,

» Le vœu du peuple librement consulté et fortement prononcé dans nos assemblées primaires vient de nous élever à la place d'administrateurs municipaux. Qui mieux que nous est fait pour sentir le prix de cette confiance honorable? Aussi, pour la mériter de plus en plus, redoublerons-nous de zèle dans l'exercice de nos fonctions.

» Il n'est aucun de nous, citoyens Directeurs, qui, douloureusement affecté du souvenir des dégoûts et amertumes dont nous avons été abreuvés, n'eût pris la forte résolution, depuis la suspension non méritée que prononça contre nous le 28 thermidor dernier l'administration centrale du département et sa dénonciation à l'accusateur public, de s'abstenir pour jamais des fonctions municipales ; mais des républicains purs doivent tout sacrifier pour la chose publique.

» Nous vous rappelons, citoyens Directeurs, que nous fûmes élus administrateurs municipaux à une très grande majorité lors des opérations primaires de l'an IV, et que les élections furent cassées par le Corps législatif sur le fondement de quelques rixes particulières occasionnées dans certaines sections par la diversité d'opinions : mais il est bien flatteur pour nous d'avoir réuni cette année, dans nos assemblées primaires, qui ont joui du plus grand calme, mille seize suffrages sur dix-huit cent quarante votants. C'est donc en vain que la malveillance répandit l'année dernière que nous fûmes élus au milieu des troubles et de l'agitation, et que, sans cette circonstance, le vœu du peuple ne se fût jamais porté sur nous.

» Voici, citoyens Directeurs, notre profession de foi dans toute sa pureté : Haine mortelle à la royauté et à l'anarchie ! Attachement inviolable à la Constitution de l'an III et à la République française une et indivisible! (1).

» Salut et fraternité. »

(1) Lettre des officiers municipaux aux citoyens Directeurs de la République française, aux ministres de l'intérieur, de la police générale et de la justice du 16 germinal, an V (5 avril 1797).

Le ministre de l'Intérieur répondit par la lettre suivante à l'envoi de la profession de foi de la nouvelle administration municipale :

« Paris, le 8ᵉ floréal, an V.

» Citoyens,

» Je reçois avec confiance la profession de foi politique qui termine votre lettre du 16 germinal dernier. Je ne doute pas que les nouveaux suffrages, presque unanimes, dont vous ont honorés vos concitoyens ne vous affermissent de plus en plus dans vos louables principes et ne soient sans cesse présens à votre mémoire pour vous faire calculer et remplir l'étendue des obligations que vous avez contractées. Elles sont grandes sans doute, mais avec la conviction de vos talens, je me persuade encore qu'elles sont inférieures à votre zèle civique. Vous savés, citoyens, que dans les circonstances délicates qui nous environnent, une équité sévère, une impartialité inaltérable doivent baser le système administratif d'une autorité fortement pénétrée de ses devoirs. En continuant à suivre ce système avec persévérance, vous ferés aimer la République, vous alimenterés l'énergie de ses amis, vous rappellerés à son giron les hommes faibles et incertains ; vous reduirés enfin ses ennemis à l'impuissance de nuire. Je ne vous parle pas, citoyens, du terme où vous attend la reconnaissance publique. La manière dont vous-mêmes vous vous exprimés à cet égard m'est garant que vous en connoissez le prix.

» Salut et fraternité,

Signé : BÉNÉZECH. » (1).

Les officiers municipaux laissèrent voir une égale énergie dans la profession de foi qu'ils adressèrent au président du département :

« ..... Etrangers à tous les partis, nous maintiendrons, au péril

(1) Pierre Bénézech né, à Montpellier en 1745, mort à Saint-Domingue en 1802.

même de notre vie, le respect dû aux personnes et aux propriétés ; nous saurons mettre un frein redoutable aux emportemens des ennemis de la République sous quelque masque qu'ils se couvrent, et la Constitution de l'an III sera notre seul guide..... »

Cette profession de foi ne suffit pas pour détruire tous les germes d'opposition et pour apaiser les éléments de discorde. La première séance municipale dut être interrompue le 13 germinal (2 avril) à la nouvelle d'une rixe qui venait d'éclater sur la promenade

« ..... Nous fûmes profondément affligés d'interrompre notre première séance pour nous rendre sur la place de la Fédération, à l'effet de dissiper les rassemblements qui s'y étaient formés à la suite d'une rixe survenue entre quelques citoyens au sujet de *ganses blanches* ou de *ganses jaunes*. Nous dissipâmes ces rassemblements en rappelant aux attroupés qu'ils étoient contraires à la loi, et en leur observant que la paix et la tranquillité devoient être les fruits de la réconciliation sincère qui s'était opérée dans notre commune et qui dans nos assemblées primaires avoient attendri tous les cœurs jusqu'aux larmes..... » (1).

Ces ganses, considérées comme un signe de ralliement, avaient déplu et elles étaient devenues des causes de provocation. L'autorité municipale, dans le but de donner à son intervention une apparence de conciliation, s'efforça de faire comprendre aux perturbateurs que la loi laissait à chacun le droit de se costumer comme bon lui semblait et qu'on ne devait pas attacher plus d'importance aux ganses jaunes qu'à des ganses blanches.

Pour prévenir le retour dans la commune des troubles

(1) Lettre au président du département du 16 germinal, an V (5 avril 1797).

semblables à ceux qui étaient survenus le 13 germinal, le commissaire du Directoire exécutif prit de concert avec l'administration un arrêté « portant entre autres dispositions que le commandant de la colonne mobile et les citoyens qui composent cette force armée sont mis en permanence jusqu'au parfait rétablissement de l'ordre et de la tranquillité et qu'il sera établie une compagnie de cinquante hommes de cavalerie nationale..... » (1).

Cet arrêté fut suivi d'une proclamation solennelle dans tous les carrefours de la ville, à laquelle fut invité le citoyen Vernhes, juge de paix (2) et communiquée au président de l'Hérault de la manière suivante : « Vous verrés par l'extrait de la délibération d'hier, dont nous vous envoyons copie, tout comme par l'exemplaire de la proclamation ci-jointe que nous prenons tous les moyens possibles pour maintenir l'ordre dans la commune et faire respecter les personnes et les propriétés, et nous espérons malgré les efforts de la malveillance d'y parvenir..... » (3).

Cette proclamation dont on avait senti le bon effet fut suivie d'une seconde : « Je vous envoie sous ce pli un exemplaire de la nouvelle proclamation que nous avons faite aujourd'hui. L'administration que vous présidés verra par-là que nous prenons tous les moyens à l'effet de maintenir la tranquillité publique..... » (4).

Quoi qu'il en soit, la surexcitation des esprits subsiste et les vengeances s'assouvissent séparément. Le 24 germinal (13 avril), Cathala, fourgonnier, reçut un coup de bâton sur

---

(1) Lettre du 17 germinal (6 avril).

(2) Citoyen, l'administration se propose de faire demain une proclamation en cortège pour ramener les concitoyens administrés par les voyes de la persuasion à cet esprit d'union et de concorde qui doit rallier tous les républicains au gouvernement et à la constitution de l'an III. Nous attendons de ton républicanisme fortement prononcé que tu te feras une fête d'y concourir. Nous t'invitons donc..... Lettre du 19 germinal (8 avril).

(3) Lettre du 18 germinal (7 avril).

(4) Lettre du 20 germinal (9 avril).

le bras au milieu de la rue Française. Un jeune homme, sur la place de la Madeleine, se heurte à un groupe de gens armés de bâtons et il est violemment frappé. Vers dix heures du soir, de la lumière s'aperçoit à l'intérieur de l'église de la Madeleine; quelques individus en heurtent légèrement la porte pour s'y introduire mystérieusement. Ce devait être assurément un repaire de conspirateurs. On fait violemment ouvrir et l'on se trouve en présence de quinze personnes pieuses et de neuf enfants de chœur réunis pour adorer le Saint-Sacrement dans la nuit du Jeudi-Saint. Presque en même temps des cris retentissent au-dehors. Le citoyen Delfaud, passant non loin de là pour regagner sa maison, venait d'être assailli de coups de bâton par quatre scélérats. Il n'y avait plus de sûreté pour les personnes.

Le lendemain, un garçon cordonnier, Urbain Gurriet, sortait vers dix heures du matin par la porte de la Citadelle et se dirigeait vers la promenade, en compagnie de quatre de ses camarades, lorsque vingt-cinq individus s'élancèrent vers lui d'une auberge voisine en criant : *Soie blanche!* faisait allusion à la ganse blanche dont était orné son chapeau. Non contents de l'avoir injurié, six d'entre eux se jetèrent sur lui, et, avec des pierres qu'ils tenaient à la main, ils le meurtrirent de coups, le frappant à la lèvre supérieure, à la tête, le traînèrent par les cheveux et mirent ses vêtements en lambeaux.

Le 26, Pouton, prêtre réfractaire, autorisé à résider dans la commune, fut attaqué à coups de pierres et grièvement blessé, lorsqu'il passait dans la rue de l'hôpital Mage. Toutes ces scènes désespéraient les chefs de l'administration municipale.

« Il est bien affligeant pour nous, écrivaient-ils au président du département, de voir que toutes les mesures que nous avons prises, et que nous ne cessons de prendre pour le maintien de la tranquillité publique n'ont pu produire aucun effet. De nouvelles scènes ont eu lieu et des provocations réitérées semblent menacer la commune d'un embrasement général. Les têtes sont échauffées à un tel point qu'il y a tout lieu de le craindre. Cependant nous ferons tous nos efforts pour le prévenir, et dussions-nous être les premières victimes, nous comprimerons ces ennemis de l'ordre qu'ils ne cessent de troubler..... » (1).

Le 28, les provocations se succédèrent avec une telle rapidité que des citoyens des deux partis se battaient au sabre sur la place Saint-Louis.

Le citoyen Decazis, se rendant pour affaire à Lignan, fut assailli dans le bois de la Galinière par deux hommes, saisi par les cheveux, jeté à terre, meurtri de coups de bâton et menacé d'être précipité dans le fleuve. La force armée elle-même était provoquée et insultée. Il fallait voir tous les jours « l'autorité avilie et les lois outragées. »

D'où venait la cause du mal? C'était de la composition de la colone mobile et de l'insubordination d'une partie de ses membres.

« Qui croirait que ceux qui ont les armes en main pour faire respecter l'autorité légitime et obéir à ses réquisitions sont ceux-là même qui l'insultent, qui lui désobéissent avec une licence effrénée, qu'ils sont les provocateurs et la cause unique de tous les troubles qui sont survenus depuis notre installation ? Jetés les yeux sur les divers procès-verbaux que nous vous envoyons. Vous y verrés l'insubordination la plus caractérisée de la part des chefs et d'une partie des membres de cette colonne mobile qui ne veut absolument point nous reconnoître et qui est en rébellion ouverte..... » (2).

Incessantes étaient les plaintes de l'administration muni-

(1) Lettre du 26 germinal, an V (15 avril 1797).
(2) Ibidem.

cipale « désirant plus que personne la tranquillité publique dans la commune, prête à la maintenir au péril même de sa vie pourvu qu'elle fût soutenue par la force armée. »

« ..... Nous devons, citoyen Président, déposer dans votre sein nos sollicitudes. La colonne mobile, qui est en ce moment la seule force disponible, est composée en grande partie de réquisitionnaires dont la plupart sont munis d'exemptions. Il y a encore des jeunes gens qui ont à peine atteint l'âge de seize à dix huit ans, qui manifestent une insubordination révoltante. Voici ce dont nous fûmes témoins le 13 du courant. Lorsque prévenus, au moment où l'administration tenoit sa séance, des troubles survenus sur la place de la Fédération, nous nous transportâmes de suite avec le commissaire du Directoire exécutif sur cette place; nous vîmes avec douleur que le détachement de la colonne mobile que nous requîmes au commandant, marchoit dans le plus grand désordre, que certains citoyens de ce détachement alloient à la débandade, quoique requis par l'administration d'entrer dans les rangs; qu'il y en eut même qui se permirent de dire, ainsi qu'il nous l'a été rapporté, qu'ils n'avaient pas besoin d'attendre que la municipalité, qu'ils ne vouloient point reconnoitre, fût à leur tête... » (1).

La colonne mobile se rendait coupable d'un abus qui plus longtemps toléré pouvait compromettre la sûreté publique.

« ..... S'il arrive par hasard qu'il s'élève une rixe à quelque extrémité de la commune, aussitôt les membres de la colonne mobile qui en sont instruits les premiers sortent avec leurs forces de leur maison, courent au poste de la maison commune, en criant à gorge déployée : *Citoyens, aux armes!* Par cet ordre tous les citoyens sont jetés de suite dans la plus grande consternation, de manière que voilà une force armée qui, sans être requise, sonne le tocsin et porte la terreur et l'effroi dans l'âme de tous les citoyens. Nous en portâmes hier nos

(1) Lettre du 18 germinal (7 avril).

plaintes au commandant de la place et nous lui dîmes qu'il était inconstitutionnel, qu'une force armée qui, d'après son institution, est esssentiellement obéissante fût devenue tout à coup gouvernante. Le commandant de la place nous répondit qu'il en étoit navré comme nous et qu'il étoit bien fâcheux pour lui de ne pas être obéi..... » (1).

La lettre continue ainsi :

« Nous devons vous faire part d'une manœuvre que la colonne mobile se propose pour éloigner d'elle de très bons citoyens qui en sont membres. Il est d'usage que les fusils de la garde soient placés en faisceaux dans un petit local attenant au corps de garde dont le commandant du poste a la clef. Lorsqu'ils ont envie de ne plus vouloir de quelque citoyen paisible qui n'abonde pas dans leur sens, ils saisissent le moment où ce citoyen sort du corps de garde pour aller prendre son repas et ils lui enlèvent son fusil qui ne se trouve plus : voilà un singulier moyen de désarmement. La chose est arrivée notamment aux citoyens Verdéri et Ginieis marchands et au citoyen Fabre tailleur qui sont venus ce matin le dénoncer à l'administration..... » (2).

Les propos les plus odieux circulaient au corps de garde parmi les hommes de service de la colonne mobile. L'un disait que « les administrateurs municipaux étaient des brigands, qu'il ne falloit pas obéir à leurs réquisitions et que si les administrateurs se mettaient à la tête de la colonne mobile lorsqu'il se manifestera quelque trouble, il commenceroit par faire feu sur eux..... » Comme on parlait un jour de s'en défaire bientôt, on s'accordait pour ne proposer rien moins que de les égorger. Un forcené s'écriait : « Je veux manger le foie aux administrateurs municipaux

(1) Lettre du 18 germinal (7 avril).
(2) Ibidem.

et tremper dans leur sang un mouchoir blanc que je conserverai comme une relique précieuse..... » (1).

Le poste de la maison commune, chose pénible à dire, était souvent désert et ceux qui auraient dû l'occuper cherchaient à provoquer des mouvements dans la commune. « Le 30 germinal (19 avril), des individus de la colonne mobile et de la cavalerie se permirent un rassemblement considérable sur les trois ou quatre heures de l'après-midi. Après avoir hurlé des chants homicides tels que le *Réveil du peuple*, ils se portèrent sur la place de la maison commune où ils dansèrent autour d'un auto-da-fé par eux dressé pour brûler un bonnet de la Liberté. Si le piquet de la colonne mobile, dont on vante tant le zèle, se fût trouvé à son poste, l'administration n'eût pas manqué de dissiper de suite ce rassemblement. » (2).

Les officiers municipaux ne pouvaient que reconnaître que la plus grande tranquillité avait régné dans la commune pendant les six mois qui avaient précédé leur élection et ils enviaient le bonheur et le règne pacifique de ceux qu'ils avaient remplacés. Qu'est-ce qui avait soulevé les hostilités ouvertes contre eux? C'est qu'auparavant la colonne mobile ne faisait aucun service, et ce n'était que depuis qu'elle avait été mise en permanence, que les rixes avaient commencé et que la tranquillité avait disparu.

« La cause de ces troubles provient en partie de l'audace avec laquelle une foule de jeunes gens armés jusques aux dents, quoique n'étant pas de service, vont dans la rue, sur les places publiques provoquer la classe des paysans et artisans sur laquelle ils se sont permis de faire feu avec leurs pistolets qui heureusement ont fait faux feu, des chansons incendiaires chantées à chaque instant. Tout cela n'a pas peu

(1) Procès-verbal d'enquête sur les troubles du 13 germinal.
(2) Lettre du 1er floréal, an V (20 avril 1797).

contribué à échauffer les têtes des paysans et artisans que nous avons contenus jusqu'à présent, mais que nous aurions de la peine à contenir davantage s'ils étaient provoqués derechef..... » (1).

La masse de la colonne mobile était douloureusement affectée des provocations quotidiennes que le petit nombre se permettait. Ce n'était que le parti d'une minorité qui faisait la guerre aux administrateurs municipaux, qui les abreuvait d'amertumes et de dégoûts pour les forcer, il le déclarait ouvertement, à abdiquer leurs places dont ils auraient fait volontiers le sacrifice s'il avait dû ramener une réconciliation sincère. Ce qui les retenait c'était de voir la minorité prétendre faire la loi à une très grande majorité.

Un double moyen de pacification se présentait : l'épuration ou le versement de la colonne mobile dans les rangs de la garde nationale.

« En l'état actuel des choses, nous pensons qu'il est expédient que l'administration centrale fasse cesser la permanence de la colonne mobile, et que la garde nationale, qui n'eût jamais dû cesser son activité, reprenne son service. Alors les membres de la colonne mobile rentreront de droit dans leurs compagnies respectives, et l'administration municipale n'aura plus la douleur de voir l'autorité avilie et les lois outragées. » (2).

Le président de l'administration municipale écrivit au ministre de la police générale pour l'éclairer sur la composition et les agissements de la colonne mobile :

« La colonne mobile de notre commune, organisée par nos prédé-

(1) Lettre du 26 germinal (15 avril).
(2) Ibidem.

cesseurs, a affiché depuis notre installation une insubordination révoltante et une rébellion ouverte à l'autorité légitime. Le maintien du bon ordre et de la tranquillité publique exigent impérieusement l'épuration de cette colonne mobile, qui bien loin d'être essentiellement obéissante, d'après les lois institutives de la force armée veut être essentiellement gouvernante.....

» Il y a un vice essentiel dans l'organisation de cette colonne mobile; c'est au mépris de la loi que nos prédécesseurs y ont compris des réquisitionnaires, des hommes qui ont déserté les drapeaux de la République. Ce n'est pas tout; on y voit figurer les auteurs, instigateurs et complices de l'enlèvement de Mailhac, prêtre réfractaire, sujet à la déportation, lequel fut fait à main armée des prisons de notre commune, il y a sept à huit mois.....

» Il est donc instant que vous nous autorisiez à procéder sur-le-champ à l'épuration de la colonne mobile. Les membres de cette colonne, amis de l'ordre et de la paix, la désirent ardemment et notre attachement inviolable à l'exécution des lois nous fait un devoir sacré de provoquer cette mesure seule capable de rétablir la tranquillité publique dans notre commune..... » (1).

Après avoir tenté de paraître en public avec des ganses noires, voire même tricolores, on revint à la cocarde tricolore, seul signe de ralliement des vrais républicains. Pour la suppression de tout signe distinctif, rien ne servit plus que la nouvelle organisation de la garde nationale parisienne sur le modèle de laquelle toutes les gardes nationales de la République furent constituées, en vertu de la loi du 16 vendémiaire, an IV (8 octobre 1795) et dont l'article 3 portait : « Les compagnies de grenadiers sont supprimées. Il est défendu sous peine d'amende de porter les houpettes rouges et vertes aux panaches de la même couleur et au retroussis des habits les grenades ou cors de chasse qui sont les marques distinctives de ces compagnies. » Nulle mesure ne pouvait être mieux appliquée pour prévenir le

(1) Lettre du 28 germinal, an V (17 avril 1797).

renouvellement de toute scène de désordre. Les trois bataillons se réunirent, en conformité des lois, pour la réélection des officiers et des sous-officiers, celui du nord à la Madeleine, celui du centre au temple décadaire et celui du sud à Saint-Jacques.

La fête des Epoux fut célébrée le 10 floréal (29 avril) avec le cérémonial de l'année précédente. Son caractère spécial imposait à chaque municipalité la tâche « de rechercher les personnes mariées qui, par quelque action louable, avaient mérité de servir d'exemple à leurs concitoyens, ou qui déjà chargées de famille avaient adopté un ou plusieurs orphelins. Leurs noms devaient être inscrits sur un tableau pour être proclamés publiquement le jour de la fête et des couronnes civiques devaient leur être décernées au nom de la patrie. Les jeunes époux qui s'étaient unis pendant le mois précédent et pendant la première décade de floréal devaient être invités à la fête et faire partie du cortège. Les épouses y paraîtront vêtues de blanc, parées de fleurs et de rubans tricolores. Les vieillards des deux sexes auront des places d'honneur; ils seront accompagnés de leurs enfants. Celui de tous qui aura près de lui la famille la plus nombreuse aura la première place et c'est lui qui sera chargé de distribuer les couronnes. » (1).

Le citoyen Reboul, administrateur du département, délégué à Béziers, pour faire une enquête sur les troubles (2), prononça dans la salle décadaire, en présence des autorités civiles et militaires, un discours dans lequel il retraça les devoirs sociaux pour inviter les citoyens à la concorde et à une union franche et durable. Le président de l'administration principale développa en termes énergiques les prin-

---

(1) Arrêté du Directoire exécutif du 27 germinal, an IV (16 avril 1796).

(2) L'administration municipale ne sortit pas indemne de cette enquête. On lui imputa d'avoir provoqué le désordre dès le principe et de n'avoir pris que plus tard un rôle de conciliation.

pes de la saine morale qui seule caractérise le bon républicain.

A la fête de la Reconnaissance du 10 prairial (29 mai), il prouva que « la reconnaissance est une vertu nécessaire sans laquelle un Français ne pouvait pas se dire républicain. »

L'administration municipale était mal assise. Elle se heurtait partout à une résistance opiniâtre et elle ne cessait de s'en plaindre. « Nous sommes républicains, écrivait-elle au général de Frégeville, le 23 floréal, an V (12 mai 1797). C'en est assez pour mériter l'exécration de ces messieurs (quelques membres de la colonne mobile et cavalerie) qui sont provocateurs, dénonciateurs, témoins, jurés, etc. » Ils avaient pris à tâche de méconnaître les fonctionnaires dans l'exercice de leurs fonctions et ils rendaient le public témoin d'arrestations arbitraires à l'égard des citoyens estimables et paisibles. L'arrêté administratif du 14 floréal, an V (3 mai 1797), n'avait point calmé leur irritation (1).

La haine portée à l'administration municipale agissait sourdement pour lui ôter les moyens de défense et de justification. C'est ce qu'elle nous apprend par la lettre du 4 prairial, an V (23 mai 1797) au président du département.

« ..... Les citoyens Coste et Fabregat qui avoient été députés à Montpellier par le parti oppresseur, et qui avoient annoncé avant leur départ qu'ils alloient ourdir au département quelque trame contre nous, tiennent depuis leur retour les propos les plus défavorables sur notre compte. Ils se jactent même d'avoir pris toutes leurs mesures pour obtenir notre *suspension*..... »

Pour surcroît d'aventure, l'administration municipale

(1) Ce règlement de l'administration municipale était ainsi formulé :
ARTICLE PREMIER. — L'administration municipale défend à tous citoyens

avait contre elle le citoyen Cairol, commissaire du Directoire exécutif « moins occupé de veiller au bien public que de satisfaire ses passions haineuses, ne cherchant toujours

non inscrits sur le tableau de la colonne mobile, arrêté par l'administration centrale, de s'immiscer en armes au corps de garde, ni dans les patrouilles de la colonne mobile, à peine d'être considérés comme perturbateurs du repos public et punis comme tels.

Art. 2. — Il est fait défense à tous citoyens, de tout âge et de tout sexe, de crier dans les rues : Aux armes ! Aux armes ! lorsqu'il pourra survenir quelque rixe particulière, à peine contre les contrevenants d'être poursuivis comme des provocateurs aux désordres et au meurtre.

Art. 3. — L'administration renouvelle les défenses qu'elle a déjà faites de se former en groupe au-delà de six personnes. Elle enjoint de plus fort à ses commissaires de police de tenir sévèrement la main à l'exécution de la publication par elle faite le 11 du courant aux cafetiers et cabaretiers pour leur ordonner de fermer leurs cafés et cabarets après neuf heures du soir.

Art. 4. — Tous les citoyens indistinctement sont invités de s'abstenir de chanter soit dans les rues, soit sur les promenades, soit dans les lieux publics, aucune espèce de chansons, attendu que quoique louables dans leur contenu ils s'en servent pour se provoquer mutuellement.

Art. 5. — En exécution de l'art. 3 de la loi du 10 vendémiaire de l'an IV, dont les dispositions ont été étendues par un arrêté du Directoire exécutif en date du 2 germinal aux gardes nationales sédentaires dans toute la République, il est défendu à tout individu ayant servi, soit en qualité de grenadier soit en qualité de chasseur, de porter les marques distinctives qui leur avaient été accordées par la loi du 28 germinal, consistant en houpettes rouges, vertes ou panaches de la même couleur ou cors de chasse aux retroussis de leurs habits, à peine contre les contrevenants d'un mois d'emprisonnement pour la première fois et de deux années en cas de récidive.

S'il arrive que quelques individus récalcitrants se permettent de transgresser la présente défense, l'administration municipale invite ses concitoyens à lui en faire la dénonce afin qu'elle puisse se mettre en mesure de faire appliquer aux rebelles les peines prononcées par la loi.

Art. 6. — Il est défendu à tous citoyens de se présenter en armes telles que sabres ou pistolets à peine contre les contrevenants d'être poursuivis comme perturbateurs du repos public.

Art. 7. — La même défense s'applique aux membres de la colonne mobile et de la cavalerie nationale, lorsqu'ils ne seront pas de service.

Le présent arrêté approuvé par le citoyen Reboul, administrateur du département et son commissaire, en séance dans la présente commune, sera publié et affiché sur les places et autres lieux accoutumés.

Signés : Mazel, Tudier, Cros, Abadie, Cabanel
administrateurs municipaux.

qu'à entraver la marche de l'administration municipale et à vous vexer, n'importe par quel moyen..... » (1). Cette animosité est confirmée par une lettre du 14 prairial, an V (2 juin 1797) au citoyen Caisergues, commissaire du Directoire exécutif près l'administration du départemeut de l'Hérault :

« CITOYEN COMMISSAIRE,

» Il est de notre devoir de vous faire connoître les moyens vexatoires que met en œuvre le citoyen Cairol, commissaire du Directoire exécutif, pour entraver notre marche dans l'expédition des affaires, tâcher de nous avilir et nous faire perdre la confiance publique. Vous êtes trop juste et trop impartial pour ne pas improuver hautement l'inculpation calomnieuse qu'il s'est permise gratuitement dans son réquisitoire contre notre président, inculpation qu'il voulut absolument coucher sur le registre malgré l'observation que lui fit le président qu'il n'étoit pas bien campé sur les faits. Si le citoyen Cairol vouloit sincèrement le bien public, il iroit d'accord avec nous ; mais non, il est entré dans son plan de se réunir aux ennemis de la chose publique qui nous ont déclaré une guerre ouverte..... »

Ce dissentiment entre l'administration municipale et le commissaire du Directoire exécutif faisait la force des opposants à l'administration municipale de la colonne mobile ne reconnaissant d'autre autorité que celle dont était revêtu le commissaire du Directoire exécutif. La situation ne permettait pas de prévoir une amélioration. De nouveaux troubles se manifestèrent le 23 prairial (11 juin) et firent courir des dangers aux paisibles citoyens. Il était dit que la commune ne retrouverait point sa tranquillité tant que le parti contre-révolutionnaire entretiendrait parmi les membres de

(1) Lettre au président de l'administration centrale.

la colonne mobile des adeptes qui la détourneraient de ses devoirs. Les rassemblements tumultueux devenaient difficiles à dissiper. Il se produisait des résistances qui dégénéraient en désobéissance à l'autorité. Pezet, considérant le pouvoir comme avili, donna sa démission d'administrateur municipal. Mais ses collègues restèrent fermes à leur poste, jugeant avec raison qu'il ne fallait pas l'abandonner au milieu d'une crise. On multiplia les moyens de surveillance pour paralyser les intentions coupables des malveillants. On avait appris que l'église de Notre-Dame de Consolation servait de refuge aux ennemis de l'ordre ; on fit murer les trois portes et fermer toutes les ouvertures. Pour ôter aux habitants toute occasion de dispute, ordre fut donné aux cabarets ou cafés de fermer à l'entrée de la nuit et de ne plus recevoir de personnes étrangères à la maison. Des patrouilles parcouraient la ville et nul ne pouvait sortir de sa demeure à la nuit sans être muni d'une lanterne.

Dans la séance du 21 messidor (9 juillet), l'administration municipale s'occupa des préparatifs de la fête du 14 juillet, premier jour de la Révolution française, et chargea les citoyens Cros et Abadie d'y donner leurs soins (1). Cette fête fut annoncée la veille par la sonnerie de la cloche. Le lendemain matin, à onze heures, les fonctionnaires civils et militaires, convoqués à la maison commune, se rendirent au temple décadaire, précédés de la musique et des tambours et escortés de la gendarmerie et de la garde nationale. Le vice-président monte à la tribune, mais, la faiblesse de sa voix ne lui permettant pas de se faire suffisamment entendre, il charge le secrétaire en chef de lire à sa place un discours « dans lequel, après avoir fait la comparaison de l'ancien régime avec le régime

---

(1) L'article 1er de la loi du 10 thermidor, an IV portait que cette fête serait célébrée tous les ans le 20 messidor dans toutes les communes de la République.

actuel, il prouve que le gouvernement établi par la Constitution de l'an III est le seul qui puisse convenir à un peuple libre ; et il exhorte tous les citoyens à s'y réunir pour le défendre contre les attaques des contre-révolutionnaires. »
La musique joua plusieurs morceaux auxquels la foule répondit par le chant d'hymnes civiques. On quitta la salle décadaire pour la place de la Révolution où l'on se groupa autour de l'autel de la Patrie pour faire entendre des hymnes à la Liberté.

La situation de la commune, loin de s'améliorer, s'était aggravée. Elle inclinait vers l'agitation et la division des esprits par les intrigues de brouillons et l'ambition de conspirateurs. On avait eu les crimes de la Terreur, on allait avoir les attentats du royalisme. La haine était fomentée contre les amis du Directoire et les acquéreurs de biens nationaux. Sous l'empire de menées secrètes, le tumulte renaquit. Les factieux méconnurent la voix des magistrats du peuple, les insultèrent et les menacèrent dans l'exercice de leurs fonctions. Ne pouvant plus compter sur la colonne mobile en état de rébellion permanente contre l'autorité légitime (1), les administrateurs munici-

---

(1) La colonne mobile, composée de malveillants, de contre-révolutionnaires qui s'y étaient subrepticement introduits, ne cessait de se montrer rebelle aux ordres de l'administration ou du commissaire. C'était un foyer de troubles et de dissensions qui exposaient les administrateurs municipaux à perdre la vie au milieu des désordres, en cherchant à les apaiser. Voici ce qu'écrivait l'administration municipale, le 18 prairial, an V (6 juin 1797) au citoyen Besard, commissaire du Directoire exécutif près le tribunal criminel du département de l'Hérault : « Citoyen, depuis le 13 germinal, jour de notre installation, nous sommes avilis et conspués par une minorité factieuse, lors même que nous sommes dans l'exercice de nos fonctions. Certains membres insubordonnés de la colonne mobile, méconnoissant la voix des magistrats du peuple, se sont permis maintes fois de nous désobéir de la manière la plus indécente ; et sans respect pour la majorité imposante qui nous a élus, ils ne cessent de s'exhaler en propos séditieux, nous disent qu'ils susciteront des troubles dans la commune jusqu'à ce qu'ils nous ayent forcés à faire notre démission. Le citoyen Carles, membre de la colonne mobile, combla la mesure le 4 floréal (23 avril) dernier en saisissant rudement par le bras le

paux eurent recours à la garde nationale pour faire le service intérieur de la commune et ils résolurent de n'employer la colonne mobile qu'en dernière ressource.

La réintégration « de la garde nationale sédentaire dans un service qu'elle n'aurait jamais dû cesser de faire » valut les plus vives félicitations à l'administration municipale. Les principes mis en avant dans l'adresse qui lui fut envoyée reflètent des sentiments professés par tous les amis de la

---

citoyen Cros, notre collègue en fonctions, et en menaçant de le frapper sur la tête avec la crosse de son fusil..... »

Nous lisons dans une autre lettre à la même date adressée à l'administration centrale : « Citoyen président, nous attendons d'un jour à l'autre vos opérations relatives à la réorganisation de la colonne mobile. Il est même très instant que nous les recevions au plus tôt. Ce zèle fougueux que cette colonne a montré les premiers jours que nous sommes entrés en fonctions, non pour protéger la tranquillité publique, mais uniquement pour la troubler, nous en avons des preuves matérielles, oui, ce faux zèle est dégénéré en une apathie dont vous ne sauriez vous faire une idée.

« On a répandu ici que l'administration centrale n'approuverait pas notre travail relatif à la réorganisation de la colonne mobile parce que nous y avons compris des hommes qui jouèrent un rôle dans l'affaire des *gabelous*. Le fait n'est point vrai. Nous nous serions donnés bien de garde d'imiter en cela nos prédécesseurs qui ne rougirent point de faire figurer dans la colonne mobile existante le fameux *Béraud*, sellier, *qui a encore les mains teintes du sang* de ce pauvre *gabelou* qu'on eut la barbarie de pendre à la fenêtre de la maison du citoyen Bernard, apothicaire. »

« Le 28 messidor (16 juillet), vers huit heures du soir, il s'éleva une rixe sur la place de la maison commune, ce qui occasionna un nombreux rassemblement qu'il fut impossible de dissiper attendu que plusieurs membres de la colonne mobile, arrivant en foule, se mêlaient au rassemblement et augmentaient le trouble ; au lieu de seconder les administrateurs pour le dissiper et d'être dociles à leur voix, ils proféraient des cris de mort contre eux. Un individu nommé Bernes, cordonnier et déserteur, l'un des séditieux, se permit de lancer un coup de sabre sur le citoyen Cros, revêtu de son écharpe, qui lui ordonnait de le remettre au fourreau et qu'heureusement pour lui les citoyens se trouvant présents parvinrent à écarter. »

(Autre lettre du 30 messidor, an V (18 juillet 1797).

« Nous ne vous laisserons pas ignorer, citoyen président, qu'une foule de jeunes gens sont mis en avant par quelque main invisible qui a sans doute intérêt à susciter des troubles ; mais nous déjouerons les projets liberticides de ces ennemis du bon ordre et du gouvernement qui ont juré notre perte, parce que nous sommes républicains, que nous ne voulons pas favoriser les réactions qui ensanglantent malheureusement le Midi. » — Ibidem.

Constitution de l'an III. C'est bien l'expression des vœux des personnes impatientes de procurer à la cité la tranquillité, l'union et la concorde, à tous les citoyens le respect des personnes et des propriétés, l'obéissance aux lois et à ceux qui en sont les organes. Il est juste de la faire connaître.

« Vous venés de rétablir l'ordre dans notre commune en remettant la garde nationale sédentaire en activité d'un service qu'elle n'aurait jamais dû cesser de faire. Par là vous avés prévenu notre demande expresse et formelle, et vous avés répondu à la confiance de vos administrés; en effet, quelles sont les principales obligations qui vous sont imposées en vous plaçant au poste que vous occupez? Le maintien du bon ordre, la sûreté des personnes, le respect des propriétés, l'obéissance aux lois et aux autorités constituées qui en sont les organes. Par quelle fatalité ces devoirs ont été jusqu'ici méconnus? Il ne faut pas se le dissimuler; ce qui se passe sous nos yeux n'est que l'effet d'un plan machiavélique généralement combiné dans toute la République par ses ennemis implacables et éternels. Tous ces troubles, ces désordres, ces désobéissances scandaleuses aux lois et à l'autorité sont leur ouvrage. Il était donc temps que par une sage et prudente énergie vous fissiez cesser cet état continuel d'inquiétude et d'alarme auquel les bons citoyens étoient en proie depuis plus de trois mois. Cet état ne pouvait subsister plus longtemps. Quand les lois sont méconnues, quand la force armée n'obéit pas à la voix de l'autorité légalement établie, quand les magistrats sont bafoués, vilipendés, menacés, frappés par ceux même qui font partie de cette force, la seule ressource qui reste aux organes des lois est de faire cesser cette situation vraiment pénible pour les bons citoyens. Vous l'avés aperçue cette ressource et vous l'avés généralement mise en pratique. Ceux-là seroient les véritables ennemis de l'ordre qui attribueroient votre sage démarche à de mauvaises intentions. Ne craignez donc pas leur courroux. Il viendra se briser contre l'imperturbabilité de votre conscience. Une force armée, qui doit être, par son essence, obéissante (la colonne mobile), auroit dû montrer l'exemple de son impartialité, de sa justice et de sa soumission. Tel est le caractère distinctif d'un ami de la patrie, de la Constitution et du gouvernement, d'un véritable républicain. Quel a été donc ce génie malfaisant qui a soufflé parmi les habitants de cette commune le venin de la discorde? Ils n'avoient cessé de jouir d'une douce paix au milieu des crises les plus violentes de la révolution, au milieu même de la différence de leurs opinions. Ah! citoyens administrateurs, n'attribuons cette espèce de ligne de démarcation qui s'est établie depuis quelque temps entre des citoyens jadis liés par une amitié étroite, par leurs habitudes journalières, par leurs douces affections, qu'au projet insensé des ennemis déclarés du gouvernement républicain, et par conséquent de la liberté publique individuelle. Nous aimons à nous persuader que cette jeunesse inconsidérée et fougueuse, l'espoir de la patrie, a été plutôt cruellement trompée, même dans ses écarts, que conduite par des mauvaises vues. Eh! n'est-ce pas pour elle que les auteurs de ses jours travaillent depuis huit ans à établir la vraie liberté sur des bases solides? N'est-ce pas pour elle qu'ils se sont imposé les privations les plus dures? N'est-ce pas pour elle enfin que les braves défenseurs de la patrie cimentent de leur sang les fondements de la République? Que les bons citoyens se réunissent donc pour le bien commun, qu'ils fassent de leurs corps un faisceau indissoluble; qu'un même cri se fasse entendre :

La République ou la mort! La Constitution de l'an III ou la mort! Et nos vœux les plus chers seront exaucés!

La mesure que vous venez de prendre est seule capable de produire cet heureux effet. Tous les citoyens étant gardes nationaux concourront à maintenir la tranquillité générale et à assurer l'obéissance aux lois et le respect des autorités légitimes. Ce service commun confondra tous les esprits, toutes les opinions et mettra un terme à la division des partis. L'union fait la force. C'est cette union que les ennemis extérieurs et intérieurs du gouvernement sont seuls intéressés à éloigner. Son ciment sera leur désespoir. Ne servons donc pas leurs criminels projets par nos discordes. Soyons unis et la République est sauvée! »

Les officiers et sous-officiers de la garde nationale, nouvellement élus, dans les formes prescrites par la loi du 28 prairial, n'avaient pas encore été reconnus. La formalité requise fut immédiatement accomplie.

« Ce jourd'huy, 2 thermidor, an V (20 juillet), l'administration municipale s'est transportée sur la place de la Fédération où elle a trouvé la garde nationale en bataille avec ses drapeaux, en conformité des ordres qu'elle avoit donnés la veille, et elle s'est transportée ensuite avec ledit corps sur la promenade, où étant arrivé, le vice-président a fait prêter individuellement aux citoyens Gelly, Nattes le jeune et Alauzet, chefs de bataillon nouvellement élus, le serment de fidélité à la nation, de haine à la royauté et à l'anarchie et d'obéissance aux loix de la République. Après quoi, le président les a proclamés successivement, et, après leur avoir donné l'accolade fraternelle, il les a requis de procéder à la proclamation de leurs officiers et sous officiers respectifs, ce qui a été de suite exécuté. » (1).

La garde nationale fut remise en activité et rétablie dans les postes de la maison commune et de la maison d'arrêt.

Castanié et Pezet, persistant dans leur démission des fonctions d'administrateurs municipaux, furent remplacés par Barthélemy, ancien notable, et Poudérous père, nommé vice-président.

La substitution de la garde nationale à la colonne mobile pour le maintien de l'ordre public eut des suites funestes; un sentiment d'hostilité éclata entre ces deux corps armés ; les troubles continuèrent; la commune se trouva livrée à l'anarchie ; le mépris de la colonne mobile pour l'autorité ne faisait que s'accentuer davantage; une telle épouvante avait envahi la commune que les simples citoyens n'osaient plus paraître dans les rues; des rassemblements d'hommes, armés de lances et de sabres, avaient lieu non-seulement la nuit, mais encore le jour; c'étaient des provocations continuelles ; des conflits journaliers survenaient entre des gardes mobiles et des gardes nationaux.

Dans les journées du 3 et du 4 thermidor (21 et 22 juillet), surtout se passèrent des scènes déplorables d'horreur

---

(1) Procès-verbal extrait de la délibération municipale.

et de carnage; les plus grands attentats se commirent sur les personnes et les propriétés. Cinquante hommes d'un détachement de la garde nationale auraient été immolés à la rage des égorgeurs royalistes s'ils n'eussent trouvé leur salut dans la fuite. Aucun asile n'était respecté. La cité était livrée à l'anarchie la plus complète et au brigandage le plus effrayant. Une nuit, un rassemblement d'environ quarante hommes, armés de fusils et de sabres, parcourut toutes les rues et tira un coup de fusil à un citoyen qui s'était présenté à la fenêtre, attiré par la curiosité. Une patrouille, parcourant les rues, fut assaillie par un groupe de personnes; un commissaires et plusieurs membres du détachement furent blessés.

Bousquet, surnommé *Branche d'or*, contre lequel il y avait un mandat d'arrêt, s'empara de deux dragons et les conduisit dans un bouchon. Un adjudant se chargea d'aller l'arrêter pourvu qu'on lui donnât un détachement de la colonne mobile. Il divisa le détachement en deux escouades à l'effet d'investir le bouchon, et il le suivit à une certaine distance afin qu'il eût le temps d'arrêter l'individu qui lui avait été signalé sans qu'il pût s'en douter. Ces dispositions ne furent pas exécutées avec assez de précision. L'adjudant ne fut pas suivi d'assez près par le détachement. Lorsqu'il s'approcha de *Branche d'or* pour le sommer de le suivre à la Commune, celui-ci présenta un pistolet à l'adjudant qui l'écarta en mettant son sabre à la main ; et bientôt après le pistolet lâché porta sur un enfant de quatre ans qui resta mort sur place. *Branche d'or* s'évada et l'adjudant aurait couru le plus grand danger s'il n'avait montré beaucoup de bravoure, écartant avec son sabre une foule de brigands qui l'environnaient, et si le détachement n'était à l'instant survenu pour dissiper le rassemblement (1).

Des jeunes gens réunis en grand nombre sur la place de

---

(1) Registre de la correspondance municipale. Lettre du 26 thermidor, an V (13 août 1797).

la maison commune chantaient à gorge déployée sous les yeux des administrateurs l'hymne du *Réveil du Peuple* (1). Invités à se disperser, ils recommençaient de plus fort et outrageaient les magistrats du peuple. C'était un effroi général. Les citoyens paisibles qui se trouvaient sur leur passage, en rentrant chez eux, étaient provoqués et couverts de huées. Il ne fallait pas compter sur le concours des membres de la garde mobile : tous leurs postes étaient désertés. Sur la promenade du Fer-à-Cheval et sur la Grande-Promenade, on se prenait de dispute et on se battait à coups de poings. On n'entendait que des propos séditieux et des cris de mort. Ceux qui auraient dû apaiser les troubles les augmentaient. Le citoyen Goujo, poursuivi par huit ou dix jeunes gens n'a que le temps de se réfugier dans le café Doré pour échapper à leur vengeance. Des hommes armés s'introduisent dans la maison d'un honnête citoyen et se portent à des voies de fait sur sa personne. On déplore sans cesse de nouveaux excès. En vain interdit-on de porter lances, sabres, pistolets, cannes à épée et autres armes, de former des attroupements, de chanter dans les rues; en vain fait-on fermer les cafés de bonne heure. Rien ne ramène les esprits. Les têtes des citoyens étaient menacées, les maisons désignées pour être mises au pillage, les esprits étaient en émoi, la cité était en proie au désordre et à l'anarchie (2).

(1) Cet hymne composé contre les Terroristes, après la chute de Robespierre, était l'œuvre de Souriguières de Saint-Marc (1767-1837) et la musique était de Pierre Gaveaux, de Béziers (1764-1825). Voici deux strophes qui en donneront une idée :

« Peuple Français, peuple de frères, Quelle est cette lenteur barbare ?
Peux-tu voir, sans frémir d'horreur, Hâte-toi, peuple souverain,
Le crime arborer les bannières De rendre aux monstres du Ténare
Du carnage et de la terreur ? Tous ces buveurs de sang humain !
Tu souffres qu'une horde atroce, Guerre à tous les agents du crime !
Et d'assassins et de brigands, Poursuivons-les jusqu'au trépas,
Souille de son souffle féroce Partage l'ardeur qui m'anime ;
Le territoire des vivants. Ils ne nous échapperont pas. »

(2) Résumé d'un rapport fait à l'administration centrale.

Les magistrats municipaux semblaient impuissants pour remédier à ces excès. Ils furent accusés de ne pas remplir leur devoir et de favoriser le parti provocateur. On leur fit un crime d'avoir remplacé par cinquante hommes de la garde nationale sédentaire les postes de la maison commune et de la maison d'arrêt fournis par la colonne mobile et « de s'être entourés d'une garde prétorienne. » L'autorité supérieure les fit descendre du pouvoir, n'approuvant pas les mesures prises contre la colonne mobile.

C'était pour la seconde fois que l'administration centrale usait d'un droit arbitraire vis-à-vis des administrateurs de la commune. Elle lui imposa une nouvelle administration composée de Raoul, ex-juge de paix; Débès, négociant; Fraïsse aîné, agriculteur; Brun, ex-avoué; Mayni cadet, homme de loi; Bédos, ex-juge de paix; Pouderous seul fut excepté de la suspension, mais il se retira, alléguant pour prétexte son âge et ses infirmités. Il avait exercé ses fonctions dans des temps pénibles et orageux; il fut remplacé par Labor père. Les nouveaux commissaires civils furent installés le 7 thermidor (25 juillet). Le citoyen Mayni fut élu président. Cairol resta commissaire du pouvoir exécutif.

Le moment était venu de célébrer la fête du 10 août (23 thermidor). Ce jour-là, à onze heures du matin, les diverses autorités constituées, civiles et militaires, sortirent de la maison commune, précédées de la compagnie de cavalerie, d'un détachement de la garde nationale, de la compagnie des vétérans et de la gendarmerie nationale, pour se rendre sur la place de la Fédération. Quant tout le cortège fut arrivé, on plaça sur l'arbre de la Liberté une inscription ainsi conçue : *Au 10 août! Honneur aux braves qui renversèrent le trône! Les Français ne reconnaissent plus d'autres maîtres que les lois!* Les instituteurs prêtèrent ensuite à haute voix le serment de n'inspirer à leurs élèves que des sentiments républicains, du respect pour les vertus, le talent, le courage, et de la reconnaissance pour les fondateurs de la République. Des airs patriotiques exécutés par la musique suivirent cet engagement solennel.

Le 10 fructidor (27 août), à 10 heures du matin, l'administration municipale, réunie dans le lieu ordinaire de ses séances, attendait les diverses autorités constituées, civiles et militaires, invitées pour concourir à la célébration de la fête des Vieillards. Elle sortit de la maison commune précédée d'un détachement de jeunes gens armés et d'un corps de musiciens qui exécutaient des airs patriotiques. Elle se rendit dans les maisons du citoyen Delort et de la citoyenne veuve Bory, vieillards désignés par la délibération du 9 du courant et elle les conduisit dans la salle de ses séances. Les vieillards au-dessus de 60 ans, de l'âge le plus avancé, non infirmes, jouissant dans la commune de la meilleure réputation de probité, de patriotisme et de vertu, marchaient la tête couverte et appuyés sur des enfants qui étaient découverts et gardaient un profond silence. On les fit asseoir sur des sièges qui leur avaient été préparés. Le président vint se placer au milieu d'eux et prononça le discours suivant :

« La fête que nous célébrons en ce jour est une des plus intéressantes et utiles institutions qui doivent concourir à améliorer nos mœurs. Suivant les expressions de la loi qui a institué cette fête, le spectacle des honneurs rendus à la vieillesse vertueuse est pour tous les âges un des plus puissants encouragements à la vertu.

» Les deux vieillards que vous voyés à mes côtés sont du nombre de ceux qui se sont le plus distingués pour leur probité, leur patriotisme et leur vertu. C'est en leur personne que vous devez rendre à la vieillesse les honneurs qui lui sont dus, et donner à tous les vieillards en général des preuves de votre déférence et de votre respect.

» Il ne fut jamais de sentiment plus naturel et plus juste que celui du respect pour la vieillesse. C'est là le sentiment qu'ont partagé tous les âges sous tous les gouvernements.

» Les lois de Sparte faisaient un devoir sacré à tous les citoyens de respecter les vieillards, de leur céder la place d'honneur, de se tenir debout et découvert devant eux, et de répondre lorsqu'ils demandaient compte à un citoyen de sa conduite, car dans cette admirable République, un âge avancé donnait droit de censure.

» Telles étoient les démonstrations extérieures de respect, que ces vertueux républicains rendaient à la vieillesse. Ils s'honoroient particulièrement de ces vertus douces et simples qui, bien plus que tous les exploits militaires, leur avoient mérité cet empire honorable que la Grèce entière leur défera volontairement. Ils étoient parfaitement convaincus que ce n'est ni la gloire des armes, ni les conquêtes, ni les triomphes, ni les richesses qui font l'éclat des empires, et que la véritable base du bonheur des sociétés consiste dans la sagesse des lois, l'amour et la pratique des vertus.

» Si toutes les vertus ont une influence plus ou moins directe sur la prospérité et la gloire des Etats, il en est qui sont, pour ainsi dire, la source de toutes les autres, et c'est dans cette classe qu'on doit placer celles qui tendent à établir ou étendre l'empire des mœurs.

» Or, suivant l'illustre auteur de l'Esprit des lois, rien n'est plus propre à maintenir les mœurs qu'une extrême subordination des jeunes gens envers les vieillards. Les uns et les autres seront contenus, ceux-là par le respect qu'ils auront pour les vieillards, ceux-ci par le respect qu'ils auront pour eux-mêmes.

» Jamais les anciennes républiques ne furent plus florissantes que lorsque ce sentiment y fut le plus en honneur. Son affaiblissement y fut toujours un symptôme assuré de la décadence des mœurs et de la chute des gouvernements.

» Sparte, le modèle de toutes les républiques, s'est rendue très recommandable par la valeur de ses citoyens, leur constance et leur activité dans les travaux; mais ces brillantes qualités leur furent communes avec d'autres peuples; une gloire qui lui fut propre et qui l'a mise à une si grande distance au-dessus d'eux, c'est celle des vertus, c'est ce respect pour la vieillesse, que son caractère porté à tout ce qui étoit grand leur auroit inspiré, quand même ses lois ne lui en auroient pas fait une obligation.

» Elle ne fut jamais plus admirable que dans cette occasion où ce peuple ingénieux et léger, qui fut le rival de sa gloire, ne put lui refuser ses applaudissements. Un vieillard se présente au théâtre d'Athènes ; il y cherche en vain une place ; ses concitoyens ne daignent pas lui en offrir. Les ambassadeurs de Lacédémone, qui en cette qualité occupent une place distinguée, se lèvent à la vue du vieillard, vont au-devant de lui et le font asseoir honorablement au milieu d'eux. Le peuple témoigne son admiration par des applaudissements redoublés. « Athéniens s'écrie l'un des ambassadeurs, vous connoissez bien ce qui est bon et honnête, mais vous ne le pratiquez point. »

» Français, la gloire vous appelle aux plus hautes destinées. L'univers entier retentit du bruit de vos exploits, mais vous n'acquerrez une gloire durable et solide qu'autant que vos ennemis abattus honoreront dans leurs vainqueurs le modèle de toutes les vertus. Que le respect pour la vieillesse fasse briller en vous ce sentiment de justice et d'humanité que doivent nécessairement inspirer à de vertueux républicains ces hommes vénérables qui consacrent leurs beaux jours à leur patrie et qui peuvent la servir encore par la prudence de leur conseil et par l'exemple de leurs vertus. Il n'est point de spectacle plus noble et plus attendrissant que celui de ces cheveux blanchis dans l'exercice des vertus paisibles qui font le bonheur des familles et le charme des sociétés.

» Continuez, respectables vieillards, d'offrir à vos concitoyens l'image de cette candeur et de cette franchise qui caractérisoient nos bons aïeux. Puissent vos concitoyens, imitant vos vertus, vous adoucir par leurs respects les infirmités de l'âge et mériter que l'on dise d'eux : « Les Français, plus sages que les Athéniens, connoissent ce qui est bon et le mettent en pratique ! »

Le discours terminé, la musique exécuta plusieurs airs patriotiques et autres en rapport avec la cérémonie, tels que : *Où peut-on être mieux qu'au sein de sa famille ?* Dans cet intervalle, le président posa sur la tête de chacun des deux vieillards une couronne de verdure, remit à chacun d'eux un bouquet de fleurs préparé à cet effet, et les reconduisit solennellement dans leurs maisons respectives.

L'hôpital Mage recevait primitivement les malades civils et militaires. A cause de son insalubrité, de sa mauvaise situation, de son insuffisance, le gouvernement avait établi un hôpital militaire dans les bâtiments du ci-devant séminaire très avantageusement situé. Sa position hors de la ville et dans un lieu découvert, un vaste jardin, une grande abondance d'eau, tout cela faisait contraste avec le local resserré de l'hôpital civil bâti dans la partie la plus basse de la ville, touchant du côté du nord à un terrain fort élevé adossé à la place du marché aux bestiaux, qui dominait les toits de l'édifice, traversé par un égout qui recueillait toutes les immondices et dont l'eau, à défaut d'autre, servait à l'arrosage du jardin (1). La commune demande au gouvernement dans un but d'humanité la suppression de l'hôpital civil et sa translation dans le bâtiment et enclos de l'hôpital militaire où l'on traiterait tant les malades militaires que les malades civils. La proposition fut acceptée. Dans la séance du 18 fructidor (4 septembre), le président de l'administration municipale donna lecture d'une lettre du ministre de la guerre, en date du 6 du même mois « autorisant la translation de l'hospice civil dans les bâtiments de l'hôpital militaire. » Pastre, ingénieur, est chargé de l'exécution des travaux exigés pour l'appropriation du local à sa nouvelle destination (2).

(1) L'hôpital Mage était bâti sur l'emplacement circonscrit par la rue du Gua, la rue Gaveaux, la descente de la Citadelle, la rue du Coq et la route Nationale. Le pensionnat des dames du Sacré-Cœur de Marie-Immaculée ou Sœurs bleues et les maisons entourant la place dite du Chemin-Neuf ou Garibaldi en couvrent la plus grande partie. C'est de son église que provient le tableau de Saint-François-de-Sales prêchant à Fontainebleau devant Henri IV, conservé dans la chapelle des Pénitents Bleus.

(2) Cette translation de l'hospice civil dans les bâtiments de l'hôpital militaire fut confirmée par une loi du 7 nivôse, an VI (27 décembre 1798). Un arrêté de l'administration centrale du 21 nivôse, an VI (10 janvier 1798) autorisa les membres du tribunal correctionnel, du tribunal de commerce et les deux juges de paix à tenir leurs séances dans les bâtiments du ci-devant évêché.

La lumière s'était faite sur les douloureux évènements qui avaient si fortement troublé la commune. L'arrêté pris par l'administration centrale contre l'administration municipale fut infirmé par un arrêté du Directoire exécutif du 12 fructidor (29 août), dont voici une partie :

« ..... Considérant qu'il n'est pas prouvé que l'administration municipale de Béziers ait provoqué et favorisé les troubles qui ont altéré l'ordre public à différentes époques dans cette commune, notamment les 28 messidor, 3 et 4 thermidor, mais qu'il est prouvé au contraire qu'elle a pris de sages délibérations, poursuivi les perturbateurs et fait mouvoir la force armée; qu'elle a pris des mesures soit pour le maintien, soit pour le rétablissement de l'ordre; qu'elle n'a pas laissé ignorer à l'administration centrale que les causes de ces troubles procédaient du mauvais esprit de nombre d'individus composant la colonne mobile et qu'ils y avaient presque toujours pris une part active, soit en abandonnant les postes confiés à leur garde, soit par l'enlèvement d'un prêtre réfractaire, soit en les menaçant, injuriant et maltraitant. »

Il fut donc reconnu que les causes des désordres provenaient de l'animosité existant entre les administrateurs municipaux et les citoyens de la colonne mobile. Cairol, commissaire du Directoire exécutif, fut destitué, et remplacé par Pierre Grenier, homme de loi, qui s'empressa d'appeler, à la maison commune, les citoyens André Tudier, Cros, Mazel, Cabanel, Arthur Abadie, Pouderous, à l'effet de reprendre les fonctions d'administrateurs municipaux dans lesquelles ils avaient été rétablis par le Directoire exécutif. Ils s'adjoignirent Martin aîné, négociant, en remplacement de Barthélemy, un des administrateurs provisoires démissionnaire, et ils prêtèrent le serment prescrit. Tudier fut nommé président et Pouderous vice-président. La colonne mobile fut dissoute et les armes qui lui avaient été délivrées furent remises entre les mains de l'administration municipale afin qu'on ne pût pas en faire un usage autre que celui auquel elles étaient destinées. Le ministre fit envoyer deux cents hommes de troupe pour assurer le maintien de l'ordre et le respect dû aux personnes et aux propriétés.

Depuis les élections de germinal dernier la majorité dans le Corps législatif appartenait au parti réactionnaire, tandis que le pouvoir exécutif était aux mains du parti révolutionnaire. Une animosité réciproque, qui dégénéra en guerre ouverte, se déclara entre les deux pouvoirs. Les membres de la majorité du Corps législatif ne surent pas prendre un parti et se laissèrent devancer par trois directeurs patriotes Rewbel, Barras et Laréveillère-Lépaux qui, aidés du général Augereau, récemment revenu d'Italie, firent tourner à leur profit le coup d'état du 18 fructidor, an V (4 septembre 1797) contre deux de leurs collègues, Carnot et Barthélemy, cinquante-trois membres du Corps législatif et les partisans de l'ancien régime.

Aussitôt on déclara illégitimes et nulles les élections de 51 départements ainsi que les nominations des juges et des administrateurs de ces départements. Tous durent cesser leurs fonctions. Il aurait été contraire aux vues du gouvernement et d'une sage administration qu'une commune, dont la population était si considérable, restât sans administrateurs, quand l'administration qui avait été injustement suspendue venait à peine d'être rétablie dans son fonctionnement. Jusqu'à ce que le Directoire exécutif eût pourvu à leur remplacement, on maintint comme administrateurs provisoires et temporaires André Tudier, président; Pouderous, vice-président; Cros, Cabanel, Mazel, Abadie; Martin fut remplacé par Hyacinthe Eustache, entrepreneur des ouvrages publics.

A Paris, une pièce écrite de sa main trouvée dans le portefeuille de d'Antraigues (1), appelé à devenir fameux dans

(1) **Louis de Launai, comte d'Antraigues, célèbre intrigant,** surnommé

l'histoire, donna l'assurance d'un complot royaliste appuyée sur les révélations du complice Duverne de Presles, un des membres de l'agence qu'il avait fondée à Paris. L'administration s'empressa de prendre toutes les mesures les plus promptes pour conserver l'ordre et la tranquillité publique et pour empêcher que les faits ne fussent dénaturés par des voies perfides.

Cette découverte fit remettre en vigueur les anciennes lois contre les prêtres réfractaires, contre les émigrés et leurs parents. Les ecclésiastiques autorisés à demeurer dans le territoire de la République furent obligés, sous peine de la déportation, de prêter le serment de haine à la royauté et à l'anarchie, d'attachement et de fidélité à la République et à la Constitution de l'an III. Ils furent tenus de faire connaître à l'administration municipale le lieu où ils voudraient exercer. L'administration centrale réclama un état en triple colonne des prêtres sujets à la déportation ou à la réclusion (1) et des prêtres exerçant un culte quelconque. Les oratoires furent fermés; les prêtres disparaissaient. Les émigrés rentrés sous prétexte de demander leur radiation durent sortir dans les vingt-quatre heures des communes où ils se trouvaient, et sous quinze jours, du territoire. La plus grande surveillance fut exercée par rapport à leur rentrée. Tous ceux qui se présenteraient seraient mis en état d'arrestation.

L'an V finit sous le coup d'Etat du 18 fructidor (4 sep-

---

l'agent secret de l'émigration, né à Villeneuve-de-Berg (Ardèche), en 1753, assassiné le 22 juillet, 1812 au village de Baine, près de Londres, fut arrêté à Trieste en mai 1797 par ordre de Bonaparte qui fit saisir ses papiers. Le 18 fructidor fut bien son œuvre. (L. Pingaud, *Un agent secret de l'émigration et de l'empire, le comte d'Antraigues*, Paris 1893.— E. M. de Vogüé, *Un agent secret de l'émigration, le comte d'Antraigues*). *Revue des Deux-Mondes*, 15 janvier 1893.

(1) Louis Boucar, Cadoret, Louis Villerase, Barbier, prêtres reclus, furent autorisés à ne pas quitter leur domicile. Etienne de Rives, Henri Boucar, Jean-Marie Boucar, Joseph-François-Marianne de Lamarre furent déportés.

tembre), dont le résultat fut de jeter la terreur dans les rangs des royalistes et d'affermir l'autorité du Directoire exécutif.

XIV

AN VI

22 septembre 1797. — 21 septembre 1798

Fête du 1ᵉʳ vendémiaire. — Chaire de mathématiques. — Fondation d'un cercle constitutionnel. — Confirmation de l'administration municipale provisoire. — Tudier président. — Démission du citoyen Cros. — Fête funèbre de Hoche. — Règlement de la garde nationale. — Institutions républicaines remises en honneur. — Surveillance des écoles. — Inspection des eaux-de-vie. — Rixe entre civils et militaires. — La ville est mise en état de siège. — Insécurité des routes. — Fête de la Souveraineté du peuple. — Elections municipales. — Tudier président. — Fête de la Jeunessse. — Faits divers. — Les commissaires de police remplacent les gardes-champêtres. — Fêtes des Epoux, de la Reconnaissance. — Troubles occasionnés par la perception d'une taxe établie pour l'entretien des routes. — Fixation du jour de marché au quintidi de la décade. — Fête du 14 juillet. — De la célébration des fêtes nationales. — Anniversaire du 18 fructidor.

Le 1ᵉʳ vendémiaire, anniversaire de la fondation de la République française, était considéré comme « le jour le plus solennel et le plus auguste de la République. » Si le 14 juillet fit la conquête de la liberté, si le 10 août renversa le trône et la tyrannie, le 1er vendémiaire couronna ce grand ouvrage. La fête commémorative de l'établissement de la République fut célébrée avec toute la solennité que ce jour mémorable comportait. Les autorités civiles et militaires avaient été convoquées à la maison commune. Le cortège se prépara pour se rendre au temple décadaire, où le commissaire du Directoire exécutif se fit entendre dans un discours portant le cachet du temps. Sa parole vivement applaudie excita « l'enthousiasme le plus doux et le plus fraternel. » Un adolescent lui succéda à la tribune et prononça aussi un discours. Après ces paroles, les citoyens et les citoyennes réunis firent entendre les cris de : Vive la République! Il fut exécuté tant par la musique que par l'orgue des airs patriotiques accompagnés du chant de divers hymnes. Les tambours ayant battu le rappel, le cortège s'ébranle et se transporte, au milieu de chants républicains, sur la place de la Fédération. Aux assistants groupés autour de l'autel de la Patrie on donna lecture de la Déclaration des droits de l'homme et des devoirs du citoyen, du premier et du dernier article de la Constitution de l'an III. Cette partie de la cérémonie se termina par le chant de plusieurs hymnes à la Liberté et par la danse pastorale dite des Treilles au son du fifre. A neuf heures du soir, le cortège, avec des flambeaux, précédé de la musique et escorté par la troupe de ligne et la garde nationale se rendit de nouveau sur la place de la Fédération où fut tiré un feu d'artifice au milieu de chants et de cris de : Vive la République ! Un bal public donné sur la place du ci-devant évêché mit le sceau à la fête.

La ville de Béziers était en possession d'une chaire de mathématiques et de géométrie établie par arrêt du Conseil du 7 mai 1726. Elle fut occupée pendant cinquante-deux ans par le docteur Jean Bouillet, auquel succéda son fils, l'abbé Bouillet, par brevet du 29 mai 1778. L'enseignement brillant du père ne périclita pas entre les mains du second Bouillet. Il eut comme lui le mérite de former des élèves d'élite, les Du Fête, les Clapiés, les Bertholon, rattachant par une honorable transition les noms anciens de Riquet, de Barbeyrac, de Pellisson, de Mairan, aux noms plus récents de Flourens, de Viennet, et déversant sur leur ville natale de nouveaux rayons de gloire. Quand l'heure de la retraite eût sonné pour l'abbé Bouillet, l'administration municipale demanda, par délibération spéciale, le maintien de la chaire de mathématiques et de géométrie en faveur de Fraïssé, docteur en médecine et neveu de celui qui en descendait. Rien de plus équitable que de conserver une bonne tradition au milieu d'un temps où l'on faisait tout disparaître.

Les coups de sape portés au gouvernement républicain, les dangers que pouvaient lui faire courir les tentatives dirigées contre lui par les royalistes suggérèrent l'idée de l'établissement d'une société particulière ou *Cercle Constitutionnel* pour s'entretenir de questions politiques, propager les principes républicains et prêcher l'attachement à la Constitution de l'an III. C'était donner un centre, un point d'appui aux partisans de la Révolution. On sentait le besoin d'affermir la République et d'en assurer le triomphe.

« L'administration municipale, lisons-nous dans la délibération du 12 vendémiaire (3 octobre), Considérant qu'un pareil établissement est permis par l'article 362 du titre XIV de l'acte constitutionnel et par 'article 36 de la loi du 19 fructidor dernier rapportant celle du 7 thermidor qui défendait provisoirement cet établissement ;

» Considérant qu'il est avantageux que des citoyens se livrent à l'instruction par la discussion des questions politiques et fassent leurs efforts pour fortifier l'esprit public et vivifier les principes républicains ;

» Autorise ledit établissement. Les citoyens qui pourront se rendre au cercle constitutionnel viendront s'y entretenir de leurs droits et de leurs devoirs et ils apprendront par la lecture qui y sera faite des lois, articles et proclamations et par la discussion des questions politiques à respecter les personnes et les propriétés ; et ce moyen servira à éclairer les citoyens qui peuvent être égarés, à soutenir les faibles et à former autour de l'arche sainte de la constitution de l'an III un ferme rempart. » (1).

La ci-devant église du collège fut choisie pour servir de lieu de réunion à cette nouvelle société.

Un arrêté du Directoire exécutif du 12 vendémiaire (3 octobre), confirma le choix des administrateurs municipaux provisoires qui avait été précédemment fait. On se rappelle que la loi du 19 fructidor, an V, avait annulé toutes les élections et que l'administration avait été composée des citoyens Tudier, Cros, Cabanel père, Mazel, Abadie, Pouderous père, Hyacinthe Eustache et Granier, commissaire du Directoire exécutif.

Le président reçut du citoyen Cros une lettre par laquelle il donnait sa démission des fonctions qui lui avaient été attribuées.

« Paris, le 8 vendémiaire an VI républicain.

» *Cros à ses collègues administrateurs municipaux de la commune de Béziers.*

» Citoyens,

» Le Directoire exécutif vient de me réintégrer dans mon grade d'adjudant-général et je vais partir dans l'instant pour me rendre dans la

(1) Des étrangers s'introduisirent peu à peu dans le Cercle constitutionnel. Loin de seconder par leurs principes l'action du gouvernement, ils marchèrent dans un sens contraire et propagèrent une morale tendant à semer la division parmi les bons républicains, ne craignant pas de les armer les uns contre les autres. L'administration municipale, avide d'écarter et d'étouffer à sa naissance une division qui pouvait devenir funeste, rappela aux sociétaires qu'ils ne devaient s'occuper que de questions politiques, propres à remonter l'opinion publique, sans sortir des bornes posées par la Constitution

5e division militaire où je suis employé. Je ne puis accepter la place d'administrateur municipal à laquelle il vient de me nommer. Je vous prie d'agréer ma démission. Il ne vous sera pas difficile de pourvoir à mon remplacement dans cette circonstance. Il est trop glorieux de servir la République pour que tous les bons citoyens ne s'empressent de concourir à son triomphe, quelque pénible que soit le poste où la confiance publique les porte. C'est cette flatteuse idée qui m'engage à faire cette campagne sous les ordres du brave Augereau; elle sera glorieuse. Puisse-t-elle être la dernière! Que nos concitoyens soient persuadés de mon ardeur à partager leurs travaux, si j'ai le bonheur de revenir dans mes foyers. Je mets sous votre sauvegarde ma femme et mes enfants.

» Salut et respect.

» *Signé* ; Cros, adjudant-général. »

L'administration municipale accepta la démission du citoyen Cros et nomma à sa place le citoyen Martin aîné, négociant.

Le Directoire avait fixé au 30 vendémiaire la célébration d'une fête à l'occasion de la mort du général Hoche ravi par une fin prématurée à l'affection de l'armée. Le 29, à midi et à sept heures du soir, la cloche nationale annonça la cérémonie. Le 30, elle sonna à six heures du matin, à midi, à deux heures et pendant tout le temps de la cérémonie. L'administration municipale s'assembla dans le lieu ordinaire de ses séances avec toutes les autorités civiles et militaires. La façade de la maison commune et la première cour étaient ornées de noir. Sur la principale porte d'entrée avait été placé un médaillon avec cette inscription : « La commune de Béziers reconnaissante envers le général Hoche. » A deux heures, la gendarmerie, la garde nationale et les vétérans, avec des cravates de crêpe à leurs drapeaux et les caisses voilées de noir, se trouvèrent rangés en bataille sur la place de la Fontaine. Le cortège se mit en marche ; deux gendarmes étaient en tête ainsi qu'un détachement de la garde nationale avec les armes baissées et les tambours faisant entendre des roulements lugubres. Un groupe de jeunes gens portait une oriflamme avec l'inscription suivante : « L'espoir de la patrie. Ils sauront mourir pour elle. » Un chœur de citoyens chantait des hymnes analogues à la fête. Un détachement de la garde nationale suivi d'un groupe de militaires portait au bout d'une pique des médaillons entourés de laurier et de chêne entrelacés de rubans tricolores avec des inscriptions rappelant les principaux traits héroïques du général Hoche. Un groupe de quatre militaires blessés portait un drap d'honneur parsemé de rubans tricolores. Les instituteurs accompagnaient leurs élèves. Les musiciens de la garde nationale, dont les instruments étaient ornés de crêpe, exécutaient des marches funèbres. Les vétérans formaient la haie du cortège. Sur un brancard était placée une urne cinéraire portée par d'anciens militaires. Les sergents de la commune, commandés par le capitaine, soutenaient une double couronne de laurier et de chêne avec cette inscription : « La commune de Béziers reconnaissante envers le général Hoche ! » L'administration municipale était précédée du précon, qui de sa trompette couverte d'un crêpe faisait sortir des sons plaintifs et lugubres. Chaque membre du cortège tenait à la main une branche de laurier et de chêne. Quand on fut arrivé sur la place de la Révolution, on se rangea autour de l'autel de la Patrie sur lequel avait été élevé un mausolée en forme de pyramide quadrangulaire dont les quatre faces présentaient les inscriptions suivantes : Lignes de Vissembourg — Déblocquement de Landau — Affaire de Quiberon — Pacification de la Vendée — Passage du Rhin — Bataille de Neu-Wied. Le sommet de la pyramide était couronné d'un trophée d'armes, et aux quatre angles avaient été plantés des cyprès. Au milieu du plus grand silence, le secrétaire en chef donna lecture du procès-verbal tenu par le Directoire exécutif lors de la cérémonie funèbre qui avait eu lieu à Paris le 10 du présent mois en pareille occasion. Pendant que la musique exécutait et que la foule chantait des airs funèbres et patriotiques, chaque membre du cortège déposa la branche de laurier et de chêne qu'il tenait autour de l'urne cinéraire couronnée par la main du président. Le cortège reprit sa marche et se transporta au temple décadaire où le président prononça une oraison funèbre dans laquelle il rappelait les principaux traits d'héroïsme du général Hoche. La chaleur de son langage « attendrit tous les cœurs. » Puis, la musique exécuta des airs funèbres ; *Le Chant du Départ*, *La Marseillaise*, d'autres hymnes patriotiques furent encore chantés. Le cortège reprit le chemin de la maison municipale. Des cris de : Vive la République ! Vive la Constitution de l'an III ! furent répétés avec enthousiasme par une foule immense et couronnèrent la cérémonie.

Pour le maintien de la tranquillité publique, l'administration municipale n'avait à sa disposition, comme force armée, que la garde nationale sédentaire. Puisqu'elle avait été réorganisée, il ne fallait point laisser se renouveler l'apathie qui avait régné autrefois, la négligence dans le service qui consistait à déserter journellement les postes, l'insouciance des chefs dans l'accomplissement des ordres qui leur étaient donnés. Pour lui communiquer une ardeur nouvelle et durable, l'administration municipale prit la résolution de lui appliquer le règlement suivant adopté par la ville de Montpellier et autorisé par arrêté de l'administration centrale (1).

ARTICLE PREMIER. — Tout individu sera tenu de faire son service dès qu'il sera requis.

ART. 2. — Tout individu qui ne sera pas rendu à son poste à la garde montante, ou au moment où il sera fait l'appel de tous les individus qui doivent la composer, sera mandé par le commandant du

(1) Arrêté du 6 brumaire, an VI (27 octobre 1797).

poste pour y déduire les raisons de son absence, s'il ne l'a déjà fait. Si ces raisons ne sont pas jugées suffisantes par le commandant de la garde, il en sera référé à l'administration municipale.

Art. 3. — Tout individu qui se soustraira à son service de garde national sans des raisons jugées légitimes sera condamné à l'amende portée par la loi, et en outre puni suivant l'exigence du cas par le conseil de discipline.

Art. 4. — Tout individu de la garde nationale qui sera convaincu d'avoir tenu des propos séditieux, d'avoir professé des principes antirépublicains ou contraires à la Constitution de l'an III, de s'être permis des voies de fait contre des citoyens sera désarmé à la tête de sa compagnie et traduit, s'il y a lieu, devant les tribunaux compétents.

Art. 5. — Pour concilier le service de la garde nationale avec ce qu'on doit à l'ouvrier dont le travail journalier assure à la fois la subsistance et la culture des terres, les citoyens travailleurs de terre et autres vivant d'un travail manuel ne seront tenus de rester aux postes que pendant la nuit ; ils pourront se rendre à leurs travaux dès le point du jour, excepté les jours consacrés au repos et hors le cas où leur service serait jugé nécessaire par l'administration municipale ou leur commandant.

Ce n'est pas la nouvelle administration qui devait mériter d'être accusée d'inaction ou de négligence. Son activité s'exerçait d'une façon soutenue. Elle gémissait de voir impunis les auteurs des forfaits commis pendant la réaction royaliste et d'entendre le sang de leurs victimes crier vengeance. On rechercha les auteurs des attentats inouïs et des assassinats horribles accomplis dans la ville ou les maisons de campagne voisines et qui jetèrent la consternation dans tous les esprits. Aussi, quand le ministre de la police générale, dans sa lettre du 5 frimaire (25 novembre), demanda un état nominatif des attentats commis par esprit de vengeance, en haine de la République, sur les personnes et les propriétés publiques, elle se livra à de minutieuses perquisitions pour mettre un frein à l'audace des coupables et assurer le respect et l'application des lois.

« Citoyens, disait le président, il est de notre devoir, soit parce que nous sommes républicains, soit parce que nous sommes investis de la confiance du gouvernement, de seconder ses intentions par tous les moyens qui sont à notre disposition. »

L'administration municipale voyait avec la plus profonde douleur que des agitateurs, ennemis éternels de la tranquillité publique, se permettaient, au mépris de défenses réitérées, de s'attrouper, de courir les rues pendant la nuit et de se livrer à des provocations. Ce fut une occasion pour elle, dans le but d'apaiser les esprits, de faire la proclamation suivante, 8 brumaire, an VI (29 octobre 1797) :

CITOYENS,

Nous vous en conjurons, au nom du bien public, au nom de cette confiance dont le gouvernement vient de nous investir et que vous devés vous-mêmes à la pureté de nos intentions, que tout esprit de division, que toute provocation cesse. Abjurés toutes vos haines, toutes vos vengeances. La journée à jamais mémorable du 18 fructidor et la paix doivent mettre un terme à la révolution. C'est aux vrais républicains à donner l'exemple d'obéir aux lois. Celui-là n'est pas républicain, qui, en se mettant au-dessus de la loi, veut venger lui-même une insulte qu'il a reçue. La vengeance personnelle enfante le crime ; le crime produit à son tour la vengeance, source intarissable de nouveaux forfaits. Le vrai républicain doit savoir qu'il n'y a que la vengeance des lois qui puisse frapper le coupable. Et qui d'ailleurs pourroit être encore tourmenté du sentiment pénible de la haine, quand le gouvernement, à la suite des plus étonnantes victoires, accorde généreusement la paix à l'ennemi qu'il pouvait anéantir, lorsqu'il sacrifie lui-même ses propres ressentiments pour étouffer les passions amorties, les haines et rattacher à la République les cœurs les plus ulcérés ?

Citoyens, secondons les vues bienfaisantes du gouvernement, laissons à la loi les soins de venger notre commune des horribles assassinats dont elle a été le théâtre. Nous avons dans nos murs deux magistrats républicains occupés soigneusement à la recherche des coupables.

Réunissés vous donc, citoyens, à vos administrateurs pour signaler avec eux à la justice ces hommes de parti toujours prêts à sacrifier la tranquillité publique à leurs vengeances particulières, aux passions humaines et le plus souvent à l'amour-propre exalté ; et soyez convaincus qu'impassibles comme la loi, vos magistrats poursuivront sans relâche tous les ennemis du bon ordre et surtout ceux qui ont l'audace d'enfreindre leurs arrêts.

Les circonstances exigèrent le renouvellement de la commission des hospices civils. Convaincus d'avoir laissé faire avec obstination dans la chapelle de l'hospice Saint-Joseph, sous prétexte de l'exercice d'un culte, des rassemblements de citoyens passant pour des ennemis jurés du gouvernement républicain, les administrateurs de cette maison Louis Heirisson, Pierre Fayet, Azaïs aîné, Bellaud père, furent destitués et remplacés par les citoyens Ginieis marchand, Louis-Antoine Coste, ingénieur-géographe, Pastre fils-aîné, ingénieur, Barrière fils-aîné, Passebosc fut seul conservé.

Les divisions introduites dans la commune avaient nui aux institutions républicaines ; elles étaient presque tombées en désuétude par l'effet de la réaction royale. L'administration résolut de remédier à cet affaissement et de faire sortir les citoyens de cette voie détournée.

La commune possédait trois écoles primaires publiques, du centre, du nord et du sud, confiées à trois instituteurs, Lacombe, Vidal et Jaussouy dont l'enseignement offrait toutes les garanties désirables. Il restait à s'assurer si dans les écoles particulières, maisons d'éducation et pensionnats, on avait soin de mettre entre les mains des élèves comme base de la première instruction les Droits de l'homme, la Constitution et les livres élémentaires adoptés par la Constitution ; si l'on observait les décadis, si l'on y célébrait les fêtes républicaines, si l'on s'honorait du titre de citoyen ou si la discipline intérieure ne présentait rien qui tendit à avilir et à dégrader le caractère, si les exercices y étaient combinés de manière à développer les facultés physiques et morales. Là-dessus se portèrent aussi les soins de l'administration municipale.

Nul ne put se montrer en public, s'il ne voulait encourir les peines édictées par les lois, sans porter la cocarde tricolore, seul signe de ralliement de tous les républicains. Il fut interdit, le jour de décadi, d'étaler des marchandises dans les rues et d'ouvrir les lieux destinés aux affaires commerciales, pour ne pas faire des institutions républicaines un objet de mépris ou d'avilissement. Pour rendre la fête plus brillante et rappeler aux Français qu'ils avaient conquis leur liberté, il fut prescrit à tous les citoyens d'arborer ce jour-là à une fenêtre de leur maison le drapeau tricolore, emblème de cette liberté. Afin d'empêcher qu'on ne sortît le soir sans lumière, avec des bâtons et des sabres appelés briquets, de prévenir toute insulte, toute provocation, toute rixe entre les habitants, des patrouilles continuèrent à parcourir la ville jusqu'à ce qu'on fût convaincu que la tranquillité régnait dans les rues.

La commune de Béziers était devenue un point central pour l'achat des vins et le commerce des eaux-de-vie, surtout depuis que la principale consommation se faisait sur la place de Bordeaux. Le commerce avec l'étranger ne pouvait être soutenu qu'autant qu'il serait vérifié que les eaux-de-vie étaient authentiquement du goût et de la preuve connus. Il fallait un citoyen capable de les inspecter, de les déguster, de jauger les futailles, de les recevoir ou de les rejeter. Le titulaire de cette place, Péret, n'était pas républicain; il fut mis de côté et remplacé par Antoine Aninat, tonnelier et fabricant d'eau-de-vie, qui à son républicanisme joignait tous les titres exigés par cet emploi. Son salaire, réglé sur les bases de l'arrêté du Conseil d'Etat du 29 septembre 1729, fut fixé au taux de 0 fr. 25 centimes par pièce d'eau-de-vie, somme répartie par moitié entre l'acheteur et le vendeur et à 0 fr. 15 centimes par muid de vin à la charge de l'acheteur.

Comme suite de la discorde secrètement fomentée, une rixe s'éleva près de la porte Egalité et de l'ancienne église des Carmes entre des habitants de la commune et des soldats du détachement de Gravilliers venu pour remplacer la colonne mobile à la suite des malheureux évènements dont la commune avait été le théâtre. Cette troupe n'avait pas donné ce qu'on avait espéré d'elle; elle contenait des agitateurs et des factieux vendus aux royalistes. Loin de seconder l'administration municipale pour le maintien de la tranquillité publique, elle n'avait été propre qu'à susciter des troubles et des divisions. Elle semblait n'être arrivée dans la commune que pour y provoquer les républicains. Le général Frégeville accueillit les plaintes qui lui furent adressées et il ordonna le prompt rappel de cette troupe, laissant à la garde nationale sédentaire le soin de faire le service de la place avec le seul concours de vingt dragons et de vingt-cinq fantassins de la garde nationale active. Il arriva même que la ville fut mise en état de siège par le général Petit-Guillaume, commandant en chef de la 9ᵉ division, qui, pour l'exécution de ses ordres, y envoya le capitaine Beaubassin de la 41ᵉ demi-brigade.

Cet officier fut chargé de la police et préposé à la vérification et à la signature des passeports. L'administration municipale était justement alarmée de l'audace des brigands qui, réunis en troupes et soumis à des chefs, infestaient les grandes routes et les campagnes, arrêtant et dévalisant, même en plein jour, non-seulement les voyageurs isolés, mais encore les courriers et les voitures publiques. Ces bandes semblaient avoir pour but le pillage des fonds du trésor national et de la correspondance du gouvernement. On pouvait craindre de voir se renouveler les horreurs de la Vendée. La loi du 10 vendémiaire, an IV, sur la police intérieure des communes fut remise en vigueur. Il s'agissait de faire disparaître des essaims de brigands portant la terreur et la désolation au sein de la nation. C'était le moment de visiter avec soin les passeports et de surveiller le séjour des étrangers.

Les exigences du service portèrent l'administration à choisir dans son sein plusieurs de ses membres, soit pour remplir les fonctions d'officier public, soit pour faire la police des prisons, soit pour effectuer la vérification des caisses ou pour intenter et défendre des procès suscités par les circonstances. Pour que chacun d'eux put connaître et exercer utilement les fonctions à lui dévolues, les affaires furent réparties en six bureaux : Celui des contributions, celui des affaires militaires, celui de l'état-civil, celui de police et d'exécution, celui du contentieux, celui du secrétaire en chef.

Une loi du 13 pluviôse (1er février), édictait qu'une fête de la Souveraineté du peuple se célèbrerait annuellement le 30 ventôse (20 mars), dans toutes les communes de la République. Le 29, après le coucher du soleil, elle fut annoncée par des salves d'artillerie et la cloche nationale. Le 30, dès le matin, les troupes de la garnison, drapeau en tête, se réunirent sur la place de la maison commune. A neuf heures, le cortège des autorités civiles et militaires se mit en marche au milieu de chants patriotiques. Les instituteurs accompagnaient leurs élèves portant à la main des branches de laurier. Cinquante vieillards choisis par l'administration pour représenter le peuple dans cette « auguste » cérémonie, tenant une baguette blanche à la main étaient précédés de quatre jeunes gens portant chacun une bannière où l'on lisait une des inscriptions suivantes : « La Souveraineté réside essentiellement dans l'universalité des citoyens ; l'universalité des citoyens Français est le Souverain ; nul ne peut sans une délégation légale exercer aucune autorité ni remplir aucune fonction publique; les citoyens se rappelleront sans cesse que c'est de la sagesse des choix dans les assemblées primaires et électorales que dépendent principalement la durée, la conservation et la prospérité de la République ! » Un détachement de la garde nationale formait une haie au milieu de laquelle des citoyens des deux sexes, costumés en bergers, exécutaient des danses pastorales appelées Treilles. Lorsque le cortège, après avoir fait une halte aux différents arbres de la Liberté, arriva sur la place de la Fédération, il y trouva « un nombre immense de spectateurs accourus à cette fête à jamais mémorable. » Tout le monde était rangé autour de l'autel de la Patrie entouré de verdure, surmonté d'un drapeau tricolore et supportant le livre de la Constitution. Les jeunes gens déposèrent des deux côtés leurs bannières; les vieillards se rangèrent en demi-cercle ; après eux prirent place les fonctionnaires publics, les instituteurs et leurs élèves. La cérémonie commença par un chant analogue à l'objet de la fête. Les vieillards s'avancèrent au milieu de l'enceinte, et réunissant leurs baguettes, ils en formèrent un faisceau qu'ils lièrent avec des rubans tricolores. Le président donna lecture de la proclamation du Directoire exécutif du *28 pluviôse (16 février)*; les airs retentirent d'applaudissements universels et des cris mille fois répétés de : Vive la République ! Vive la Constitution de l'an III ! Dans l'après-midi, en présence des autorités et de la garde nationale sédentaire et en activité, sur la promenade publique, furent exécutés des jeux olympiques, la course à pied et autres amusements. Le vainqueur Baptiste Bénézech, les citoyens Rességuier et Viguier, deux des athlètes qui s'étaient le plus distingués, furent complimentés avec des termes patriotiques par le président, mis en tête du cortège et conduits jusqu'à la maison commune. La fête fut terminée par une illumination et un feu d'artifice et close par un grand bal public.

Pour se mettre d'accord avec les principes de la Constitution, on procéda à des élections municipales dans les

assemblées primaires. André Tudier, agriculteur ; Pouderous père, homme de loi ; Abadie, ancien capitaine d'artillerie; Martin aîné, négociant ; Hyacinthe Eustache, agriculteur ; Louis Cabanel, agriculteur et Mazel, marchand de
fer obtinrent la majorité absolue des suffrages et se trouvèrent définitivemenr élus pour remplir les fonctions d'administrateurs municipaux. Dans une séance ultérieure ils
prêtèrent serment et furent installés. Tudier fut nommé
président. Granier remplit les fonctions de Commissaire
exécutif. Ils veillèrent, selon de nouveaux ordres du Directoire exécutif, à la stricte exécution du calendrier républicain. Ils défendirent aux instituteurs et aux institutrices de
donner à leurs élèves d'autres vacances que les jours de
quintidi, de décadi et des fêtes républicaines ordonnées par
la loi.

La fête de la Jeunesse se célébra le 10 germinal
(30 mars). La veille, au coucher du soleil, elle fut annoncée
par la cloche nationale. A la sonnerie du lendemain, faite
au point du jour, la façade des maisons se décora de drapeaux tricolores. Au son du tambour, les citoyens des
diverses sections formant la garde nationale vinrent avec
leurs drapeaux se réunir sur la place de la Fontaine. Les
instituteurs s'y rendirent avec leurs élèves. A deux heures
le cortège officiel sortit de la maison commune précédé des
tambours, de la musique et d'un groupe de citoyens chantant des hymnes patriotiques. Les vétérans formaient une
haie auprès des instituteurs et des écoliers dont l'un portait
une bannière avec ces mots : « L'espoir de la patrie! » Au
milieu d'une autre haie formée par un détachement de la
41e demi-brigade marchaient l'administration municipale et
le commandant de la place avec son état-major, précédés du
précon et des sergents de la commune, le tribunal correctionnel, les assesseurs des juges de paix, le tribunal de
commerce, les commissaires de l'administration des hospices. La gendarmerie fermait la marche. Sur la place de la

Fédération avait été élevé un autel de la Patrie orné de guirlandes de laurier et de chêne, surmonté d'un faisceau d'armes auquel étaient suspendues d'autres guirlandes entrelacées de rubans tricolores et ornées d'inscriptions appropriées à la fête. Le président, du haut d'une estrade, prononça un discours accueilli par de nombreux applaudissements. Puis, les jeunes gens de l'âge de seize ans furent invités à s'inscrire sur les registres de la garde nationale placé sur l'autel de la Patrie, et ceux de l'âge de vingt-un ans s'inscrivirent sur le registre des citoyens ayant droit de voter dans les assemblées primaires. Au temple décadaire, le fils de l'instituteur, Jaussouy, prononça un discours « plein d'énergie, de patriotisme et qui fut couvert des plus vifs applaudissements. » Deux jeunes gens, placés aux tribunes, donnèrent dans un dialogue l'explication des Droits et devoirs de l'homme et du citoyen. Des enfants d'environ sept ans leur succédèrent et se mirent à réciter la Déclaration des droits et devoirs de l'homme et du citoyen. La foule se retira en chantant des hymnes républicains.

L'administration municipale, sur une pétition datée du 1er floréal (20 avril), autorisa le citoyen Bernard, ministre du culte catholique, à exercer ses fonctions les jours de décadi jusqu'à dix heures du matin, c'est-à-dire jusqu'à l'heure où les fêtes décadaires commençaient à se célébrer.

Les orgues de la Madeleine et de Saint-Jacques avaient été mises en vente. Celui de Saint-Nazaire aurait subi le même sort, n'était que le prix trop élevé de l'enchère avait écarté les prétendants. Aussi, trouva-t-on plus simple de le dépouiller de ses tuyaux de plomb.

Les fêtes locales ne purent plus être célébrées les jours de dimanche ou de fête de l'ancien calendrier et furent transportées au décadi.

L'ordre fut donné de surveiller très attentivement les individus qui feraient autrement et qui s'assembleraient pour faire des jeux ou exercices publics à des jours désignés par l'ancien calendrier. — *Attendu que la commune était en état de siège et que la police appartenait au commandant de place.*

Le président de l'administration centrale prescrivit de réitérer les visites domiciliaires dans toutes les localités susceptibles de récéler quelque prêtre déporté ou sujet à la déportation, des émigrés ou autres ennemis de la République. Les portes de Saint-Aphrodise et des Récollets furent fermées. Les commissaires de police, dès quatre heures du matin, se portèrent avec des hommes armés à chacune des portes de Canterelle, de Tourventouse, de la Fédération et de l'Egalité pour arrêter et conduire à la maison d'arrêt les prêtres ou les émigrés qui tomberaient sous le coup de la loi.

De graves dégâts étaient commis à la campagne. Le président de l'administration centrale signalait, dans une lettre du 5 floréal (24 avril), les dévastations des bois et le fâcheux état des plantations de la République. L'administration municipale veillait par tous les moyens possibles à l'exécution des lois et des arrêtés relatifs à la police rurale. Mais comment aurait-elle pu étendre sa surveillance et la porter au point qu'elle désirait, dépourvue qu'elle était de gardes-champêtres auxquels la pénurie de ses finances ne lui permettait pas de payer un salaire? Loin de laisser négliger dans son arrondissement les plantations en arbres fruitiers et forestiers, elle excitait l'émulation de ses administrés sur cette partie essentielle de l'agriculture. Il importait surtout de remplacer les oliviers, de féconde production pour la contrée, dont la perte avait été presque générale et que, par une méthode nouvelle, on proposait de greffer sur des amandiers. Jusqu'à ce que l'administration eût les moyens d'établir des gardes-champêtres, les commissaires de police furent chargés, sous leur responsabilité personnelle, de surveiller très exactement l'exécution des lois relatives à la police rurale, de faire des visites sur le territoire de la commune aussi souvent qu'il leur serait possible, pour constater les dévastations qui auraient été faites et dénoncer à l'officier de police judiciaire ceux qui s'en seraient rendus coupables.

Les fêtes périodiques de la République se suivaient et se faisaient avec une cérémonie peu renouvelée. Même réunion, même cortège, mêmes chants. La fête des Epoux se célébra donc au temple décadaire où les vieillards des deux sexes, choisis pour être les héros, occupèrent une place d'honneur. Après un chant d'hymnes patriotiques, le président Tudier prononça un discours dans l'esprit du temps. Après s'être élevé contre la tyrannie des rois et avoir montré les avantages du régime républicain, il fit sentir « aux Epoux dont on célébrait la fête la nécessité de s'occuper soigneusement de l'éducation de leurs enfants, de les élever dans l'esprit et l'amour de la Constitution qui les régit, dans la simplicité des anciens temps, en un mot, dans les principes qui caractérisent le vrai républicain..... Quand l'époux qui vous a associé à son sort vole à la défense de la patrie, c'est à vous, citoyennes, qu'il vient demander compte de l'éducation de ses enfants. N'oubliez donc jamais, heureuses républicaines, que la femme, tendre et fidèle compagne de l'homme est le plus doux charme de la vie ; que d'elle dépend en grande partie l'adoucissement du caractère, la pureté des mœurs et l'embellissement de la société ; qu'enfin elle est responsable envers la patrie de l'éducation de ces êtres intéressants qui, nés sur le sol de la liberté, doivent un jour mettre toute la gloire à la défendre... »

Dans le cortège réuni pour la célébration de la fête de la Reconnaissance on vit figurer à côté du commandant de place le général de brigade Frégeville avec ses aides-de-camp. Le discours du président, au temple décadaire, eut pour objet de prouver que la reconnaissance était une vertu nécessaire sans laquelle un Français ne pouvait se dire républicain. Deux jeunes gens, lui succédant, se livrèrent à un entretien sur l'unité et l'indivisibité de la République. Sur la place de la Fédération, devant l'autel de la Patrie, on chanta le couplet « Amour sacré de la patrie » pour rappeler à tous les citoyens le triomphe que cette strophe vibrante avait procuré à nos braves armées.

On avait l'habitude de circuler librement sur les chemins lorsque les lois du 9 vendémiaire et du 3 nivôse, an VI, prescrivirent l'établissement d'un droit de taxe sur la circulation pour l'entretien des routes. Trois barrières avec des receveurs furent installées à la Maladrerie, près du ruisseau de Gargailhan et à la porte de l'Egalité. Cette innovation ne se fit pas sans difficulté, car rien ne vexe plus une population que la création d'un impôt nouveau. Le service des employés devint pénible. Ils ne cessaient de se plaindre des entraves continuelles qu'on leur suscitait dans l'exercice de leurs fonctions dont quelques-uns se dégoûtaient. On s'attroupait autour des barrières pour favoriser la fuite des rouliers et des vagabonds et leur fournir le moyen d'éluder les droits ; on résistait aux injonctions des préposés ; on les accueillait par des huées quand on ne se livrait pas à des excès envers eux. Il vint un moment où il fallut les mettre sous la sauvegarde d'une force armée en s'adressant au commandant de place qui accorda des secours. L'effervescence ne se calma pas. Des attentats graves se commirent les 14 et 15 messidor (2 et 3 juillet). Les barrières furent démontées et brisées, les receveurs maltraités, les voituriers introduits de force. Malgré toutes les menaces et toutes les violences exercées contre les employés, l'administration tint bon sachant que la perception de cette taxe ne devait pas souffrir de retard et sa persévérance l'emporta. Devenue maîtresse de la situation, elle procéda à un remaniement des barrières et le nombre fut porté à quatre. Elles furent installées à la porte de l'Egalité, au pont de la Fontneuve, à la Maladrerie et à la porte de la Révolution.

Quand le droit de péage se fût bien établi, on adjugea le produit des barrières moyennant le prix annuel de 15,000 livres à un fermier qui fut tenu de faire faire les réparations nécessaires aux routes et d'avoir à ses gages des cantonniers (1).

Les dégradations faites aux barrières furent mises à la charge de la commune.

Le tribunal civil du département, par un jugement rendu le 24 messidor (12 juillet), la condamna à payer incontinent et sans délai à la République la somme de 1,000 francs pour amende, dommages et intérêts provenant de la non perception de la taxe d'entretien des routes causée par les attroupements qui eurent lieu. L'administration taxa les vingt plus forts contribuables, pour faire l'avance de cette somme, dans les proportions suivantes :

Delort Joseph-Henri-Constance 120 francs ;
Espic-Lirou Pierre-Jean-Joseph 120 francs ;
Sicard Etienne fils 50 francs ;
Nattes et Destagniol mariés 50 francs ;
Mathieu Fabrégat et Sophie Bessière mariés 50 francs ;
Gailhac Joseph 50 francs ;
Veuve Galejac 50 francs ;
Donnadieu Jacques-Toussaint 50 francs ;
Coste Etienne-Bernard fils aîné 50 francs ;
Guibal Thomas 50 francs ;
Audoux Jean-Marie célibataire 50 francs ;
Viales et Noguier négociants 50 francs ;
Salvan Etienne 50 francs ;
Salvan Joseph 50 francs ;
Martin notaire 30 francs ;
Dorsenne Joseph 30 francs ;
Rieux Etienne aîné 30 francs ;

(1) On sait que les salpêtriers nationaux furent exemptés de la taxe d'entretien des routes.

Veuve Lablanque 27 fr. 50 ;
Bernard médecin et Nattes mariés 25 francs ;
Christol Jean-Pierre-Gabriel 25 francs.

Un arrêté du Directoire exécutif, 14 germinal (3 avril), voulut que les administrations municipales fixassent à des jours déterminés de chaque décade les marchés de leurs arrondissements respectifs et qu'en aucun cas l'ordre établi ne pût être interverti sous prétexte que les marchés tomberaient un jour férié. Dès lors, les marchés qui se tenaient les ci-devant vendredis furent portés au quintidi de chaque décade et nul ne pouvait étaler des denrées ou des marchandises sur les places publiques, hors ces jours indiqués, à moins d'être poursuivi devant le tribunal de police, comme ayant embarrassé la voie publique.

Dans la séance du 23 messidor (11 juillet), le commissaire du Directoire exécutif rappela à l'administration municipale que la loi du 8 thermidor, an IV, exigeait que l'anniversaire de la fête du 14 Juillet fut célébrée dans toutes les communes de la République et il requit qu'elle le fût le jour indiqué avec tout l'éclat dont elle était susceptible. L'administration fit droit au réquisitoire du commissaire pour fêter ce jour « mémorable pour les Français auxquels il devait rappeler les triomphes remportés sur la tyrannie et la conquête de leur liberté. » Auparavant avait été célébrée, selon le mode prescrit, et par les soins de l'administration du canton, la fête de l'Agriculture dont la date était le 10 messidor (28 juin).

Il était de rigueur que les fêtes nationales fussent célébrées aux époques fixées par les lois et suivant les modes prescrits par les arrêtés. L'administration s'efforçait de les élever au niveau de réjouissances publiques, mais le récit de ces solennités patriotiques deviendrait monotone, et nous nous bornerons à mentionner les faits particuliers qui les caractérisèrent. Voici ce qui concerne l'anniversaire du 10 août :

« Considérant que chez les Romains une des principales fêtes était celle de l'expulsion des Tarquins, le 10 août, dernier jour du despotisme royal en France, ne doit pas être moins cher aux Français. »

L'administration centrale arrête :

« La fête du 10 août sera célébrée dans cette commune le 23 du courant (thermidor, 10 août). Elle sera annoncée la veille par une proclamation à laquelle la musique, les tambours et la garde nationale seront invités d'assister. La cloche nationale sonnera le même jour à huit heures du soir ; elle rappellera aux citoyens que le 10 août vit crouler le trône royal en France. A cinq heures du matin, le 23, la cloche nationale annoncera le réveil aux citoyens, elle se fera entendre par intervalles dans la journée et pendant la cérémonie.

» A dix heures, réunion générale à la maison commune; le cortège se rendra sur la place de la Révolution; les magasins, boutiques et ateliers seront fermés ; les façades des maisons ornées de drapeaux tricolores; le président rappellera au peuple assemblé l'histoire abrégée du 10 août ; il suspendra à l'arbre de la Liberté l'inscription suivante : « *Au 10 août, honneur aux braves qui renversèrent le trône. Les François ne reconnoissent plus d'autres maîtres que les lois.* » Pendant ce temps, la musique exécutera des airs guerriers. Les instituteurs primaires et particuliers se rendront avec tous leurs élèves ; ils s'engageront à haute voix, en présence des autorités constituées, à n'inspirer à leurs élèves que des sentiments républicains, du respect pour les vertus, le talent, le courage et de la reconnoissance pour les fondateurs de la République. Des chants civiques suivront cet engagement solennel. »

On entoura de la même solennité la célébration de l'anniversaire des journées du 18 fructidor (4 septembre), qui marquait la chute de la faction royaliste, la fondation de la République et du 1er vendémiaire (22 septembre) « dont le souvenir rappelait l'anéantissement du trône et le triomphe de la Liberté et en faisait une des plus solennelles de toutes les fêtes nationales. »

XV

AN VII

22 septembre 1798. — 22 septembre 1799

Fête du 1er vendémiaire. — Décision pour les dépôts de livres. — Le capitaine Lamblot. — Levée de 200,000 hommes. — Désorganisation du service des étapes. — Fermeture d'écoles. — Inondation de l'Orb et gelées. — Dissolution du Cercle constitutionnel. — Fête du 2 pluviôse. — Administrateurs municipaux. — Double marché décadaire. — Fête de la Souveraineté du peuple. — Elections municipales. — Cabanel, président. — Trait de courage de Longuelanes. — Détresse des hospices civils. — Taxe du pain et de la viande. — Panique causée par un navire anglais. — Fête funèbre pour les plénipotentiaires assassinés à Rastadt. — Translation des écoles primaires dans le local du collège. — Reconstitution de l'administration municipale. — Ardignac, président. — Colonne d'élite. — Les royalistes du Tarn. — Proclamation aux conscrits. — Plainte contre un régiment de chasseurs.

La fête de la fondation de la République fut célébrée le 1er vendémiaire. L'administration avait nommé deux commissaires, Abadie et Eustache, pour en faire les préparatifs et se concerter avec le commandant de la place. Elle voulut lui donner toute la pompe dont elle était susceptible, considérant que de l'observation des décadis et des fêtes nationales dépendait l'affermissement de la République. La fête du 1er vendémiaire était une de celles qui méritaient d'être solennisées, en raison de la cause qui avait donné lieu à son établissement et dont le souvenir devait être gravé dans le cœur de tous les Français devenus libres depuis cette époque.

Parmi les mesures administratives qui signalent le commencement de l'an VII, nous relevons un arrêté de l'Administration centrale, en date du 29 fructidor dernier, ordonnant le transport au chef-lieu du département, avec les papiers provenant des corps supprimés et déposés au ci-devant évêché ou à la salle capitulaire, des livres nationaux, des catalogues et des registres conservés dans les communes de Béziers et de Lodève. En présence de cette spoliation, qu'on ne s'étonne plus de la pauvreté de notre bibliothèque et de nos archives municipales. Il est bon, quelquefois, que des ordres ne soient pas rigoureusement exécutés. Félicitons-nous de cette heureuse infraction à la loi. Grâce à elle, nous avons pu former un commencement de bibliothèque municipale, et garder, pour notre usage, quelques épaves de documents sauvés du naufrage administratif.

La mise en état de siège de la commune était rassurante pour les uns et gênante pour les autres. On se disputait la faveur des fonctionnaires publics et surtout du commandant de place. De quelque côté qu'il inclinât, il avait un parti contre lui. Ce n'était pas le règne de la franchise, mais plutôt d'un affreux machiavélisme. Le capitaine Lamblot, de la 74me demi-brigade, commandant de la place, se montrait l'ami des lois et impassible comme elles ; il avait pris les mesures les plus efficaces pour remplir le vœu du gouvernement. Sa présence seule intimidait les malfaiteurs et les rebelles à la loi. Mais l'esprit d'astuce veillait. On tenta de faire évader de l'hôpital un prêtre, Bonnet, ex-bénédictin, qui y était détenu pour maladie ; et on accusa, auprès du général Frégeville, le capitaine Lamblot, chargé seul de la police et du maintien de l'ordre, d'avoir cédé à des insinuations perfides, et de s'être laissé tromper. Le capitaine avait déjà reçu l'ordre formel de remettre son commandement et de quitter la place. Mais l'administration municipale le défendit éloquemment auprès du général, le convainquit que l'accusation intentée contre son subordonné n'existait que dans l'esprit d'hommes perfides, et elle conserva ainsi, à la tête de la commune, un homme recommandable aux yeux de tous les bons citoyens, pour la plus grande défense de l'ordre, puisque, loin de favoriser l'évasion du prêtre Bonnet, il avait pris toutes les précautions possibles pour empêcher l'évasion du prisonnier.

La loi du 3 vendémiaire venait d'ordonner une levée de 200.000 hommes. Les citoyens Abadie et Cabanel furent nommés pour former les tableaux de conscription. Les ennemis de la République pouvaient saisir l'occasion de cette levée extraordinaire pour susciter de nouveaux troubles et employer tous leurs efforts pour retarder et même empêcher le départ des conscrits que la patrie appelait à son salut. Après avoir pris des mesures suffisantes pour couper court à leurs perfides manœuvres, l'Administration, pour procéder à l'examen de ceux qui allègueraient des cas d'infirmités, désigna un jury, composé de cinq pères de famille ayant des fils à l'armée et auxquels on adjoignit un officier de santé pour éclairer leur religion. La levée opérée, le citoyen Villebrun, ancien officier de l'armée du Nord, sur le refus de l'ancien capitaine d'infanterie Ruat, fut choisi pour conduire le détachement des jeunes conscrits au lieu de destination. Les citoyens, inscrits au rôle de la garde nationale, furent mis en permanence pour être prêts à marcher à la défense des côtes, dans le cas où leurs secours seraient réclamés par quelqu'une des administrations municipales dont le siège était situé le long des côtes maritimes.

Le nombre des militaires de passage dans la commune fut si grand que le pain vint à manquer pour leur subsistance. Les entrepreneurs, par négligence ou par une coupable insouciance, n'avaient pas suffisamment approvisionné les magasins. L'administration crut voir en cela des intentions perfides, ou plutôt contre-révolutionnaires, ne tendant qu'à refroidir le zèle des défenseurs de la patrie et à les faire renvoyer dans leurs foyers. Elle requit tous les boulangers et revendeurs de pain d'en fabriquer autant que leurs moyens le leur permettraient et d'en délivrer à tous les militaires réquisitionnaires et conscrits qui se présenteraient chez eux, munis d'un billet signé du préposé aux étapes. Le montant leur en devait être payé par les entrepreneurs de ce service à raison de dix-sept centimes la livre, sans préjudice des peines par eux encourues pour infraction au service dont ils s'étaient chargés dans cette place. La désorganisation des étapes apparut non-seulement à l'égard des hommes, mais en ce qui concernait les chevaux auxquels manquaient les rations de fourrages et d'avoine.

Les maisons d'éducation étaient l'objet d'une surveillance constante. Les institutrices étaient dans l'obligation de conduire leurs élèves aux assemblées décadaires. Leur persistance à refuser de s'y rendre tourna contre elles. « Considérant que le fanatisme a toujours dirigé la conduite des citoyennes Bezombes sœurs, Billière, Fabre, Figar, Labat, Malaval, Simon, Salles, Déjean, Colon institutrices de cette commune et qu'elles n'ont jamais cessé de prêcher à leurs élèves une morale contraire à l'action du gouvernement, l'administration municipale ordonne que ces écoles seront provisoirement fermées. » Elle venait aussi de faire fermer l'école (21 vendémiaire) du citoyen Revellat, institeur public, pour avoir constamment manifesté des principes contraires à l'esprit du gouvernement, soit en présentant à ses élèves une morale anti-républicaine, soit en s'éloignant des assemblées décadaires et en montrant de la haine pour toutes les institutions républicaines.

Des pluies abondantes succédant à une chute de neige grossirent les torrents de la montagne et amenèrent un débordement considérable de l'Orb. Le parapet du pont de Notre-Dame sur le canal des Deux-Mers fut emporté dans toute sa longueur et le chemin de la mer fortement raviné. Les eaux y creusèrent un trou profond de 5 mètres sur une longueur et une largeur de 20 mètres où les voitures versaient maintes fois et où perdit la vie le nommé Pourquier fils de Sérignan. La route de Béziers à Murviel subit de fortes dégradations que l'on répara en construisant la chaussée en amont de la digue des moulins de Bagnols.

Bientôt après, un autre fléau fit sentir ses rigueurs. De fortes gelées mirent dans un état de putréfaction toutes les plantes potagères. Les jardiniers durent les arracher et les enfouir asssez profondément pour éviter des exhalaisons funestes à l'air, sans pouvoir en vendre d'aucune espèce, parce qu'il aurait pu en résulter des incommodités très graves.

La division des esprits était portée à un degré difficile à comprendre. Elle s'était de plus en plus accentuée depuis que les républicains avaient refusé de faire cause commune avec la « réaction royale »; l'agitation qui régnait dans la commune avait causé du retard dans l'établissement des barrières. Quelques individus s'étaient nourris de la chimérique espérance de voir adopter le système de la loi agraire. Le Cercle constitutionnel ne remplit pas le but qu'on s'était proposé et ne rendit pas les services qu'on en attendait. On le représenta au gouvernement comme un foyer d'anarchie servant d'aliment à l'agitation de la commune et le Directoire exécutif décida qu'il serait fermé. Il n'existait déjà plus depuis plusieurs mois et c'était à tort qu'on lui attribuait des manœuvres criminelles.

L'administration municipale, convaincue que les employés ne pouvaient suffire à leur tâche en augmenta le nombre de deux de plus, et elle confia à un employé spécial la garde des archives. Le citoyen Douat, ex-avoué, fut nommé archiviste avec un traitement fixé à la somme de 1,000 francs par an.

Deux administrateurs municipaux durent être remplacés ; l'un Martin avait donné sa démission, l'autre Mazel avait été nommé préposé spécial aux recettes municipales avec un traitement annuel de 1,000 livres. On leur donna pour successeurs temporaires les citoyens Cassagne Jean-Philippe, pharmacien, et Gaude, agriculteur. Ils prirent possession de leurs fonctions après avoir prêté serment « de haine à la royauté et à l'anarchie, d'attachement et de fidélité à la République et à la Constitution de l'an III. »

Si grand était le nombre de communes qui venaient s'approvisionner au marché de Béziers qu'un seul ne suffisait pas. Indépendamment de celui du vendredi attribué au quintidi, il en fut établi un autre le nonidi de chaque décade. Les vendeurs et les acheteurs affluaient ; c'était le seul terrain sur lequel les partis semblaient désarmer et faire quelque peu trêve.

La municipalité se disposa à célébrer, avec l'éclat accoutumé, l'anniversaire « de la juste punition du dernier roi de France qu'on devait considérer comme l'époque mémorable de la conquête de la liberté. » On vit figurer dans le cortège les cinq notaires Belleville, Hérail, Passebosc, Azaïs et Martin qui étaient considérés comme fonctionnaires publics et qui y furent invités en cette qualité. Les arbres de la Liberté plantés l'année précédente avaient péri par une cause naturelle. Il fut prescrit qu'ils seraient remplacés le 2 pluviôse par d'autres arbres vivants et que leur plantation se ferait le plus solennellement possible.

La fête de la Souveraineté du peuple fut célébrée pour

la seconde fois. Dans le cortège officiel figuraient cinquante vieillards représentant le peuple dans cette cérémonie et sept jeunes gens portant les uns des bannières avec des inscriptions prescrites par le Directoire exécutif; les autres soutenant les bustes de Voltaire et de J.-J. Rousseau. Les instituteurs primaires accompagnaient leurs élèves. Au temple décadaire, les vieillards faisant un demi-cercle autour de l'autel de la Patrie réunissent leurs baguettes et en forment un faisceau qu'ils lient avec des rubans tricolores. Le plus âgé d'entre eux se lève et adresse aux magistrats ces paroles : « La Souveraineté du peuple est inaliénable. Comme il ne peut exercer par lui-même tous les droits qui en découlent, il délègue une partie de sa puissance à des législateurs et à des magistrats choisis par lui-même ou par les électeurs qu'il a nommés. C'est pour se pénétrer de l'importance de ces choix que le peuple se rassemble aujourd'hui. »

Le principal fonctionnaire répondit : « Le peuple a su, par son courage, reconquérir ses droits trop longtemps méconnus ; il saura les conserver par l'usage qu'il en fera ; il se souviendra de ce précepte qu'il a lui-même consacré par sa charte constitutionnelle, que c'est de la sagesse du choix dans les assemblées primaires et électorales que dépendent principalement la durée, la conservation et la prospérité de la République. » Le vice-président lut ensuite la proclamation du Directoire exécutif relative aux élections. Le cortège se transporta, du temple décadaire, à la place de la Fédération par les rues des Bons-Amis, de la Comédie et de l'Hospice Civil et fit une station devant l'arbre de la Liberté.

L'après-dîner il y eut, entre autres divertissements, des jeux olympiques, la course à pied sur la promenade publique ; et le soir, représentation de pièces républicaines « propres à inspirer l'horreur du royalisme et de l'anarchie. »

Le moment des élections approchait. Il y eut changement de lieu de réunion pour les quatre sections. La section de l'église Saint-Jacques dut s'assembler désormais à l'église de l'hospice civico-militaire ; celle de la Madeleine à l'église du collège ; celle de l'église de Saint-Aphrodise à l'hôpital général dit des enfants ; celle de la salle décadaire y fut maintenue (1).

Pour la nomination des juges de paix, l'unanimité des suffrages se porta sur Vernhes Guiraud dont l'élection fut renouvelée et sur Tudier André (2) qui avait exercé pendant quatre ans les fonctions municipales.

Les mêmes votants leur donnèrent pour assesseurs les citoyens Ganidel aîné, Rocaze père, Baluffe aîné, Monestié père, Eustache père, Mazuc, homme de loi ; Cance, homme de loi ; Fabre père, liquoriste ; Pagès, homme de loi ; Combes père, plâtrier ; Lutrand, ex-juge de paix ; Malafosse.

L'administration municipale, par des remplacements successifs, se trouva renouvelée et fut ainsi composée : Louis Cabanel, président ; François-Joseph Castanié, agriculteur, en remplacement de Viennet qui n'avait pas accepté ; Jean-Philippe Cassagne, pharmacien ; Joseph Barrière fils, agriculteur ; Gaude, agriculteur ; Abadie, ancien capitaine d'artillerie ; Etienne Cazals, agriculteur, offi-

---

(1) L'administration municipale avait autorisé, sur sa pétition, le citoyen Bernard aîné, ministre du culte catholique à exercer ses fonctions les jours de décadi jusqu'à dix heures du matin, heure à laquelle elle avait décidé que les fêtes décadaires commenceraient à être célébrées.

(2) Par suite de dénonciations portées contre André Tudier, président démissionnaire de l'administration municipale, le Directoire exécutif l'avait destitué par un arrêté du 15 ventôse (5 mars). Mais du sein de l'administration municipale une violente protestation s'éleva contre cette décision pour demander que cet arrêté fût rapporté. Tudier avait donné des gages précieux à la Révolution, soit en déclarant une guerre ouverte aux anarchistes, soit en s'opposant de toutes ses forces au torrent de la réaction royale. Comme preuve de son désintéressement, nous ajouterons qu'il refusa le grade de général de brigade auquel on voulait l'élever.

ciers municipaux. Ils entrèrent en fonctions, selon les dispositions de la loi, le 1ᵉʳ floréal (20 avril) et prêtèrent serment en présence de Grenier, commissaire du Directoire exécutif qui les harangua ainsi :

« Nos concitoyens en vous appelant à des fonctions aussi importantes qu'honorables, ont mis dans vos mains leurs destinées. Vous trouverez dans votre carrière politique des collaborateurs qui partageront vos travaux et vos sollicitudes, et des citoyens qui, comme vous, sauront servir la patrie et le gouvernement avec l'intégrité, le zèle et le dévouement qui caractérisent le vrai républicain.

» Chargé par le gouvernement de surveiller l'exécution des lois, je dois vous rappeler que dans une République la loi est un dieu tutélaire dont le culte ne doit pas être négligé, qu'elle doit régner uniformément sur tout et que son paisible triomphe est le gérant de la prospérité publique.

» Il est de mon devoir de vous rappeler encore que la police générale, le maintien de l'ordre public, tout ce qui intéresse la sûreté des personnes et des propriétés, l'instruction publique, les hôpitaux, les bureaux de bienfaisance, les prisons, la salubrité de l'air et le recouvrement des deniers publics font l'objet de vos attributions

» Il est inutile que je vous invite à vous bien pénétrer de vos fonctions et à les remplir avec la dignité qui doit être inséparable des magistrats du peuple.

» Vos principes préconisent d'avance que le bonheur de vos concitoyens fera toute votre sollicitude et votre amour pour le bien, en leur offrant la garantie d'une bonne administration, vous assure leur estime qui est la plus belle récompense pour un magistrat.

» Et vous, respectable vieillard, à qui les années et les infirmités commandent la retraite, vous, citoyen Pouderous, qui avez donné l'exemple du plus grand dévouement, dans les temps les plus orageux, vous emportez les regrets de vos concitoyens et les nôtres, mais avant de nous séparer, recevez pour eux et pour nous l'assurance de l'estime et de la reconnaissance que vous avez si justement méritées... »

Barrière, un des nouveaux administrateurs, répondit :

« Citoyens, la marque d'estime que vous nous avez témoignée

en nous confiant les fonctions honorables et pénibles d'administrateurs municipaux nous fournira les moyens de vous prouver combien nous aurons à cœur l'intérêt public et combien nous redoublerons d'efforts pour mériter votre confiance en travaillant avec nos collègues au bonheur commun et au maintien de la République une et indivisible. »

Le citoyen Charles Longuelanes venait de donner des preuves de dévouement à la République en l'amenant à distribuer tous les mois un secours aux familles indigentes des marins de l'arrondissement retenus au service de la patrie, lorsqu'une occasion se présenta pour faire ressortir son courage. Il était couché dans sa barque amarrée au port du canal du Midi lorsqu'il fut éveillé pendant la nuit par des cris plaintifs. N'apercevant pas à bord le mousse qui faisait partie de son équipage, il pressentit un malheur. Sans calculer le danger auquel il s'exposait, il se jeta à l'eau pour aller à la recherche du jeune mousse qu'il trouva presque asphyxié sous la barque et qu'il parvint à sauver en lui administrant sur-le-champ les secours nécessaires. L'administration jugea qu'un pareil acte de courage et d'humanité de la part d'un citoyen qui n'avait pas craint d'exposer sa vie pour sauver celle de son semblable méritait la plus grande publicité et elle fit consigner ce trait dans les registres municipaux. Le citoyen Longuelanes fut invité à se trouver le décadi suivant à la réunion publique pour y recevoir du président l'accolade fraternelle et une couronne civique en présence des autorités.

L'expérience avait appris depuis longtemps combien étaient insuffisants les revenus affectés à l'entretien des deux hospices que renfermait la commune. Les secours fournis aux malades, l'entretien des vieillards et les soins donnés aux enfants occasionnaient de grandes dépenses. La prévoyance des commissaires se mesurait avec l'exigence des besoins. Il arrive un temps où les plus abondantes ressources faiblissent et s'épuisent, et l'on a devant soi le spectacle de l'humanité aux prises avec une profonde misère. Fallait-il fermer ces deux établissements, les seuls où les citoyens indigents de la commune et de l'arrondissement trouvaient un asile dans leur vieillesse après avoir parcouru une carrière dure et pénible, où les malades étaient secourus, où les jeunes orphelins étaient recueillis et entretenus ? Après avoir recherché l'assistance privée, il restait à implorer les secours publics. Les administrateurs firent au ministre un touchant tableau de la situation à laquelle ils étaient réduits et sollicitèrent de sa bienveillance les plus prompts secours. Grâce à cette démarche, les hospices ne furent pas fermés, ni leurs pensionnaires exclus des bienfaits de la charité.

La misère était grande. Les levées d'hommes qui recommençaient n'étaient point faites pour en atténuer les effets ; c'étaient autant de bras enlevés à la culture de la terre, et autant de soutiens dont on privait les familles. Pour surcroît de malheurs, les bouchers et les boulangers vendaient la viande et le pain à des prix exorbitants. Le désordre et l'arbitraire brouillaient tout et ne connaissaient pas de limite. Mais l'administration veillait et le mal fut arrêté. Elle taxa le pain et la viande de boucherie sur le prix du blé et des bestiaux sur pied. Les classes laborieuses en ressentirent un bon effet. On fit réimprimer la loi du 26 ventôse, an V (16 mars 1797), qui prononçait des peines contre l'exportation des grains et des farines.

On raconte qu'après le traité de Campo-Formio, le Directoire voulant tourner les esprits vers l'Angleterre, avait créé une armée dont le commandement fut donné au général Bonaparte. Le nom de cette nation retentissait aux oreilles de tous et il vint jeter l'effroi dans les rangs de la population. Qui aurait gardé son sang-froid en entendant lire la lettre écrite par l'agent municipal de Sérignan au citoyen Sobie, commissaire du Directoire exécutif au canton de Béziers :

« Sérignan le 11 prairial, an 7 républicain.

» Un préposé des douanes nationales et les citoyens Rey et Lacroix viennent de me faire une dénonce (*sic*) que la côte est menacée d'une descente de l'ennemi qui a pris des bâtiments tout près du grau. J'ai fait battre la générale ; la force armée est partie de suite, et tous les citoyens qui ont été dans la commune. J'ai fourni les cartouches que je pouvais avoir. Je vous envoie un exprès pour vous faire savoir la situation dont nous sommes menacés. Envoyés-moi des forces, crainte que l'ennemi fasse une descente.

» Salut et fraternité. *Signé* : BALOUSSIÈRE. »

Avertie par cette lettre d'un contenu très alarmant, l'administration crut devoir prendre de suite les mesures indiquées par un arrêté du département du 19 ventôse dernier. Elle se déclara en permanence et invita le commandant de place, celui de la gendarmerie et les chefs de bataillon de la garde nationale sédentaire à se rendre dans le lieu de ses séances pour se concerter ensemble et donner des ordres pour qu'une force imposante se rende sur-le-champ à Sérignan afin de concourir à la défense de la côte. Un poste de cinq hommes fut placé sur la place de la Révolution afin de surveiller les signaux et d'en donner avis à l'administration. On apprit que les Anglais n'avaient pas eu l'intention de débarquer et que leur tentative s'était bornée à la prise de deux bâtiments marchands. Un corsaire sorti du port d'Agde, accompagné de quelques chaloupes canonnières, alla à la poursuite de l'ennemi. Une fois qu'il l'eût atteint ils s'emparèrent, après une forte canonnade, du vaisseau le *Mahomet* qu'ils ramenèrent à Agde avec les deux bâtiments enlevés.

La France avait envoyé trois ministres au congrès de Rastadt : Jean Debry, Bonnier et Roberjot. Ils soutinrent avec beaucoup de vigueur les intérêts de la France. À leur retour, ils furent victimes du plus odieux et du plus atroce attentat commandé par le cabinet de Vienne. Debry échappa aux assassins, mais Bonnier et Roberjot furent égorgés par une troupe de hussards de Szecklers. Une loi du 22 floréal (11 mai), ordonna que le 20 prairial (8 juin) suivant il serait célébré dans les deux Conseils, dans les cantons de la République et dans les armées de terre et de mer une fête funéraire en leur mémoire. L'administration municipale se conforma aux volontés du gouvernement et nomma des commissaires pour faire les préparatifs de la fête qui devait faire ressortir l'horreur inspirée aux Français par l'assassinat atroce et prémédité commis sur les personnes de ces citoyens.

Les presbytères affectés par la loi aux instituteurs avaient été aliénés. Les maîtres de la jeunesse avaient été obligés de se loger dans des maisons particulières et dans des quartiers que les règles de l'hygiène proscrivaient. Le ocal du collège était le seul digne d'être choisi pour servir de logement aux instituteurs. En présence des avantages qui semblaient ressortir de cette concentration des maîtres et des élèves au point de vue de l'émulation et de la bonne éducation, une partie du collège fut affectée au logement des instituteurs et aux classes des écoles primaires. L'autre partie fut occupée par la gendarmerie. Les instituteurs furent exemptés de tout service de la garde nationale (1).

Des changements survinrent dans l'administration muni-

---

(1) Les gendarmes occupèrent le bâtiment à gauche en entrant au-dessus des classes ainsi que Lacombe, instituteur primaire, et le concierge. Les trois classes comprises entre la petite chapelle et la bibliothèque furent affectées aux écuries et aux greniers à foin et à paille nécessaires à la gendarmerie. Les autres instituteurs s'établirent dans les salles du corridor aboutissant à l'église. Le pavillon où logeait précédemment le commissaire des guerres fut réservé à l'officier de gendarmerie avec chambre et salon au rez-de-chaussée. Les parties restées disponibles furent mises en location et le produit servit au paiement des contributions et aux frais d'entretien.

cipale et elle se trouva ainsi reconstituée : Ardignac président, Pezet vice-président, Castanié, Abadie, Cassagne, Barrière, Cazal, officiers municipaux. Ardignac et Pezet furent choisis pour faire une fois par décade la visite de toutes les écoles particulières, maisons d'éducation et pensionnats existant dans la commune, afin de s'assurer qu'on n'y donnait pas un enseignement en opposition avec les institutions républicaines.

L'administration centrale avait prescrit, par un arrêté du 23 messidor (11 juillet), l'établissement dans chaque commune du département d'un détachement de la garde nationale sédentaire, désigné sous le nom *de colonne d'élite*, et prêt à marcher à toute réquisition. Ne fallait-il pas escorter les caisses et les voitures publiques pour les protéger contre les malfaiteurs et les voleurs de grands chemins ? A peine l'état de siège venait-il d'être levé que l'ordre public était troublé et que les agressions dans les rues et sur les promenades publiques recommençaient. Le nombre de ceux qui composeraient la colonne d'élite devait être égal, non compris les officiers et les sous-officiers, au seizième de la totalité de la garde nationale sédentaire de chaque commune. Les circonstances commandaient la plus grande célérité dans l'exécution de l'arrêté. Le citoyen Murat fut désigné pour en hâter la formation et pour la commander.

L'administration municipale venait d'être informée que la commune de Castres était menacée d'une invasion de gens armés au nom de Louis XVIII, ravageant, pillant, incendiant, égorgeant tout sur leur passage. Un premier mouvement la porta à faire appel à des citoyens de bonne volonté et à les envoyer à son secours. Son zèle fut vivement enflammé par la lettre suivante :

« Albi, le 21 thermidor an VII.

» Une insurrection royale vient de se manifester dans les cantons de

Lautrec, Loubens, Saint-Félix, Caraman, Saint-Julien et autres du département de la Haute-Garonne. Ces bandes, organisées au nom de Louis XVIII et fortes d'environ 4,000 personnes, égorgent, pillent et ravagent le pays par où elles passent, d'après l'avis officiel que nous venons de recevoir. Elles dirigent leur marche sur Puylaurens et se disposent à tomber sur Castres pour en faire leur proie. Déjà cette dernière commune vient d'envoyer à Puylaurens une force armée considérable composée de cavalerie et d'infanterie pour s'opposer autant que possible aux progrès de ces bandes d'assassins.

» Comme la commune de Castres est menacée d'une irruption très prochaine et qu'elle est d'ailleurs démunie de forces par l'envoi qui en a été fait à Puylaurens, nous vous invitons, requérons même, au nom du bien public, de faire transporter de suite à Castres toutes les forces dont vous pourriez disposer et qui seront là pour s'opposer à la descente des scélérats royaux si elle avoit lieu.

» Nous comptons sur votre républicanisme et avons tout lieu de croire que vous ne négligerés rien pour hâter le départ des hommes que nous vous demandons... » (1).

Comme dans ces circonstances critiques où la tranquillité publique paraissait compromise il importait de prendre des mesures promptes, soit pour fournir des secours aux départements menacés, soit pour préserver celui de l'Hérault de l'invasion des rebelles, on s'adressa au général Petit Guillaume commandant la force armée de la 9ᵉ division militaire en le priant d'envoyer le général de brigade Guillet avec des troupes au secours de la ville de Castres.

Les levées d'hommes et les enrôlements étaient permanents; il fallait combler les vides qui se faisaient dans les rangs de l'armée. La guerre aurait-elle pu se soutenir autrement ? Tous n'avaient pas le même goût pour le service militaire. Un grand nombre de conscrits abandonnaient les drapeaux; il se trouvait des gens pour favoriser les déser-

(1) Lettre de l'administration centrale du département du Tarn.

teurs, les recéler et les alimenter. On les excitait même à s'enfuir en leur disant qu'« *ils allaient à la boucherie pour défendre des gueux.* » On usait de subterfuges: Pour éluder la loi on présentait des actes de naissance falsifiés et appartenant à d'autres individus exemptés de la réquisition qui les appelait aux armes. Il était bon de ranimer le patriotisme dans les âmes. Tel fut le but que poursuivit l'administration par une énergique proclamation.

« ..... Le sol de la République Française menacé depuis longtemps n'a pas encore été souillé par l'entrée de ses ennemis ; les premiers secours envoyés aux armées frontières ont arrêté leurs progrès ; il en existerait à peine dans les armées alliées si la lâcheté inspirée par la malveillance aristocrato-fanatique n'eût provoqué une désertion effrayante. Tremblez, vous tous qui avez à vous reprocher de l'avoir fomentée ! C'est donc vous, lâches déserteurs, qui avez concouru à nos revers passagers et plus efficacement encore que les hordes sauvages du Russe non civilisé ! De quel approbre ne vous êtes-vous pas couverts ?

» Un seul moyen peut effacer la noirceur de cette tache ; c'est un prompt retour à l'armée pour y couvrir votre lâcheté par des actions d'éclat. C'est de dénoncer ces hommes pervers qui vous ont conseillé la désertion, qui l'ont provoquée en vous fournissant les moyens de la rendre efficace.

» Evitez de tomber dans cette infamie, vous tous qui êtes appelés nouvellement à l'honneur de maintenir l'indépendance et la liberté de votre pays. Que votre courage fasse ressortir la lâcheté des fuyards, comme leur infamie relèvera l'éclat de votre généreux dévouement. C'est vous qui devez soustraire nos frontières au sort affreux dont elles sont menacées. C'est vous qui devez enlever au fer homicide des tyrans vos pères, vos frères, vos amis ! C'est sur vous que repose l'espoir de la patrie. C'est à vous qu'elle devra la paix, comme aussi c'est à vous qu'elle décernera les récompenses dues à la valeur. Que rien ne vous arrête donc ! Partez sous les étendards de la liberté et de l'égalité... Vous verrez reculer d'effroi les satellites des tyrans... »

Pour empêcher que la commune devint l'asile des déserteurs, des gardes furent placés sur les routes d'Agde, de Saint-Chinian et de Bédarieux présentées comme lieux de leur passage, et l'ordre leur fut donné d'arrêter tous ceux qui ne seraient pas porteurs de congés en forme.

Les citoyens n'aimaient pas le séjour à l'armée et les soldats apprirent aux habitants à les détester. La tranquillité publique faillit être compromise par le passage dans la commune de deux escadrons du 14e régiment de chasseurs à cheval. Les soldats logés dans les maisons particulières se portèrent à des voies de fait odieuses contre leurs hôtes, en les accablant d'outrages et d'insultes et provoquèrent, par des paroles offensantes, les jeunes conscrits; quelques-uns de leurs chefs furent indignement maltraités par cette troupe indisciplinée, de telle sorte que la ville serait devenue le théâtre d'une lutte sanglante, si les armes avaient été au pouvoir des offensés. L'administration dut faire déloger des soldats de quelques maisons où « ils avaient porté la terreur au milieu de la nuit. » La conduite des officiers semblait le disputer à la soldatesque des troupes. Quelques-uns furent signalés pour s'être permis des actes inconvenants et des propos séditieux dans des auberges dont une « serait devenue un lieu de carnage sans la présence des commissaires de police. » Justice fut accordée aux habitants par le général Carteaux, commandant la 9e division militaire, qui promit de punir officiers et soldats à leur arrivée à Montpellier (1) pour les excès et désordres dont ils s'étaient rendus coupables.

---

(1) Lettre du 2e complémentaire (18 septembre 1799).

XVI

AN VIII

22 septembre 1799. — 17 février 1800

Fête du 1er vendémiaire. — Organisation des marchés. — Fête funèbre de Joubert. — Répartition des subsistances militaires. — Mesures contre les déserteurs. — Levée extraordinaire de chevaux. — Exploits de brigands. — Translation de tableaux. — Dépravation des mœurs. — Retour de Bonaparte à Paris. — La paix n'est pas troublée dans la commune. — Proclamation de la loi du 19 brumaire. — Prestation de serment de fidélité à la République. — Mesures de salubrité. — Arrestation d'une diligence des postes. — Réception et publication de la Constitution. — Promesses de fidélité à la Constitution. — Gouvernement nouveau. — Fin de la période révolutionnaire. — Conclusion.

Quand l'époque de la fête du 1er vendémiaire (22 septembre) fut venue, on la célébra avec la pompe habituelle. Deux administrateurs municipaux, Pezet et Nicollas avaient été choisis pour en préparer le programme qui fut approuvé en entier par leurs collègues. Avec le même éclat, on vit reparaître l'enthousiasme des années précédentes.

Les revendeurs des denrées destinées à l'alimentation publique se répandaient en plusieurs endroits et gênaient assez souvent la circulation au risque d'occasionner des malheurs. L'administration supprima ces abus et prit une mesure générale qui tourna à l'avantage des finances de la ville, en attribuant aux denrées de même nature une place fixe et en établissant un droit de location sur les halles et marchés ; ce qui donna un revenu de 2,600 francs qui fut affecté aux dépenses communales.

La République honorait les services rendus à la patrie et glorifiait la bravoure partout où elle se montrait. Une loi rendue le 19 fructidor, an VII (5 septembre 1799) avait prescrit qu'il serait célébré dans tous les chefs-lieux de canton une fête funèbre pour honorer la mémoire de Joubert, général en chef de l'armée d'Italie, mort sur le champ de bataille de Novi, le 28 thermidor (15 août). Prompte à obéir aux ordres donnés, l'administration municipale fit pour l'accomplissement de la cérémonie tous les préparatifs indiqués, et elle y apporta la solennité qu'elle avait coutume de déployer quand il s'agissait d'une fête publique.

Le ministre de la guerre avait autorisé l'administration centrale du département à pourvoir à la subsistance des troupes par la voie d'un nouvel appel de denrées. Elle procéda à la répartition entre plusieurs municipalités de 6,300 quintaux de seigle, 1,700 quintaux de foin, 1,700 quintaux de paille et 1,000 quintaux d'avoine demandés par le commissaire ordonnateur pour la subsistance des troupes et de leurs chevaux pendant les trois premiers mois de l'an VIII. Dans cette répartition, la commune de Béziers fut comprise pour 200 quintaux poids de marc froment et 100 quintaux de seigle. Les principaux contribuables désignés pour faire l'avance de ces denrées furent : Cassagne pharmacien, Guillaume-Raymond Cassan, Antoine Cassagne propriétaire, Espic Lirou, Annibal Franc, veuve Gaulejac, veuve Pradines d'Aureilhan, Etienne Salvan, veuve Désarnaud, Jean-Baptiste Maintenon, Roube aîné. Ces denrées durent être transportées dans l'espace de quinze jours au magasin militaire établi dans la commune.

Le torrent de la désertion grossissait d'une manière alarmante. On rencontrait tous les jours sur tous les points du département une foule de militaires revenant de l'armée d'Italie, les uns sans armes, les autres avec armes et bagages. Les administrations municipales, pour en arrêter les progrès, exercèrent la surveillance ordonnée par les lois des 10 vendémiaire et 4 frimaire, an IV. Pour écarter les déserteurs de la ville, on organisa des patrouilles sur les routes d'Agde, de Cessenon et de Bédarieux, qu'ils suivaient de préférence. Les commissaires reçurent l'ordre de rechercher tous ceux qui avaient appartenu à l'armée et tous ceux qui faisaient partie des bataillons auxiliaires, d'arrêter ceux qui n'avaient pas de congés revêtus des formalités prescrites et de signaler à l'administration municipale ceux qui leur donnaient asile. Lorsqu'un coupable était dénoncé à la gendarmerie, on établissait une garnison chez lui pour parvenir à son arrestation, on le dirigeait sur la citadelle de Montpellier et puis sur Nice où se trouvait son corps.

A un moment donné un changement subit s'opéra, et l'on serait presque tenté de dire que le courage revint aux plus timides. Le départ des conscrits réquisitionnaires se fit sans peine. L'administration municipale constata qu'ils manifestèrent le plus grand zèle et le plus grand dévouement pour voler à la défense de la patrie, que les détachements partirent « en chantant les airs chéris des républicains et servirent même de modèle à ceux des communes du département où l'on avait envoyé des grenadiers pour activer leur départ. »

Une loi du 4 vendémiaire, an VII (25 septembre 1798), ordonna une levée extraordinaire de chevaux pour le service des armées. Tout propriétaire, possesseur, détenteur et gardien de cheval, de jument, mule ou mulet était tenu d'en faire la déclaration à l'administration de son canton. Quiconque recèlerait quelqu'un de ces animaux serait condamné à une amende égale à la valeur de l'animal recélé. S'il était administrateur civil ou militaire, ou officier de l'armée, il serait destitué.

On avait constaté que, sur plusieurs points de la République, des brigands pillaient et volaient presque journellement les voitures, notamment celles chargées de fonds publics (1). Des désordres aussi préjudiciables aux intérêts du trésor public ne pouvaient pas être tolérés. Les gardes nationales sédentaires de Béziers, Pézenas, Montpellier et des cantons de Mèze et de Lunel furent mises en réquisition permanente, explorèrent les routes de Paris à Montpellier et à Toulouse par Lyon, Nîmes et Béziers et escortèrent les courriers des malles, les diligences et les convois des fonds publics.

Les tableaux déposés dans l'ancienne église de l'hôpital Mage étaient condamnés à une clôture perpétuelle et menacés d'une ruine complète depuis que ce local n'était plus habité. Pour assurer leur conservation, l'administration municipale les fit transporter dans l'église de Saint-Jacques pour y être entretenus par le soin de ceux qui exerçaient le culte catholique. Grâce à cette mesure de prévoyance, ils furent préservés de la dispersion et de la dégradation.

Quant aux livres entassés dans l'église de la congrégation du collège, ils furent soigneusement triés; les uns étaient déchirés ou pourris par l'humidité des gouttières; les autres étaient impropres à l'instruction publique. Comme il était difficile de trouver un seul ouvrage complet, ils furent vendus en bloc, à la diligence du receveur de l'enregistrement, au nommé Rozier.

La commune se trouvait totalement dépourvue des établissements d'instruction qu'elle réunissait dans son sein, et le niveau de la morale publique avait bien baissé. La morale n'est-elle pas la compagne inséparable de l'éduca-

_____
(1) Les brigands royaux dans l'Hérault, par le chanoine, F. Saurel 1803.

tion ? La situation avait revêtu un tel caractère de gravité que, dans la séance du 29 brumaire (19 novembre), le commissaire du Directoire exécutif fit appel au zèle des administrateurs municipaux qu'il chercha à ranimer par le vivant tableau qu'il leur mit sous les yeux:

« Citoyens,

» Si nous ouvrons les annales du monde, nous y verrons que la dépravation des mœurs a été toujours le tombeau des Républiques. Cette vérité bien sentie doit vous faire tenir en garde contre les individus de tout sexe qui, en favorisant la débauche, éloignent vos administrés des vertus civiques et morales qui doivent caractériser l'homme libre et sans lesquelles aucune République ne peut être stable.

» C'est à vous, citoyens administrateurs, que la loi commande à cet égard la surveillance la plus sévère; et c'est sur votre zèle, votre dévouement et votre civisme que le gouvernement fonde toutes ses espérances. Vous ne devez pas vous le dissimuler : il existe dans votre arrondissement une dépravation qui s'accroît toujours par l'impunité et à laquelle il est de votre devoir de mettre un terme.

» Le salut de la République, l'intérêt du pays, celui des familles, les bonnes mœurs vous le commandent impérieusement ; et vous seriez répréhensibles si votre sollicitude ne s'étendait pas sur cet objet dont dépend votre bonheur. C'est cette dépravation qui est la source des divers attentats qui se commettent nuitamment, à raison desquels il vous a été porté différentes plaintes, et dont les suites nous mèneraient à l'anarchie.

» Hâtez-vous, hâtons-nous de porter la hache et réunissons-nous pour faire triompher la vertu et réprimer le vice.

» L'œil de la police, qui jusqu'à présent n'a pas produit l'effet de vous signaler les coupables, doit s'ouvrir aujourd'hui pour se fixer sur tous les individus qui, n'ayant aucune propriété, et n'exerçant aucune profession ni industrie, se livrent nécessairement à la débauche la plus effrénée, affichent une prostitution d'autant plus criminelle qu'elle distille le poison, porte la division dans les familles, donne lieu aux divorces et fait l'objet d'une calamité publique.

» La même surveillance doit être également exercée à l'égard de certaines personnes du sexe qui ne vivent que de la débauche et qui font de leurs demeures un foyer de prostitution, et où des jeunes gens sans expérience deviennent victimes de la débauche de ces créatures et privent par là la République d'autant de défenseurs.

» Vous devez encore faire surveiller très scrupuleusement les femmes prostituées qui devenues enceintes doivent vous déclarer leur turpitude, vous rendre compte des enfants dont elles accouchent et qui la plupart deviennent victimes de la débauche de leurs mères.

C'est par l'effet de cette surveillance, par l'exemple que vous offrez, par l'instruction que vous répandez, que vous remplirez le vœu de la loi et que vous vous rendrez dignes de l'estime de vos concitoyens, qui doit être pour vous la plus belle des récompenses. »

Un état d'abaissement si déplorable écartait tout délai. Tout fut mis en œuvre pour amener la découverte des gens affectant la plus grande dépravation, outrageant les mœurs par leur conduite et faisant de leurs demeures des foyers de prostitution de manière à faire appliquer à tous ceux qui seraient signalés les peines qu'ils auraient encourues.

Le moment est venu où un grand évènement doit changer la face de la Révolution à la veille de finir. Bonaparte, du sein des déserts de l'Egypte, avait les yeux fixés sur la France. Poussé par l'ambition politique, il abandonne son armée, s'embarque dans la nuit du 5 fructidor (22 août), et, après une traversée longue et difficile, il débarque à Saint-Raphaël, dans le golfe de Fréjus, le 18 vendémiaire (10 octobre), après s'être mis, pendant la route, au courant de la situation de la France. Il arrive à Paris le 25 vendémiaire (17 octobre), calcule dans sa retraite de la rue de la Victoire quelles mesures il aurait à prendre, s'assure le concours de généraux dévoués, fatigués comme lui « du joug des avocats qui perdaient la France » et tente son coup d'Etat du 18 brumaire, an VIII (9 novembre 1799), contre le Conseil des Cinq-Cents réuni à Saint-Cloud. La victoire resta au coup de maître ; le Directoire cessa d'exister, la Constitution de l'an III fut mise à néant et trois consuls provisoires furent élus : Roger-Ducos, Siéyès et Bonaparte. Un gouvernement provisoire succéda au régime constitutionnel.

Le décret de translation de la résidence du Corps législatif avait été un de ces évènements extraordinaires qui aurait pu donner lieu à de fausses interprétations dont les suites risquaient de troubler la tranquillité publique. Mais l'administration prit ses mesures pour aller à la découverte de ceux qui, par des suggestions perfides, auraient cherché à dénaturer cet évènement pour semer le trouble et la discorde parmi les citoyens. Les commissaires de police, redoublant de zèle et de surveillance, furent toujours en éveil pour contenir et arrêter les perturbateurs.

Dans la séance du 29 brumaire (20 novembre), le président de l'administration municipale déposa sur le bureau la loi du 19 brumaire courant avec l'arrêté des consuls de la République du 20. La publication s'en fit solennellement dans les carrefours accoutumés de la commune et le public lut avec curiosité et sans agitation ce double document dans les lieux où il fut affiché.

Au comencement de la séance du 9 frimaire (30 novembre), le commissaire du gouvernement s'exprima ainsi : « Citoyens, je viens de recevoir de mon collègue, près l'administration centrale, une lettre en date du 7 courant, dans laquelle il m'annonce que le général Lannes, commandant la 9ᵉ et la 10ᵉ division militaire, a été chargé par les consuls de l'République de faire prêter individuellement à chacun des membres des corps constitués le serment de fidélité à la République, que les membres de l'administration centrale et lui ont déjà rempli ce devoir sacré. Alors le président de l'administration municipale, Ardignac, se lève et dit : « Je jure fidélité à la République, une et indivisible, fondée sur les trois bases de la Liberté, de l'Egalité et du système représentatif. » Après lui, le même serment fut prêté individuellement et tour à tour par chaque administrateur municipal, le commissaire du gouvernement, les quatre commissaires de police Raynal, Laurès, Peyre, Laudun et le secrétaire en chef Donadieu.

S'il fallait tout attendre des auteurs des journées des 18 et 19 brumaire pour le bien public, il fallait tout craindre aussi des ennemis de la chose publique jusqu'à ce que un nouveau pacte social fût mis au grand jour et accepté par le peuple Français. La commune se maintint dans une situation calme et paisible. L'administration sut prévenir les perfidies inventées pour opérer la désorganisation du corps politique menacé par ceux qui refusaient de payer les droits de passe sur les routes, les droits de patente, les contributions arriérées; désorganisation que des insinuations malveillantes avaient déjà apportées dans le premier bataillon auxiliaire que l'administration centrale avait formé avec tant de soin.

Ce n'était pas seulement au repos de la commune que devait veiller l'administration municipale; il y avait aussi des mesures de salubrité sur lesquelles l'intérêt public appelait son attention. La ville ressemblait à « un véritable cloaque », tant les règlements de police étaient peu observés, soit par une infinité de creux de fumier pratiqués dans son enceinte, soit par les dépôts d'immondices que les jardiniers formaient aux avenues, soit par la malpropreté des rues où gisaient des bêtes mortes qui infectaient l'air. Les creux de fumier furent interdits dans l'enceinte de la ville, ceux qui étaient le long des remparts durent être comblés, et ceux qui étaient attenants aux maisons nouvellement construites le long de la promenade et sous le boulevard furent portés à une distance de 60 mètres (30 toises). Il fallait procurer aux habitants un air salubre.

Les grands chemins avaient aussi besoin d'être purgés

des bandes de malfaiteurs qui les sillonnaient : tantôt c'étaient des déserteurs qui se cachaient et qui, pour vivre, étaient obligés de commettre des vols ; tantôt c'étaient deux cents prisonniers de guerre autrichiens envoyés à Béziers et placés à la caserne. On les laissait vaguer, mendier, parcourir les routes, les campagnes, les communes voisines ; ils obtenaient du pain et du vin des particuliers auxquels ils s'adressaient par la crainte qu'ils leurs inspiraient, et quelquefois ils s'introduisaient dans les maisons de vive force.

Le brigandage avait fini par s'organiser sur une grande échelle. Les diligences de la poste ne furent pas à l'abri des coups de main des malfaiteurs. Le 19 nivôse (9 janvier), à six heures du soir, treize ou quatorze individus, armés de fusils de chasse, arrêtèrent la voiture Lescure, venant de Narbonne, à un quart de lieue de Béziers, à cent pas du jardin du pont du Canal, dit le pont de Narbonne. Ils mirent en joue les voyageurs au nombre de trois, leur crièrent de descendre et de se coucher ventre à terre. Ils obligèrent ensuite le conducteur à leur donner ses clefs. L'un des voleurs monta dans la voiture, ouvrit le caisson et remit à ceux qui étaient restés sur le chemin les effets, les paquets et l'argent qu'il y trouva. Après avoir pris tout ce qui leur tomba sous la main, ils ordonnèrent aux voyageurs de reprendre leur place et de rétrograder, leur disant qu'ils étaient quarante et les menaçant de leur ôter la vie s'ils faisaient la moindre résistance. Craignant pour ses jours et ceux des voyageurs, le conducteur, rebroussant chemin, alla coucher à Nissan et ne revint que le lendemain matin à Béziers. On avait enlevé environ 22,000 francs appartenant à divers particuliers de Béziers, Montpellier, Pézenas, Nîmes et Lyon. Une somme de 26,555 fr. 80 centimes serrée dans le panier du caisson de la voiture avait échappé à la rapacité des voleurs. La ville fut déclarée par le tribunal civil du département responsable des sommes volées et condamnée à en payer le montant aux citoyens auxquels elles étaient envoyées.

Tant d'audace réclamait une répression. On multiplia les patrouilles sur les routes et dans la ville et on renouvela les visites dans les cabarets et autres lieux publics (1).

Le 7 nivôse (28 décembre), le conseil de la commune tint une séance extraordinaire à neuf heures du matin. Le commissaire du gouvernement s'empressa de donner lecture de l'acte constitutionnel, promulgué le 24 frimaire (15 décembre), qu'il venait de recevoir. Voici le résultat de ce qui se passa d'après le procès-verbal :

« L'administration déclare qu'elle accepte avec transport et reconnaissance la constitution qui lui est adressée, soit parce qu'elle est fondée sur les bases inviolables de la souveraineté du peuple et du système représentatif, soit parce qu'elle met un terme à toutes les factions et qu'elle assure au peuple français la tranquillité et le bonheur et charge en conséquence son président de témoigner au gouvernement l'étendue de sa reconnaissance;

» Arrête que, sans désemparer, la garde nationale sédentaire, les autorités civiles et militaires, les instituteurs publics et leurs élèves, les employés salariés de la République seront de suite invités à se rendre à la maison commune pour assister à la publication qui sera faite à onze heures très précises de la présente constitution ;

» Charge son secrétaire en chef d'ouvrir de suite deux registres conformément à l'article 1er de la loi du 23 frimaire (14 décembre) et de les remettre de suite sur le bureau pour que l'administration puisse émettre son vœu (2);

» Toutes les personnes présentes s'empressèrent de consigner individuellement leur acceptation. D'autres registres sont mis à la disposition des citoyens pour y consigner ou y faire consigner leur vote;

(1) *Les brigands royaux dans l'Hérault*, par le chanoine F. Saurel.
(2) Les registres ouverts pour l'acceptation ou la non acceptation du nouvel acte constitutionnel furent clos et fermés le 9 nivôse (30 décembre), à minuit sonnant. On sait qu'il fut approuvé dans toute la France par trois millions onze mille sept citoyens (3,011,007).

» A l'instant, toutes les autorités constituées civiles et militaires, les instituteurs, leurs élèves, la garde nationale avec ses drapeaux, sa musique, ses tambours, suivis d'une foule nombreuse de citoyens se rendent à la maison commune ;

» Le cortège sort à onze heures pour faire la publication dans tous les lieux accoutumés de la commune et se rend ensuite à la salle décadaire où il était attendu avec impatience par une foule de citoyens avides d'entendre la lecture du nouveau pacte social (1) ;

» L'administration a vu avec le plus grand plaisir que le plus grand calme a régné partout lorsque la lecture en a été faite, qu'elle a été entendue avec le plus grand enthousiasme et qu'on a applaudi à une constitution qui porte avec elle l'assurance du bonheur social. »

La loi du 24 nivôse (14 janvier) exigea une promesse de fidélité à la Constitution de tous les fonctionnaires publics, ministres du culte ou instituteurs. Dans la séance du 11 pluviôse (31 janvier), le président et tous les membres de l'administration municipale, le commissaire du gouvernement, le secrétaire en chef, les quatre commissaires de police firent individuellement leur déclaration de fidélité en se servant tour à tour de cette formule : « Je promets fidélité à la Constitution. »

La même déclaration fut étendue à tous ceux à qui la loi faisait un devoir de venir la faire en présence de l'administration. On vit un prêtre octogénaire, Villeraze, pour obtenir sa mise en liberté, venir promettre fidélité à la Constitution. Son exemple fut suivi par d'autres. Ainsi fit le prêtre Combescure pour être autorisé à exercer le culte dans l'ancienne église des Capucins.

Le gouvernement provisoire s'était signalé par des mesures d'adoucissement. L'exclusion des parents d'émigrés et des ci-devant nobles des fonctions publiques cessa de

---

(1) On lut aussi la proclamation du représentant du peuple Jard-Panvillier, délégué des consuls de la République, aux citoyens composant la 9e division militaire.

plein droit. Il abolit la loi sur les ôtages et l'emprunt forcé ; il permit le retour des prêtres proscrits depuis le 18 fructidor. Tous les édifices religieux qui n'avaient pas été vendus furent restitués au culte. C'est alors qu'ou vit le vénérable curé Martin racheter de ses deniers l'antique église de Saint-Aphrodise et l'approprier au service religieux. La fête commémorative de la « catastrophe sanglante » du 21 janvier fut abolie. Celle du 10 août, rappelant le souvenir du renversement de la royauté, disparut. On ne laissa subsister provisoirement que la fête du 14 juillet, c'est-à-dire, du renversement de l'ancien régime, et la fête du 1er vendémiaire ou de l'établissement de la République.

La loi du 28 pluviôse (17 février), créa une vaste organisation administrative. Les fonctionnaires nommés par le gouvernement remplacèrent les autorités nommées par le peuple. Un préfet fut substitué à l'administration départementale élective, un sous-préfet administra l'arrondissement ou ancien district, un maire, nommé par le pouvoir, administra la commune. A côté de ces nouvelles autorités administratives subsistèrent des ombres de corps délibérants, des conseils de département, d'arrondissement et de commune non élus, mais choisis par le premier Consul. Les municipalités cantonales furent remplacées par les municipalités communales (1).

La loi du 6 ventôse (25 février), régla l'organisation judiciaire. Le premier consul se réserva la nomination des juges, déclarés inamovibles, comme celle des administrateurs. Les notaires, les avoués (ci-devant procureurs), les greffiers, etc., furent à la nomination du chef de l'Etat. Il y eut un tribunal de 1re instance dans chaque arrondissement,

---

(1) Nogaret devint préfet de Montpellier et Grenier sous-préfet de Béziers ; Donadieu (Jacques-Toussaint) fut maire, ayant pour adjoint Mazuc et Guibal-Laconquié auquel succéda, sur son refus, Coste-Moreau, ex-conservateur des hypothèques, avec Izembard pour secrétaire en chef.

un juge de paix par canton et vingt-neuf cours d'appel. Depuis la Révolution l'appel avait eu lieu simplement d'un tribunal à un tribunal voisin. Les premiers membres du tribunal de 1re instance furent : Milhau, président ; Georges Coste et Bédos, juges ; Villebrun, juge d'instruction ; Lamarre, commissaire du gouvernement ; Fuzier, substitut. Les juges de paix furent pour la 1re section Raoul avec Galtier et Malafosse pour suppléants et Chabardez comme greffier ; Lutrand pour la seconde section avec Monestié et Lamarre fils pour suppléants et Cambon comme greffier.

Avec l'installation du gouvernement nouveau qui s'est substitué au Directoire la période révolutionnaire est close ; une autre période s'ouvre. Nous bornerons ici le récit de ce drame de dix ans en répétant le mot de Bonaparte : « La Révolution est finie ! »

Tels sont les évènements dont se compose ce court espace de dix années, qui s'étend de la réunion des Etats généraux au coup d'Etat du 18 brumaire, et pendant lequel la France assista à une triple révolution : révolution civile par l'abolition du système féodal ; révolution territoriale par l'abolition des Parlements et du régime des intendants, et par la création des départements ; révolution religieuse par la suppression des évêchés, des congrégations, des institutions charitables et hospitalières, des confréries, des corporations, et, dans un autre ordre d'idées, des académies et des sociétés littéraires et scientifiques. Tout change à la fois, hommes, choses, idées ; les institutions se transforment ; la société s'assimile des éléments nouveaux. Les pouvoirs législatif et exécutif s'efforcent d'anéantir les anciennes institutions. Toutes les passions humaines semblent avoir été poussées à l'extrême sous l'influence des évènements : sincères à la fête de la Fédération ; enthousiastes au moment de la guerre étrangère ; viles et sanguinaires pendant la Terreur ; dissolues sous le Directoire. La Révolution de 1789 a détruit beaucoup, mais elle a beaucoup reconstitué. Si elle renverse l'édifice de la vieille Europe monarchique, elle proclame la souveraineté du peuple; elle jette les bases d'un état social nouveau ; elle assied la jeune société sur d'immortels principes; elle donne le code civil, œuvre de Cambacérès, et le gouvernement représentatif; elle établit le Grand-Livre, création de Cambon, et consolide la dette publique. Si l'émigration, en jetant les esprits dans un état anxieux, a été une source de crimes, elle a fait naître un état d'esprit héroïque d'où sont sorties les grandes actions de cette tragique époque. Elle a procuré le salut de cette Révolution dont elle tramait la perte. Un chef d'armée se rencontre pour s'élever à la dictature et pour répandre les idées nouvelles dans l'Europe entière.

ADMINISTRATEURS DE LA COMMUNE

BOUILLET, maire, 1789-1790.
DU BUISSON, id. 1790.
ROUYER, id. 1791.
BRUNEL, id. 1791.
SAURET, id. 1792.
VALESSIE, id. 1794.

TUDIER, président de l'administration municipale, 1795.
GUIBAL-LACONQUIÉ, id. id. 1796.
MAYNI id. id. 1796.
TUDIER, id. id. 1796.
CABANEL, id. id. 1799.
ARDIGNAC, id. id. 1799-1800.

TABLE DES MATIÈRES

INTRODUCTION

La province de Languedoc. Organisation municipale, religieuse, judiciaire, financière, économique, industrielle de la ville. Rôle des Etats de la province. Etat intellectuel de la cité. Nom des personnes en fonction en 1789.................................'...... 1

I

Avant-propos. — Situation générale. — Convocation des Etats-Généraux. — Recherches prescrites pour savoir comment ils seront tenus. — On demande le doublement du Tiers et le vote par tête. — Conseil général du 23 novembre 1788. — Convocation de tous les ordres de la cité au Conseil du 25 novembre suivant. — Harangue du maire Bouillet. — Propositions votées. — Derniers Etats-provinciaux. — Bouillet et Rey, députés. — Rey formule des griefs. — Doublement du Tiers-Etat. — Assemblée générale de la sénéchaussée. — Discours du juge-mage. — Séparation des ordres. — Rédaction du cahier des doléances. — Division dans l'ordre du Clergé. — Election des députés. — Prestation de serment...... 3

II

Mauvaise récolte. — Prévoyance des consuls. — Offrandes publiques. — Ouverture des Etats-Généraux. — Effet produit par les évènements politiques. — Adresse de la municipalité. — Les évènements de Paris ne troublent pas l'ordre à Béziers. — Belle conduite des officiers de Médoc. — Serment des troupes. — Souscription pour un grenier d'abondance. — Projet de milice bourgeoise. — Rassemblement dans l'église des Pénitents blancs. — Etablissement de réverbères. — Boucherie populaire. — Saisie d'un pamphlet. —

Constitution d'un conseil de permanence. — Recensement et libre circulation des grains. — Différend entre les consuls de Béziers et les officiers municipaux de Narbonne..................... 52

III

Contrebande du sel. — Difficulté d'en arrêter les progrès. — Envoi de bijoux à la monnaie. — Contribution patriotique. — Nomination d'experts pour estimer les biens privilégiés. — Béziers sollicite d'être choisi comme siège d'un département. — Lettre de Rey à ses commettants. — Les religieuses de Sainte-Claire. — Décret du 14 décembre. — Modification municipale. — Destruction des anciennes municipalités. — Formation de sections électorales. — Mort et obsèques du maire Bouillet. — Massacre des gardes-sel. — Conduite de l'évêque. — Réouverture de la chapelle de l'Hôtel de ville — Milice nationale.. 69

IV

Henri Jessé, défenseur de la Révolution. Nouvelle municipalité. Du Buisson, maire. Officiers municipaux. Procureur et substitut de la commune. Prestation de serment et installation des nouveaux élus. Abandon des poursuites contre les meurtriers des gardes-sel. Grains et dîmes. Organisation du département. Pascal de St-Juéry, nommé commissaire du roi. Démarche courtoise de Henri de Jessé. Protestation contre la formation des districts. L'abbé Gouttes, président de l'Assemblée constituante. La municipalité à l'œuvre : troupeaux et gardes-champêtres ; plan de la ville ; vérification des prisons et des couvents. La garde nationale ou légion biterroise. Société des Amis de la constitution et de la liberté. Anniversaire du 14 juillet. Fête de la Fédération. Lettre de Henri Jessé. Recherche d'un local pour la nouvelle administration. Couvents des Carmes et des Récollets. Henri Jessé, président de l'Assemblée constituante. Adresse du district à l'Assemblée. Les biens nationaux. Etablissement des pompes à incendie. Secours aux familles des gardes-sel. Service funèbre pour les soldats tués à Nancy. Election de deux juges de paix. Composition du bureau de paix ou de conciliation. Installation des juges au tribunal du district........................... 93

V

Renouvellement des officiers municipaux. — Contestation au sujet de l'élection de l'abbé Castan ; Rey, Castan et l'abbé Martin. — Tribunal de commerce. — Réorganisation des serviteurs de la municipalité. — Réfection des remparts. — Eglise du faubourg. — Constitution civile du clergé. — Serment civique. — Refus de Mgr de Nicolay. — Nouvelle circonscription des paroisses, — Eglises rurales. — Eglises paroissiales de Saint-Nazaire et de Saint-Aphrodise. — Abstention des curés de lire le décret de la Constitution civile — Prêtres assermentés. — Election de l'évèque départemental. — Vœu de la ville transféré à la Madeleine. — Deux évêques à Béziers. — Départ de Mgr de Nicolay. — Fête de caritats. — Démission de Du Buisson.................................. 114

VI

Rouyer est nommé maire. — Election des officiers municipaux. Anniversaire de la fête de la Fédération. — Bureau de l'Hôpital Général. — Billets de confiance. — Le Clergé se divise. — Les partisans et les ennemis de la Constitution civile. — Serment imposé aux prêtres. — Emprisonnement de Dalga, prêtre sulpicien. — Protestations et menées de Jullien, curé de la Madeleine. — Députés de l'Assemblée législative. — Fête de la proclamation de la Constitution. — Discours de Tudier. — Réjouissances............. 129

VII

Brunel, maire. — Entretien des conduites d'eau. — Les institutrices religieuses refusent le serment. — Serment des troupes. — 1792. Ateliers de charité. — Etablissement d'un théâtre. — Mesures de précaution. — Numérotage des maisons. — Etablissements de bienfaisance. — Chapelles des couvents interdites aux prêtres insermentés. — Départ du 61ᵉ régiment, — La pêche au bœuf. — Les sœurs de la Miséricorde remplacées par des assermentées. — Insultes de Toussaint Castan au corps municipal. — Fermeture des églises champêtres. — Religieux et prêtres insermentés. — Projet de contre-révolution. — Serment de la légion. — Tableau des présumés émigrés. — Proclamation de la guerre. — Souscription pour les frais. — Fête de caritats devenue fête civique........... 140

VIII

Démission et réélection de Brunel, maire. — Peytal, substitut du procureur de la commune. — Organisation de la défense. — Recomposition de la garde nationale. — Déclaration de la patrie en danger. — Secours aux volontaires. — Anniversaire du 14 juillet. — Mesures contre les prêtres réfractaires. — Magasin d'abondance. — Adhésion du conseil général aux évènements du 10 août 1792 et aux décrets de l'Assemblée. — Prêtres déportés et gens suspects emprisonnés. — Abolition des emblèmes féodaux ou monarchiques. — Descente des cloches. — Honneurs rendus aux commissaires de l'Assemblée nationale. — Nouvelle prestation de serment. — Election des députés à la Convention. — Démission de Brunel, maire, et de Cavallier, procureur de la commune.................. 156

IX

Sauret élu maire. — Publicité des séances municipales. — Proclamation de la République. — Registres de l'état-civil. — Fête patriotique pour le succès de nos armées en Savoie. — Obsèques de Fraisse, officier municipal. — Question des subsistances. — Renouvellement de la municipalité. — Agitation des esprits. — Jugement et supplice de Louis XVI. — Fête civique de Michel Lepeletier du Saint-Fargeau. — Certificats de civisme et de résidence. — Coalition de souverains contre la France. — Enrôlement de volontaires. — Arrivée de trois Commissaires de la Convention. — Ancien séminaire converti en hôpital militaire. — Nouvelles mesures de surveillance. — Maximum du prix des grains. — Frais du culte. — Obsèques de Carrière, officier municipal. — Fête de la Fédération générale de la République. — Suspension de la Constitution de 1793. — Levée en masse. — Profession de foi civique. — Mission du conventionnel Mainvieille. — Calendrier républicain. — Gouvernement révolutionnaire. — Le représentant Boisset en mission dans l'Hérault... 171

X

Reconstitution de la municipalité. — Sauret maire. — Adresse à la Convention. — Fête funéraire de Marat. — La Terreur. — Le Temple de la Raison. — Suppression des églises. — Enterrements civils. — Emprunt forcé, loi des suspects et Société des Jacobins. — Le procureur de la commune Mimard, *agent national*. — Le tutoiement. — Prise de Toulon. — Bataillon des Muscadins. — Les Vengeurs. — Ouverture d'un théâtre républicain. — Déplacement des cimetières. — Sœurs expulsées des hôpitaux. — Ensemencement des jardins. — Recensement. — Malheur des temps. — Adresse à la Convention. — Enseignement primaire. — Culte de l'Etre suprême. — Adresse à Collot d'Herbois et à Robespierre. — Ecole de Mars. — Question des approvisionnements militaires. — Fête du 14 Juillet. — Expulsion des prêtres de la commune. — Mariage du curé Cazaméa. — Chute de Robespierre. — Double adresse à la Convention. — Anniversaire du 18 août. — Epuration de la municipalité. — Fête des récompenses..................... 194

XI

Les représentants du peuple Perrin et Goupilleau. — Epuration et réorganisation de la municipalité. — Fête des victoires. — Obligation de célébrer le décadi. — Suspension de la loi du maximum. — Fête commémorative du 21 janvier. — Prohibition des jeux de hasard. — Proclamation du représentant Girot-Pouzol. — Nouvelle municipalité. — Valessie maire. — Etat-major de la garde nationale. — Mesures de police. — Eglises rendues au culte. — Partisans occultes de la Terreur. — Les subsistances. — Détresse de l'hôpital mage. — Le représentant Olivier-Gérente. — Suicide du représentant Brunel à Toulon. — Fête de l'Être suprême. — Démolition de la maison de Gayon oncle. — Fêtes commémoratives. — Création de gardes-champêtres. — Fête de la paix avec l'Espagne. — Retour des troupes. — Garde nationale. — Dissolution de la Société populaire. — Constitution de l'an III. — Les députés au Conseil des Cinq-Cents et au Conseil des Anciens. — Agiotage sur les grains. — Election, proclamation et serment des officiers de la garde nationale.................................... 218

XII

Le Directoire. — Administration municipale. — Tudier est nommé président. — Prêtres reclus. — Enlèvement du curé Mailhac. — Pétition pour l'établissement du tribunal civil à Béziers. — Comité de surveillance de l'hôpital militaire. — Arrestation sur les routes. — Création d'écoles. — Plantation d'un arbre vivant de la Liberté. — Emprunt forcé. — Fête du 21 janvier. — Les sept fêtes nationales. — Fête de la Jeunesse. — Garde nationale sédentaire. — Fête des Epoux. — Séquestre de biens d'émigrés. — Fête de la Reconnaissance et des Victoires. — Règlement de police. — Fête de l'Agriculture. — Projet de bibliothèque publique. — Fête de la Liberté. — Permanence des réquisitions. — Complot de Babeuf. — Disjonction des fêtes du 14 juillet et du 10 août. — Troubles politiques. — Suspension des administrateurs municipaux. — Administrateurs provisoires. — Fête des Vieillards. — Administration définitive. — Guibal-Laconquié, président.................. 237

XIII

Fête de la fondation de la République. — Bonnet tricolore. — Vente de l'église Saint-Félix. — Inaction de la garde nationale sédentaire. — Arbre de la Liberté de Saint-Félix. — Fête du 2 pluviôse (21 janvier). — Nouvelles sections de la commune. — Hospices civils et Bureau de bienfaisance. — Interdiction des divertissements du carnaval. — Thourel élu député. — Assemblées primaires. — Elections. — André Tudier, président. — Ganses blanches et ganses jaunes. — Journée du 13 germinal. — Profession de foi des officiers municipaux. — Attaques contre les personnes. — Plaintes de l'administration municipale. — Réélection des chefs de la garde nationale. — Fêtes des Epoux et de la Reconnaissance. — Dissentiment de l'administration municipale et du commissaire du Directoire exécutif. — Troubles du 23 prairial. — Fête du 14 Juillet. — Troubles royalistes du 3-4 thermidor (21-22 juillet). — Service de la garde nationale sédentaire. — Adresse à l'administration municipale. — Proclamation et serment des officiers de la garde nationale. — Conflit entre la colonne mobile et la garde nationale. — Suspension des administrateurs municipaux. — Nouveaux administrateurs. — Mayni, président. — Fêtes du 10 août et de la Vieillesse. - Discours du président. — Translation de l'hôpital civil dans les bâtiments de l'hôpital militaire. — Réintégration des administrateurs municipaux révoqués. — Administration municipale provisoire. — Tudier président. — Conspiration royaliste. — Mesures de rigueur contre les prêtres........................... 260

XIV

Fête du 1er vendémiaire. — Chaire de mathématiques. — Fondation d'un Cercle constitutionnel. — Confirmation de l'administration municipale provisoire. — Tudier président. — Démission du citoyen Cros. — Fête funèbre de Hoche. — Règlement de la garde nationale. — Institutions républicaines remises en honneur. — Surveillance des écoles. — Inspection des eaux-de-vie. — Rixe entre civils et militaires. — La ville est mise en état de siège. — Insécurité des routes. — Fête de la Souveraineté du peuple. — Elections municipales. — Tudier président. — Fête de la Jeunessse. — Faits divers. — Les commissaires de police remplacent les gardes-champêtres. — Fêtes des Epoux, de la Reconnaissance. — Troubles occasionnés par la perception d'une taxe établie pour l'entretien des routes. — Fixation du jour de marché au quintidi de la décade. — Fête du 14 juillet. — De la célébration des fêtes nationales. — Anniversaire du 18 fructidor........................... 300

XV

Fête du 1er vendémiaire. — Décision pour les dépôts de livres. — Le capitaine Lamb'ot. — Levée de 200,000 hommes. — Désorganisation du service des étapes. — Fermeture d'écoles. — Inondation de l'Orb et gelées. — Dissolution du Cercle constitutionnel. — Fête du 2 pluviôse. — Administrateurs municipaux. — Double marché décadaire. — Fête de la Souveraineté du peuple. — Elections municipales. — Cabanel, président. — Trait de courage de Longue-

— 360 —

lanes. — Détresse des hospices civils. — Taxe du pain et de la viande. — Panique causée par un navire anglais. — Fête funèbre pour les plénipotentiaires assassinés à Rastadt. — Translation des écoles primaires dans le local du collège. — Reconstitution de l'administration municipale. — Ardignac, président. — Colonne d'élite. — Les royalistes du Tarn. — Proclamation aux conscrits. — Plainte contre un régiment de chasseurs.............. 322

XVI

Fête du 1er vendémiaire. — Organisation des marchés. — Fête funèbre de Joubert. — Répartition des subsistances militaires. — Mesures contre les déserteurs. — Levée extraordinaire de chevaux. — Exploits de brigands. — Translation de tableaux. — Dépravation des mœurs. — Retour de Bonaparte à Paris. — La paix n'est pas troublée dans la commune. — Proclamation de la loi du 19 brumaire. — Prestation de serment de fidélité à la République. — Mesures de salubrité. — Arrestation d'une diligence des postes. — Réception et publication de la Constitution. — Promesses de fidélité à la Constitution. — Gouvernement nouveau. — Fin de la période révolutionnaire. — Conclusion........................ 339

OUVRAGES DU MÊME AUTEUR

Notice biographique et littéraire sur l'académicien Esprit.
Notice historique sur le Collège de Béziers.
Notice sur l'Hôpital Mage.
Recherches sur les anciennes pestes à Béziers.
Origine de la procession votive du dimanche de la Passion.
L'hôpital général Saint-Joseph.
La maison du Refuge ou du Bon Pasteur.
Les possessions des Templiers et des Hospitaliers.
Etat monastique de Béziers avant 1789.
Historique de la Société Populaire de Béziers.
Le consulat de Béziers depuis son origine jusqu'à son abolition.
Géographie physique, historique, administrative, économique et industrielle du département de l'Hérault.

OUVRAGES DU MÊME AUTEUR

Notice biographique et littéraire sur l'académicien Esprit.
Notice historique sur le Collège de Béziers.
Notice sur l'Hôpital Mage.
Recherches sur les anciennes pestes à Béziers.
Origine de la procession votive du dimanche de la Passion.
L'hôpital général Saint-Joseph.
La maison du Refuge ou du Bon Pasteur.
Les possessions des Templiers et des Hospitaliers.
Etat monastique de Béziers avant 1789.
Historique de la Société Populaire de Béziers.
Le consulat de Béziers depuis son origine jusqu'à son abolition.
Géographie physique, historique, administrative, économique et industrielle du département de l'Hérault.

www.ingramcontent.com/pod-product-compliance
Lightning Source LLC
Chambersburg PA
CBHW050418170426
43201CB00008B/454